Dante Alighieri
Die Göttliche Komödie

Serie Piper
Band 500

Zu diesem Buch

Die *Göttliche Komödie,* entstanden zwischen 1307 und 1321, ist das erste große dichterische Werk in italienischer Sprache, zugleich eine der bedeutendsten Schöpfungen abendländischer Dichtung.
Den Namen »Komödie« wählte Dante, weil nur der Anfang mit dem Abstieg zur Hölle düster, das Ende mit dem Aufstieg zur Seligkeit aber heiter sei. Der Weg des Dichters, der erst von Vergil, dann von Beatrice geleitet wird, führt ihn durch Hölle, Fegefeuer und Paradies, denen die aus je dreiunddreißig Gesängen bestehenden Teile *Inferno, Purgatorio* und *Paradiso* entsprechen. Er begegnet dort den Seelen der Verstorbenen, denen, je nach Schuld oder Verdienst, durch göttlichen Spruch ihr Platz zugewiesen ist.
Dantes *Göttliche Komödie* faßt alle geistigen Strömungen des Mittelalters zusammen: Gnostische, neuplatonische, arabische und scholastische Traditionen sind ebenso wie die volkstümlichen Vergil-Legenden des Mittelalters zu einem in sich geschlossenen harmonischen Kosmos gefügt. Der auf christlicher Zahlensymbolik – vor allem der heiligen Drei und ihres Vielfachen – fußende Aufbau, die Dramatik der Einzelszenen, etwa der Begegnung mit Francesca und Paolo, sprachliche Schönheit und gedankliche Ausdruckskraft machen die *Göttliche Komödie* zu einem faszinierenden Werk, das auch heute noch jeden Leser, der bereit ist, sich in ihr geistiges Universum hineinzudenken, in seinen Bann zieht.
Die Übertragung von Karl Vossler, die erstmals 1942 erschien und von Kennern als die beste und lesbarste gerühmt wird, trifft wie kaum eine andere den Danteschen Sprachgestus.

Dante Alighieri, 1265 in Florenz geboren; Studium der Philosophie; 1274 erste Begegnung mit Beatrice, die er später in seinen Werken verklärt. Freundschaft mit dem Dichter Guido Cavalcanti und mit Giotto. Kämpfte auf guelfischer Seite gegen die Ghibellinen. 1296 im »Rat der Hundert« von Florenz; Gesandter der Guelfen in Rom. 1302 Verlust der Bürgerrechte und Verbannung. Aufenthalte in Verona, Lucca, möglicherweise in Paris. Starb 1321 in Ravenna. Wichtigste Werke neben der »Comedia«: »Vita nova« (Gedichte), »De vulgari eloquentia« (Traktat über die italienische Volkssprache), »Il convivio« (philosophische Abhandlung).
Karl Vossler, 1872–1949; Professor für Romanistik in Heidelberg, Würzburg und München. Bedeutende Veröffentlichungen insbesondere auf dem Gebiet der Italianistik.

Dante Alighieri

Die Göttliche Komödie

Übertragen aus dem Italienischen und eingeleitet
von Karl Vossler

Piper
München Zürich

ISBN 3-492-00800-3
Neuausgabe 1986
2. Auflage, 3.–9. Tausend Februar 1986
(1. Auflage, 1.–7. Tausend dieser Ausgabe)

Umschlag: Federico Luci,
unter Verwendung des Freskos (1499–1504) von
Luca Signorelli im Dom zu Orvieto
Satz: Mohndruck Reinhard Mohn, Gütersloh
Druck und Bindung: Clausen & Bosse, Leck
Printed in Germany

Meiner lieben Frau EMMA VOSSLER geb. Thiersch

Vorwort

Ich möchte dem Leser die Geschichte meiner bald fünfzig Jahre alten Bekanntschaft und Beschäftigung mit Dantes Göttlicher Komödie nicht zumuten. Nur das eine glaube ich sagen zu dürfen oder gestehen zu müssen, daß ich aus eigenem Antrieb niemals den Mut gefunden hätte, das ganze Riesenwerk ins Deutsche zu übertragen. Einige Stellen, die mich besonders ergriffen hatten, konnte ich nicht umhin zu übersetzen, wie man aus meinem Buch über die Göttliche Komödie (Heidelberg bei Winter 1907 bis 1910, 2. Auflage 1925) ersehen mag. Dabei sollte es aber sein Bewenden haben. – Die Erschütterung durch den Krieg, die freundliche Überredungskunst des Atlantis-Verlages und der stille Zuspruch meiner Gattin haben zusammengewirkt und mich in dieses Unternehmen gestürzt. Da für eine deutsche Frau das Italienische der Divina Commedia ungefähr so gut wie Latein ist, klangen und lächelten mir im Gemüt die Worte aus Dantes Vita nuova, die ich durch keine Übersetzung entzaubern möchte, und zerstreuten meine letzten Bedenken. So mögen sie mich denn auch entschuldigen.

»E lo primo che cominciò a dire sì come poeta volgare, si mosse però che volle fare intendere le sue parole a donna, a la quale era malagevole d'intendere li versi latini.«

München, im November 1941 *Karl Vossler*

Einleitung

Zwischen der »Göttlichen Komödie«, die um 1320 vollendet wurde, und uns liegen mehr als sechs ereignisreiche Jahrhunderte. Wie vieles hat sich inzwischen geändert! Sogar die Sprache. Eine einheitliche italienische Schriftsprache war noch kaum gefestigt, als Dante 1283 zu dichten begann. Seine Lehr- und Streitschriften über Beredsamkeit, Staatsrecht und Erdkunde hat er lateinisch verfaßt, und durch das Latein wurde ihm die ganze höhere Bildung vermittelt. Lateinische Schule schimmert auch durch den Ausdruck seiner italienischen Dichtung hindurch, und es entstehen vieldeutige theologische und philosophische Spiegelungen und Hintersinne, die das Verständnis erschweren. Dantes Sprachdenken hat sich ja viel mehr an der lateinischen Bibel, an den Kirchenvätern, den Scholastikern und Mystikern als an dem sinnenfrohen Latein der alten Römer herangebildet. Wohl kennt und verehrt er die griechisch-römische Antike, aber er sieht sie durch die christlich gefärbten und theologisch geschliffenen Gläser der großen mittelalterlichen Denker, Albertus Magnus, Thomas von Aquin, Bonaventura u. a. Darum hat die Antike für ihn keinen Sinn und Eigenwert in sich selbst, sondern erhält ihn erst im Fortlauf der Zeiten als Vorstufe zum Christentum und schließlich als Vorbereitung des Menschen auf die Ewigkeit. Sogar die Natur, von den ewigen Sternen herab bis zu des Grases Blüte, bedarf, da sie sich selbst nicht genügen kann, der Beziehung auf göttlichen Willen und sittliche Gesetze und wird als ein großes Reich von Gleichnissen gedeutet oder, wie manche mit spöttischer Überlegenheit witzeln, als »ein moralisches Bilderbuch«.

Dante Alighieri war ein mittelalterlicher Geist. Er war es durch die Zeit, in der er lebte, 1265 bis 1321, und durch die Erziehung, die ihm in seiner Vaterstadt Florenz zuteil wurde; zuerst, wie es scheint, durch eine liebenswürdige, schwärmerische, wesentlich franziskanische Frömmigkeit, sodann durch die gelehrte Dominikaner-Schule von Santa Maria Novella. Das Elternhaus gab ihm den Stolz des Patriziers, des adeligen Städters und den Zutritt in die ritterlich getönte Geselligkeit mit. Im übrigen weiß man über seine persönlichen Verhältnisse nicht viel mehr, als er in seinen Schriften gelegentlich andeutet. Das ist äußerlich sehr wenig; aber, was seine geistige Entwicklung betrifft, mehr als wir zu fassen vermögen. Da er aus der Innerlichkeit seines Sehnens und Glaubens heraus sich selbst so scharf durchleuchtet und darstellt, empfangen die zeitlichen Umstände um ihn her mehr Licht durch *ihn* als er durch *sie.* Damit erhebt er sich über die mittelalterliche Einkleidung seines Lebens und Werkes und spricht uns aus der Höhe seiner ewigen Menschlichkeit an.

In der dichterischen Erzählung seiner Jugendliebe (Vita nuova, Neues Leben) verschlingen sich freilich modische Denkgewohnheiten und Formen des Minnedienstes noch ziemlich unvermittelt mit philosophischer und rhetorischer Schulweisheit. Aber der andächtige Grundton der Liebe zu Beatrice trägt das lyrisch-prosaische, aus Erlebnis und Vision gewobene kleine Kunstwerk. Es klingt aus in einen Aufblick zu der himmlisch verklärten Geliebten und in den Vorsatz, »solange nichts mehr über diese Gebenedeite zu dichten, bis ich imstande wäre, in würdigerer Weise von ihr zu handeln«. Ja, schon vorher, in der ersten Kanzone des Neuen Lebens, auf die Dante im vierundzwanzigsten Gesang seines Fegfeuers als auf den Markstein eines neuen dichterischen Stiles hinweist, findet sich ein kleines Urbild der Divina Commedia, eine Art »Prolog im Himmel« dazu. Die zweite Strophe nämlich lautet:

Im Geiste Gottes ruft ein Engel droben
und spricht: »Herr, unten auf der Erde zeigt sich
in wunderbar anmutigem Gebaren
und strahlt bis hieher eine Seele.«
Dem Himmel mangelt nichts als ihre Schönheit,
und er erbittet sie von seinem Herren,
und alle Heiligen flehn um solche Gnade. –
Nur du, Erbarmen, führst noch meine Sache.
Und Gott entscheidet über meine Herrin.
»Erlaubet«, spricht er zu den Auserwählten,
»daß das ersehnte Wesen noch auf Erden,
solang ich will, verweile, da ein Mensch
dort bangt um sie und wird zur Hölle wandern
und künden, was er sah: der Seligen Hoffnung.«

Da man die Entstehung der Vita nuova in das Jahrzehnt zwischen 1283 und 1293 zu setzen hat, so ergibt sich, daß der Plan einer visionären Jenseitsdichtung zum Preis seiner frühvollendeten Freundin schon in dem Zwanzigjährigen lebendig war und daß wir in dem Beatrice-Motiv die Keimzelle der Göttlichen Komödie erblicken dürfen.

In Florenz erzählten sich neugierige Nachbarn und Nachbarinnen, diese Beatrice sei keine andere als Bice, die Tochter des hochmögenden Folco dei Portinari, die seit 1288 mit Simone dei Bardi verheiratet war. Mag sein, es ist nicht einmal unwahrscheinlich. Erfunden hat Dante seine Geliebte und ihren Namen gewiß nicht. Doch starb sie so frühe, daß sie in seiner Dichtung erst als jenseitiges Wesen zu vollerem Leben kommt. – Zunächst forderte die irdische Wirklichkeit ihr Recht. Das damalige Florenz war voll des heitersten und festlichsten Lebens, nachdem die feindlichen Parteien der Welfen und Gibellinen sich 1279 versöhnt hatten. Zehn Jahre dauerte diese »glücklichste Zeit, die es für die Stadt Florenz und ihre Bürger jemals gegeben hat«, wie der treffliche Chronist Villani bezeugt. Minnedienst und Kriegsdienst tat der junge Alighieri, übte sich in den schönen Künsten und studierte Philosophie. Die echt florentinische Vereinigung von ritterlichem Schwung und bürgerlicher Tüchtigkeit wurde ihm zur Natur. Die Lieblinge seiner Jugend, Beatrice und Florenz, behält er treu im Herzen, mit dem Unterschied freilich, daß Beatrice sich himmlisch verklärt, während ihm Florenz zur Stadt des Satans wird. Etwa mit dreißig Jahren, bald nach seiner Verheiratung mit Gemma aus dem berühmten Geschlecht der Donati, tat er den entscheidenden Schritt und beteiligte sich am politischen Leben.

Florenz war durch seine geographische Lage und geschichtliche Überlieferung auf das Welfentum hingewiesen. Die Nähe des Kirchenstaates, die wirtschaftliche Konkurrenz mit dem gibellinischen Pisa, die engen Beziehungen zu dem vorwiegend welfischen Bologna, die alte Feindschaft mit dem gibellinischen Siena, das die Handelsstraße nach Rom zu sperren trachtete, ließen immer wieder den Widerstand gegen den Kaiser und das Bündnis mit dem Papst als vorteilhaft erscheinen. An und für sich war das Florentiner Bürgertum grundsätzlich weder päpstlich noch kaiserlich, sondern demokratisch gesinnt. Schritt vor Schritt rang es in den letzten Jahrzehnten des 13. Jahrhunderts den Großen, zu denen auch die Alighieri, die Donati, die Portinari gehörten, die Macht aus den Händen, indem es welfische und gibellinische Machthaber abwechselnd gegeneinander ausspielte. Durch die neue Rechtsordnung des Jahres 1293 (ordinamenti di giustizia) wurden alle nicht zu einer bürgerlichen Zunft gehörigen Magnaten von der Teilnahme an der Staatsregierung ausgeschlossen, und Dante, dessen Familie adelig und welfisch war, ließ sich wenigstens nominell in die Zunft der Ärzte, Apotheker oder Spezereihändler einschreiben. Um die Anwartschaft auf das höchste Regierungsamt der Prioren nicht zu verlieren, ließ er sich die Zunft gefallen, und im Juni 1300 wurde er mit fünf anderen zum Prior gewählt. Inzwischen hatte sich seine Partei in zwei Gruppen: weiße und schwarze Welfen, gespaltet. Er hielt zu den Weißen, die vorwiegend kaufmännische Interessen vertraten, während die Schwarzen zumeist Großgrundbesitzer waren. Er suchte zu mildern, zu mäßigen und zu versöhnen und vor allem die Unabhängigkeit seiner Stadt gegen welfische Großmächte, d. h. gegen den Papst, gegen Karl II. von Anjou, König von Neapel, und gegen Frankreich zu wahren. Als der Bruder des französischen Königs, Karl von Valois, Ende 1301 angeblich als Friedensstifter zwischen den Weißen und Schwarzen, mit Heeresmacht in Florenz einrückte, war es aus mit der Herrschaft der Weißen. Dante wurde bei Todesstrafe aus dem Stadtgebiet verbannt. Die letzten zwanzig Jahre seines Lebens verbrachte er fern von der Heimat. Als Gast, als Freund, als Geschäftsträger, als Redner und Dichter fand er an den Höfen ritterlicher, zumeist gibellinisch gesinnter Fürsten, bei den Scaligern in Verona, bei den Malaspina in der Lunigiana, bei den Herren von Romena, von Polenta und wohl auch in mancher Stadt, in Lucca, Bologna, Padua, Aufnahme. Er starb am 14. September 1321 in Ravenna.

Nicht nur seine politischen Versuche in Florenz, auch die politischen Hoffnungen und Träume, die er in der Verbannung zu spinnen nicht müde wurde, zergingen an der Berührung mit der Wirklichkeit. Nicht daß es ihm an Gewandtheit und Menschenkenntnis gefehlt hätte, aber die empordrängenden Mächte seiner Zeit waren ihm innig zuwider: der Händlergeist der Florentiner und der Parteihader in dem ganzen zerrissenen italischen Land. So warf er seine Hoffnung auf das deutsche Kaisertum.

Im Oktober 1310 überschritt, von einem kleinen Heere begleitet, Heinrich VII., König von Deutschland, den Mont Cenis, um sich in Rom die Kaiserkrone zu holen. Seit Friedrich II. (gestorben 1250) hatte Italien keinen Kaiser mehr gesehen; und vielleicht nie wieder seit Karl dem Großen trug ein Fürst die hohe Idee einer friedlichen kaiserlich-päpstlichen Weltherrschaft so rein, so kindlich im Herzen wie der fromme, hochgesinnte Graf Heinrich von Lützelburg, der jetzt als deutscher König den Römerzug unternahm. Im Gedanken an die dringenden Aufgaben und Rechte eines solchen christlichen Friedenskaisers schrieb Dante, man weiß nicht genau in welchen Jahren, das lateinische Buch »Von der Monarchie« (De Monarchia). In drei Abschnitten erweist er hier erstens die Notwendigkeit eines weltbeherrschenden christlichen Kaisertums, zweitens das geschichtliche und natürliche Anrecht des römischen Volkes auf diese Weltherrschaft, die den Deutschen nur aushilfsweise übertragen sei, und drittens die in der seelisch-leiblichen Doppelnatur des Menschen begründete Teilung der Herrschaft in eine geistliche und eine weltliche, und die göttliche Herkunft nicht nur der päpstlich-kirchlichen, sondern auch der weltlich-kaiserlichen Machtbefugnis. Als unentwegter Utopist will er das Rechtsverhältnis zwischen Staat und Kirche spekulativ und sittlich geregelt wissen.

Wie alle Mißvergnügten und Verbannten jubelte unser Dichter dem sehnlich erwarteten Retter aus dem Norden entgegen. Ja, er huldigte ihm persönlich, wahrscheinlich in Mailand, wo Heinrich die eiserne Krone der Langobarden empfing. Von der fieberhaften Aufregung, von der leidenschaftlichen Hoffnung, Liebe und Rachsucht, mit der Dante den Römerzug Heinrichs VII. begleitete, legen drei lateinische Briefe, voll altbiblischer, antiker und mittellateinischer Rhetorik, ein merkwürdiges Zeugnis ab. Künstlerisch sind sie wenig erfreulich, aber an ihrer Echtheit zu zweifeln liegt kein stichhaltiger Grund vor.

Nicht lange währte der theokratische Rausch. Mit Mühe erzwang sich Heinrich die Kaiserkrone in Rom, am 29. Juni 1312; vergeblich belagerte er Florenz im September und Oktober 1312; und als er sich mit erneuten Kräften zum Feldzug gegen König Robert von Neapel aufmachte, ereilte ihn am 24. August in Buonconvento der Tod. Es war, nach Beatrices Verlust und nach der Verbannung aus Florenz, der dritte, vielleicht schwerste Schlag für Dante. Er schwieg. Von nun ab, muß man annehmen, galt seine beste Kraft nur noch der Ausarbeitung seines großen Jenseitsgedichtes.

Er war nunmehr hinlänglich vorbereitet, um das in der Vita nuova niedergelegte Gelöbnis einzulösen. Im Minnesang hohen und niederen Stiles, in Preis- und Rügeliedern, in den kunstreichsten Formen der Trobadors hatte er sich inzwischen die Meisterschaft erworben. Über das Verhältnis von Mundart und Schriftsprache, über Sprachverderbnis und grammatische Regelmäßigkeit, über volkstümliche und klassische Poesie hatte er in seiner Abhandlung »De vulgari eloquentia« (»Von der Volkssprache und ihrer Kunst«) seine eigenen und bestimmten Ansichten erarbeitet. Eine höchst persönliche Stellung zu dem ganzen philosophischen Wissen seiner Zeit errang er sich in seinem »Convivio« (1306 bis 1308). Diese merkwürdige, wie das Buch über die Volkssprache unvollendet gebliebene Schrift ist von der Überzeugung getragen, daß das Verlangen nach Erkenntnis dem Menschen eingeboren und natürlich sei (Aristoteles). Da aber die wenigsten es zu befriedigen in der Lage sind, will Dante ihnen helfen und die wichtigsten Lehren der Philosophen in italienischer Sprache vermitteln und so ein öffentliches Gastmahl, ein »convivio« der Lebensweisheit, bereiten. Er weiß aus eigener Erfahrung, wieviel Trost die Philosophie zu gewähren vermag und wie sie dem Geächteten, dem die Menschen sein Unglück zur Schmach anrechnen, eine neue Würde verleiht. Um sich dem Gerede der Unwissenden zu entziehen, setzt er sich als Lehrer und Aufklärer über sie und schreibt zu höfischen Kanzonen, die man ihm mißdeutet hatte, einen ausführlichen philosophischen Kommentar. Vierzehn Lieder dachte er auf diese Weise zu behandeln. Er hat es bei drei bewenden lassen. Die Absicht, ein allseitiger Aufklärer seines Volkes zu werden, ist anderen vielleicht besser gelungen, aber der ehrliche Ernst, mit dem er sich solchen Aufgaben unterzog, war wohl die wirksamste Vorbereitung zu seiner höheren Bestimmung, das Menschheitsgedicht seiner Zeit, ja aller christlichen Jahrhunderte zu vollenden.

Er nannte dieses Gedicht »Die Komödie« schlechthin; in seiner Aussprache klang es: *la Commedía.* Das Beiwort »göttlich«, divina Commedia, ist erst im 16. Jahrhundert aus Bewunderung für die Genialität des Dichters allgemein gebräuchlich geworden. – Warum aber »Komödie«? Er erklärt es dem Can Grande della Scala in einem Widmungsschreiben zum Paradies: weil das Ende mit dem Aufstieg zur Seligkeit ein heiteres sei, und nur der Anfang mit dem Abstieg zur Hölle schreckhaft und rauh, und weil der Stil der ganzen Dichtung nicht die Höhe einer antiken Tragödie erklimmen wolle, sondern sich mit einem bescheidenen und umgänglichen Mittelmaß begnüge. Der Gegenstand sei der Zustand der Seelen nach dem Tode, wie sie, je nach Schuld und Verdienst, der göttlichen Gerechtigkeit unterliegen. – Gewiß, einen umfassenderen, alle Gemüter noch immer so stark bewegenden Gegenstand konnte man sich damals schwerlich denken. Die Spekulation der Gottesgelehrten, die Predigten der Mönche, die Schaubühnen der Brüderschaften und Handwerkervereine, die Malereien der

Künstler, die Angstträume der Bösewichte, die Hoffnung der Frommen, das ganze gläubige Volk, ja auch die Zweifler und Spötter noch befaßten sich mit Hölle, Fegfeuer und Paradies.

Und was mit neuem Glanze damals emporstieg, die antike Philosophie und Dichtung, Plato, Aristoteles, Cicero, Vergil, Ovid, die ganze Welt des Humanismus, sie war noch nicht so selbstsicher geworden, daß sie die Aufmerksamkeit oder gar die Hoffnung der Menschen von den jenseitigen Dingen hätte ablenken können: um so weniger als gerade in den Größten unter den Heiden des Altertums eine ungestillte Sehnsucht nach Jenseits und Ewigkeit zu spüren war. Dante empfand die trauernde Vorahnung des christlichen Geistes in der Antike so stark, daß sich ihm die großen Denker und Dichter in einem wunderbar warmen belebenden Licht von Jugendlichkeit und Schwermut darstellten. Das künstlerische Schauen, das philosophische Spekulieren, das mathematische Rechnen und Ordnen vereinigten sich ihm in der Ausgestaltung seines religiösen Weltbildes so einhellig, daß das Erdachte vom Geglaubten und das persönlich Erlebte und Errungene vom kirchlich Überlieferten nicht mehr zu scheiden war. Sein ältester Biograph, der schelmische Boccaccio, erzählt: »Als Dante in Verona einmal an einem Haus vorbeikam, wo mehrere Weiblein unter dem Tore saßen, tuschelte eine: Schaut euch den an! Er geht so oft er will in die Hölle und kommt mit Nachrichten von denen, die drunten sind, wieder herauf. – Wahrhaftig, erwiderte eine andere, du hast recht. Sieh nur, wie kraus sein Bart und wie dunkel seine Haut! Das kommt von der Hitze und dem Rauch dort unten.« Nicht nur

die Weiblein auf der Straße, auch schriftkundige und gelehrte Leser konnten zu der Überzeugung gelangen, daß Dantes Hölle die wirkliche und sein Fegfeuer das tatsächliche war. Soviel stand ja wissenschaftlich fest, daß sein Paradies das echte sein mußte. Die neun konzentrischen Himmelskugeln, die als Träger und Beweger der Gestirne sich um die Erde rotierend legten, hatte er wahrlich nicht erdichtet. Es waren die des ptolemäisch-kirchlichen Weltsystems. Und diesen nun entsprachen bei Dante neun Stufen oder Kugelabschnitte, aus denen der Berg der Läuterung sich kegelförmig aufbaut, und diesen hinwiederum die neun Stufen des Trichters der Verdammnis.
Dieses sinnreiche, symbolisch-mechanische Gerüste, an dem man sich heute noch gelegentlich durch Herstellung von Karten, Wegweisern, Modellen, Uhren und Automaten spielerisch-forscherisch ergötzt, verwandelt sich in eine ungeheure, wilde, beseelte und beglückende und lebendige Welt: dadurch, daß der Mensch, der Jenseitswanderer Dante, sie betritt. Mit seiner inneren Not und Verzweiflung am zeitlichen Wesen durchpilgert er die Ewigkeit. Dem vielgeprüften, rechtlich gesinnten Sohn der Kirche, der auf diesem persönlichen Wege mit seinem Vergil und seiner Beatrice die Rettung sucht, wird jedes menschliche Schicksal bedeutsam. Religiöse, philosophische, ethische politische, künstlerische Wertbeziehungen leuchten auf und klingen zusammen. Es bedarf daher von seiten des Lesers einer ebenso gespannten wie schmiegsamen Aufmerksamkeit. Für müde und schlaffe Geister hat Dante nicht geschrieben. Man kann an der seelischen Bereitschaft. und an dem tatsächlichen Verständnis, das im Wandel der Zeiten diesem Gedicht entgegen-

gebracht wird, die jeweilige geistige Energie erkennen, zunächst bei den Italienern, und weiterhin im ganzen Kulturkreis des Abendlandes.

Zu der hohen Anforderung, die Dante an seine Leser stellt, kommt nun die wachsende zeitliche Entfernung hinzu. Die Patina der Jahrhunderte verdeckt uns manches oder läßt es fremd, altväterisch, streng und unnahbar erscheinen. Dieses altertümliche, abweisende Aussehen der Divina Commedia wurde sodann im Zeitalter der Romantik als ein besonderer Reiz empfunden und wohl gar ihrem Dichter selbst als ein erstrebenswertes Kunstgeheimnis zugeschrieben, ja es wurde seiner edelstolzen, verschlossenen Seele zum Verdienste gerechnet. Die »alma sdegnosa«, die zürnende Dante-Seele, wurde eine Haltung, deren sich mancher italienische Poet und Skribent in dem Zeitalter etwa zwischen Alfieris Geburt und Carduccis Tod befleißigte (1749 bis 1907).

Es war zugleich das Zeitalter des Philologismus und Historismus. Es brachte auch in Deutschland wohl die fleißigsten und ergiebigsten Jahrgänge des Dante-Studiums. Etwa im Jahr 1750 äußerte der Dichter des »Messias«, Klopstock, sein »großes Verlangen« nach einer Verdeutschung der Divina Commedia. Zwanzig Jahre später lag die erste vollständige Arbeit dieser Art in schwerfälliger Prosa von Lebrecht Bachenschwanz vor. 1814 bis 1821 erschien die erste vollständige Übersetzung in deutschen Terzinen von Karl Ludwig Kannegießer. Seither bringt beinahe jedes zweite oder dritte Jahr einen neuen Verdeutschungsversuch an Dante hervor. Die Übersetzungen drängen sich – offenbar weil *keine* ganz zu befriedigen vermag, so tüchtig und gründlich die einzelnen zweifellos sind. Zwei grundsätzliche Schwierigkeiten stehen im Weg, abgesehen von unzähligen Einzelheiten, die nur mit großer Mühe zu bewältigen sind. Erstens: Dante hat seine Commedia in einer eigens für sie erfundenen, sirventesartigen, dreireimigen Kettenstrophe geschrieben, die seither unter dem Namen Terza rima oder Terzine berühmt geworden ist. Dieses Reimschema: a b a, b c b, c d c . . . x y x, y, bedeutet in der an Reimen, besonders an Endungsreimen so reichen italienischen Sprache viel eher eine Anregung als eine Fessel. Im Deutschen, wo die Reime selten und bedeutungsvoll stammbetont sind, verhält es sich umgekehrt. Was sich im Italienischen so leicht, so beiläufig und musikalisch ergibt, wirkt schwer, nachdrücklich und verpflichtend im Deutschen, wo nicht gar gezwungen. Auf kurze Strecken, in lyrischen Ergüssen, mag die italienische Terzine sich auch in der spröden Valuta des Deutschen noch bestreiten lassen. Der Monolog von Goethes »Faust« am Anfang des zweiten Teiles mit seiner dantesken Purgatoriostimmung ist der schönste Beweis dafür. Aber durch einhundert Gesänge von ungefähr je einhundertfünfzig Versen hindurch eine so gedankenvolle und scharf umrissene Dichtung wie die Göttliche Komödie im Dreireim umzudeutschen, das ist eher eine akrobatische als künstlerische Aufgabe.

Andererseits hängt der Dreireim mit dem Aufbau des ganzen Gedichtes, mit der zahlensymbolischen Struktur der jenseitigen Welt, ja mit dem dreieinigen Gottesbegriff, zusammen. Er ist keine äußerliche Formsache, sondern ein Wesenszug der danteschen Symbolik. Diese aber – und damit kommen wir zu der zweiten grundsätzlichen Schwierigkeit – ist uns heute innerlich fremd geworden. Ihre Wurzeln liegen in einem festen, tiefen, gemeinschaftlichen, kirchlich behüteten Glauben: im Dogma, und das heißt in der freudigen Bejahung einer höchsten geistigen Autorität. Unsere heutige Beweglichkeit des Gedankens und des Ausdrucks hingegen vermag vielerlei Schwingungen und die fremdartigsten Wendungen des Geistes mitzumachen und wiederzugeben – nur eben diese tiefgegründete dantesche Festigkeit *nicht*. Uns mutet sie allzuoft als Steifheit oder als gemachte Feierlichkeit an, ähnlich etwa wie gewisse hieratische mittelalterliche Skulpturen.

Daher empfiehlt es sich, bei diesen repräsentativen Wesenszügen nicht mit übermäßigem Nachdruck, nicht allzu lange und nicht allzu umständlich zu verweilen, damit noch Raum und freie Luft für die atmende Sprache übrigbleibe, wie sie aus Dantes großem und schlichtem Herzen kommt. Jedem, der für Dichtung ein offenes Ohr hat, kann sie verständlich werden.

Hölle

Erster Gesang

Verirrung · Die wilden Tiere · Der Retter Vergil

Dem Höhepunkt des Lebens war ich nahe,
da mich ein dunkler Wald umfing und ich,
verirrt, den rechten Weg nicht wieder fand.
Wie war der Wald so dicht und dornig,
o weh, daß ich es nicht erzählen mag
und die Erinnerung daran mich schreckt.
Viel bitterer kann selbst der Tod nicht sein.
Doch um das Gute, wie es dort mir wurde,
zu zeigen, kommt das andre auch zum Wort. –
Ich weiß nicht recht, wie ich hinein geriet,
war nach und nach so schläferig geworden,
bis daß ich abkam weit vom rechten Weg.
Als ich dann aber vor dem Hügel stand,
allwo die Schlucht im Wald sich endlich auftat,
die mir das angstbeklommne Herz bedrängte,
blickt ich empor und sah die Kurven schon
des Bergs umhüllt vom strahlenden Gestirn,
das jedem seine Wanderpfade sichert.
Und jetzt entspannte sich die Angst ein wenig,
die mir so jammervoll die ganze Nacht
im Innersten des Herzens sich verkrampfte.
Wie einer, der nach Atem keuchend ringt,
sich aus dem Meer ans Ufer hat gerettet,
zurückschaut auf das fürchterliche Wasser,
so wandte sich, noch immer weiter fliehend,
mein Sinn, die Schlucht noch einmal zu bestaunen,
die keinen mit dem Leben je entließ.

Den müden Leib ein wenig ausgeruht,
nun wieder auf, den öden Hang hinan,
und stemmte stets mich auf den tiefren Fuß.
Schon gleich am steilen Anstieg, siehe da,
entgegen mir ein schlankes flinkes Pardel,
und derart huscht sein buntgeflecktes Fell
im Hin und Her mir immer vors Gesicht
und stört und hindert meinen Aufstieg so,
daß ich schon wankend wieder weichen wollte[1].

1 Die drei Tiere: Pardel, Löwe, Wölfin, gleichen in der Vorstellung des Dichters den Lastern: Wollust, Stolz, Habgier.

Es war die Stunde aber früh am Morgen,
die Sonne stieg samt allen jenen Sternen,
die um sie waren, als am ersten Tag
aus Schöpfers Liebe herrlich trat das All.
Drum hatt ich guten Grund mich keines Args
im milden Lenz beim ersten Tageslicht
von jenem muntern Raubtier zu versehen.
Und dennoch mußt ich gleich mich wieder fürchten
beim Anblick eines Löwen, der erschien:
Mir war, als käm' er grade auf mich zu,
erhobnen Haupts, so hungrig und so wütend,
daß fast die Luft vor ihm erzitterte.
Und eine Wölfin, siehe, unersättlich
und voller Gier in ihrer Magerkeit,
alte Verderberin der Menschenvölker!
Der grauenvolle Ausdruck ihres Blickes
befiel wie Lähmung mich an Herz und Gliedern,
und meine Hoffnung nach der Höhe schwand.
Dem Manne gleich, der auf Gewinn erpicht
und dem zur Stunde des Verlustes dann
sein ganzes Denken trüb und kläglich wird,
ward ich durch jenes ruhelose Tier,

wie's mir entgegenkam und Schritt für Schritt
mich abwärts und zurück ins Dunkel drängte.

Indem ich so ins Tiefe sank und fiel,
erstand ein Mensch vor meinen Augen, der
wohl lange ohne Kraft und Stimme schon
in weiter Einsamkeit gewesen war.
»Erbarm dich meiner!« rief ich. »Wer du seist,
ein Schatten oder ein lebend'ger Mensch!«
»Ich bin«, sprach er, »kein Mensch, doch war ich's einst,
und aus Lombardien stammten meine Eltern
und beider Heimatstadt war Mantua.
Ich wurde noch geboren unter Julius
und lebt' in Rom unter dem guten Herrn
Augustus in der Zeit der Heidengötter.
Als Dichter sang ich des Anchises Sohn,
den Treuen, der zu uns von Troja kam,
nachdem das stolze Ilion verbrannt.
Doch du, warum zurück in argen Jammer
und nicht hinauf den wonnereichen Berg,
allwo der Urquell echter Freude springt?«
»Vergilius[1] also bist du, bist der Born,
aus dem so reich die goldnen Worte strömen?«
Ich sprach es schüchtern mit gesenkter Stirn.
»Du Ruhm und Leuchte über allen Dichtern,
laß all den Fleiß, laß meine große Liebe,
womit ich häng an deinem Buche, gelten!
Du bist der Meister mir, der schöpferische,
der einzige, von dem die hohe Kunst
des Worts ich habe, die mir Ehre bringt. –
Sieh dort das Tier, vor dem ich fliehen muß,
und steh mir bei, berühmter, weiser Mann,
mir bebt das Blut vor ihm in allen Adern.«

1 *Für Dante ist Vergilius Maro nicht nur der Sänger des Aeneas und des römischen Weltreiches, sondern auch der ahnende Künder des christlichen Zeitalters (durch seine 4. Ecloga) und der große Vertreter der natürlichen Weltweisheit.*

»Ein andrer Weg als dieser ist der deine,
willst du aus dieser Wildnis dich noch retten«,
erwidert er, da er mich weinen sah.
»Die Wölfin, die den Angstschrei dir erpreßt,
läßt niemand seinen Weg in Ruhe gehn,
sie stellt den Menschen, und sie tötet ihn.
Bösartig ist sie und verrucht und gierig,
wird nimmer satt in ihrer jähen Lust,
und nach dem Fraße wächst erst recht ihr Hunger.
Von vielen Tieren läßt sie sich begatten,
mit vielen andern wird sie's treiben – bis
der Jagdhund kommt und ihr den Garaus macht.
Den hungert nicht nach irdischem Metall:
nach Weisheit, Liebe nur und Festigkeit,
und unter schlichtem Filz wird er geboren.
Erlösen wird er dieses arme liebe
italisch Land, für das Camilla, Turnus,
Euryalus und Nisus kämpfend starben.
Durch alle Städte jagt er dann die Wölfin,
bis sie zur Hölle fährt in alte Nacht,
aus der zuerst der Neid sie ausgespien[1].
Zu deinem Besten denk ich drum und rate,
daß du mir folgst, ich will dein Führer sein
und bring dich weg von hier in ewige Räume,
wo du verzweiflungsvolles Schreien hörst
und arme abgeschiedne Seelen siehst,
die dir den zweiten Tod entgegenheulen.
Und sollst die andern schauen, die mit Willen
im Feuer dulden, weil sie Hoffnung haben
früh oder spät zum Sitz der Seligen.
Willst du zu diesen dann dich noch erheben,
da wird ein würdigeres Wesen sein,
dem ich bei meinem Weggang dich anheimgeb,

1 *Der prophetische Hinweis auf einen Befreier Italiens und Gründer eines befriedeten Weltreichs im Zeichen des Hundes (Veltro) wird verschieden gedeutet.*

dieweil der Kaiser, der dort oben herrscht,
durch mich, der sein Gesetz nicht anerkannte,
den Weg zu seiner Stadt nicht weisen läßt.
Allwärts gebietet ER, doch dorten herrscht ER
Dort ist die Gottesstadt und dort sein Thron.
O glücklich, wen er auserwählt für dort!«
»Nun denn, mein Dichter«, sprach ich, »bei dem Gott,
den du verkanntest, bitt ich dich – daß ich
nur diesem Tier und Schlimmerem entgehe –
führ dort mich hin, wovon du eben sprachst,
laß mich das Tor des heiligen Petrus sehen
und die so schrecklich leiden, wie du sagst.«
Da schritt er aus, und ich ging hinter ihm.

Zweiter Gesang

Vergils Sendung · Die drei seligen Frauen

Zur Neige ging der Tag, die Dämmerung
nahm allen Lebewesen auf der Erden
ihr Müh und Arbeit ab, und ich allein
begann mich einzusetzen in das Ringen
mit meinem weiten Weg und schweren Herzen.
Und nacherzählen will ich's ohne Fehl.
Ihr Musen, hohe Geisteskräfte, helft mir,
und du, die was ich schaute, hast verzeichnet,
Erinnerung, jetzt zeige deinen Adel!

»Der du mich führst, mein Dichter«, hub ich an,
»sieh zu, ob meine Kraft es auch vermag,
bevor du auf den steilen Steg mich bringst.
Du kündest, daß Aeneas noch im Fleisch
das ewige Seelenreich betrat und sah
mit irdschen Sinnen das Unsterbliche[1].
Daß es der Herr, der allem Unfug wehrt,
ihm gern erlaubte um der großen Wirkung
des Helden und des hohen Beispiels willen,
ist in der Ordnung, wenn man's recht bedenkt;
war er im Himmel doch schon auserwählt,
der Ahnherr Romas und des Reichs zu werden,
allwo dereinst, daß ich die Wahrheit sage,
die heilge Stätte zubereitet wurde,
da auf dem Stuhl Sankt Peters Erbe sitzt.
Auf jener Hadesfahrt, die du besingst,
gewann er Kenntnisse, die ihm den Sieg

1 *Hinweis auf das 6. Buch der Aeneis des Vergil.*

gewährten und den Weg zum heiligen Mantel.
Paulus sodann, das ›auserwählte Werkzeug‹,
ward himmelan entrückt und brachte Stärkung
von dort für unsren Glauben an das Heil[1]. –
Wozu? Mit wessen Gunst soll ich nun gehn?
Ich bin kein Paulus, bin Aeneas nicht.
So hoch glaub ich mich nicht, und niemand glaubt's.
Drum, wenn ich mich hinüberführen lasse,
so fürcht ich, wird es eine tolle Reise.
Du, Weiser, weißt es besser, als ich's sage.«
Einer, der seinem Wollen widerwill,
durch neu Bedenken seinen Vorsatz ändert,
vom angefangnen Werke völlig absteht,
so einer wurde ich in jener Nacht.
Mein Denken fraß das Unternehmen auf,
das vordem noch so ganz und fest gewesen.

1 *Siehe 2. Korintherbrief, 2. Kapitel.*

»Hab ich im wahren Grund dein Wort verstanden«,
versetzte jener hochgesinnte Schatte,
»so hat dir Kleinmut an das Herz gegriffen,
und davon wird der Mensch oft so verstört,
daß er vom schönsten Unternehmen abspringt,
wie in der Dämmerung ein scheues Tier.
Damit du deine Bangigkeit verlierest,
will ich dir sagen, wie, weshalb ich gleich
dein' Not verstand und dir zu Hilfe kam.
Ich war im Kreis der Wartenden. Da rief
mich eine hohe Frau, so selig schön,
daß ich mir gern von ihr befehlen ließ.
Wie Wundersterne leuchteten die Augen,
als sie mir sanft und schlicht mit Engelsstimme
in Himmelssprache ihren Willen sagte:
›Du adeliger Geist aus Mantua,

des Ruhm noch immer durch die Lande geht
und dauern wird in allem Lauf der Zeiten!
Mein armer Freund, dem Glück nicht freundlich ist,
im Aufstieg dort, gehemmt am öden Berghang,
hat sich aus Furcht zur Umkehr weggewendet
und ist vielleicht schon ganz verirrt. Ich fürchte,
daß ich zu spät zu seiner Hilfe aufstand,
nach dem, was mir die Seligen von ihm sagten.
Nun eile du, mit deines Wortes Lockung,
mit allem, was zu seiner Rettung not tut,
hilf ihm, damit ich seiner mich getröste.
Ich, Beatrice[1], bin es, die dich schickt.
Von dort, wo immer es mich hinzieht, komm ich,
aus Liebe hergeführt, um fürzusprechen.
Wenn ich vor meines Herren Antlitz stehe,
will ich ihm lobend oft von dir erzählen.‹
Sie schwieg, und ich begann und sprach zu ihr:
›Hochsinnige Frau, um deinetwillen nur
erheben sich die Menschen über alles,
was unterm Mond in irdischem Dunstkreis liegt.
Willkommen ist dein Auftrag mir so herzlich,
daß ich nicht schnell genug gehorchen kann.
Mehr braucht es nicht, ich kenne dein Belieben.
Nur sag mir noch, warum du dich nicht scheust,
in diese Erdenhöhle abzusteigen,
aus weiten Höhn, danach dein' Sehnsucht glüht.‹
›Weil du so gründlich forschend danach fragst,
will ich dir kurz erklären‹, sagte sie,
›weshalb ich ohne Furcht herniedersteige.
Zu fürchten hat man doch nur solche Dinge,
die wirklich Schaden anzutun vermögen,
die andern aber sind nicht fürchterlich.
Durch Gottes Gnade bin ich so geartet,

1 Beatrice (Portinari!), eine von Dante in seiner Jugend schwärmerisch verehrte Florentinerin. Durch frühen Tod verklärt, wird sie dem Dichter zu einer himmlischen Führerin.

daß euer Elend mir nichts antun kann,
und euer Feuer bis zu mir nicht flammt.
Des Himmels holde Herrin[1] fühlt Erbarmen
mit dieser Not, dahin du eilen sollst,
und harten Spruch dort oben sänftigt sie.
Der hoffenden Lucia[2] zugewandt:
›Jetzt braucht dein treuer Knecht dich‹, mahnte sie,
›in deinen Schutz sei er durch mich empfohlen.‹
Lucia, aller Schroffheit abgeneigt,
machte sich auf nach mir und fand mich so
beschaulich bei der greisen Rahel sitzen
und sprach: ›Zu Gottes reinem Lob bestellte
Beatrice du, willst du nicht helfen ihm,
der dir zuliebe sich hervorgetan?
Hörst du den Jammer seiner Klage nicht?
Siehst nicht den Tod, der ihn ergreifen will
und mit sich reißen, mächtiger als das Meer?‹ –
Noch nie auf Erden hat ein Mensch so flink
sein Glück gehascht, sein Weh geflohn, so flink
wie ich bei diesen Worten niederfuhr
von meinem Himmelssitz, und – dir vertrau ich
und deiner lauteren Beredsamkeit,
die dich und deine treuen Hörer ehrt.‹
Nachdem sie so mich unterrichtet hatte,
blickt sie sich um aus tränenfeuchten Augen,
daß es mich um so mehr zur Eile trieb.
So kam ich denn zu dir nach ihrem Willen,
und aus dem Weg des Tieres bracht ich dich,
das dir den kurzen Pfad hinauf verwehrte.
Wie nun, und warum stehst du noch und zagst?
Und hegst im Herzen solche Schwächlichkeit?
Warum nicht kühnen freien Muts voran,
wenn solche Frauen segensreich selbdritt

1 Die Jungfrau Maria.

2 Lucia, die Beschützerin des Augenlichtes, verkörpert die von der Gnadenmutter Maria angeregte Hoffnung.

am Thron des Himmels für dich Sorge tragen,
und dir mein Wort so reiches Heil verspricht?«

Wie Blümlein, die der Nachtfrost schloß und beugte,
sobald die Sonne ihnen wieder scheint,
die Stiele recken und die Kelche auftun,
erholt ich mich von meiner Mattigkeit,
und neuer Mut durchflutete mein Herz.
Ich sprach wie ein befreiter Mann und sagte:
»Wie herzensgut ist sie, daß sie mir half,
wie freundlich du, daß du so rasch gehorchst
der wahren Weisung, die sie zu dir brachte.
Du hast den Wunsch mir in der Brust geweckt
mit deinen Worten, daß ich wandern will
und wieder fest im ersten Vorsatz bin.
Brich auf, wir haben beide einen Willen.
Du bist mir Führer, bist mein Herr und Meister.«
Ich sprach's, und wie sein Schritt sich vorwärts regte,
betrat auch ich den steilen rauhen Weg.

Dritter Gesang

Höllentor · Feiglinge · Acheron

»Ich bin der Eingang in die Stadt der Schmerzen,
ich bin der Eingang in das ewige Leid,
ich bin der Eingang zum verlornen Volk.
Gerechtigkeit bewegte meinen Bauherrn,
die Allmacht Gottes richtete mich auf,
die höchste Weisheit und die erste Liebe.
Geschaffne Wesen gab es nicht vor mir,
nur ewige, und ewig stehe ich.
Tu, der du eintrittst, alle Hoffnung ab.«

Als Inschrift sah ich diese finstern Worte
hoch über einem Tore stehn und wandte
an meinen Führer mich: »Ein harter Sinn!«
Und er, der gleich verstand, entgegnete:
»Hier gilt's sich jeder Halbheit zu entschlagen,
hier gilt's den Kleinmut in sich zu ersticken.
Wir sind am Ort, von dem ich dir gesagt,
daß du die leidensvollen Menschen wirst
zu sehn bekommen, die das Licht verloren.«
Und damit legt' er seine Hand auf meine
und sah mich heiter an und macht' mir Mut
und führte mich in die verborgne Welt.
Da war von Seufzen, Weinen, Wehgeschrei
rings um mich her in sterneloser Luft
ein Widerhall, daß mir die Tränen kamen.
Verschiedne Sprachen, fürchterliche Reden
und Worte, Ausbrüche von Schmerz und Wut

mit Stimmen scharf und dumpf, und Handgeklatsche
machten ein Durcheinander, einen Wirbel,
der wie im Wüstensturm der Sand sich ballt
und ewig durch den grauen Dämmer fegt.
Ein Ring des Schauders lief mir ums Gehirn
und: »Meister«, fragt' ich, »was bedeutet dies
Getöse, diese schmerzergriffnen Menschen?«
Und er: »So ist das klägliche Gebaren
der armen Seelen, die ihr Leben lang
sich weder Ruhm noch Schmach verdienen konnten.
Sie sind den faulen Engelscharen bei-
gemischt, die gegen Gott sich nicht empörten,
noch treu ihm waren, sondern nur für sich.
Der Himmel stieß sie aus, um rein zu bleiben;
die Hölle läßt sie tiefer nicht hinab,
weil sie die Schmach der Bösen schmälern könnten.«
Ich frug: »Was lastet nur so schwer auf ihnen,
daß sie so heftig jammern müssen, Meister?«
»Ich will's dir kurz erklären«, sagte er.
»Vom Tode haben diese nichts zu hoffen,
ihr Leben ist so blind, ist so gemein,
daß jedes andre Los für sie ein Neid.
Getilgt ihr Name in der Welt, verworfen
von Gnade und Gerechtigkeit ihr Wert.
Nichts mehr davon, schau hin und geh vorbei!«
Und wie ich schaute, sah ich eine Fahne,
die ging so schnell im Kreise um und um,
als wäre sie zu stolz, sich festzulegen,
und hinter ihr ein langer Menschenschweif
und so viel Volk, daß ich nicht glauben konnte,
es seien je so viele schon verblichen.
Schon hatt ich den und jenen auch erkannt,
als ich von dem den Schatten sah und kannte,

der feig den großen Auftrag von sich wies[1].
Jetzt sah ich plötzlich ein und wurde sicher,
daß ich den ganzen Auswurf vor mir hatte,
den Gott nicht will, und seine Feinde nicht.
Unselige, die nie lebendig waren;
sie liefen nackt herum und sehr zerstochen
von Wespen und von großen Mückenschwärmen,
so daß ihr Blut herniederrieselte,
vermischt mit Tränen über das Gesicht
bis auf die Füße, wo's die Würmer leckten.

Als ich noch weiter auszuschaun versuchte,
sah ich zum Ufer eines großen Stromes
die Menschen ziehn und sprach: »Vergönn mir, Meister,
zu wissen, wer sie sind und welcher Brauch
sie treibt, daß sie so schnell hinüber wollen,
soviel im schwachen Licht ich unterscheide.«
Und er zu mir: »Dies alles wird dir kund,
sobald wir hingewandert sind und stehn
am düstern Ufer dort des Acheron.«
Da schämt' ich mich und schlug die Augen nieder,
daß nur mein Fragen ihm nicht lästig würde,
und sagte bis zum Fluß kein Wörtchen mehr.
Es kam, sieh da, zu Schiff einhergefahren
ein alter weißbehaarter Mann und rief:
»Verworfne Seelen, wehe, nimmermehr
sollt ihr den Himmel sehn, hier gilt kein Hoffen.
Ans andre Ufer bring ich euch hinüber
in ewige Finsternis zu Glut und Eis.
Du aber, der dort stehst mit heiler Seele,
geh weg von jenen, die des Todes sind!«
Und wie er sah, daß ich nicht weichen wollte:
»Auf andrem Weg, von andern Häfen aus,

1 Wahrscheinlich Coelestin V., der im Dezember 1294 die päpstliche Würde niederlegte.

nicht hier«, sprach er, »ist deine Überfahrt.
Ein flotteres Fahrzeug ist für dich bestimmt.«
Da wies mein Führer ihn zurecht: »Charon,
erhitz dich nicht, beschlossen so ist's dort,
wo Wille Macht ist, glaub es mir und schweig!«
Hierauf beruhigten sich die zottigen Backen
des Fergen auf dem leichenhaften Wasser,
der aus zwei Flammenrädern sprühend blickte.

Und bleiche Angst mit Zähneklappern faßte
die müden, nacktgewordnen Seelen an,
da sie des Schiffers grimme Worte hörten.
Sie lästerten auf Gott und ihre Väter,
das menschliche Geschlecht, den Ort, die Zeit,
den Samen ihrer Herkunft und Geburt,
dann drängten sie sich alle heftig weinend
zusammen an den unheilvollen Strand,
wo jeder Mensch, der Gott nicht fürchtet, hin muß.
Der düstre Charon mit den Feueraugen
winkt sie heran und ordnet sie zu Hauf,
mit seinem Ruder schlägt er jeden Säumigen.
Wie Blätter, die vom Baum im Spätherbst fallen,
und eines nach dem andern flattert weg,
bis aller Schmuck der Zweige unten liegt,
so springen die verworfnen Adamskinder
auf Wink des Fergen eins ums andre ab
vom Ufer, wie der Vogel auf den Lockruf.
Dann geht's mit ihnen übers dunkle Wasser,
und eh sie drüben ausgestiegen sind,
versammelt wieder neue Schar sich diesseits.
»Mein Sohn«, erklärte mir der gütige Meister,
»es kommen alle, die in Gottes Zorn
versterben, hier von überall zusammen

und sind sofort zur Höllenfahrt bereit.
Der Rechtsspruch Gottes drängt und quält sie so,
daß sie das Fürchterliche sich ersehnen.
Für gute Seelen gibt's hier kein Hinüber,
daher, wie nunmehr du verstehen wirst,
sich Charon über dich ereifern muß.«

Kaum war's gesprochen, als das dunkle Land
so heftig bebte und ich so erschrak,
daß ich's noch heut nicht ohne Angstschweiß denke.
Ein Sturm, geboren aus dem Weh der Erde,
erzeugte Wetterstrahl und rotes Licht,
das jegliches Empfinden mir benahm,
und wie von Schlafe trunken sank ich hin.

Vierter Gesang

Der Limbus · Die Ungetauften · Die berühmten Geister des Altertums im Elysium

Ein dumpfer Donner brach den tiefen Schlaf
im Haupte mir und jäh fuhr ich empor,
wie ein gewaltsam Wachgerüttelter.
Das ausgeruhte Auge ließ ich wandern
ringsum und in die Höh und blickte scharf,
um auszukunden, wo ich denn nun war.
Und in der Tat, am Rand des Tales stand ich,
das in den Abgrund allen Schmerzes führt,
wo ungezähltes Weh sich staut und rollt.
Ein dunkles, tiefes, nebeldunstig Tal.
So weit mein Blick hinunterbohren mochte,
erfaßt er nirgend ein bestimmtes Ding.
»Wir steigen jetzt hinab ins blinde Reich.«
Mein Dichter sprach's und wurde totenblaß.
»Ich will vorangehn, und du sollst mir folgen.«
Wie er erblaßte, hatt ich wohl bemerkt
und sprach: »Wie soll ich gehn, wenn du erschauerst,
der du mich Zagenden zu stärken pflegst.«
»Die Not der Menschen, die da unten zittern«,
erwidert er, »verfärbt mir das Gesicht,
und Mitleid ist, was du als Furcht verstehst.
Doch vorwärts! Eile heischt der lange Weg.«
Und damit drang er ein und führt mich ein
zum ersten Ring, der um den Abgrund läuft.

Da war, soviel man lauschend merken konnte,
kein Weinen, nur ein leises Seufzen noch,

das zitternd durch die ewigen Lüfte ging;
es kam von einem Leiden ohne Qual,
darunter schmachteten in großen Scharen
gar viele Kindlein, Weiber auch und Männer.
Der gute Meister sprach: »Willst du nicht wissen,
was es für Geister sind, die du hier siehst?
So merke dir, bevor du weiter gehst,
zwar sündigten sie nicht, doch ihr Verdienst
genügt nicht, weil die Taufe ihnen fehlt,
die erst den Zugang schafft zu eurem Glauben.
Und, so sie vor dem Christentum schon lebten
verehrten sie noch nicht genug den Herrn[1].
Zu diesen Mangelnden gehör auch ich.
Durch solchen Fehl und keine weitre Schuld
sind wir verloren, unser ganzes Leid
ist: hoffnungslos in Sehnsucht leben müssen.«
Dies schmerzte mich, da ich's vernahm im Herzen,
denn Menschen unter ihnen hohen Wertes
erkannt ich, die in diesem Vorhof harrten.
»O sag mir, Herr, und sag mir, Meister mein«,
begann ich, denn ich wollte mich versichern
im rechten Glauben gegen jeden Irrtum,
»kam hier noch keiner frei durch eignes Werk?
durch fremde Hilf? und stieg zur Seligkeit?«
Er ahnte den versteckten Sinn der Frage
und sprach: »Ein Neuling war ich noch hienieden,
als einen Mächtigen ich kommen sah,
den seines Sieges hohes Zeichen krönte[1].
Des ersten Vaters Schatten nahm er mit
und Abels, dessen Sohns, und Noahs Seele
und Moses und den frommen Patriarchen
Abram, den König David, Israel
und Vater Jakob, dessen Kinder auch

1 *Jesus Christus.*

und seine langerdiente Gattin Rahel
und viele andre, die er selig machte.
Doch vorher, sollst du wissen, hat noch nie
sich eine Menschenseele retten können.«

Wir hielten uns nicht auf, dieweil er sprach,
und gingen immer weiter durch den Wald.
Es war ein Wald von dichtgedrängten Geistern.
Wir waren noch nicht lang talab gegangen,
als ich ein Feuer, eine helle Wölbung,
erblickte mitten in der Finsternis.
Zwar waren wir noch ziemlich weit davon,
doch soviel konnte ich schon unterscheiden,
daß dort ein ehrsam Art von Menschen wohnte.
»Erlauchter du in Kunst und Wissenschaft,
wer sind die Würdigen, die so ehrenvoll
sich zeigen und die andern übertreffen?«
Und er zu mir: »Ihr hoher Name hat
in deiner Welt so guten Klang und Glanz,
daß auch der Himmel ihnen Gunst erweist.«
Und plötzlich hört ich eine Stimme schallen:
»Erweiset Ehre unserm höchsten Dichter,
sein Schatte, der entschwunden war, kommt wieder.«
Nachdem die Stimme ausgeklungen hatte,
erschienen auf uns zu vier große Schatten,
gleichmütigen Gesichts, nicht froh, nicht traurig.
Der gute Meister gab mir gleich Bescheid:
»Schau diesen, der das Schwert in Händen trägt,
den andern drei'n als wie der Herr voran,
das ist Homer, der königliche Dichter,
der andre, der satirische Horaz,
Ovid der dritte und Lucan der letzte.
Da aber jedem so wie mir der Titel

gebührt, den einig jene Stimme grüßte,
erweisen sie mir Ehre, und mit Recht.«
So durft ich die verklärten Jünger sehen,
geschart um jenen Meister des Gesangs,
der wie der Adler über allen schwebt.
Nachdem sie kurz sich unterredet hatten,
bewegten sie sich grüßend zu mir her,
worüber lächelnd sich mein Meister freute,
und taten mir noch größre Ehre an:
sie ließen mich in ihrer Mitte gelten
als sechsten auf so hohem Rang der Weisheit.

So wandelten wir nach der Lichtung hin,
und was wir sprachen, war so edel dort
wie's unfein wäre hier zu wiederholen.
Wir standen bald vor einer stolzen Burg[1],
mit siebenfachem Mauerring umgeben,
um die zum Schutz ein klares Bächlein lief.
Wir gingen drüber, wie wenn's Festland wär.
Durch sieben Tore trat ich mit den Weisen.
Wir kamen auf ein frisches grünes Land,
und Menschen blickten würdevoll und ruhig,
verehrenswerte Hoheit auf den Zügen.
Sie sprachen wenig, sanft war ihre Stimme.
Wir aber zogen uns zurück zur Seite
nach einer hellen offnen Höhe hin,
und wo wir sie nun alle sehen konnten.
Ich, aufrecht auf der grünen Matte stehend,
bekam die großen Geister so zu schauen,
daß heute noch der Anblick mich entzückt.
Ich sah Elektra und der Ihren viele,
darunter Hektor und Aeneas waren.
Bewaffnet, adleräugig blickte Cäsar.

1 *Allegorie der menschlichen Wissenschaften und Künste.*

Camilla sah ich und Penthesilea
zur andern Seite, wo Latinus saß,
der König, mit Lavinia, seiner Tochter.
Ich sah den Brutus, des Tarquinius Feind,
Lucretia, Julia, Martia und Cornelia.
Abseits und einsam sah ich Saladin.
Als ich den Blick ein wenig höher warf,
sah ich den Meister aller Wissenden[1]
im Kreis der Philosophenschüler sitzen.
Ihn ehren alle, ihn bewundern alle.
Da sah ich Sokrates und Plato auch,
die ihm am nächsten vor den andern stehn.
Und Demokrit, der Zufall sieht in allem,
Diogenes und Thales, Anaxagoras,
Empedokles, Zenon und Heraklit,
ich sah den Kenner des natürlich Eignen,
den Arzt Dioskorides, und sah den Orpheus,
den Tullius, Linus, Seneca Moralis,
Euklid, den Geometer, Ptolemäus,
Hippokrates, Galen und Avicenna,
Avérroes, den großen Kommentator.
Ich kann nicht alle zur Genüge schildern,
der reiche Gegenstand bedrängt mich so,
daß oft mein Wort die Sache nicht mehr faßt.

Vom Kreis der Sechse lösen sich nun zwei.
Auf andrem Wege bringt der Meister mich
aus stiller Klarheit in erregte Luft
in eine Gegend, wo nichts Helles ist.

1 *Aristoteles.*

Fünfter Gesang

Der Höllenrichter Minos · Die Wollüstigen Francesca von Rimini

So schritt ich von dem ersten Ring hinab
zum zweiten, der im Umkreis enger läuft
und desto mehr an Schmerz und Weh enthält.
Dort fletscht und knirscht der fürchterliche Minos[1];
er prüft beim Eintritt jede Sündenlast,
urteilt und weist den Rang durch Schweifes Ring:
denn wenn die arme Seele vor ihn tritt,
gesteht sie ihre ganze Missetat,
und er, der Kenner aller Sünde, sieht
sofort den Höllenrang, der ihr gebührt,
schlägt Ringe um sich mit dem Schweif so viele,
als er den Sünder drunten haben will.
Gar viele stehen wartend immer vor ihm
und kommen nacheinander ins Gericht,
bekennen, hören, stürzen in den Abgrund.
»Der du zum Sammelplatz des Leides kommst«,
rief Minos mir von weitem schon entgegen,
in seinem hohen Amt sich unterbrechend,
»gib acht! Bedenke, wem du dich vertraust
und daß der breite Eingang dich nicht täusche!«
Darauf mein Meister: »Warum schreist du so?
Versperr ihm nicht den vorbestimmten Weg,
beschlossen so ist's dort, wo Wille Macht ist.
Dies muß genügen. Frage drum nicht weiter.«
Jetzt fängt es an, daß mir die Schmerzenslaute
ganz nahe gehn, hier an der Schwelle, wo
die Flut des Tränenjammers mich bestürmt.

1 *Ein sagenhafter weiser König auf Kreta, bei Dante zum teuflischen Ungeheuer verzerrt.*

Die Gegend wurde lichtlos um mich her,
wie auf dem Meer umbrüllte mich das Wetter,
wenn Winde gegen Winde feindlich wüten.
Die höllische Windsbraut rastet nie und reißt
die Geister mit sich wie geraubtes Zeug
und stößt und wirbelt unsanft sie umher.
Geworfen dorthin an die Felsentrümmer,
erheben sie ein Schreien, Klagen, Jammern
und lästern gegen Gottes Mächtigkeit.
Daß solcher Art von Qualen Fleischessünder
verfallen müssen, sah ich ein, dieweil
sie ihrer Lust, statt der Vernunft gehorchen.
Und wie die Staren auf den Flügeln schweben,
durch Winterluft in breiten vollen Schwärmen,
so fegt der Höllensturm die bösen Geister
nach rechts, nach links, hinauf, hinab – dahin.
Und keine Ruhe, keine Hoffnung winkt,
und keine Linderung in ihrer Qual.
Und wie die Kraniche im Klaggesang
in langen Reihen durch den Himmel ziehn,
so kamen, ihre Jammerlaute schwellend,
die Schatten auf der Windsbraut gegen mich.
Daher ich sagte: »Meister, wer sind diese
in Nacht und Sturm umhergepeitschten Menschen?«
»Die vorderste im Schwarm, von dem du Kunde
begehrst«, erwidert er, »war Kaiserin,
gebietend über Völker vieler Sprachen;
so zügellos der Unzucht hingegeben
trieb sie's, daß als Gesetz in ihrem Reich
die Lust nur galt und nichts mehr schmählich war.
Sie heißt Semiramis, man liest von ihr,
daß sie nach ihrem Gatten Ninus herrschte
über das Land, das heut des Sultans ist.

1 Sprecherin ist Francesca. – Die Familien der Polenta, Herren von Ravenna, und die der Malatesta von Rimini hatten eine alte Fehde miteinander, die eines Tages, etwa 1275, durch eine Heirat beigelegt werden sollte. Francesca, die Tochter des alten Guido da Polenta, wurde dem Gianciotto Malatesta zur Gattin bestimmt. Dieser aber soll ein häßlicher und hinkender Mann gewesen sein, so daß zu befürchten war, er werde der schönen Francesca wenig zu Sinne gehen. Daher beschloß man, statt seiner seinen Bruder Paolo, einen hübschen Jüngling, als Werber auftreten zu lassen. Der Plan gelang. Francesca

Die zweite tötete sich aus Verliebtheit,
dem toten Gatten treulos: das ist Dido;
ihr folgt Kleopatra, die buhlerische.
Dann siehst du Helena, um die so lange
der Krieg getobt, und siehst Achill, den Starken,
der schließlich nur noch mit der Liebe rang.
Den Paris und den Tristan schau!« Und andre,
wohl mehr als tausend zeigt und nannt er mir,
die liebesgierig um ihr Leben kamen.

Da ich von meinem Lehrer nennen hörte
die alten Namen all der Frau'n und Ritter,
ergriff's mich wie ein fassungsloses Mitleid
und ich begann: »Wie gern, mein Dichter, möcht ich
zu jenen beiden sprechen, die so leicht
vom Wind getragen miteinander schweben.«
Er sprach: »Sieh zu, wann sie uns näher sind,
und dann beschwöre sie bei jener Liebe,
die sie umhertreibt, und sie werden kommen!«
Kaum hatt' der Wind sie zu uns hergebogen,
hob ich die Stimme: »Arme, bange Seelen,
kommt her, mit uns zu sprechen, wenn ihr dürft.«
Und wie ein Taubenpärchen sehnsuchtsvoll
auf breiten Schwingen ruhig vom Wunsch getragen,
die Luft dem trauten Neste zu durchzieht,
so schwebten sie hervor aus Didos Schwarme
zu uns herüber durch die wilde Luft –
so mächtig war mein liebevoller Ruf.

»Gefälliges und gütig Wesen du[1],
das durch die purpurdunkle Nacht zu uns,
die wir mit Blut die Erde färbten, kamest,
ach, wär' des Weltalls König unser Freund,

schenkte dem Paolo ihr Jawort. Erst als man ihr bei der Vermählung den Gianciotto als ihren Mann vorstellte, entdeckte sie den Betrug. Inzwischen war Paolo von heftiger Leidenschaft für seine Schwägerin ergriffen worden und hatte wenig Mühe, Gegenliebe zu finden. Ein Diener verriet dem Gianciotto das ehebrecherische Verhältnis. Dieser überraschte die beiden in einer zärtlichen Umarmung und durchbohrte mit einem Dolch die eigene Gattin und den eigenen Bruder. Die Bluttat soll sich etwa zehn Jahre nach der Hochzeit ereignet haben, also zur Zeit, da Alighieri dem Knabenalter entwachsen war, so daß diese Skandalgeschichte aus den Kreisen des höchsten Adels tiefen Eindruck auf ihn machen konnte.

um deinen Frieden flehten wir zu ihm,
denn du hast Mitgefühl für unsere Qualen.
Was dir beliebt zu hören und zu reden,
das hören wir und reden wir mit euch,
solang wie eben jetzt die Stürme schweigen. –
Es liegt mein Heimatland am Ufer droben,
wo unser Po mit allen seinen Wassern
zum Meer hinunterfließt und Ruhe findet. –
Liebe in edeln Herzen zündet rasch,
und diesen hier berückte sie mit Schönheit
des Leibes, den ich, ach, so schnöd verlor.
Liebe will wieder Liebe von uns haben,
und mich ergriff sie, diesem hier zuliebe
so tief, sieh her, daß ich sie immer hege.
Die *Liebe* riß in *einen* Tod uns zwei.
Der uns ermordet, wird's mit Kain büßen.«
Dies sind die Worte, die herüberklangen.
Und ich verstand die schwerverletzten Seelen,
neigte das Antlitz und verweilte so,
sinnend, bis der Poet mich fragt': »Was hast du?«
Zur Antwort seufzte ich: »Unglückliche! –
Und all das süße Träumen, all das Sehnen,
das diese zwei ins Elend führen mußte!«
Dann wandt' ich mich zu ihnen, nahm das Wort
und sprach: »Arme Francesca, weinen muß ich
aus innig Leid und Mitgefühl um dich.
Erzähle mir, da ihr noch schmachtet,
wodurch und wie hat euch die Liebe da
den scheuen Wunsch der Herzen kund gemacht?«
Sie sprach: »Im Elend sich vergangnen Glückes
erinnern müssen, ist der größte Schmerz.
Das weiß so gut wie ich dein Führer dort.
Doch weil du mich so traut und herzlich fragst

und unsrer Liebe Anfang kennen willst,
so muß ich's denn mit Tränen dir erzählen.
Wir lasen eines Tags zur Unterhaltung
vom Lancelot und wie er sich verliebte,
wir zwei allein und dachten uns nichts Böses.
Da mußten manchmal wir vom Buche auf
uns in die Augen schauen und erblaßten.
Die *eine* Stelle war's, die uns besiegte.
Dort, wo wir lasen, wie der Held der Liebe
das holde Lachen ihr vom Munde küßte.
Da küßte Er, der ewig mir gehört,
am ganzen Leibe zitternd mir den Mund. –
Galeotto war das Buch und der es schrieb[1].
Wir lasen keine Silbe mehr darin.«
Indes die eine Seele so erzählte,
hört' ich die andre weinen, daß vor Schmerz
der Sinn mir schwand, als ob ich sterben müßte,
und wie ein toter Körper sank ich hin.

1 Galeotto, der Vermittler zwischen Lancelot und Guenièvre im Lancelot-Roman: höfisch und kupplerisch wie der Roman selbst.

Sechster Gesang

Zerberus · Die Schlemmer · Der Florentiner Ciacco

Besinnung, die mir angesichts der Not
der zwei Verschwägerten, gelähmt und starr
und ganz getrübt war, hellte sich mir wieder.
Und siehe! Neue Qualen und Gequälte
umringen mich, wohin ich mich bewege,
wie ich mich wende, hin und wider blicke.

Ich bin im dritten Kreis, in einem Regen,
der ewig, flucherfüllt und schwer und kalt
herunterströmt, derselbe unaufhörlich.
Von Hagelkörnern, Schnee und schmutzigem Wasser
ein Mischmasch; gießt es durch die Finsternis;
die aufgeweichte Erde stinkt davon.
Das grimme Hundescheusal, Zerberus,
läßt hündisch aus drei Rachen sein Gebell
auf Menschen, die in Schlamm versinken, los.
Mit laufnen Augen, schmierigem Schnauzbart,
geblähtem Wanst und krallig scharfen Pfoten
zerkratzt, zerreißt und schindet er die Seelen,
die auch wie Hunde unterm Regen heulen,
bald die, bald jene Seite schirmen wollen,
sich emsig im verfluchten Elend wälzend.
Als Zerberus, der Drache, uns erblickte,
riß er die Mäuler auf, bleckte die Hauer
und zitterte vor Wut an allen Gliedern.
Mein Führer spreizte seine Hände aus,
ergriff die Erde, und aus vollen Fäusten

hinein in die drei Schlünde warf er sie.
Als wie ein Hund, der nach der Beute bellt
und stille wird, sobald er sie im Biß hat
und nur noch ringt und würgt, sie zu verschlucken,
so taten die drei schmutzigen Teufelsschnauzen
des Zerberus, der sonst so dröhnend bellt,
daß jede Seele lieber taub sein möchte.

Wir schritten über Schattenleiber hin,
vom Regen schwer bedrängte, und wir traten
mit Füßen ihre nichtige Gestalt.
Sie lagen allesamt am Boden; nur
ein einziger Schatten setzt' sich jählings auf,
da er uns sah, wie wir vorübergingen.
»Der du dich durch die Hölle schleifen lässest«,
rief er, »besinn dich, ob du mich erkennst.
Du tratst ja in die Welt, bevor ich abtrat[1].«
»Es ist wohl«, sagt' ich, »deine Seelennot,
daß du für mich nicht mehr erkennbar bist
und fremd, als hätte ich dich nie gesehen.
Doch sag mir, wer du bist, daß du hieher
zu solcher Strafe schmerzlich kommen mußtest;
mag's größre geben, mißlichere nicht.«
Und er zu mir: »In deiner Stadt, die voll ist
von Neid und Mißgunst bis zum Überlaufen,
wurd ich gehegt ein heitres Leben lang.
Ihr Bürger nanntet mich den schweinischen Ciacco,
und durch die schlimme Schuld der Schlemmerei
muß ich dem Regen, wie du siehst, erliegen.
Ich bin hier nicht allein in meinem Elend.
Mir gleichen alle Seelen rings herum
an Schuld und Strafe.« Jetzt verstummte er.
Ich sagt' ihm: »Ciacco, mich bedrückt gar sehr

1 Ciacco (wohl ein Spitzname mit der Bedeutung »Schwein«) war ein Schlemmer und Parasit, von dem erzählt wird, er habe durch sein gefräßiges, witziges und böses Maul die Gastmähler der Reichen belustigt.

dein Kummer, und ich möchte mit dir weinen.
Doch sag mir, wenn du's weißt, wie wird das enden
mit diesem Bürgerzwist in unsrer Stadt,
und gibt's noch einen Mann des Rechts, und wie
hat solche Zwietracht sich entfesseln können?«
Und er: »Nach langem Zanke wird es dort
zum Blutvergießen kommen, und die wilde
Partei verdrängt gehässig aus der Stadt die andre[1].
Sodann muß wiederum der Sieger fallen
im dritten Jahr, und steigt der Gegner hoch
durch eine Macht, die jetzt noch schwankt und tastet.
Und lang wird er die Herrschermiene tragen
und unter schwerem Druck die andern halten,
so sehr sie drüber klagen und sich kränken.
Gerecht sind zwei, die finden kein Gehör.
Von Hoffart, Neid und Habsucht angesteckt,
entbrennen die Gemüter in der Stadt.«
Und also endet er den Klageton.
Ich aber sprach: »Noch mehr möcht ich erfahren,
willst du dein Wort mir nicht noch weiter schenken?
Vom wackren Farinata und Tegghiaio,
von Jakob Rusticucci, Heinz und Mosca,
und von den andern, die das Beste wollten,
sag an, wo sind sie, daß ich sie besuche[2].
Gar heftig treibt es mich, zu wissen, ob
der Himmel sie beglückt, die Höll sie plagt.«
Und er: »Sie wohnen bei den Dunkelsten,
von vieler Schuld bis auf den Grund gedrückt.
Wenn du so tief hinabsteigst, kannst sie sehen.
Doch bitt ich, daß du in der hellen Welt
den Lebenden mich ins Gedächtnis bringst.
Dies soll mein letzte Red und Antwort sein.«
Und schon verdrehten sich ihm beide Augen,

1 Ciaccos Prophezeiung bezieht sich auf Ereignisse der Florentiner Stadtgeschichte in den Jahren nach 1300. Die wilde Partei sind die Cerchi, die andere die Partei der Donati, die mit Hilfe des Papstes Bonifaz VIII. den Sieg errangen.

2 Wir werden diesen großen Florentinern im zehnten, vierzehnten, sechzehnten und achtundzwanzigsten Gesang der Hölle begegnen.

kaum sah er noch auf mich, neigte den Kopf
voran und sank wie blind den andern zu.
»Der wird nicht wieder wach«, sagte mein Meister,
»bis daß die himmlische Posaune schallt,
und feindlich kommt die große Macht gezogen.
Dann tastet jeder sich nach seinem Grab
und seiner fleischlichen Gestalt zurück
und hört den ewig donnernden Bescheid.«

Wir schritten langsam durch das häßliche
Gemisch von Schattenmensch und Regenflut
und sprachen einiges vom künft'gen Leben,
wobei ich forschte: »Meister, diese Qualen
vermehren oder mindern sie sich auf
den großen Spruch hin oder bleiben so?«
»Besinne dich auf deinen Philosophen«,
erwidert er, »der will, daß je vollkommner
ein Wesen, desto feiner sein Empfinden
für Lust und Leid. Obschon das Höllenvolk
niemals zum echt Vollkommenen gelangt,
erwartet es dereinst sich doch ein Mehr.«
Wir wanderten des Weges Kurve hin
und sprachen mancherlei, das ich verschweige;
und als wir an den Ort zum Abstieg kamen,
gewahrten wir den Widersacher Plutus.

Siebenter Gesang

Plutus · Geizige und Verschwender
Fortuna · Jähzornige

»Papé Satan, papé Satan aleppe[1]«,
schrie uns mit heisrer Stimme Plutus an.
Der edle allverstehnde Weise aber
beruhigte mich: »Erschrecken laß dich nicht.
Nur keine Furcht! Mit aller seiner Macht
kann er den Abstieg hier dir nicht verwehren!«
Zu dem geschwollnen Maulwerk hin sodann
sprach er: »Schweig still, verfluchtes Tier, und friß
die Wut, die dich verzehrt, in dich hinein!
Mit gutem Grunde steigen wir zur Tiefe,
so will man's droben, wo Sankt Michael
den frevlerischen Aufruhr hat bestraft.«
Wie pralle, windgeschwellte Segel plötzlich
zusammensinken, wenn der Mastbaum bricht,
so fiel das grimme Ungetüm zu Boden.

Wir stiegen zu dem vierten Höllenrande
hinab und weiter an dem Abhang hin,
der alles Sündenweh der Welt umfaßt.
Gottes Gerechtigkeit! Wie häuften sich
die neuen Qualen, Strafen, die ich sah!
Kann so die eigne Schuld uns elend machen?
Wie Meeresfluten aufeinanderprallen
und wirbeln in der Enge der Charybdis,
so treibt es hier im Kreis die Menschen um.
Ein Haufen Leute ballte sich zusammen
und teilte sich nach rechts und links, sie brüllten

1 ***Unverständliches Wutgeschrei, um dessen Deutung man sich vergeblich bemüht hat.***

und wälzten Lasten mit gestemmter Brust,
bis sie zusammenstießen, machten kehrt
und schrien rückgewandt einander nach
zum Hohn: »Was hältst du's fest? Was wirfst du's weg?«
und wälzten dann zurück im dunkeln Kreis
nach links und rechts ihr Zeug zum Gegenpunkt,
wo jeder seinen Spottvers wiederholte.
Dann legten sie den Halbkreis wiederum
zurück und trafen sich zu neuem Strauß.
Mir tat's im Herzen weh, ich bat den Meister:
»Erkläre mir, was dies für Leute sind.
Und waren diese alle Geistliche
zu unserer Linken dort, die Tonsurierten?«
Und er: »Scheelsüchtigen Geistes allesamt
in ihrem Erdenleben waren sie.
Das rechte Maß im Aufwand kannte keiner.
Mit klaren Worten heulen sie sich's zu,
sooft sie hier und dort im Kreis sich treffen,
durch Gegensatz im Laster doch getrennt.
Die Nächsten hier, mit abgeschornem Haar,
sind Kleriker, sind Päpste, Kardinäle,
in denen gar soviel der Geiz vermag.«
Ich sagte: »Meister, unter diesen sollte
ich mehr als einen wohl erkennen, der
von solchem Laster sich beschmutzen ließ.«
Doch er zu mir: »Du denkst Unmögliches.
Ihr dumpfes Leben hat sie zugedeckt,
für jegliche Erkenntnis sind sie dunkel.
Sie eilen ewig hin und her zum Stoße.
Dem Grab entsteigen sie dereinst, die einen
mit fester Faust, und kahlgerupft die andern.
Im Geben und im Nehmen ohne Maß,
verloren sie das Schönste, und nun zanken

sie hier sich derart, daß ich's nicht mehr schildre.
Betrachte dir, mein Sohn, den kurzen Spaß
der irdschen Güter in Fortunas Hand,
um die das menschliche Geschlecht sich rauft.
Denn alles Gold, das unterm Monde liegt
und jemals lag, kann von den Müden allen
nicht einer Seele ihre Ruhe schaffen.«
»Nun sag mir auch, mein Meister«, bat ich ihn,
»diese Fortuna, die du mir erwähnst,
wieso nur raubt sie alle irdischen Güter?«
Und er: »Ihr seid doch törichte Geschöpfe,
und gar zu sehr beschränkt in eurem Wissen,
drum soll dir jetzt mein Spruch zugute kommen.
Der Herr, des Weisheit alles übersteigt,
erschuf die Himmel, Führer gab er ihnen,
daß jeder Körper jedem wieder strahle
und gleich das Licht sich überall verteile;
und ähnlich für den Glanz der Weltlichkeit
bestimmt er eine oberste Verwalterin,
damit, wenn's Zeit ist, eitler Reichtum wandre
von Volk zu Volk, von einem Stamm zum nächsten,
und keine Menschensatzung es verhindre.
So kommt's, daß Völker auf- und untergehn,
die Herrschaft wechselnd nach dem Spruch Fortunas,
die heimlich lauert, wie im Gras die Schlange.
Was helfen eure Künste gegen sie!
Sie plant, sie richtet, sie vollbringt ihr Werk
als echte Göttin, frei in ihrem Reiche,
ihr Wandlungswille duldet keinen Stillstand,
Notwendigkeit beflügelt ihre Schritte,
und immer drängen neue Kräfte nach.
Sie ist es, die so oft ans Kreuz gewünscht,
anstatt gelobt wird und bedankt von Leuten,

die sehr zu Unrecht auf sie schmähn und fluchen.
Sie hört es nicht in ihrer Seligkeit,
im Schwesternkreise urerschaffner Wesen
erfreut sie sich und spielt mit ihrer Kugel.«

Wir steigen nun zu tiefren Leiden nieder.
Schon sinken all die Sterne, die sich hoben
bei meinem Aufbruch, und wir müssen weiter.
Wir schritten durch den Kreis zum andern Hang,
wo unter uns ein Quell entspringt und kochend
in einen Graben stürzt, den er sich höhlt,
ein Wasser, düsterer als Purpur ist.
Wir folgten seinem nächtigen Wellengang
hinab auf einem sonderlichen Weg.
Und schließlich bildet dieser Unglücksfluß
im Tal, am Fuß der schroffen, grauen Wände
sich stauend, einen Sumpf, genannt der Styx.
Ich schaute aufmerksam hinab und sah
im Kot und Moor beschmutzte, nackte Menschen.
Die sahen aus, als hätt' man sie beleidigt
und schlugen aufeinander los mit Fäusten
und stießen sich mit Kopf und Brust und Füßen
und rissen mit den Zähnen sich in Fetzen.
Der gute Meister sprach: »Mein Sohn, hier siehst du
die Seelen der von Jähzorn Übermannten.
Und außerdem, du kannst mir's sicher glauben,
sind unten in dem Sumpfe auch noch Menschen.
Von ihren Seufzern steigen Blasen auf
und wimmeln, schau nur, auf der ganzen Fläche.
Im Schlamm bekennen sie's: wir waren grämlich
in milden, sonndurchglänzten Lüften droben
und hegten Mißmutwolken im Gemüt.
Und jetzt verdrießt der schwarze Pfuhl uns hier.

In ihrem Schlund vergurgelt sich die Hymne,
sie kann in klaren Worten nicht heraus.«

Wir schritten um den Pfuhl ein gutes Stück
am Ufer zwischen Naß und Trocken hin,
den Blick gerichtet auf die Schlammverschlucker
und hielten vor der Mauer eines Turmes.

Achter Gesang

Phlegyas · Argenti · Die Stadt des Dis

Ich fahre fort und sage: lang bevor
wir an den Fuß des hohen Turms gelangten,
erhoben unsre Augen sich zur Zinne,
weil plötzlich dort zwei Flämmchen leuchteten,
auf die herüber gleich ein andres winkte,
so ferne, daß man's kaum gewahren konnte.
Und ich, zum Meister weltenweiter Weisheit
mich wendend, frug: »Was soll das heißen? und
des andern Feuers Antwort? und wer macht das?«
Er sprach: »Was man erwartet, kannst du gleich
dort auf den trüben Wellen kommen sehen,
wenn nicht der Schwaden überm Sumpf es hindert.«
Von eines Bogens Sehne abgeschnellt,
hat nie so rasch ein Pfeil die Luft durchschnitten
wie jetzt ein Schifflein übers Wasser flog
zu uns durch eines einzgen Rudrers Schwung,
der rief: »Jetzt hab ich dich, verruchte Seele!«
»Am falschen Platze, Phlegyas, schreist du; diesmal[1]
hast du's verfehlt«, erwidert ihm mein Führer,
»nur über diesen Sumpf darfst du uns bringen.«
Wie einer, der gar sehr betrogen wurde,
sich heftig ärgert, wenn er's hören muß,
so grimmig ward dem Phlegyas zumute.
Mein Führer stieg hinab zu ihm ins Schifflein,
bedeutet' mir, daß ich ihm folgen sollte,
und erst als ich hineintrat, schien's belastet.
Da es uns beide aufgenommen hatte,

1 Phlegyas, mythische Gestalt eines Rachsüchtig-Zornigen, der den Tempel des Apollo in Brand steckte.

begann sofort sein alter Kiel zu pflügen,
doch diesmal tiefer in der Flut als sonst.

Indes wir durch das tote Rinnsal fuhren,
reckte sich einer schlammbedeckt nach mir.
»Wer bist du«, sprach er, »der zur Unzeit kommt?«
Und ich: »Ich komme, doch ich bleibe nicht.
Wer bist denn aber du und bist so schmutzig?«
»Bin einer«, sagt er, »wie du siehst, der weint.«
Und ich zu ihm: »Mit Weinen denn und Klagen,
vermaledeiter Geist, bleib, wo du bist!
Ich kenne dich durch deinen Dreck hindurch!«
Da griff mit beiden Händen er ans Schiff,
doch hurtig stieß mein Meister ihn hinab
und rief: »Zurück zu deinen Hundsgesellen!«
Sodann umschlang er mich mit seinen Armen,
die Stirne küßt er mir und sprach: »Gesegnet
die Frau, die dich gebar, du edler Trotz!
Ein aufgeblasner Mensch war jener einst,
und etwas Gutes kennt man nicht von ihm,
drum ist sein Geist hier unten so voll Wut. –
Es dünkt sich mancher droben königlich,
der dann im Schlamm hier endigt, wie die Schweine,
und nichts als Haß und Schande hinterläßt.«
»Meister«, sprach ich, »es wär mir eine Freude,
in diese Suppe ihn getunkt zu sehen,
gleich jetzt, bevor wir diesen See verlassen.«
Und er zu mir: »Noch ehe du das Ufer
erblicken kannst, sollst du gesättigt sein,
denn dieser Wunsch ist die Erfüllung wert.«
Nicht lange währt' es, und ich durfte sehen,
wie ihn die Sumpfbewohner so zerfleischten,
daß ich noch heute meinem Schöpfer danke.

»Philipp Argenti, packt ihn!« schrien alle,
und dieser tolle Florentiner Geist
zerbiß mit seinen eignen Zähnen sich[1].

Wir ließen ihn, und mehr bericht ich nicht;
doch schmerzhaft dröhnten plötzlich mir die Ohren.
Mit aufgerissnen Augen späht ich vorwärts.
Der wackre Meister sprach: »Mein Sohn, es naht
jetzo die Stadt, die vielbevölkerte,
des Dis mit ihren schwerbedrängten Bürgern[2].«
Und ich: »Schon kann ich, Meister, klar erkennen
die Minarette dort im Grund des Tales,
die rötlich wie aus einem Brandherd ragen.«
»Das ewige Feuer in der untern Hölle«,
erklärt er mir, »durchglüht sie so von innen,
daß sie dir rot erscheinen, wie du siehst.«
Wir kamen endlich an die tiefen Gräben,
die diesen trostlosen Bezirk umreißen,
und eisern schauten seine Mauern aus.
Wir fuhren erst noch einen großen Bogen
bis zu der Stelle, wo der Schiffer heftig
uns anschrie: »Steiget aus! Hier ist der Eingang.«
Schon drängten sich am Stadttor mehr als tausend
gestürzte Himmelssöhne, die gereizt:
»Wer ist das?« zischelten, »der ohne Tod
in unserm Totenreiche sich ergeht?«
Mein weiser Meister aber machte Zeichen,
daß er geheim mit ihnen sprechen wollte,
worauf sich die Empörung etwas legte.
»Komm du allein, der andre soll sich trollen,
der hier so keck herabstieg«, meinten sie.
»Mag er den tollen Weg zurück allein
versuchen, wie er kann, und du bleibst hier,

1 Filippo degli Adimari, ein sehr reicher, anmaßender und gewalttätiger Ritter in Florenz, der seine Pferde mit Silber beschlagen ließ, daher ihm der Zuname Argenti gegeben wurde.

2 Stadt des Dis oder Dites, die untere Hölle, das Reich des Satans.

der ihm der Führer warst im nächtigen Land.«
Du kannst dir denken, Leser, wie verzagt
ich dastand, als die Teufelsrede laut ward,
denn niemals glaubt ich wieder heim zu kommen.
»Mein lieber Führer, mehr als siebenmal
hast du beschützt mich, hast du mich gerettet
in hoher Fährlichkeit, die mir begegnet.
Verlaß mich hier nicht«, flehte ich, »so hilflos.
Und wenn man uns das Weitergehn verwehrt,
so wenden wir uns beide schnell zurück!«
Der Edle, der bis hierher mich gebracht,
erwiderte: »Sei ohne Furcht, denn keiner
kann dieses Weges Hochgeschenk uns rauben.
Erwarte hier mich, fasse Mut und stärke
mit guter Hoffnung deinen müden Geist.
Verlassen werd' ich dich hier unten nicht.«
So geht er hin, der väterliche Freund,
gibt meinen Sinn der Ungewißheit preis.
Das Nein, das Ja, sie streiten sich in mir.
Ich hörte nicht mehr, was er jenen bot,
doch kaum war er ein Weilchen unter ihnen,
lief jeder schleunigst in die Stadt zurück.
Sie schlugen meinem Führer vor der Brust
die Tore feindlich zu, und ausgesperrt
stand er, und zögernd kam er mir zurück.
Gesenkten Blicks und zwischen seinen Brauen
nicht mehr die alte Keckheit, sprach er seufzend:
»Und *diese* sperren *mir* die Stadt der Schmerzen.«
Sodann zu mir: »Verzag du nicht, wenn ich
mich ärgere, denn diesen Strauß gewinn ich,
gleichviel, wer drinnen sich zur Abwehr tummelt.
Nicht neu ist ihr vermessner Widerstand,
sie übten ihn schon an dem obern Eingang,

der seither heut noch ohne Riegel klafft
unter der düstern Inschrift, die du sahst.
Und dort hindurch, den Hang hernieder schreitet
von Ring zu Ring und ohne Führer jetzt
ein Mächtiger, vor dem die Schranke fällt.«

Neunter Gesang

Am Tor der Höllenstadt · Die drei Furien
Der Himmelsbote · Die Ketzer

Als mir die Furcht das Angesicht verfärbte,
dieweil ich meinen Meister weichen sah,
verschloß er strenger nur die eigne Regung,
stand still und lauschte aufmerksam ins Weite,
wohin das Auge nicht mehr reichen konnte
durch all das dichte, nebelige Dunkel.
»Und dennoch kann nur uns der Sieg gebühren«,
sagt' er, »wo nicht – doch winkt uns solche Hilfe –
wie lang wird mir die Zeit, ach daß er käme!«
Ich merkte wohl, wie er der Rede Ansatz
mit neuen Worten gleich verdecken wollte,
und diese nicht mehr zu den ersten paßten.
Das stimmte mich nun aber wiedrum furchtsam,
weil ich die abgebrochnen Worte mir
vielleicht in gar zu schlimmem Sinn verstand.
»Es steigt wohl nie bis auf den traurigen Grund
des Beckens von dem ersten Kreise einer
der ohne Hoffnung Harrenden hernieder?«
Die Frage tat ich, und er gab zur Antwort:
»Nur selten kommt es vor, daß unsereiner
den Gang, den ich hier unternehme, tut.
Zwar kam ich schon ein andermal hieher,
als mich die Zauberin Erichtho rief[1],
die Abgeschiedne zu beschwören pflegte.
Seit kurzem hatt' ich meinen Leib verlassen,
als sie durch dieses Mauertor mich schickte
nach einem Schatten aus dem Judasring,

1 Berühmte Zauberin in Thessalien. Es liegen wohl Anspielungen auf Lucans Pharsalia VI, 508 ff. und vielleicht auf Vergils Aeneis II, 81 ff. vor.

dem untersten und dunkelsten von allen;
es ist der Ort der größten Himmelsferne.
Ich kenn den Weg genau, beruhige dich.
Der Sumpf, der diesen übeln Duft verbreitet,
umgürtet rings die ganze Stadt der Schmerzen,
die ohne Zorn und Zank sich uns nicht auftut.«

Noch manches sagte er, ich hab's vergessen,
da ich mit höchster Spannung nach dem Turm
und seinem glühenden Gipfel schauen mußte,
wo blitzgeschwind auf einen Schlag sich reckten
drei höllische und blutgefärbte Furien
mit weiberhaften Formen und Gebärden
und giftig grünen Schlangen um die Lenden;
anstatt der Locken ringelten sich Vipern
und Nattern ihnen um die stolzen Schläfen.
Mein Meister, der sofort die Dienerinnen
der Königin im Reich des Leids erkannte,
rief: »Schau die schrecklichen Erinnyen!
Die auf der linken Seite ist Megära,
die Weinende zur rechten ist Alekto,
die mittlere Tisiphone.« Dann schwieg er.
Die eigne Brust mit Krallen sich zerreißend,
mit Händen sich zerschlagend, schrien sie
so laut, daß ängstlich ich den Dichter faßte.
»Medusa her! Wir wollen ihn versteinern!«
so sagten sie und blickten auf mich nieder.
»Wie schad, daß wir an Theseus es versäumten[1]!«
»Wende dich ab, verhülle dein Gesicht!
wenn sich die Gorgo zeigt – und schautest sie,
so wär's für immer aus mit deiner Heimkehr.«
Mein Meister sprach's und wandte selbst mich um,
und wie wenn meine Hände nicht genügten,

1 *Theseus versuchte Proserpina aus der Unterwelt zu entführen.*

verdeckt' er auch mit seinen mir die Augen. –
Die ihr gesunden Sinnes euch erfreut,
beachtet, Leser, die verborgne Lehre
unter dem Wunderschleier dieser Verse.

Jetzt hallte übers trübe Wasser her
ein donnerkrachend schreckliches Gewitter,
von dem die Ufer nah und fern erbebten.
Es war, als käm ein großer Sturm gefahren
aus ungestüm erhitzter Atmosphäre
und stürzt' sich in den Wald: und hemmungslos
zerbricht, zerschmettert, wirbelt er die Äste
und fährt ins Feld mit stolzem Staubgewölke,
daß Hirt und Herd' und Raubgetier entfliehen.
Der Meister gab den Blick mir frei: »Nun richte
dein Auge über Wellenschaum der Urflut
auf jenen Rauch, der dort so heftig qualmt.«
Wie Frösche, wenn der Feind, die Schlange, naht,
sich alle durch das Wasser hin verziehen,
und jeder schließlich auf dem Grunde hockt,
sah ich geknickte Seelen, mehr als tausend,
entfliehn vor einem, der geruhigen Schrittes
und trocknen Fußes wandelt auf dem Styx.
Vom Antlitz sich die dumpfe Luft zu wehren,
bewegt er hin und her die linke Hand,
und schien kein andre Not ihn zu bedrücken.
Mir ward bewußt, daß ihn der Himmel schickte.
Ich sah den Meister an, der machte Zeichen,
nur stille mich vor jenem zu verbeugen.
O weh, auf seinem Antlitz welcher Zorn!
Zum Tore schritt er und mit einem Stäbchen
berührt er's, daß es aufsprang wie von selbst.
»Ihr Ausgestoßnen, ihr verworfnes Volk«,

begann er, an des Grauens Schwelle stehend,
»wo nehmt ihr das vermessne Wesen her?
Wozu euch sträuben gegen einen Willen,
dem nie das Kleinste zur Erfüllung mangelt
und der euch manchmal schon den Schmerz vermehrt hat?
Was rennt ihr gegen Schicksals Fügung an?
Denkt an das Haar, das euer Zerberus
an Maul und Kragen dafür lassen mußte[1]!«
Dann kehrte er zurück den schlammigen Weg,
wortlos an uns vorbei, sah aus wie einer,
den andre, dringendere Sorge treibt
und quält als just um den, der vor ihm steht.

Wir schritten nun dem offnen Tore zu,
auf sichrer Bahn den heilgen Worten folgend,
und kamen ohne Widerstand hinein.
Ich hatte große Lust, die Einrichtung
von solchem Bollwerk innen zu betrachten,
und als ich dort war, schaut ich rings umher.
Ein weites Feld zu recht und linker Hand
sah ich bedeckt mit Schmerz und bösen Martern,
und wie bei Arles, wo sich die Rhone staut,
bei Pola auch, wo des Carnaro Fluten
Italiens Grenzmark zeichnen und bespülen,
von vielen Gräbern das Gelände starrt,
so wimmelt's übrall hier von Sarkophagen,
nur daß sie schrecklicher als jene sind;
denn zwischen ihnen flammt es hin und her
von Feuer, und noch tüchtiger wurden sie
durchglüht als Eisen in der Schmiedekunst.
Die Deckel waren alle halb gelüftet,
und grelle Klagen drangen aus den Gräbern,
gewiß von armen, schwer Gepeinigten.

1 *Herkules legte dem Zeberus eine Kette um den Hals und schleppte ihn fort.*

Und ich: »Was sind das, Meister, wohl für Menschen,
die eingesargt in jenen Archen stecken
und seufzend, jammernd sich bemerkbar machen?«
Er sprach: »Das sind die Stifter falscher Lehren
und allerlei sektierischer Anhang.
Viel voller als du denkst, sind diese Gräber.
In Massen liegen Gleichgesinnte drin,
und eingebettet in gestufte Gluten.«
Dann bog er ab nach rechts, und also schritten
wir zwischen Foltern hin und hohen Mauern.

Zehnter Gesang

Freigeister · Farinata · Cavalcanti
Prophetische Gabe der Seelen

So geht auf einem unbekannten Pfad
zwischen dem Stadtgemäuer und den Gräbern
mein Meister weiter, und ich hinter ihm.
»Sieghafter Geist, der mich in Höllenzirkeln
umherführst«, hob ich an, »wie's dir beliebt,
erkläre mir, erfüll mir meine Wünsche.
Die Menschen, die hier in den Gräbern liegen,
wär's möglich, sie zu sehn? Die Deckel alle
sind aufgetan, und nirgends eine Wache.«
Und er: »Verschlossen werden alle Särge,
wenn aus dem Tale Josaphat die Seelen
mit ihren einstigen Körpern wiederkehren.
Auf dieser Seite liegt der Totenacker
des Epikur und aller seiner Schüler,
die samt dem Leib die Seele sterben lassen.
Drum wird die Bitte, die du an mich richtest,
dir bald an diesem Orte noch erfüllt
und außerdem der Wunsch, den du verschweigst.«
»Mein guter Führer, dir verberg ich nur,
um schwatzhaft nicht zu werden, mein Gefühl.
Hast selbst mich kürzlich dazu angehalten.«

»Toskaner, der du durch die Stadt des Feuers
lebendig wandelst und so ehrlich redest,
beliebe, hier ein wenig zu verweilen.
An deiner Sprechart kennt man schon das Land,
das adlige, das dich gebar und dem

vielleicht zuviel durch mich ward angetan.«
So redete aus einem Sarg es plötzlich
herauf, daß ich erschrak und meinem Führer
ein wenig näher rückte. Dieser sprach:
»Was ist dir? Kehr dich um! Schau Farinata[1]!
Er hat sich aufgerichtet aus dem Grab
vom Gürtel bis zum Haupt, der ganze Mann.«
Schon hingen meine Blicke an den seinen,
da er mit Brust und Stirne hoch sich reckte,
als kümmert' ihn die weite Hölle nichts.
Da drängte eifrig und behende mich
mein Führer durch die Gräber zu ihm hin
und sprach: »Jetzt setze tapfer deine Worte!«
Als ich am Fuße seines Grabmals stand,
betrachtet er mich kurz und dann, fast stolz,
befragte er mich: »Deine Ahnen – wer?«
Ihm zu willfahren war ich gern bereit,
verhehlt' ihm nichts, eröffnete ihm alles,
worauf er seine Brau'n ein wenig hochzog
und sprach: »Das waren bitterliche Feinde
zu mir, zu meinen Vätern, meinen Leuten
bis ich sie zweimal auseinander jagte.«
»Wenn Ihr sie jagtet, wohl, sie kamen«, sagt' ich,
»von allen Seiten beidemal zurück,
indes den Euern diese Kunst mißlang!« –

Jetzt taucht ein Schatten schmiegsam neben ihm
herauf zur Umschau, sichtbar bis ans Kinn.
Er hatte wohl sich auf die Knie gerichtet
und schaut an mir herum, als möcht er sehen,
ob jemand andrer mich begleitete,
bis er sich allseits vergewissert hatte,
dann brach er schluchzend aus: »Wenn Geisteshöhe

1 Farinata degli Uberti, der Führer der kaiserfreundlichen Gibellinenpartei in Florenz. Er wurde von den Welfen, der papstfreundlichen Partei, 1258 vertrieben, zog gegen Florenz zu Felde und besiegte die Gegner bei Montaperti an der Arbia, widersetzte sich aber der Absicht seiner Freunde, die Stadt Florenz zu zerstören.

in diese knechtische Nacht dich dringen ließ,
warum ist nicht mein Sohn mit dir, wo bleibt er?«
»Ich bin nicht hier aus eigner Kraft«, sprach ich,
»dort steht und wartet jener, der mich führt.
Vielleicht, daß euer Guido ihn verschmäht hat[1].«
Aus seinen Worten und aus seiner Buße
hatt' ich des Sünders Namen gleich erschlossen,
drum konnt ich ihm die bündige Antwort geben.
Der fuhr jetzt hoch und rief: »Wie sagtest du:
verschmäht hat? – *hat?* So lebt er also nicht mehr,
und nicht mehr freut sein Auge sich des Lichtes?«
Als er bemerkte, daß ich zögerte
ein weniges, bevor ich Antwort gab,
sank er zurück und ließ sich nicht mehr sehen.
Indessen rührt sich an dem Hochgesinnten,
dem zu Gefall'n ich weilte, keine Wimper,
noch neigt er seinen Hals, noch seine Flanke . . .
»Und daß«, so setzt er seine Rede fort,
»die Kunst der Rückkehr ihnen schlecht gelang,
das quält mich mehr als dieses Feuerbett.
Doch eh sich fünfzigmal der Glanz erneuert
auf Lunas Antlitz, die hienieden herrscht,
wirst selbst erfahr'n, wie schwer die Kunst sich lernt.
Bei deinem Wohlergehn auf lichter Erde,
erklär mir doch, warum so bös dies Volk
den Meinen mit Gesetz und Bannspruch zusetzt.«
Ich sagte ihm: »Das gräßliche Gemetzel
am Arbiafluß, der blutrot davon wurde,
hat solche Frömmigkeit in uns gezeitigt.«
Mit Seufzen schüttelt er sein Haupt darüber
und sprach: »Das war nicht ich allein, und sicher
wär ich nicht mitgezogen ohne Grund.
Doch damals war es ich allein, als jeder

1 Der aus dem Grab Hervorschauende ist der Vater von Dantes Jugendfreund, Guido Cavalcanti, einem berühmten Sänger der vergeistigten Minne. Guido galt als ein stolzer, freidenkender Geist. So sind wohl Dantes Worte über die Geringschätzung Vergils als Führer der menschlichen Vernunft zu deuten.

zu der Vernichtung von Florenz sein Ja gab,
und ich die Stadt mit freiem Wort beschützte.«
»Beim Frieden Eurer Kinder bitt ich Euch«,
sprach ich zu ihm, »entwirret mir den Knoten,
der eben jetzt mir das Verständnis lähmt.
Ihr seht, so scheint es, wenn ich recht gehört,
die künftigen Ereignisse im voraus,
und anders geht's Euch mit der Gegenwart.«
»Wir sehn«, sprach er, »in einem Dämmerlicht
die Dinge nur, solang sie ferne sind,
denn so weit reicht uns noch der Glanz des Höchsten.
Sobald sie näher kommen oder da sind,
verliert sich unsre Einsicht ganz. Wir wissen
von eurem Zustand nichts, als was wir hören
durch andre; daraus magst du sehn, wie ganz,
sobald das Tor der Zukunft sich verschließt,
im Kreis des Heute unser Wissen stirbt.«
Da fühlt ich Reue über meine Säumnis.
»Dem hier Zurückgesunknen, sagt ihm«, bat ich,
»daß bei den Lebenden sein Sohn noch weilet;
und wenn ich stumm auf seine Frage blieb,
so soll er wissen, daß mein Sinn verstrickt
in diesem Zweifel war, den Ihr mir löstet.«
Da schon mein Meister nach mir rief, erbat
ich schleunig mir noch von dem Geist, er möge
mir sagen, wer mit ihm begraben sei.
Er sprach: »Mit mehr als tausend lieg ich hier.
Da ist der zweite Kaiser Friederich[1],
da ist der Kardinal, und das genügt[2].«
So schwand er, und ich lenkte meine Schritte
dem alten Dichter zu und überdachte
die Zukunftsworte, die mir feindlich klangen.

1 Kaiser Friedrich II. von Hohenstaufen, 1194–1250, der aufgeklärte Fürst und mächtige Schutzherr Farinatas.

2 Der Kardinal Ottaviano degli Ubaldini, ein Freund der Gibellinen und des Kaisers.

Im Weitergehen fragte mich mein Führer:
»Was ist geschehn, wie bist du so verstört?«
Ich sagt' ihm alles, was er wissen wollte.
»Bewahr in deinem Geist das Feindliche,
das du gehört«, empfahl der Weise mir,
»und jetzt merk dieses« – er erhob den Finger –
»Wenn du das holde Licht der Frau erblickst,
vor deren schönem Aug sich nichts verbirgt,
erfährst von ihr du deines Lebens Gang.«
Er sprach's und wandte seinen Schritt nach links.
Vom Mauerkreis zur Mitte führte uns
ein Pfad bis an den Rand, wo aus der Tiefe
ein widerwärtiger Geruch heraufdrang.

Elfter Gesang

Das Grab des Papstes Anastasius
Einteilung der Hölle

Zum äußersten des hohen Uferrandes,
der auf gewaltigen Trümmern ruht, im Bogen
gelangten wir, und unter uns das Grausen
gehäufter Qual. Der schreckliche Gestank,
vom tiefen Abgrund ausgespien, trieb uns
hinter den Deckel eines großen Grabes
als Zuflucht. Dort bemerkt' ich eine Aufschrift,
besagend: Anastasium, den Papst[1],
den von Photin mißleiteten, bewahr ich.

1 Papst Anastasius, 496–498, soll nach einer Legende durch Photin zur Ketzerei verführt worden sein.

»Wir müssen unsern Abstieg noch verzögern,
damit die Sinne mählich sich gewöhnen
an schlechte Luft, die nachher weniger stört.«
So sprach der Meister, worauf ich: »Dann sorge
für einigen Ersatz, damit die Zeit
nicht ungenützt verstreiche.« »Daran denk ich,
mein Sohn, du siehst's«, und also fing er an:
»Es laufen, wohl gestuft, drei Ringe hin
durch dies Gestein, den obern, wo du warst,
vergleichbar, alle voll verdammter Geister.
Doch merk, warum und wie sie eingeteilt,
so brauchst du nachher sie nur anzuschauen.
Dem Himmel unlieb, jede Art von Bosheit
will Unrecht üben, und das ist ein Streben,
sei's durch Gewalt, sei's trügerisch zu schaden.
Betrug, des Menschen Sonderübel, ist
vor Gott das schlimmste, so daß die Betrüger

am tiefsten stehen und am schwersten büßen. –
Der erste Ring ist ganz für die Gewalttat.
Da sie sich richten kann auf drei Personen,
sind in den Ring drei Stufen eingereiht.
An Gott, am Ich, am Nächsten kann Gewalt
geschehn, an der Person, an ihren Sachen.
Ich will es dir im einzelnen erklären.
Durch Tötung und durch schwere Wunden wird
Gewalt uns angetan, und unsrer Habe
durch Brandstiftung, Verwüstung, Raub, Erpressung.
Drum straft die erste Stufe scharenweise
die Mörder, die Gewalttätigen alle,
Zerstörer, Plünderer und Raubgesindel.
Es kann der Mensch sich selbst Gewalt antun,
auch an der eignen Habe sich vergreifen,
drum leidet ewige Reu auf zweiter Stufe,
wer sich in eurer Welt das Leben nimmt,
sein Gut verspielt und so sein Pfund vergeudet,
daß er im Jammer statt in Freuden lebt.
Es kann Gewalt auch gegen Gott sich richten,
wenn man ihn leugnet, seiner flucht und gegen
Natur und Gottes Güte sich vergeht.
Zur dritten, engsten Stufe vorbezeichnet
sind drum die Sodomiten, die Kawerschen[1],
die Gotteslästerer mit Herz und Mund.
Der stets gewissensfeindliche Betrug
kann gegen Menschen, die Vertrauen hegen,
wie gegen Nichtvertrauende sich richten.
Die letztre Art durchschneidet sozusagen
nur ein natürliches Verbundensein,
daher im zweiten Ringe Sünder nisten
wie Heuchler, Schmeichler, Zaubrer, Hexenmeister,
wie Fälscher, Diebe, Simonisten, Kuppler

1 *Nach der Stadt Cahors in Frankreich pflegte man im Mittelalter die Wucherer zu bezeichnen.*

und schmieriges, bestechliches Gesindel.
Nicht nur naturgegebne Menschenliebe,
nein, auch der Treue ganz besondre Bindung
wird durch die erste Art des Trugs mißachtet.
Daher im tiefsten, engsten Kreis, allwo
im Mittelpunkt der Welt der Böse thront,
auf ewig die Verräter sich verzehren.«
Ich sprach: »Aus deiner Lehre, Meister, tritt
mir klar hervor und ordentlich gestuft
der Abgrund und das Volk, das ihm gehört.
Doch sag, die andern in dem schlammigen Wasser,
die Sturmgejagten, Regenüberströmten,
die zungenscharf Zusammenstoßenden,
weshalb ist in der glühnden Stadt nicht auch
für sie die Rache Gottes zubereitet,
und ohne Gottes Zorn, wozu noch Strafe?«
Und er zu mir: »Wie kannst du so entgleisen
mit deinem sonst doch gut geschulten Denken!
Vielleicht, daß gar du etwas andres meinst.
Weißt du in deines Lehrers Ethik[1] nicht
den Wortlaut mehr über die drei vom Himmel
verworfnen Unordnungen des Gemütes:
Unmäßigkeit und Schlechtigkeit und wilde
Vertierung? und daß Gott die Maßlosen
verhältnismäßig weniger streng behandelt?
Wenn diesen Urteilsspruch du recht bedenkst
und dir vergegenwärtigst, welche Sünder
dort oben büßen, außerhalb der Stadt,
dann siehst du ein, weshalb, getrennt von diesen
Verbrechern hier, sie weniger hart getroffen
dem Zorn des Allgerechten unterliegen.«
»Du bist das Licht, das trübe Augen klärt,
und machst mich froh mit deinen Lösungen,

1 *Die Ethik des Aristoteles, die Dante oft gelesen hat.*

so daß mich Fragen freut, als wär es Wissen.
Ein wenig nochmals«, bat ich, »leuchte mir.
Der Wucher, lehrst du, sei Beleidigung
der Güte Gottes. Lös mir diesen Knoten.«
»Wer aufmerksam Philosophie studiert,
der findet«, sprach er, »an verschiednen Stellen
den Nachweis, wie Natur in ihrem Schaffen
dem Wissen und der Kunst des Schöpfers folgt.
Schlag nach in deinem Buche Physica[1],
so findest du nach kurzem Blättern schon,
daß eure Kunst der Meisterin Natur,
so weit sie es vermag, als Schülrin nachfolgt
und fast erscheint als Gottes Enkelkind.
Von diesen zwei, Natur und Kunst, bedenk,
wie's in der Genesis am Anfang heißt,
soll sich der Mensch ernähren und sich mehren.
Der Wucherer jedoch geht andre Wege,
hegt andre Hoffnung und verschmäht Natur
in ihrem Wesen wie in ihrer Schülrin. –
Doch folg mir jetzt, ich habe Lust, zu gehen.
Die Fische[2] schnellen auf am Horizont,
der Wagen[3] neigt sich nach Nordwest hinunter,
und bis zum Abstieg haben wir noch weit.«

1 *Die Physik des Aristoteles.*

2 *Das Sternbild der Fische.*

3 *Der Große Bär.*

Zwölfter Gesang

Der Minotaurus · Der Bergsturz · Der Blutstrom des Phlegeton · Die Kentauren · Die Tyrannen

Die Gegend, wo sich uns der Abstieg bot,
war so gebirgig und so ungeheuer,
daß jedes Auge lieber seitwärts blickte.
Wie dort beim Bergsturz, der das Tal der Etsch
flußabwärts von Trient erschütterte,
durch Erdstoß oder Rutsch hinunterschmetternd
so jäh den Fels, daß von des Berges Spitze,
wenn jemand droben stände, schwerlich ihn
ein fester Weg zum Tale führen könnte,
so war der Abstieg in die Höllenschlucht.
Und an dem letzten Auslauf des Gerölls,
da lag die Schmach von Kreta hingebreitet,
die in der falschen Kuh empfangene[1].
Das Scheusal biß sich selbst, als es uns sah,
wie einer, den der Jähzorn übermannt.
Mein kluger Führer rief ihm zu: »Du meinst
vielleicht, hier komme Theseus von Athen,
der droben in der Welt dich schlachtete?
Mach Platz, du Vieh! Denn dieser mein Gefährte
ist nicht von deiner Schwester abgerichtet.
Die Strafen will er schauen, die ihr leidet.«
Als wie ein Stier, der jetzt den Todesstreich
empfängt und gleich sich aus der Schlinge reißt
und springend hin und her sich wirft und taumelt,
so rasend tat vor uns der Minotaurus.
»Geschwind vorbei!« rief mein gewandter Führer,
»solang er tobt, ist's gut, du steigst hinab.«

1 Das halb menschliche, halb tierische Ungeheuer Minotaurus, hervorgegangen aus Pasiphaes, der Frau des Minos, Begattung mit einem Stier, lebte im Labyrinth auf Kreta von Menschenopfern und wurde schließlich erschlagen durch Theseus, dem Ariadne, eine Tochter des Minos, behilflich war. In Dantes Hölle bedeutet er die viehische Gewalttätigkeit.

Talab die Halde nahmen wir den Weg,
wo von dem ungewohnten Druck viel Steinschlag
sich rollend unter meinen Tritten löste.
Ich ging gedankenvoll und er: »Du sinnest
gewiß dem Bergsturz nach, den diese Bestie,
die ich beseitigt hab, so grimmig hütet.
So wisse denn: als ich das letztemal
in diese Höllentiefe niederstieg,
war diese Felswand noch nicht eingestürzt.
Doch kurz bevor, wenn ich mich recht besinne,
der Retter kam und aus dem obern Kreis
dem Bösen eine reiche Beute wegnahm,
erzitterte die weite, tiefe Höhle
allüberall, als läg die ganze Welt
in Liebesweh, und einige meinen wirklich,
daß dadurch sie ins Chaos manchmal sinke[1].
Und damals tat das alte Felsgestein
wie hier, auch anderwärts den großen Fall.
Doch jetzt schau in das Tal hinab, es naht
der Strom des Bluts, darin ein jeder, der
Gewalt dem Nächsten antut, wird gekocht.«
Ihr gierig blinden Wallungen des Triebs,
wie jagt und spornt ihr uns durchs kurze Leben
und heizet uns im ewigen das Bad!
Ein breiter Graben lief im Bogen hin,
der wohl den ganzen Plan des Rings umfaßte,
wie mir mein Führer es beschrieben hatte,
und an dem Ufer trabten hintereinander
auf schmalem Pfad Kentauren, pfeilbewaffnet,
genau wie sie dereinst auf Erden jagten.
Sie blieben alle stehn, als sie uns sahen,
doch lösten drei sich aus dem Schwarm hervor
mit auserlesnen Pfeilen auf dem Bogen.

1 *Z. B. Empedokles.*

Von ferne rief uns einer zu: »Ihr da,
zu welcher Strafe steigt ihr nieder? Antwort
von dort, und keinen Schritt! Ich schieße sonst!«
Mein Führer sprach: »Die Antwort geben wir
dem Chiron nur, der nahe bei dir steht.
Dein Ungestüm hat dir schon oft geschadet.«
Und mich berührend: »Das ist Nessus«, sagt er,
»der für die schöne Deianira starb,
die Rache aus sich selber sich bereitend[1].
Der mittlere, der seine Brust betrachtet,
ist Chiron, des Achilles großer Lehrer,
der andre Pholus, sehr zum Zorn geneigt[2].
Zu Tausenden umkreisen sie den Graben,
beschießen jede Seel, die aus dem Blut
sich höher hebt, als ihre Schuld erlaubt.«

Als wir den Pferdemenschen näher kamen,
strich Chiron mit der Kerbe eines Pfeils
sich seinen Riesenbart zurück am Kinn;
er machte so den großen Mund sich frei
und sprach zu seinem Trupp: »Habt ihr bemerkt,
der hintre Mann bewegt, wohin er tritt,
den Sand; das tun die toten Wandrer nicht.«
Schon stand mein wackrer Führer dicht vor ihm,
wo an der Brust sich Mensch und Pferd begegnen,
und sagt ihm: »Ja, er lebt und ganz allein!
Das dunkle Tal ihm zeigen, ist mein Auftrag.
Ihn treibt Notwendigkeit, nicht Lust und Vorwitz.
Vom Himmels-Chor des Halleluja schwebte
die Weisung wunderbar zu mir hernieder.
Er ist kein Räuber, und ich bin kein Dieb.
Doch bei der hohen Macht, die meinen Gang
durch solche Wildnis sichert, gib zur Seite

1 Nessus wurde von Herkules erschossen, als er Deianira, die Frau des Herkules, auf seiner Kruppe durch den Fluß trug. Bei seinem Tod gab er der Frau ein in seinem vergifteten Blute getränktes Hemd, das er ihr als einen Liebeszauber empfahl. Sie erprobte es an Herkules, der in dem Nessushemd verbrannte. Näheres bei Ovid Metamorph. IX. 103 ff.

2 Chiron, ein weiser Kentaur, berühmt als Arzt, Erzieher des Achilles, Aeskulap u. a. Vergil nennt den Pholus den wütenden Kentauren. Georgica II, 155. Er wird auch bei Ovid, Lukan und Statius erwähnt.

uns jemand von den Deinen, daß er uns
den Übergang zum andern Ufer weise
und diesen hier auf seiner Kruppe trage,
der ja kein Geist mit luftiger Gangart ist.«
Zu seiner Rechten wandte Chiron sich
und sprach zu Nessus: »Führe sie! Kehr um,
schaff freie Bahn, wenn euch ein Trupp begegnet.«
Wir folgten diesem traulichen Geleite
am Rand der kochend roten Brühe hin,
in der gesottne Sünder heftig schrien.
Bis an die Augen Eingetauchte sah ich.
Der große Pferdmensch sprach: »Das sind Tyrannen,
die sich an Blut und Gut vergriffen haben,
und hier bejammern sie den grimmigen Raub.
Seht Alexander hier und Dionys,
der lange Zeit Sizilien bedrückte.
Und dort die Stirne mit dem schwarzen Schopf
ist Ezzelino[1], und der andre Blonde
Obizzo[2], der von Este, dem wahrhaftig
sein ungeratner Sohn das Leben nahm.«
Ich wandte zweifelnd mich an meinen Dichter.
»Ich bin der Zweite jetzt, der Erste dieser«,
sprach er, indessen Nessus vorwärts blickte
auf Menschen, die bis an die Hälse schon
man aus dem Blutgekoche ragen sah.
Auf einen Schatten wies er, der allein
und abseits stand, und sprach: »Der hat zerspalten
in Gottes Schoß das Herz, das heute noch
verehrt wird an der Themse[3].« Leute sah ich
sodann, die aus dem Strom sich so weit hoben,
daß Kopf mitsamt dem Rumpfe sichtbar wurde,
und unter diesen kannt' ich manchen wieder.
Allmählich immer seichter wurde jetzt

1 Ezzelino III., grausamer Herrscher in Treviso, gest. 1259.

2 Obizzo II. von Este, Tyrann von Ferrara, wurde von seinen Söhnen ermordet 1293.

3 Guido von Monfort ermordete in der Kirche in Viterbo einen Vetter Eduards I. von England, dessen blutendes Herz in London verehrt wurde.

das Blut, es deckte nur die Füße noch.
Und hier nun überschritten wir den Graben.
»Wenn du von unsrer Seite her bemerkst,
daß mehr und mehr die Siedebrühe abnimmt«,
sprach der Kentaur, »so sollst versichert sein,
daß sie nach dorthin immer tiefer wird
bis zu dem Punkte, wo der Kreis sich schließt
und stöhnend die Tyrannen büßen müssen.
Dort straft die göttliche Gerechtigkeit
den Attila, die Geißel vieler Völker,
den Pyrrhus und den Sextus und verkocht
in ewigem Sud die Tränen, ausgeschwitzt
von Wegelagerern und Straßenräubern,
wie Rainer von Cornet und Rainer Pazzo[1].«
Er sprach's und kehrte durch die Furt zurück.

1 *Zwei berüchtigte italienische Räuber.*

Dreizehnter Gesang

Der Wald der Selbstmörder · Pier della Vigna
Die wilde Jagd der Verschwender

Noch ehe Nessus wieder drüben ankam,
umfing im Weitergehn uns ein Gehölz,
und nirgends war ein Pfad darin zu finden.
Da war kein grünes Blatt, nur dunkles Laubwerk,
kein glatter Zweig, nur knorriges Geäste
und keine Früchte, Dornen nur und Gift.
Selbst dort nicht zwischen Cécina und Corneto[1],
wo jene ordnungsscheuen Bestien hausen,
gedeiht so dicht und dornig das Gestrüpp.
Die häßlichen Harpyen nisten hier,
deren prophetischer Weh- und Klagelaut
von den Strophaden die Trojaner scheuchte[2].
Die Flügel breit, Gesicht und Hals wie Menschen,
den Bauch mit Federn und die Füße krallig,
so hocken sie im Wunderbusch und heulen.
Der Meister sprach: »Bedenk, bevor du eindringst,
daß du jetzt auf der zweiten Stufe bist
und solang darin wanderst bis hinaus
wir in den Sand der Schreckenswüste treten.
Doch schau dich um, du kannst hier Dinge sehn,
wenn ich's erzählte, würdest du's nicht glauben.«
Ein Wehgeklage hört ich ringsumher,
doch nirgends sah ich einen Klagenden
und mußte wirr und ratlos stehenbleiben.
Er dachte sich wohl, daß ich glauben könnte,
die vielen Stimmen kämen all von Leuten,
die im Geäste sich vor uns versteckten.

1 *Der wilde Landstrich in der Maremma, wo die obengenannten Räuber, Rainer von Corneto und Pazzo, hausten.*

2 *Die Harpyen verjagten die flüchtigen Trojaner von der Strophadeninsel im Ionischen Meer und prophezeiten ihnen eine schwere Zukunft. Vgl. Vergils Aeneis III, 210 ff.*

Drum sprach der Meister: »Wenn von diesen Zweigen
du aus dem Buschwerk einen dir herausbrichst,
wird all die Meinung, die du hegst, geknickt.«
Nun schob ich meine Hand ein wenig vor,
ergriff das Ästchen eines großen Dornstrauchs;
da schrie der Stumpf: »Warum zerbrichst du mich?«
Und bald geschwärzt vom eignen Blute, rief er:
»Warum zerreißest du mich so und hast
kein Mitgefühl und kennest keine Schonung?
Wir waren Menschen, jetzt sind wir Gestrüppe;
und wenn wir Schlangenseelen wären, müßte
mir zarter wahrlich deine Hand begegnen!«

Ein frisches Holzscheit, hat man's angezündet
am einen End, so knistert es am andern
und bläst und pufft mit Ächzen Luft von sich.
So sprudelten aus dem verletzten Stummel
des Busches Worte vor mit Blut. Ich ließ
vor Angst das abgebrochne Zweiglein fallen.
»Verletzte Seele«, fiel der Dichter ein,
»wenn dieser vorher hätte glauben können,
was er in meinem Liede doch schon fand[1],
hätt' seine Hand sich nicht an dir vergriffen.
Hat doch das Unwahrscheinliche mich selbst
zu diesem Rat bewogen, der mir leid tut.
Doch sag ihm, wer du warst, damit er dir
den Ruf erneure zur Entschädigung
im Licht der Welt, zu dem er wieder aufsteigt.«
Es sprach der Stamm: »Du lockst mit holder Rede,
da kann ich nicht mehr schweigen. Nun, so duldet,
daß ich mit euch ein wenig mich verplaudre.
Nur ich besaß dereinst zu Friedrichs Herzen[2]
die Schlüssel beide, und ich drehte sie

1 Anspielung auf Aeneis III, 22 ff.

2 Der Sprecher ist Pier della Vigna (Petrus de Vineis), der berühmte Kanzler des Kaisers Friedrich II. von Hohenstaufen. Von neidischen Höflingen verdächtigt, wurde er auf Befehl des Kaisers eingekerkert und geblendet, worauf er sich das Leben nahm, 1249.

im Auf und Zu so sachte, daß wohl keiner
in sein Geheimnis mehr sich drängen konnte.
Ich glaubte an mein ruhmvoll Amt und gab
des Schlafes und des Herzschlags Ruhe dran.
Die Dirne, die von keines Kaisers Haus
ihr neidisch, buhlrisch Auge wenden kann,
die tödlich jeden Hof verpestende,
entflammte aller Herzen gegen mich,
und diese wiederum entflammten so
den Fürsten, daß mein heitrer Glanz erlosch.
Voll Trotz und Mißmut wähnte mein Gemüt
der Schmach durch Freitod zu entgehn, und ich,
der Rechtliche, übt Unrecht gegen mich.
Doch bei den Wunderwurzeln meines Stammes,
ich schwör's euch, daß ich nie die Treue brach
zu meinem hohen, ehrenwerten Herrn;
und wer von euch ans Licht der Welt zurückkehrt,
der richte mein Gedächtnis wieder auf,
das noch am Boden liegt, vom Neid gefällt.«

Indes er innehielt, sagte der Dichter:
»Verliere nicht die Zeit, solang er schweigt,
Befrag ihn, sprich mit ihm, was dir beliebt.«
»Frag lieber du ihn wieder«, sagte ich,
»was irgend, wie du meinst, mir taugen könnte.
Ich selbst vermag vor Herzweh kaum zu reden.«
Er nahm das Wort: »Wenn es geschehen soll,
gefangner Geist, daß man aus freier Neigung
die ausgesprochne Bitte dir erfülle,
so gönne uns zu wissen, wie die Seele
im Holz sich hier verknotet; sag uns auch,
ob je sich eine wieder lösen kann.«
Da brauste es im Stammholz, und der Wind

verwandelte in Stimme sich und sprach:
»In aller Kürze soll euch Antwort werden.
Wenn sich vom Leib die wilde Seele scheidet,
aus dem sie selbst sich losgerissen hat,
schickt Minos sie zum siebten Schlund herab,
und wahllos fällt sie hier in diesen Wald,
wohin der Zufall sie gerade streut.
Hier keimt sie, wie ein Körnchen Dinkel keimt,
und treibt und wächst zu Busch und Baum heran.
Harpyen weiden sich an ihren Blättern
und tun ihr weh und schaffen Luft dem Weh.
Wir holen unsre Leiber wie die andern
am Jüngsten Tag, doch ziehn wir sie nicht an.
Was man verschmäht hat, soll man nicht behalten.
Wir schleifen unsre Leiber dann hieher,
und aufgehangen in dem Wald der Schwermut
wird jeder an dem Dornbusch seiner Seele.«

Wir lauschten noch gespannt dem Baume zu,
ob er uns Weiteres berichten möchte,
als ein gewaltiger Lärm uns überraschte,
wie ihn auf seinem Stand der Jäger hört,
wenn raschelnd durchs Gehölz der Eber bricht
und mit ihm rasendes Getier und Meute.
Und sieh, zu unsrer Linken rannten nackt
in wilder Flucht und ganz zerkratzt einher
zwei Männer, alles Astwerk niederbrechend.
Der vordre schrie: »Komm schnell, o Tod, komm schnelle!«
Der andre, dem es wohl zu langsam ging:
»So flink, mein Lano, waren deine Beine
beim Waffengang am Toppo wahrlich nicht[1].«
Bald wurd ihm, wie es schien, der Atem kurz,
und er verkroch sich tief in einen Busch.

1 Lano aus Siena fand in der Schlacht bei Pieve del Toppo 1287 den Tod. Er soll ein Verschwender gewesen sein, wie der andre, der ihn jagt, Giacomo da Sant'Andrea aus Padua.

Doch hinter ihnen wimmelt' es im Walde
von schwarzen, hungrigen und raschen Hunden,
gleich Bracken, losgelassen auf die Beute.
Die schlugen ihre Zähne dem Geduckten
ins Fleisch, zerrissen es in Stücke, schleppten
sodann die Glieder weg, die zuckenden.
Da nahm mich mein Begleiter bei der Hand
und führte zu dem Busch mich, der vergeblich
aus blutenden Verstümmelungen weinte.
»O Giacomo da Sant' Andrea«, sprach er,
»wozu hast hinter mir dich decken wollen?
Trag ich die Schuld an deinem Lotterleben?«
Mein Meister, stille vor ihm stehend, sprach:
»Wer bist du, daß dir aus so vielen Wunden
mit Wind und Blut die Jammerrede sprudelt?«
Und er: »Da ihr gerade kommt und seht,
ihr Seelen, wie man schmählich mich mißhandelt,
mir meine Blätter abgerissen hat,
so sammelt sie am Fuß des nackten Stammes.
Mein' Heimat war die Stadt, die ihren Schutz
vom Kriegsgott auf den Täufer übertrug,
wofür sie jener immerzu bedrängt[1].
Und wenn nicht an der Arnobrücke noch
ein Rest von seinem Bild zu sehen wäre,
so hätte er der Bürger Müh vereitelt,
die ihre Stadt zum zweitenmal erbauten,
nachdem sie unter Attila verbrannt war. –
Ich fand in eignen Häusern meinen Galgen[2].«

1 Florenz, des heidnischer Schutzgott Mars war, der sodann durch Johannes den Täufer ersetzt wurde.

2 Der Forentiner, der sich in seinem eignen Haus erhängte, dürfte ein angesehener, reicher Bürger gewesen sein, dessen Namen der Dichter mit Absicht verschweigt.

Vierzehnter Gesang

Capaneus · Der Alte auf Kreta
Die Ströme der Unterwelt

Die Liebe unsrer Heimat rührte mich,
drum las ich die verstreuten Zweiglein auf
und gab sie ihm, der schon verstummt war, wieder.
Wir kamen an die Grenze, wo der zweite
sich abhebt von dem dritten Rang des Schauspiels
der Schreckenskünste der Gerechtigkeit.

Das Neue offenbart sich mir, indem
wir ein Gefild betreten, dessen Grund
kein einziges Gewächs mehr in sich duldet.
Der Wald umzieht es als ein Kranz von Klagen,
wie diesen wiederum der blutige Graben.
Wir machten hart am Rand der Wüste halt:
der ganze Boden, trockner, dichter Sand,
war von der gleichen Art wie jene Öde,
die einst von Catos Fuß getreten wurde[1].
Göttliche Rache du, wie fürchterlich
bedroht von dir hat jeder sich zu fühlen,
der liest, was ich mit meinen Augen schaute!
Viel nackte Seelen, herdenweise sah ich,
die alle, alle weinten zum Erbarmen,
und jede nach verschiedenem Gesetz.
Die einen lagen rücklings auf der Erde,
die andern saßen ganz in sich versunken
und andre wieder gingen unaufhörlich.
Die meisten waren diese Wandelnden,
nur wenige blieben liegen in der Marter

1 *Cato durchquerte mit dem pompejanischen Heer die Wüste Libyens.*

und regten um so lockerer die Zunge.
Aufs ganze Sandmeer senkte langsam sich
ein Feuerregen nieder, große Flocken,
wie im Gebirg, wenn's windstill ist und schneit.
Wie in dem heißen Indien Alexander
die Flammen bis zur Erde kommen sah,
die auf sein Heer vom Himmel regneten –
darum befahl er seinen Leuten, einzeln
ein jedes Flämmchen schleunigst auszutreten
am Boden, eh das Feuer um sich griff –
so kam von oben hier die ewige Lohe,
davon der Sand erglomm wie schwammiger Zunder
vom Feuerstein, und doppelte die Qual.
Wie mußten da die armen Hände tanzen
ohn Unterlaß, um hurtig da und dort
den frisch gefallnen Brand hinwegzuschütteln.

»Meister«, begann ich, »der du alles zwingst,
nur jene Teufel nicht, die uns am Tor
mit hartem Widerstand entgegentraten,
wer ist der Riese dort, der unbekümmert
um diese Glut so schräg und trotzig daliegt,
als machte ihn kein Feuerregen weich?«
Doch jener hatte selber schon erspäht,
wie ich nach ihm beim Führer mich erkundigt,
und schrie: »Im Tod noch bin ich wie im Leben.
Wenn Jupiter auch noch so eifrig
den Schmied ermüdet', der den Blitz ihm schärfte,
zum ärgerlichen letzten Wurf auf mich,
und wenn er schichtenweis die andern Schmiede
in Ätnas rußiger Werkstatt noch so sehr
ermüdet', ›hilf mir!‹ schreiend, ›mein Vulkan!‹
wie er im Kampf mit den Titanen schrie,

und möcht er noch so heftig mich beschießen: –
der Rache würde er an mir nicht froh!«
Da sprach mein Führer mit so starker Stimme,
wie ich von ihm sie nie so stark gehört:
»Für dich die höchste Strafe, Capaneus,
daß sich der Stolz in dir nicht dämpfen will!
Keine andre Qual kann angemessner sein
für deine Wut, als deine Raserei.«
Dann wandt er sich zu mir mit mildrem Ausdruck
und sprach: »Der war von jenen sieben einer,
die gegen Theben zogen, und er trotzte
mit Gott und trotzt und zeigt es immer noch;
doch, wie ich ihm gesagt, sein stolzes Schnauben
ist wohlverdiente Zierde seiner Brust.
Jetzt folge mir, und daß du deine Füße
nicht setzest auf den glühnden Sand, gib acht,
und halte nah dich immer bei dem Walde.«

Wir kamen schweigend bis zu einem Bächlein,
das aus dem Wald hervorspringt, ach, so rot,
daß mich noch heut sein' Farbe schaudern macht.
Wie aus dem Schwefelquell ein Bächlein läuft,
darin für sich die Sünderinnen baden,
so floß das rote Wasser durch den Sand[1].
Ein Bodensatz von Stein hatte verkleidet
des Baches Grund, die Hänge und die Ränder,
und dadurch konnt ich hier die Furt erkennen.
»Von allem, was ich bisher dir gezeigt,
seit wir das Tor durchschritten, das für jeden,
der an die Schwelle kommt, schon offen steht,
hat nichts sich deinem Auge dargeboten,
bemerkenswert wie dieser schmale Bach,
an dem die Flammenflocken all zergehen.«

1 Mit dem Schwefelbach meint Dante den sogenannten Bulicame, die heiße Quelle bei Viterbo, von der ein besonderer Kanal für die Prostituierten bestimmt war.

So lauteten die Worte meines Führers;
drum bat ich ihn, mir auch die Kost zu reichen,
wonach er mir so reichlich Lust gemacht.
»Ein ödes Land liegt mitten in dem Meer«,
begann Vergil, »und Kreta heißt das Land;
dort war ein Reich, und Unschuld herrschte einst[1].
Ein Berg ist drauf, wo früher Quellen spielten
und Pflanzen sproßten, Ida hieß der Berg.
Jetzt ist er alt geworden und ist tot.
In seinem Schoße bettete ihr Knäblein
die Rhea und verbarg's, und weil es weinte,
ließ sie mit Lärm die Kinderstimme decken[2].
Im Berge aber steht ein alter Riese,
den Rücken kehrt er nach Ägypten hin
und sein Gesicht geradewegs auf Rom.
Aus feinstem Golde ist sein Haupt geformt,
und pures Silber sind ihm Brust und Arme,
sodann bis an die Beine ist er ehern,
das übrige ist von gutem Eisen,
doch aus gebranntem Lehm der rechte Fuß;
auf diesen aber stützt er sich am meisten.
Es läuft durch alles – nur das Gold ist ganz –
ein Riß, und aus dem Risse triefen Tränen,
die sammeln sich und fressen durch den Berg
sich durch und stürzen nieder in die Hölle
als Acheron, als Styx und Phlegethon.
Dann fließen sie von hier als dünner Strang
hinab, so weit es geht, zur letzten Tiefe
und bilden den Cocytus dort; du wirst
ihn sehen. Darum braucht es keine Worte.«
Ich fragte drauf: »Kommt dieses Bächlein hier,
wie du mir sagst, aus unsrer Welt herab,
warum tritt's erst an diesem Saum hervor?«

1 Im gleichen Zeitalter soll Saturn auf Kreta geherrscht haben.

2 Rhea oder Kybele gebar auf dem Berge Ida den Jupiter und schützte ihn dort vor der Gier des Saturn, der seine eigenen Kinder verschlang.

Und er: »Du weißt, man wandert hier im Kreis,
und bist du auch schon weit herumgekommen,
zur Linken immerzu ins Tiefe strebend,
den ganzen Kreis hast du noch nicht durchlaufen.
Wenn etwas Neues also dir erscheint,
brauchst kein erstaunendes Gesicht zu machen.«
Und ich: »Wo find ich, Meister, dann die Lethe,
von der du schweigst, und wo den Phlegethon,
von dem du sagst, er sickere von oben?«
»In deinen Fragen«, sagt er, »bist du tüchtig.
Die eine freilich hätte dir das Wallen
des roten Wassers droben lösen können.
Hier unten nicht, erst später siehst du Lethe,
dort, wo zum Bad die Seelen sich bereiten,
wenn ihre Schuld bereut und abgetan.«

Dann fügte er hinzu: »Jetzt ist es Zeit,
vom Walde abzubiegen, folge mir,
des Bächleins Ränder bieten Weg und Schutz,
an ihrer Feuchtigkeit zergeht das Feuer.«

Fünfzehnter Gesang

Die Dämme · Die Sodomiten im Feuerregen Brunetto Latini · Dantes Zukunft · Die großen Gelehrten

Der eine der versteinten Ränder trägt uns,
der Nebel überm Bach beschattet uns
und hält das Wasser und die Dämme kühl.
Wie zwischen Brügge und Wissant die Flamen
sich vor der fürchterlichen Sturmflut schützen
und ihren Damm dem Meer entgegenstellen,
und wie's die Paduaner längs der Brenta
zum Schutz der Burgen und der Häuser machen,
des Schnees gewärtig, der im Hochtal schmilzt,
so waren ungefähr die Dämme hier,
wenn schon so hoch nicht noch so breit gebaut
von eines unbekannten Meisters Hand.

So weit vom Wald schon waren wir entfernt,
daß ich ihn nicht mehr hätte sehen können,
hätt' ich mich noch so eifrig umgetan,
als eine Schar von Seelen uns entgegen
den Damm entlang kam. Jede schaut' uns an,
wie oft am Abend sich die Leute mustern
bei Neumond unter ungewissem Licht.
Sie schärften blinzelnd ihren Blick auf uns,
wie auf das Nadelöhr ein alter Schneider.
Betrachtet so aus einer dieser Gruppen
und schon erkannt wurd' ich von einem, der
am Kleid mich fassend, rief: »Schau, dieses Wunder!«
Wie er die Arme mir entgegenbreitet,
schau ich durch sein vom Brand gebräuntes Aussehn

so scharf ihm ins verwüstete Gesicht,
daß mein Verstand ihn schließlich doch erkannte.
Ich neigte mein Gesicht dem seinen zu
und sagte: »Herr Brunetto, Ihr seid hier[1]?«
Und er: »Mein Sohn, erlaube, daß Brunetto
Latini dir zulieb den Zug der andern
verläßt und dich ein Stückchen Wegs begleitet.«
»Ich bitt Euch drum«, erwidert ich, »gar sehr,
und wenn Ihr wollt, daß ich mit Euch mich setze,
so tu ich's gern, wenn's meinem Führer recht ist.«
»Mein Lieber«, sprach er, »wer von unsrem Trupp
ein Weilchen stillsteht, hundert Jahre muß er
dann ohne Regung in dem Feuer liegen.
Drum geh nur zu. Ich folge deinem Mantel
und eile später den Gefährten nach
in ihren Jammerklagen ewigen Leides.«
Ich wagte nicht, den Damm hinabzusteigen
zu gleicher Höh mit ihm, doch senkte ich
das Haupt wie einer, der in Ehrfurcht pilgert.
»Welch Zufall«, frug er, »welche Fügung führt
vor deinem letzten Tag dich hier herab?
Und wer ist dieser, der den Weg dir zeigt?«
Mein Antwort war: »In einem Tal verlor ich
die Richtung, da ich droben heiter lebte,
noch eh ich in des Alters Fülle stand.
Erst gestern morgen stieg ich draus hervor.
Schon rückwärts wich ich wieder, als mir dieser
erschien; er führt auf diesem Steg mich heim.«
Und er zu mir: »Folg immer deinem Sterne,
du kannst das ehrenvolle Ziel nicht fehlen,
sofern ich's richtig droben schon voraussah.
Und wenn ich nicht so früh gestorben wäre,
da ich den Himmel dir so gütig sah,

1 Brunetto Latini, berühmter Gelehrter, Schriftsteller und Notar in Florenz, wahrscheinlich Dantes Lehrer.

hätt' ich in deinem Werke dich bestärkt.
Jedoch das undankbare böse Volk,
das einst von Fiesole herunterstieg,
den Berg, den Steinklotz immer noch im Sinn[1],
wird feind dir werden, weil du Gutes tust.
Und so gehört sich's: zwischen herben Beeren
ist für die süße Feige kein Gedeih.
Sie seien blind, sagt eine alte Sage,
und geizig, neidisch, überheblich sind sie.
Schau, daß du rein von ihren Sitten bleibest.
Dein Glück wird dich so hoch erheben, daß
die eine und die andere Partei
dich fressen möcht – doch das sind saure Trauben.
So mag das Fiesolaner Vieh sich selbst
zu Stallmist stampfen, unberührt lass' es
den Schößling stehn, wofern in seinem Kot
ein Schößling noch gedeiht aus heilgem Samen
der alten Römer, die im Lande blieben,
als dieses üble Nest bereitet wurde.« –
»Wenn ganz sich mein Gebet erfüllen möchte«,
sprach ich zu ihm, »so wäret Ihr noch lange
der menschlichen Natur erhalten blieben.
Ich kann ja nicht vergessen, nicht verschmerzen
Eur liebes, gutes, väterliches Bild,
da Ihr mir droben immer wieder zeigtet,
wie man zu ewigen Werten sich erhebt.
Wie dankbar ich Euch bin, das soll sich weisen
durch meine Worte noch, solang ich lebe.
Ich schreib und wahre mir im Geist, was Ihr
mir weissagt, und mit andren Texten laß ich's
von Ihr, der Weisen[2], deuten, wenn ich dort bin.
Das eine aber möchte ich Euch kundtun,
wofern mich mein Gewissen nicht verleugnet,

1 Die Stadt der Florentiner wurde der Sage nach von Faesulaner Flüchtlingen gegründet, die als Bergbewohner für roh galten.

2 Beatrice.

daß ich gefaßt bin auf Fortunas Schickung.
Der Zukunftston klingt meinem Ohr nicht neu.
Hantiere denn mit ihrem Rad Fortuna
und mit dem Karst der Bauer – nach Belieben!«
Da wandte nach der rechten Seite sich
mein Meister rückwärts, sah mich an und sprach:
»Der gute Hörer merkt, was man ihm sagt.«

Ich unterbrach indessen mein Gespräch
mit Herrn Brunetto nicht und bat ihn, mir
die Bestbekannten seiner Schar zu nennen.
Und er: »Von einigen erzählt man gern,
von andern ist es löblicher zu schweigen;
auch reicht die Zeit zu soviel Stoff mir nicht.
In Kürze denn: sie waren alle kirchlich
und gar gelehrte, hochberühmte Geister,
befleckt im Fleische von demselben Laster.
Priscian[1] gesellt sich unsrer trüben Schar,
Francesco von Accorso[2], und du könntest,
falls dich der Kitzel danach jucken sollte,
den Mann betrachten, den der Knecht der Knechte[3]
vom Arno zum Bacchiglione schickte,
wo seine freche Lust erlosch mit ihm.
Noch manches wüßt ich, doch ich darf nicht länger
im Gehn und Reden mit dir sein. Ich sehe
wie dort ein Dunst sich aus dem Sande hebt:
es kommen fremde, mir verbotne Leute.
Laß meinen *Tresor* dir empfohlen sein[4],
in dem ich weiterlebe; das genügt mir.«
Er kehrte um, und nun erschien er mir
wie einer, der im Lauf ums grüne Tuch
durch das Gefilde bei Verona rennt
und nicht zu spät kommt, sondern siegt im Ziele[5].

1 *Priscian, ein berühmter Grammatiker des 6. Jahrhunderts.*

2 *Accorso, ein in Boogna und in England dozierender Rechtsgelehrter (1225–93).*

3 *Der Knecht der Knechte ist hier Papst Bonifaz VIII., der den Bischof Andrea dei Mozzi von Florenz, d. h. vom Arno nach Vicenza am Bacchiglione versetzte, wo dieser starb.*

4 *Der Tresor ist die von Brunetto französisch geschriebene große Enzyklopädie.*

5 *In Verona wurde alljährlich ein Wettrennen veranstaltet, dessen Preis ein grünes Tuch war.*

Sechzehnter Gesang

Drei berühmte Florentiner · Das neue Florenz
Der Abgrund · Geryon

Schon hörte man von ferne her das Rauschen
des Wasserfalls zum andern Kreis hinunter;
wie Summen klang's von einem Bienenkorb.
Da lösten sich aus einem Trupp, der eben
unter des Flammenregens Qual vorbeizog,
drei Schatten ab, die miteinander eilten,
und jeder rief, indem sie zu uns kamen:
»Bleib stehen du, nach deiner Kleidung scheint es,
gehörst du unsrer lasterhaften Stadt.«
Die Wunden und die Narben, die ich sah,
vom Flammenfraß auf ihren Leib gezeichnet!
Noch in Gedanken tut der Anblick weh.
Auf ihren Anruf achtete mein Führer
und wandte sich zu mir und sprach: »Gehorche!
Mit diesen ziemt sich's höflich umzugehn,
und wenn der Feuerregen hier nicht fiele
und die Natur des Ortes es erlaubte,
so meint' ich, müßtest du, nicht jene, eilen.«
Sobald wir stille standen, nahmen sie
ihr' alte Gangart auf, erreichten uns
und drehten sich im Rundgang umeinander.
So wie im Ringkampf nackt und glatt die Kämpfer
den vorteilhaften Zugriff erst erspähen,
bevor sie sich mit Hieb und Stoß begegnen,
so kreisten diese, das Gesicht auf mich
gerichtet, wobei jeder mit dem Halse
in andrer Richtung ging als mit den Schritten.

»Wenn wir mit unsrer Bitte dir verächtlich,
im Elend dieses Staubs und Sands, entstellt
und braun erscheinen«, hub der eine an,
»so laß durch unsern Ruhm dich überreden
und sag uns, wer du bist, daß du so sicher
lebendigen Fußes durch die Hölle streichst.
Sieh, dieser, dem ich auf der Ferse folge,
so nackend und enthaart er hier umhergeht,
stand höher einst im Range als du denkst.
Der trefflichen Waldrada Enkel ist er,
hieß Guido Guerra, hat in seinem Leben
im Rate und im Feld gar viel vollbracht[1].
Der andre, hinter mir im Sande watend,
Tegghiaio Aldobrandi, sollte droben
mit Dankbarkeit genannt und angehört sein[2].
Und ich, derselben Pein wie diese unterworfen,
bin Jakob Rusticucci, und gewiß
kommt all mein Elend von dem bösen Weib[3].«
Wär ich gefeit gewesen gegen Feuer,
ich hätte mich hinabgestürzt zu ihnen,
und sicher hätt's mein Lehrer gern gesehen.
Allein die Furcht, mich tüchtig zu verbrennen,
verscheuchte meine freundliche Begier.
Hätt' ich doch gar so gern die drei umarmt!
Sodann antwortet ich: »Verachtung, nein,
doch Schmerz um euch erstand mir im Gemüt,
ein Schmerz, der lange nicht vergessen wird,
als ich aus meines Führers Worten mir
entnehmen mußte, daß uns Männer nahten,
wie ich in euch sie vor mir sehen darf.
Ich bin aus eurer Stadt und immer wieder
hab ich mit Eifer eure hohen Namen
und Taten angehört und mir gemerkt.

1 *Guido Guerra, Enkel der edeln Frau Gualdrada, war ein angesehener Führer der Welfenpartei in Toskana († 1270).*

2 *Tegghiaio Aldobrandi war ein tüchtiger Florentiner Heerführer, durch dessen Rat die Niederlage bei Monteaperti vermieden worden wäre.*

3 *Rusticucci, bekannt als tapferer Ritter; er soll ein zänkisches Weib gehabt haben.*

Das Bittre fliehend, such ich süße Frucht,
die der wahrhaftige Führer mir verheißt,
wenn ich zuvor ins tiefste Innre tauche.«
»Sag uns, so wahr noch lange deine Seele
den Leib dir lenken soll«, antwortet jener,
»so wahr dein Ruhm dich überleben soll:
Gibt's Anstand noch und Mut in unsrer Stadt,
wie ehedem die alte Sitte, oder
ist alles das hinweg und ausgewandert?
Wilhelm Borsiere[1], der seit kurzem erst
mit uns – du siehst ihn dort – in Schmerzen wandelt,
erzählt gar Ärgerliches uns von droben.«

»O mein Florenz, durch plötzliche Gewinne
und neue Großherrschaften wuchern Unmaß
und Stolz in dir, so mächtig, daß du weinst!«
Ich rief es mit erhobenem Gesicht.
Bei dieser wohlverstandnen Antwort sahen
die drei sich an, wie man die Wahrheit anschaut,
und sagten alle: »Wenn du andern auch
so kurz Bescheid zu geben weißt, wohl dir,
daß du dabei nach deinem Herzen redest.
Drum bitten wir, wenn du aus unsrer Nacht
ans Licht der schönen Sterne wieder steigst
und froh bekennen darfst: dort unten war ich,
dann schau, daß du von uns dem Volk erzählest.«
Und damit unterbrachen sie ihr Kreisen,
und wie beflügelt stoben sie hinweg.
Geschwinder als man Amen sagen konnte
war es getan, und keiner mehr zu sehn.

Daher der Meister auch an Aufbruch dachte.
Ich folgte ihm, und schon nach kurzem Gang

1 Wilhelm Borsiere war ein gewandter Weltmann, der etwa 1300 starb.

war das Getös des Wasserfalls so nahe,
daß man mit Worten sich nicht mehr verstand.
Wie jener Fluß, der erste nächst dem Po,
der seinen Lauf zum Meere selber bahnt
vom Hang des Apennin nach Osten hin
und auf der Höhe Acquacheta heißt[1],
bevor er in die Ebene sich stürzt,
sodann den Namen ändert bei Forlì –
wie der herunter bei Sankt Benedikt
in einem Sprunge donnernd tost, wo doch
für tausend Stufen Raum vorhanden wäre,
so brauste hier von einer jähen Höhe
das dunkle Wasser vor uns in den Abgrund,
daß kein Gehör es lang ertragen könnte.
Ich hatte einen Strick mir umgegürtet[2],
mit dem ich wohl einmal das Pardeltier,
das buntgefleckte, einzufangen dachte.
Den löst' ich rasch auf meines Führers Wort
und nahm ihn ab und wickelte ihn auf
und reichte den verschlungnen Bund ihm hin,
worauf er ausholt' nach der rechten Seite,
vom Rand ein wenig Abstand nehmend, ihn
hinauswarf und hinunter in die Tiefe.
»Ein Ungewohntes muß nun doch erfolgen
zur Antwort auf den ungewohnten Wink,
dem lang mein Meister mit Erwartung nachschaut.«
So sagt ich mir im stillen – doch der Mensch
muß sehr behutsam sein in Gegenwart
von jemand, der Gedanken lesen kann.
Denn er zu mir: »Jetzt kommt es bald herauf,
was ich erwarte und was du dir träumst.
Gleich wird es offen deinem Aug sich zeigen.«

1 Es handelt sich um den kleinen Wasserlauf Montone.

2 Das Seil, hier wohl als Zeichen der Enthaltsamkeit oder auch der Treue zu verstehen, dient zum Sieg über das Ungeheuer Geryon, das Abbild des Truges.

Dem Wahren, wenn es unwahrscheinlich aussieht,
sollte der Mensch womöglich sich verschließen,
weil es ihm Tadel einträgt ohne Schuld.
Hier aber kann ich's nicht verschweigen, Leser,
und schwör dir bei den Versen dieses Liedes,
so wahr sie langer Gunst sich freuen mögen:
Ich sah durch dunkle, dicke Luft herauf
geschwommen kommen ein Gebild, erstaunlich
für jedes noch so sichere Gemüt.
Es regte sich als wie ein Taucher, der
etwa den festgeklemmten Anker unten
von Hindernissen losmacht und heraufkommt,
gereckt nach oben und geduckt nach unten.

Siebzehnter Gesang

Geryon · Gespräche der Wucherer
Der Flug in die Tiefe

»Sieh da, das Untier mit dem spitzen Schweif,
das über Berge, Mauern, Festungswerke
hereinbricht und die ganze Welt verpestet«,
begann zu mir der Führer; und der Bestie
bedeutete er, näher an das Ufer
bis an des Steindamms Ende herzukommen.
Das ekelhafte Bild des Truges nahte,
schob seinen Kopf und Oberleib an Land,
nur mit dem Schweife blieb's dem Ufer fern.
Hatt' ein Gesicht wie Biedermanns Gesicht,
gar gütig anzuschaun, von zarter Haut,
der übrige Leib war eine Schlange.
Zwei Tatzen hatt' es, haarig bis zur Achsel,
auf Brust und Rücken und an beiden Seiten
war's ganz bemalt mit Knoten und mit Ringlein,
und Untergrund und Zeichnung farbenreicher
als Tücher von Tataren oder Türken
oder Gewebe von Arachnes[1] Kunst.
Wie Kähne, manchmal angelegt am Strande,
noch halb im Wasser, halb schon auf dem Trocknen,
und wie bei den gefräßigen Teutonen
der Biber für die Lauer sich zurechtlegt,
so stützte sich das böse Ungetüm
am Steindamm auf, der um das Sandfeld läuft,
indes sein großer Schweif im Leeren schnellte
und aufwärts bog den giftigen Doppelstachel,
wie seine spitze Waffe der Skorpion.

1 Arachne, eine kunstvolle Spinnerin, die von Minerva aus Neid in eine Spinne verwandelt wurde.

Der Führer sagte: »Eine kleine Schwenkung
ist nötig, daß wir dort hinüber kommen,
wo sich die tückische Bestie hingestreckt hat.«

So stiegen wir zur rechten Hand hinab,
gingen am Rande hin, zehn Schritte nur,
den Flammenregen und den Sand zu meiden,
und, bei der Bestie angelangt, erblickt ich,
im Sande etwas weiter drüben sitzend,
nahe dem Abgrund, eine Gruppe Menschen;
worauf der Meister zu mir sprach: »Auf daß
von diesem Ring du eine volle, ganze
Erfahrung mit dir nehmen kannst, geh hin
und schau dir ihr Gebaren an, jedoch
laß dich in lange Reden dort nicht ein.
Ich spreche, bis du wiederkommst, mit diesem;
es soll uns seine starken Schultern leihn.«

So ging ich denn noch bis ans End des Randes
in diesem siebten Kreise ganz allein
zu Menschen, die in ihrer Trübsal saßen.
Hervor aus ihren Augen brach der Jammer,
mit Händen wehrten sie sich da und dort
gegen die Glut des Regens und des Sandes
behende, wie die Hunde tun im Sommer
mit Schnauze und mit Pfote, wenn von Flöhen,
von Mück und Bremsen sie gestochen werden.
Ich richtete mein Aug dem ein und andern
ins Angesicht unter der Feuertraufe,
doch kannt' ich keinen, aber ich bemerkte,
daß jeglichem am Halse eine Börse
mit eigner Farb und eigner Zeichnung hing,
woran sich offenbar ihr Auge weidet.

Und wie ich spähend zwischen ihnen umgeh,
sah ich auf gelber Börse dunkelblau
etwas, das einem Löwen ähnelte[1].
Sodann ließ ich die Blicke weiterschweifen,
entdeckte eine andre, blutig rot
mit einer Gans darauf, so weiß wie Butter[2].
Und einer, dem ein weißes Säckchen anhing
mit einem blauen Mutterschwein darauf[3],
fragte: »Was suchst du hier in unsrer Mulde?
Geh weg! und weil du noch am Leben bist,
sollst wissen, daß mein Nachbar Vitaliano[4]
hier bald zu meiner Linken sitzen muß.
Bin ein Paduaner unter Florentinern,
die oft mein Ohr beleidigten und schreien:
wann kommt nun endlich der erlauchte Ritter,
der die drei Schnäbel auf dem Beutel trägt[5]?«
Er sprach's, verzog den Mund und zeigt die Zunge,
wie Ochsen, wenn sie sich die Nase lecken.
Und ich, damit der Führer mir nicht zürne,
der mich gemahnt hatte, nur kurz zu bleiben,
verließ nun diese armen Seelen und
zurück zum Meister ging ich, wie er schon
den Leib des Ungetüms bestiegen hatte.

Er sagte mir: »Jetzt fasse Kraft und Mut!
So ist die Treppe, die uns abwärts führt.
Steig vorne auf, ich will dazwischen sitzen,
so kann des Schweifes Spitze dir nichts tun.«
Wie einen Fieberkranken, den nun gleich
der Frost befällt, daß er mit blauen Nägeln
erzittert, wenn er etwas Schattiges sieht,
so wurde mir bei dieser Worte Klang;
doch schüchterte ein Schamgefühl mich ein,

1 Das Wappen der Florentiner Kaufleute Gianfigliazzi.

2 Das Wappen der Florentiner Obriachi.

3 Der Wucherer mit dem Schwein ist Reghinaldo degli Scrovegni aus Padua.

4 Vitaliano, ebenfalls ein Wucherer aus Padua.

5 Der Erzwucherer Giovanni dei Buiamonti aus Florenz.

das wackern Herren stramme Diener schafft.
Ich setzte mich auf Ungeheuers Schultern,
ich wollte sprechen, doch die Stimme kam nicht,
und etwa sagen: halt mich, bitte, fest!
Er aber, der mir schon einmal geholfen
in hoher Fährlichkeit, umschlang, sobald
ich aufstieg, fest mit beiden Armen mich
und sagte: »Geryon, rege dich! Flieg ab
in weiten Kreisen und in sachtem Abstieg!
Gib acht auf deine ungewohnte Last!«
Wie sich ein Kahn von seinem Strande rückwärts
und immer rückwärts gleitend löst, tat Geryon,
bis er sich ganz in freiem Spielraum fühlte.
Wo seine Brust war, wandt' er nun den Schweif
und reckte und bewegt' ihn wie ein Aal,
und mit den Tatzen griff er nach der Luft.
Viel größer konnte wohl die Furcht nicht sein,
die Phaëthon empfand, als ihm die Zügel
entglitten zu des Himmels ewigem Schaden,
noch Ikarus der Arme, da er spürte,
wie ihm die Federn von den Lenden schmolzen,
und ihm der Vater zurief: »Falsche Richtung!« –
als meine Furcht, da ich mich überall
von Luft umweht erkannte und erloschen
die Aussicht überall. Das Tier nur sah ich,
das langsam, langsam vorwärts schwimmend kreist –
und abwärts geht's. Ich merk es nur an dem,
daß ins Gesicht von unten mir der Wind fährt.
Jetzt hört' ich unter mir zur Rechten schon
des Wassersturzes schreckliches Geräusch.
Ich schau mit vorgerecktem Kopf hinab,
und noch verzagter ward ich ob der Tiefe,
in der ich Feuer sah und Jammern hörte,

daß ich mich bebend ducke und verkrampfe.
Ich sah nun auch – denn vorher sah ich's nicht –
die Kreise, die's hinunterging, und wie
rundum die großen Foltern näher kamen.
Dem Falken gleich, der flügelmüd noch immer
kein Vöglein sichtete und keinen Köder,
darob der Falkner klagt: »O weh, du fällst!«
und der nach flinkem Aufschwung träge absinkt
in hundert Kreisen und sich fern vom Jäger
verdrossen tückisch niederläßt und sitzt,
so brachte Geryon uns auf den Grund
genau am Fuß der jähen Felsenwand.
Und kaum von unsrer Last befreit, entschwand er,
wie von des Bogens Seil der Bolzen schwirrt.

Achtzehnter Gesang

*Bösen-Graben · Die Kuppler · Die Verführer
Die Schmeichler*

Ein Ort liegt in der Höll, heißt Bösen-Graben,
ist ganz aus Stein von eisengrauer Farbe,
und ebenso die Felswand ringsherum.
Genau in dieses schlimmen Landes Mitte
gähnt breit und tief gar sehr ein Brunnenschacht,
des Bau ich schildern werde, wann es Zeit ist.
Der Gürtel nun, der übrigbleibt, läuft rund
zwischen dem Schacht und Fuß der jähen Wand.
Der Untergrund zerteilt sich in zehn Täler,
und diese sahen ähnlich aus wie Gräben,
die vor den Mauern einer Festung liegen
zum Schutze reihenweise ringsherum.
Und wie vom äußern Grabenufer aus
bis zu der Schwelle an den Festungstoren
die kleinen Brücken als Verbindung dienen,
so liefen hier vom Fuß der runden Wand,
die Dämme und die Gräben überschneidend
und mündend alle in den Schacht, die Klippen.

In dieser Zone, abgeschüttelt von
des Geryon Rücken, standen wir. Nach links
hielt sich der Dichter, und ich folgte ihm.
Zu meiner Rechten sah ich neues Leid,
sah neue Marter, neue Peitschenschwinger,
davon es wimmelte im ersten Graben.
Die Sünder unten gingen nackt einher,
die einen mit dem Antlitz uns entgegen,

die anderen im Sinn wie wir, nur schneller.
So haben auch im Jubeljahr die Römer
den großen Zudrang nach der Brücke hin
derart geregelt, daß auf einer Seite,
die Stirne nach der Engelsburg gerichtet,
die Leute gehn, die zu Sankt Peter pilgern,
und auf der andern Seite die zum Hügel[1].
Und hier auf dunklem Steinweg beiderseits
schwangen gehörnte Teufel große Geißeln,
gar grausam auf der Sünder Rücken schlagend,
daß sie – o weh, wie flink! die Fersen hoben
schon bei dem ersten Streich, und keiner mehr
den zweiten oder dritten sich erwartet.

Wie ich entlang ging, fielen meine Blicke
auf jemand, und ich sagte auf der Stelle:
»Das erstemal ist's nicht, daß ich ihn sehe.«
Drum blieb ich stehn, ihn richtig zu erkennen,
und selbst mein lieber Führer machte halt,
erlaubte mir zurückzugehn ein wenig,
und der Gepeitschte, um sich zu verbergen,
senkte das Antlitz, doch es half ihm wenig.
Ich rief: »He du, der auf den Boden schaust,
wenn nicht dein Äußeres verfälscht ist, dann
bist du Venedico Caccianimico.
Was führt dich aber in so herbe Schmach?«
Und er zu mir: »Das sage ich nicht gern,
doch zwingst du mich durch deine klare Sprache
und rufst Erinnrung an Vergangnes wach.
Ich bin es, der die schöne Ghisola
verkuppelt hat dem lüsternen Marchese –
trotz allem, was man sonst darüber munkelt[2].
Es weinen hier auch andre Bolognesen,

1 Im *Jubiläumsjahr 1300 wurde der starke Verkehr über die Engelsbrücke in Rom auf diese Weise geregelt.*

2 *Caccianimico, ein angesehener Bologneser Bürger, soll seine Schwester an den Markgrafen Obizzo von Este verkuppelt haben.*

bin nicht der einzige, es gibt hier mehr
als heute zwischen Sávena und Reno
in ihrer Mundart ›sipa‹ sagen lernen[1].
Und willst du dies verbürgt oder bezeugt,
o denk an unsre gierige Käuflichkeit.«
Indes er sprach, traf ihn der Geißelhieb
seines Dämonen mit den Worten: »Vorwärts
Kuppler! Hier gibt's kein Weibsbild zu verschachern.«

Ich holte meinen Führer wieder ein.
Sodann nach wenig Schritten kamen wir
an eine Klippe, die hinüberragte.
Wir stiegen leichten Schritts hinauf, nach rechts
und wendend auf dem Felsengrat, hinweg
von jener ewigen Runde in den Gräben.
Und dort, wo unter uns die Klippe Raum läßt
zum Durchgang für die ausgepeitschten Seelen,
sagte der Führer: »Beug dich vor und schau,
daß dich der Blick der andern Sünder treffe,
denen du bisher nicht ins Auge sahst,
weil sie mit uns in gleicher Richtung gingen.
Auf alter Brücke steh'nd beschauten wir
den Zug, der uns entgegenkam, gejagt
in gleicher Weise durch die Peitschenhiebe.
Der gute Meister, ohne daß ich fragte,
erklärte mir: »Schau dort den großen Mann!
In allem Schmerze bleibt er trocknen Auges.
Wie königlich er sich noch immer hält!
Jason ist das, der mutig und geschickt,
den Kolchiern das goldne Vlies entführte.
Er legte an der Insel Lemnos an,
wo die verwegnen Weiber ohn Erbarmen
an allen ihren Männern Mord begingen,

1 *Sávena und Reno, zwei Flüsse im Gebiet von Bologna, wo man als Ausdruck der Zustimmung das mundartliche »sipa« für »sia« gebraucht.*

und dort mit Winken und verblümten Reden
verführte er die junge Hypsipyle,
die vorher alle anderen betrog.
Er ließ sie schwanger und allein zurück[1].
Für diese Schuld ist er hieher verdammt
und auch für das, was er Medea antat.
Wer solchen Trug verübt, gehört zu ihm.
Genug nunmehr von diesem ersten Graben
hast du erfahren und von seinen Opfern.«
Wo unser schmaler Steg den zweiten Gang
erreicht und kreuzt und wo ein neuer Bogen
zur Brücke ansetzt, war nun unser Standpunkt.
Von hier aus hörten wir im andern Graben
ein schnaubend Volk sich selbst mit Händen schlagend,
das drangvoll stöhnt und hockt in seinem Jammer.
Die Wände waren teigig überkrustet
von einem schimmeligen Niederschlag
des dicken Dunstes, ein Schreck für Aug und Nase.
Der Grund so finster, daß das Auge nichts
erkennt, es sei denn von dem höchsten Punkt
des Brückenbogens senkrecht überm Pfuhl.
Wir kamen hin. Von dort aus sah ich Menschen,
im Graben unten eingetaucht in Kot,
der wie ein Abfluß von Kloaken war.
Indes ich mit den Augen drunten suche,
ersah ich einen, dessen Kopf so dreckig,
daß Laie oder Klerus *eines* war;
der schrie herauf: »Was schaust du so erpicht
gerad auf mich und nicht die andern Fratzen?«
»Weil, wenn ich recht erinnre«, sagt ich ihm,
»ich einst mit trocknen Haaren dich gesehen.
Alexius bist Interminei aus Lucca[2],
mir schauenswerter als die andern alle.«

1 Anspielung auf die Argonautensage.

2 Interminei, ein nicht näher bekannter Bürger, der zu der Partei der weißen Guelfen gehörte.

Da schlug er sich auf seinen Schädelkasten:
»Die nimmermüde Zungenfertigkeit
im Schmeicheln hat mich so herabgezogen.«
Sodann der Führer: »Schau, daß du noch weiter
ein wenig mit den Augen dringst, bis daß
du richtig das Gesicht erfassen kannst
von der zerzausten schmutzigen Dirne dort,
die sich mit kotigen Fingernägeln kratzt
und bald im Schmutze hockt, bald wieder auftaucht.
Das ist die Hure Thais, die den Buhlen[1],
als er sie fragte: ›bist du mir gewogen?‹
ansäuselte: ›Mein Liebling, fabelhaft!‹
Damit genug für uns von diesem Anblick.«

1 Thaïs, bekannte athenische Hetäre, deren Treiben Dante im Eunuchus des Terenz geschildert fand.

Neunzehnter Gesang

Die Simonisten · Die feurigen Felsengräber
Die Päpste

Die ihr das heilige, für reine Hände
bestimmte Gut des Herrn verderbt um Gold
und Silber, Simon, Zaubrer und Verführer,
für dich und deine räuberische Bande,
die ihr im dritten dieser Gräben steckt,
soll jetzt zum Aufruf die Trompete schmettern!

Wir waren schon hinauf bis zu dem Punkt
des Felsenstegs gelangt, der auf die Mitte
des Gräbergrabens lotrecht niederschaut.
Wie kunstreich, hohe Weisheit, du dich zeigst
im Himmel, auf der Erd und in der Hölle,
und wie gerecht dein Wirken sich verteilt!
Ich sah im Grund des Tals und an den Seiten
gar viele Löcher, alle rund, und jedes
von gleicher Größe in dem fahlen Stein.
Sie schienen mir nicht enger und nicht weiter
als die in unsrer schönen Taufkapelle
zum heiligen Johannes für die Taufe.
Vor wenigen Jahren hab ich solch ein Becken
zerschlagen, ein ertrinkend Kind zu retten.
Das sei hier festgestellt und aufgeklärt[1].
Hervor aus jedes Loches Öffnung ragten
die Füße und die Beine eines Sünders
bis an die Waden; drinnen stak der Rest.
Bei allen aber flammt es auf den Sohlen
der beiden Füße, daß sie im Gelenk,

1 Die Löcher oder Gräber gleichen dem Becken des Florentiner Baptisteriums San Giovanni, in dem die Priester bei der Taufe standen. Dante bezieht sich hier auf ein weiter nicht bekanntes Ereignis seines Lebens.

als gält es Bänder zu zerreißen, zuckten.
Wie über fettem Grund die Flamme spielt
und immer aufwärts flackert an dem Dochte,
so von der Ferse hier bis an die Zehen.

»Wer ist wohl, Meister«, frug ich, »der Erzürnte,
der heftiger dort als seine Nachbarn zuckt,
und den so dunkelrot die Flamme küßt?«
Und er: »Willst du, daß ich den Hang hinab
dich trage, dort am weniger steilen Ufer,
so kann er selbst sein Unrecht dir erzählen.«
Und ich: »Wie's dir beliebt, soll's mir gefallen.
Du bist der Herr und weißt: ich trenn mich nicht
von deinem Weg, und weißt auch das Verschwiegene.«
So kamen wir zum vierten Damm hinüber
und wandten uns und stiegen ab zur Linken
bis auf den Grund, beengt durch viele Löcher.
Der Meister, seine Hüfte vorgestemmt,
bis an den Rand der Höhlung trug er mich,
aus der die Klage mit den Füßen sprang.
»Wer du auch seist, verworfne Seele, die,
köpflings gerammt, das Obere unten hält«,
begann ich, »sprich, so du's vermagst, ein Wort.«
Ich war, dem Mönche gleich, der Beichte hört,
zum eingegrabnen Mörder hingebeugt,
der ihn noch herruft, eh er sterben muß –
als jener schrie: »Stehst du schon aufrecht da,
stehst du schon da und wartest, Bonifaz?
Dann hat um Jahre mich die Schrift betrogen.
Hast du so schnell am Reichtum dich gesättigt,
den zu erraffen du die Braut des Herrn
beraubt und ohne Scheu mißhandelt hast?«
Da stand ich nun und hielt mich für gefoppt,

weil ich die Antwort nicht verstehen konnte,
und meinerseits auch keine Antwort wußte.
Hier griff Vergilius ein: »Sag ihm doch schnell:
›ich bin nicht der, den du erwartest, bin's nicht‹.«
Und wie er mir befahl, gab ich die Antwort,
worauf der Geist die Füße heftig renkte
und seufzend mit gebrochner Stimme sprach:
»Was willst du dann von mir? Wenn dir so viel
daran gelegen, zu erfahren wer
ich bin, daß du den Hang danach durchstreifst,
so wisse denn, ich trug den großen Mantel,
war ein Orsini, echtes Kind der Bärin[1],
den kleinen Bären-Vettern so behilflich,
daß ich die Tasche füllte, dort – und hier.
Die vor mir Simonie betrieben, stecken
in Felsenspalten unter meinem Kopfe
und liegen platt. Ich selber muß zu ihnen
hinuntersinken, alsbald wenn der andre,
den ich in dir vermute, sich einstellt[2].
Daher ich vorhin dich so plötzlich fragte;
doch länger ist es schon, daß *ich* die Füße
mir koche und so köpflings drinnen stecke,
als *ihm* die heiße Fußkur dauern wird;
denn nach ihm kommt vom Westen bald ein
ein zügelloser Seelenhirte, der [Schlimmrer[3],
dann meinen Nachfolger und mich hinabdrückt.
Er wird ein neuer Jason nach dem Buch
der Makkabäer sein und seinen König[4],
der ihm den Willen tut, in Frankreich finden.«
Ob ich zu weit gegangen bin, ich weiß nicht,
als ich nach meiner Tonart ihm entgegnete:
»Nun sag mir doch, wie viel hat unser Herr
dem heiligen Petrus abverlangt, bevor

1 Giovanni Gaetano Orsini war Papst als Nikolaus III., 1277–80

2 Papst Bonifaz VIII., 1294–1303.

3 Papst Klemens V.

4 Von Jason wird im zweiten Buch der Makkabäer, Kap. IV ff. berichtet, daß er das Amt des Hohenpriesters von dem König Antiochus erkaufte, ähnlich wie Klemens von König Philipp dem Schönen in Frankreich sich Vergünstigungen erwarb.

er ihm die Schlüssel zur Betreuung gab?
Nur eins hat er gefordert: folgt mir nach!
Und kein Apostel ließ sich Gold und Silber
bezahlen, als durchs Los sie dem Matthias[1]
das Amt, das Judas lassen mußte, gaben.
Drum halte still, du bist zu Recht bestraft,
und hüte gut das schlecht erworbne Geld,
mit dem du gegen Karl so mutig tatest[2].
Und wär die Ehrfurcht nicht, die stets mich bindet
vor den geweihten Schlüsseln, die du einst
im muntern Leben droben führen durftest,
so möcht ich ernstre Worte noch gebrauchen.
Durch eure Habgier ist die Welt verdüstert,
ihr stürzt die Guten und erhebt die Bösen.
Euch Hirten meinte der Evangelist[3],
als er die Hure auf den Wassern sah,
die mit den Königen der Erde buhlte,
die hochgeborene mit sieben Häuptern,
und mit zehn Hörnern wohl behütete,
solang ihr Gatte noch die Reinheit liebte[4].
Aus Gold und Silber macht ihr einen Gott
wie echte Götzendiener, nur daß jene
vor *Einem* knien und ihr vor Hunderten.
Weh, wie viel Unheil, Konstantin, erwuchs –
nicht etwa aus der Taufe, aus der Schenkung
des ersten Reichtums an den Heiligen Vater[5]!«
Indes ihm so mein Rügelied erklang,
sei's daß die Wut, sei's daß die Reu ihn stach,
bewegt' er heftig stampfend beide Füße.
Mein Führer war, ich glaub es, einverstanden,
denn freundlich lauschte er die ganze Zeit
dem echten Ton in meinen starken Worten.

1 Siehe Apostelgeschichte I, 24–26.

2 Karl von Anjou war der persönliche Feind dieses Papstes.

3 Der Verfasser der Offenbarung Johannis. Der Dichter bezieht sich hier besonders auf Kap. 17.

4 Gemeint sind die Päpste als geistige Gatten der Kirche.

5 Dante betrachtet die angebliche Schenkung des römischen Kirchenstaates an den Papst durch den Kaiser Konstantin als den verhängnisvollen Anfang der Verweltlichung der Kirche und damit der Simonie.

Mit beiden Armen drauf umfaßt er mich
und zog mich ganz an seine Brust, sodann
stieg er zurück den Weg, den er gekommen,
und wurd nicht müd, mich fest an sich zu pressen,
sogar bis auf den Scheitelpunkt der Brücke
des viert und fünften Dammes trug er mich,
und sachte setzt' er dort die Last zu Boden,
sehr sachte, denn der Fels war rauh und steil,
ein unbequemer Pfad sogar für Ziegen.
Von dort erschloß sich mir ein neuer Graben.

Zwanzigster Gesang

Die Wahrsager und Zauberer · Amphiaraus Tiresias · Manto · Die Gründung der Stadt Mantua

Von neuer Qual muß jetzt mein Lied berichten
und Stoff dem zwanzigsten Gesang bereiten
in diesem ersten unterirdschen Teil.

Schon war ich aufmerksam und ganz gespannt,
hinabzuspähen in den offnen Grund,
von angstgepreßten Tränen rings gefeuchtet,
und Menschen sah ich kommen still und weinend,
langsamen Schrittes durchs gebogne Tal,
wie man auf unsrer Welt im Bittgang schreitet.
Als dann mein Blick an ihnen niederglitt,
welch staunliche Verrenkung zeigt sich da
bei jedem zwischen Kinn und Schlüsselbein.
Das Antlitz war dem Rücken zugewendet,
und rückwärts mußten sie die Füße regen;
den Blick nach vorne hatten sie nicht mehr.
Mag sein, daß dann und wann durch Lähmung schon
ein Kranker sich so ganz und gar verrenkte –
ich hab es nie gesehn, noch kann ich's glauben.
So dir mit Gottes Hilfe, was du liesest,
zum Heil gedeihen soll, bedenke, Leser,
wie ich mit trocknen Augen nah, so nah
das so verkehrte Menschenangesicht
hätte betrachten können, da die Tränen
den Sündern übers Rückgrat niedertropften.
Ich weinte, angelehnt an einen Stein
der Felsenbrücke, derart, daß mein Führer

mir sagte: »Willst so unvernünftig bleiben?
Nur wenn sie ganz verstummt, spricht hier die Liebe.
Gibt's denn ein größeres Vergehn, als gegen
das Urteil Gottes menschliche Gefühle?
Erheb dein Haupt und schau den Mann dir an,
den zu verschlingen sich die Erde auftat
vor Thebens Mauern, so daß alle riefen:
›Wohin so jäh, Amphiaraus, fliehst du?‹
Und unaufhaltsam stürzte er hinab,
bis er vor Minos, unvermeidlich, stand.
Schau wie der Rücken ihm zur Brust ist worden;
dieweil er gar zu weit voraussehn wollte,
muß er zurück mit Aug und Füßen streben[1].
Sieh den Tiresias, der sich wandelte
von männlicher in weibliche Gestalt
mit völliger Verändrung aller Glieder,
worauf er die verschlungnen Schlangen dann
mit seinem Stock noch einmal schlagen mußte,
um wieder ein behaarter Mann zu werden[2].
Der mit dem Rücken auf dem Bauch ihm folgt,
ist Aruns[3], im Gebirg von Luni, wo
der Bauer von Carrara sich das Holz holt,
in weißer Marmorhöhle wohnte er
hoch oben, wo den Aufblick zu den Sternen
und nach dem Meer hinab ihm nichts verwehrte.
Die Dirn, die sich mit aufgelösten Zöpfen
aus ihrem Haupthaar auf der andern Seite
die Brüste deckt, die du nicht sehen kannst,
war Manto einst, die lange wanderte,
und dann sich niederließ in meiner Heimat,
davon ich gern dir einiges erzähle.

1 Der Wahrsager und Zauberer Amphiaraus wurde vor den Mauern von Theben von der Erde verschlungen.

2 Tiresias, der thebanische Wahrsager, verwandelte sich in ein Weib und dann wieder in männliche Gestalt, indem er mit seinem Stabe ein Schlangenpaar berührte. Ovid Metam. III, 323 ff.

3 Etruskischer Wahrsager, der den Sieg des Cäsars prophezeit haben soll.

Nachdem ihr Vater hingegangen war[1]
und Bacchus' freie Stadt in Knechtschaft fiel[2],
durchzog sie manches Jahr die weite Welt.
Im schönen Land Italia liegt ein See,
Benaco, an dem Abhang jener Berge,
die bei Tirol die deutsche Mark umschließen.
Es rieseln mehr als tausend Quellen wohl
von Val Camónica bis Garda nieder
am Bergeshang und stauen sich im See.
Auf seines Spiegels Mitte könnten sich
die Seelenhirten von Trient, Verona
und Brescia segnen, wenn des Wegs sie kämen[3].
Peschiera liegt, das schöne starke Werk,
zum Trutze gegen Bergamo und Brescia[4],
am tiefsten Punkt des Ufers, wo die Wasser
aus übervollem Becken des Benaco
durch grünes Weideland abfließen müssen;
und alsbald wandelt sich der See zum Fluß.
Sobald das stille Wasser plötzlich läuft,
heißt es Benaco nicht mehr, sondern Mincio,
bis nach Governo, wo der Po es aufnimmt.
Nach kurzem Lauf gerät's in eine Senke,
breitet sich aus darin und wird zum Sumpf
und oft zur Plage für das Land im Sommer.
Als dort vorbei die wilde Jungfrau kam,
erblickte sie im Sumpfe festes Land,
ein ödes, unbebautes, unbewohntes,
und blieb, die menschliche Gemeinschaft scheuend,
mit ihren Dienern dort und lebte so
in ihren Künsten und entschwand dem Leibe.
Dann sammelten die rings zerstreuten Menschen
an diesem Platze sich, denn er war gut
durch Sumpfgelände allerseits gesichert.

1 Manto ist die Tochter des Tiresias.

2 Theben, die Stadt des Bacchus, kam unter die Tyrannis des Kreon.

3 Auf dem See ist die Grenze der drei genannten Diözesen.

4 Eine Festung der Scaliger.

Sie bauten ihre Stadt auf Mantos Grab
und tauften ohne weitern Zauber sie
nach ihr, die diesen Platz zuerst erwählte.
Gar viele Leute wohnten damals dort,
bevor der unbedachte Casalodi
durch Pinamontes Arglist ward genarrt[1].

So laß es dir gesagt sein, und wenn je
du anders die Geschichte meiner Stadt
erzählen hörst, entlarve jede Fälschung.«
Ich gab zur Antwort: »Meister, deine Lehre
ist mir so sicher, gilt mir so gewiß,
daß mich, was andre sagen, nicht erwärmt.
Doch wenn du in dem Zug der Sünder hier
noch einen Nennenswerten siehst, so zeige
ihn mir, denn darauf ist mein Sinn gespannt.«
Drauf er zu mir: »Der Bärtige, dem die Strähnen
von seinen Wangen auf die Schultern fließen,
war damals, als von Griechenland die Männer
fast alle bis zum Säugling ausmarschierten,
ein Augur, der mit Kalchas für das Glück
der Abfahrtstunde Zeichen gab in Aulis.
Er hieß Eurypylos, und so besingt ihn
mein hohes Heldenlied an einer Stelle,
– du kennst sie gut, da du das Ganze kennst[2].

Der andre dort, so schmächtig an den Hüften,
war Michael der Schotte, der wahrhaftig
sich auf das Spiel des Zaubertrugs verstand[3].
Schau dort Guido Bonatti und Asdente,
der jetzt so gern – doch spät kommt ihm die Reue –
bei seinem Leisten hätte bleiben wollen[4].
Und schau das Weibervolk, das, statt zu Nadel

1 Pinamonte dei Bonacolsi bemächtigte sich am Ende des 13. Jahrhunderts durch List der Stadt Mantua und stürzte den einfältigen Alberto da Casalodi.

2 Vgl. Vergils Aeneis, II. Buch, 113 ff., sowie Ovid Metam. XII, 29 ff.

3 Michele Scotto war Hofastrologe des Kaisers Friedrich II. von Hohenstaufen.

4 Bonatti, ein berühmter Astrologe des 13. Jahrhunderts in Forlì. Asdente, ein Schuster und Magier aus Parma.

und Spul und Spindel, zu der Zukunft griff
und Hexentränke, Zauberbilder machte.
Doch vorwärts! Kain mit dem Dornenbündel[1]
hat schon die Grenze beider Hemisphären
erreicht und taucht ins Meer jenseits Sevilla
mit seinem Mond, seit gestern nacht gerundet.
Du weißt wohl noch, wie er nicht ungelegen
im tiefen Walde manchmal dir erschien.«
So sprach Vergil, indes wir weitergingen.

1 *Nach italienischem Volksglauben ist »der Mann im Mond« der Brudermörder Kain unter einem Dornbusch.*

Einundzwanzigster Gesang

Der Pechsee · Die Betrüger · Der Ratsherr aus Lucca · Teufelskomik

Von Brücke so zu Brücke in Gesprächen,
die nicht zu meinem Lied gehören, ging es,
und als wir oben waren, hielten wir,
hinabzuschauen in die andre Kluft
von Bösen-Graben, die gar dunkel war
und voll vergeblichen und neuen Jammers.

Wie in Venedig auf der Werft im Winter
ein großer zäher Brei von Pech gekocht wird,
die leck gewordnen Schiffe zu kalfatern –
solang die Jahreszeit den Schiffer hindert,
baut sich der eine wohl ein neues Schiff,
der andre stopft am alten vielgereisten,
am Bug, am Heck wird eiferig gehämmert,
dort schnitzt man Ruder und hier dreht man Taue,
es wird geflickt an klein und großen Segeln: –
so brodelte hier unten ohne Feuer
durch Gottes Kunst ein dicker, teeriger Brei,
davon die Ufer überall klebrig wurden.
Ich sah den Brei und nichts darin als Blasen,
die kochend sich erhoben und sich blähten
und dann zusammensanken wie zerquetscht.

Indes ich unverwandt hinunterspähte,
zog mich mein Führer: »Achtung! Achtung!« rufend
hinweg mit sich vom Platze, wo ich stand.
Ich wandte mich, wie einer, der noch schnell

das, was er fliehen muß, betrachten möchte,
doch plötzlich von der Furcht geworfen wird
und eiligst wegläuft, immerhin noch schauend.
Ich sah's: ein schwarzer Teufel hinter uns
kam schnell den Felsensteig heraufgeklommen.
O weh! wie trotzig war er anzuschauen,
wie räubrisch schien er mir in seiner Haltung,
mit offnen Flügeln auf den Füßen hüpfend.
Auf seiner spitzen, hohen Schulter lag
ein Sünder, in den Hüften abgebogen,
des Füße er umkrallt hielt an den Flechsen.
Von unsrer Brücke aus rief er: »Da habt ihr
aus Santa Zitas[1] Stadtrat einen Herrn!
Tunkt ihn, ihr Schreckenskrallen! Ich indessen
will dort noch viele seinesgleichen holen.
Die ganze Stadt ist feil, bis auf Bonturo[2];
mit Groschen macht man dort aus Nein ein Jadoch.«
Er warf ihn ab und lief den Felsensteg
zurück – kein losgelassner Kettenhund
war je so eilig hinterm Diebe her.
Der andre sank und tauchte auf, verstört.

Die Teufel, lauernd unter unsrer Brücke,
verhöhnten ihn: »Hier hilft kein heilig Antlitz[3],
und anders als im Serchio schwimmt man hier.
Drum schau, so du nicht willst, daß wir dich kratzen,
in deinem Pechbrei gut verdeckt zu bleiben.«
Und gleich mit mehr als hundert Haken stießen
sie auf ihn los: »Verdeckt sollst du hier tanzen!
Versteckt, wenn du es kannst, dir was erschnappen!«
So zeigt's der Koch den Küchenjungen, daß sie
das Fleisch im Siedekessel mit den Gabeln
hinunterdrücken und nicht hüpfen lassen.

1 *Die heilige Zita, Schutzherrin von Lucca.*

2 *Bonturo Dati, ein hoher Beamter in Lucca.*

3 *Das »heilige Antlitz«, ein berühmtes Christusbild in der Kathedrale zu Lucca. Der Serchio fließt bei Lucca vorbei.*

Mein guter Meister sprach: »Ducke dich nieder,
versteck dich hinter einem Felsblock, daß
man deine Gegenwart nicht gleich gewahre.
Was mir auch Feindliches begegnen mag,
sei ohne Furcht, ich kenn mich aus hier unten
und hab den Handel schon einmal bestanden.«

Sodann am andern Brückenkopf vorüber
gelangte er zum Damm des sechsten Ufers,
und dort war kaltes Blut ihm sehr vonnöten.
So wütend und so stürmisch wie die Hunde
sich gegen einen armen Menschen stürzen,
der alsbald bettelt, wenn er stehen bleibt,
so jene Teufel unterm Brückenbogen
heraus mit allen Haken auf ihn zu.
Er aber rief: »Vergehe keiner sich!
Bevor ihr mich mit euren Haken anfaßt,
soll einer näher kommen und mich hören;
hernach besinnt euch, ob ihr mich zerzauset.«
Da riefen alle: »Schreckenschweif soll gehen!«
Und einer trat, indes die andern blieben,
hervor und sprach zu ihm: »Was soll das helfen?«
»Du siehst doch, Schreckenschweif«, sagte mein Meister,
»daß ich nun hier bin; glaubst du wohl, ich wäre
vor eurer ganzen Fechtkunst schon so sicher
ohne den Willen Gottes und mein Glück?
Gib frei den Weg uns, denn der Himmel will,
ich soll durch diese Wildnis jemand führen.«
Da war auch schon sein ganzer Stolz gebrochen;
zu seinen Füßen glitt der Hakenspieß.
»Laßt es nun gut sein«, sprach er zu den Seinen.
Zu mir der Führer dann: »He, du Versteckter,
der zwischen Felsen auf der Brücke kauerst,

jetzt kannst du unbehelligt zu mir kommen.«
Ich macht mich auf und war sofort bei ihm.
Die Teufel alle kamen auch heran,
und bang ward mir um unsern Pakt mit ihnen.
So bang sah ich dereinst dem Fußvolk werden,
das bei bedungnem Abzug aus Caprona
sich rings von so viel Feind umgeben fand[1].
An meinen Führer schmiegt ich mich heran,
so groß ich war, und wendete kein Aug
von ihren Mienen, die nichts Gutes zeigten.
Sie senkten ihre Hakenspieße: »Soll ich
ihn hinten kitzeln?« Einer sagt's zum andern.
»Ja, mach«, erwidert' der, »daß du ihn anhakst.«
Doch jener Teufel, der mit meinem Führer
die Unterhaltung hatte, rasch sich wendend:
»Gib Ruh«, rief er, »gib Ruhe, Zausekopf!«
Sodann zu uns: »Auf dieser Klippe geht es
nicht weiter, weil der ganze sechste Bogen
zerschmettert drunten in der Tiefe liegt.
Beliebt's euch dennoch, weiter vorzudringen,
so geht auf diesem Felsendamm voran,
es ist nicht weit zum nächsten Übergang.
Fünf Stunden später, als es jetzt ist, wurden
zwölfhundertsechsundsechzig Jahre voll
gerade gestern, seit der Weg hier abbrach[2].
Ich schicke einige von meinen Leuten
am Ufer hin, ob sich kein Sünder lüftet.
Schließet euch an, sie werden euch nichts tun.«
»Vortreten! Herlekin und Nebeltänzer!«
begann er aufzurufen: »Hundeschnauz
und Krausebart, der soll die Führung haben.
Hervor der Feuerrot, der Drachenzahn,
der Schweinehauer und der Krallenhund,

1 Eine persönliche Erinnerung Dantes an die Übergabe des Schlosses Caprona bei Arezzo an die Florentiner, in deren Heer er damals selbst diente (1289).

2 Der Teufel gibt hier das Datum des Felseneinsturzes. Danach wäre (da Dantes Jenseitsvision in der Osterwoche 1300 statthat) am Freitag vor 1266 Jahren etwa um Mittag die Brücke zerbrochen, offenbar infolge des Erdbebens bei Christi Tod.

der Irrwisch und der tolle Brandelzorn!
Geht nachschaun rings am heißen Leim herum
und diese laßt in Frieden bis zur Klippe,
die ungebrochen sich hinüberwölbt.« –

»O weh, was muß ich sehen, Meister«, sprach ich,
»laß lieber ohne dies Geleit uns gehn.
Du kennst den Weg, für mich brauch ich sie nicht.
Du bist doch aufmerksam nach deiner Art,
und siehst du nicht, wie sie die Zähne fletschen
und stirnerunzelnd böse auf uns herschaun?«
Und er zu mir: »Das darf dich nicht erschrecken,
laß sie die Zähne fletschen, wie sie's freut,
das gilt den Leidenden im Pech, nicht dir.«
Zur Linken schwenkten sie dem Damm entlang,
doch vorher streckte Mann für Mann die Zunge
zwischen den Zähnen nach dem Oberteufel,
und dieser gab Signal mit seinem Hintern.

Zweiundzwanzigster Gesang

Der Gang am Ufer des Pechsees · Ciámpolo aus Navarra und der Streich, den er den Teufeln spielt

Wohl sah ich Ritter aus dem Lager rücken
zum Sturm oder zur Heerschau angesetzt,
auch manchmal sich zur Rettung schnell entfernen,
und Plänkler sah ich schon und Plünderer
durch eure Felder jagen, Aretiner!
Sah Lanzenreiter kämpfen oder spielen,
sei's auf Trompetenstoß, auf Glockenschlag,
auf Trommeln, Lichtsignale von der Burg,
sei es nach unsrer oder fremder Art –
doch nie hab ich nach solchem Wunderton
Berittne oder Fußvolk üben sehn,
noch Schiffe lenken bei der Ein- und Ausfahrt.

Wir gingen mit dem Zehner-Trupp der Teufel.
Wilde Gesellschaft! Doch wie in der Kirche
der Heil'ge, gilt der Saufbold in der Schenke.
Mit steter Spannung schaut ich nach dem Pechsee,
um das Verhalten dieses Grabens und
der drin gebratnen Menschen zu erkennen.
Wie den geschwungnen Rücken die Delphine
den Seemann oft zur Warnung sehen lassen,
damit er vor dem Sturm sein Schiff noch rette,
so zeigte hier zuweilen zur Erleichtrung
der ein und andre Sünder seinen Rücken
und tauchte wieder unter wie der Blitz.
Und wie an eines Tümpels Rand die Frösche
gerad das Maul noch über Wasser halten,

die Füße und den breiten Rumpf verbergend,
so hockten da und dort herum die Sünder.
Sobald jedoch der Krausebart herankam,
verzogen sie sich unter das Gekoche.
Ich sah, und heut noch schaudert's mir durchs Herz,
daß einer sitzen blieb, wie bei den Fröschen
der eine manchmal hockt, der andre wegspringt.
Der nächste Teufel – es war Krallenhund –
griff mit dem Haken ins verpichte Haar
und zog ihn dran heraus, als wär's 'ne Otter.

Ich wußte nun von allen schon die Namen,
hatte beim ersten Aufruf sie gemerkt,
und wie sie untereinander sich benannten.
»He, Brandelzorn, mit deinen großen Krallen
geh ihm zuleib und zieh das Fell ihm ab!«
Einstimmig brüllten's die verfluchten Kerle.
Und ich zu meinem Meister: »Wenn du kannst,
erkunde, wer der Unglückselge ist,
der seinen Feinden in die Hände fiel.«
Mein Führer stellt sich neben ihn und fragte,
woher er sei, und der erwiderte:
»Ich stamme aus dem Königreich Navarra,
von einem Lumpen, der sein Sach und sich
vergeudete, und einer Mutter, die
als Diener mich an einen Herrn vergab,
sodann im Haus des guten Königs Thibaut[1]
ergab ich der Bestechlichkeit mich so,
daß ich es hier im Glutbrei jetzt bezahle.«
Da ließ der Schweinehauer, dem ein Stoßzahn
wie einem Eber rechts und links herausstand,
den Sünder spüren, wie ein Stoßzahn schlitzt.
Das Mäuslein war hier unter bösen Katzen.

1 *Ciámpolo mißbrauchte die Gunst des Königs Thibaut von Navarra (1253–70), um die staatlichen Ämter zu verschachern.*

Doch Krausebart umschloß ihn mit den Armen
und rief: »Zurück, solange ich ihn halte!«
Zu meinem Meister dann sich wendend, sagt er:
»Frag ihn, so du noch weiteres von ihm
erfahren willst, bevor sie ihn zerreißen.«
Drum frug der Führer: »Kennst du von den andern
im Pech da drunten einen aus Italien,
so sprich.« Und jener: »Eben jetzt verließ ich
hier unten einen, der nicht weit davon.
Ach wär ich nur bei ihm noch zugedeckt,
so zitterte ich nicht vor Klaun und Haken!« –
»Zu lange schon«, rief da der Feuerrot,
»ertragen wir's«, und faßt ihn mit dem Haken
am Arm und riß ihm einen Muskel weg.
Jetzt wollt auch Drachenzahn ihn fassen, unten
am Bein, worauf jedoch der Oberteufel
im Kreise Umschau hielt mit grimmem Ausdruck.
Da sie ein wenig stiller nun geworden,
und der Verletzte seinen Arm beschaute,
frug ihn mein Führer ohne lang zu warten:
»Wer war's, von dem du, wie du sagst, zur Unzeit
dich trennen mußtest, um bei uns zu landen?«
»Es war«, erwidert er, »Bruder Gomita,
der aus Gallura, Gipfel allen Truges[1].
Er trieb's mit seines Herren Feinden so,
daß jeder die Behandlung loben muß:
das Geld nahm er für sich und ließ sie laufen,
›in Güte‹, wie er sagt, und war auch sonst
im Amt bestechlich über alle Maßen.
Sein Umgang drunten ist Don Michel Zanche[2]
aus Logodoro. Wenn sie von Sardinien
sich unterhalten, werden sie nicht müde.
O weh! Seht ihr, wie der die Zähne fletscht!

1 Bruder Gomita aus Gallura in Sardinien war Statthalter der Visconti von Pisa und ließ sich von den Feinden der Pisaner bestechen.

2 Michele Zanche, ebenfalls sardinischer Statthalter.

Ich könnt noch viel erzählen, doch ich fürchte
den da, den juckt's, daß er den Grind mir kratze.«
Da fuhr der Obmann gleich den Irrwisch an,
der mit den Augen blitzend schon zum Streich
ausholte: »Weg mit dir, gemeiner Vogel!«
»Wenn ihr nun sehen oder hören wollt«,
begann der Furchtsame sodann von neuem,
»laß ich Toskaner, laß Lombarden kommen –
nur erst zurück ein wenig mit den Krallen,
vor deren bösen Griffen sie sich fürchten.
Ich bleib hier auf demselben Platze sitzen;
für mich, den einen, liefre ich euch sieben.
Ich pfeife ihnen, wie es unser Brauch ist,
wenn immer einer von uns Ausguck hat.«
Bei diesem Vorschlag schnuppert Hundeschnauz,
schüttelt den Kopf und sagt: »Merkt ihr die Tücke,
die er sich ausdenkt, um hier abzuspringen?«
Drauf er, im Spiel der Ränke unerschöpflich,
versetzte: »Tückisch freilich bin ich sehr,
da ich die Meinen so ins Unglück locke.«
Da hielt sich Herlekin nicht mehr und rief,
den anderen zuleid: »Wenn du hinabtauchst,
lauf ich dir nicht erst nach: mit Flügelschlag
erhasch ich in der Luft dich überm Pech.
Gehn wir hinab vom Kamm, zurück vom Ufer.
Laß sehn, ob du allein mit uns es aufnimmst.«

Jetzt lausche Leser, eine Posse kommt.
Ein jeder kehrt' den Blick zur andern Seite,
und der zuerst, der's gar nicht haben wollte.
Der Schlaukopf aus Navarra nützt die Zeit,
schließt beide Füße, schnellt sich ab und springt,
und schon ist er den Plan der andern los.

Darüber fühlt ein jeder sich beschämt,
am meisten Herlekin, der es veranlaßt.
Drum schwang er sich und rief: »Schon hab ich dich!«
Umsonst, die Furcht war schneller als der Flug.
Der Navarrese tauchte, und der Teufel
kam, Brust nach oben, wieder hochgeflogen.
Nicht anders taucht die Ente plötzlich weg,
wenn schon der Falke nach ihr stößt, und dieser
verdrossen und besiegt, steigt wieder auf.
Den Nebeltänzer ärgerte der Streich,
drum flog er nach, doch nicht den Sünder haschen,
nur raufen wollt er mit dem dummen Teufel.
Und kaum war der Bestechliche verschwunden,
kehrt er die Krallen gegen den Kam'raden,
wird handgemein mit ihm über dem Pech;
doch dieser als ein gutbewehrter Sperber
verkrallt sich fest in ihm, und alle beide
fallen sie mitten in den Sud des Leimes.
Die Hitze war ein schneller Friedensstifter;
der Aufflug aber wollte nicht gedeihen,
so ganz verkleistert waren ihre Flügel.
Verärgert wie die andern, Krausebart
befahl, daß vier zum Gegenufer flögen
mit ihren Hakenspießen, und sofort
traten sie da und dort hinab zum See
und reichten alle ihre Haken dar
für die Geleimt' und durch und durch Gesottnen.
Wir aber ließen sie in ihrem Wirrwarr.

Dreiundzwanzigster Gesang

Die Verfolgung · Der Abstieg · Die Heuchler
Die Bologneser Brüder

Verschwiegen, einsam, ohne Fahrtgesellen,
der eine hinterm andern gingen wir
wie Minoriten-Brüder, wenn sie wandern.
Ich dachte an die Fabel des Aesop
gelegentlich des gegenwärtgen Zwistes,
die von dem Frosch und von der Landmaus handelt;
denn, wie sich Jetzt und Nun zusammenfinden,
so paßt der Zwist zur Fabel, wenn man recht
Anfang und Ende dort und hier betrachtet.
Und so wie aus Gedank entspringt Gedanke,
kam aus dem ersten mir ein zweiter und
verdoppelte in mir die Furcht von vorhin.
Ich dacht bei mir: um unsertwillen sind sie
verspottet und geschädigt und genarrt,
was sie gar sehr, glaub ich, verdrießen wird.
Wenn Zorn zu ihrer Bosheit noch hinzutritt,
dann jagen sie verbissner hinter uns
als wie der Hund, wenn er den Hasen packt.
Schon fühlt ich, wie sich mir die Haare sträubten
vor Furcht, und spannte meinen Sinn nach hinten
und sagte schließlich: »Meister, wenn du nicht
dich selbst und mich sofort verbirgst, so bangt mir
vor Schreckenskrallen, – hinter uns schon sind sie,
mir ist, als säh ich sie, als hört ich sie.«
Und er: »Wenn ich ein Spiegel wäre, finge
ich schneller nicht dein Äußres in mich ein
als ich dein Inneres umgreifen kann.

Soeben traf dein Denken mit dem meinen
in gleichem Schwunge sich, in gleichem Anblick,
daß ich aus beiden *einen* Ratschluß formte.
Wenn es sich trifft, daß rechts die Böschung uns
den Abstieg in die nächste Schlucht erlaubt,
entgehen wir der Jagd, die du dir ausmalst.«
Noch hatte er den Plan nicht ganz erklärt,
als ich sie kommen sah, und nicht sehr ferne,
auf weitgespreizten Schwingen, uns zu fangen.

Sofort bemächtigte sich mein der Führer,
wie eine Mutter, vom Geräusch geweckt,
den hellen Flammen plötzlich gegenüber,
ihr Kind ergreift und flieht und alles läßt,
nur auf das Kleine achtend, nicht auf sich,
ob ihr auch nur ein Hemd den Leib bekleidet.
Vom Joch des steinigen Ufers abzufahren,
lehnt er sich rücklings an den Felsenhang,
der eine Wand des nächsten Grabens bildet.
Das Wasser kann nicht rascher durch die Rinne
aufs freie Mühlenrad hinab und in
die Schaufeln heftiger hinein sich stürzen,
als diesen Saum hinab mein Führer fuhr,
wobei er fest mich hielt an seiner Brust,
als wäre ich sein Sohn, nicht sein Gefährte.
Kaum daß er unten auf die Füße wieder
zu stehen kam, erschienen über uns
am Rande sie, – doch da war nichts zu fürchten,
dieweil die hohe Vorsehung, durch die
als Diener sie im fünften Graben stehen,
nicht einen einzigen von dort mehr wegläßt.

Bemalte Menschen kamen uns entgegen;

sie gingen schweren Schritts dort unten um,
sahen gebrochen aus und müd und weinten.
Sie trugen Mäntel mit Kapuzen, tief
herunterhängend vor den Augen, ähnlich
im Schnitte wie die Tracht der Cluniazenser.
Von außen sind sie blendend blank vergoldet,
doch innen ganz von Blei und ach! so schwer,
daß Friedrichs Foltermäntel Stroh dagegen[1].
Weh! Drückende Bemäntelung auf ewig!
Wir wandten uns nach links auch hier, und folgten
gespannt dem Zug der klagend Wandelnden.
Doch unter dem Gewicht der Kleidung kamen
die müden Menschen kaum voran; es brachte
uns jeder Schritt zu neuen Weggenossen,
daher ich meinem Führer sagte: »Schau
dich im Vorbeigehn um und find mir einen,
der schon durch Name oder Tat bekannt ist.«

Von hinten rief mich einer an, der mein
Toskanisch wohl verstanden hatte: »Halt,
die ihr's so eilig habt in nächtiger Luft!
Vielleicht kann ich dir bieten, was du wünschest.«
Worauf zu mir der Führer: »Warte!« sprach,
»und dann geh neben ihm in gleichem Schritt.«
Ich hielt und sah auf zwei Gesichtern Zeichen
von großer Hast und Wunsch, mir nah zu sein;
doch war die Last zu schwer, der Weg zu eng.
Dann aus der Nähe schauten sie mich prüfend
und stumm aus schrägen Augen lange an
und sagten, miteinander sich beredend:
»Dem regt die Kehle sich, als wär er lebend.
Und wenn sie beide tot sind, welches Vorrecht
befreit sie hier vom Bleigewicht der Stola?«

1 Friedrich II. von Hohenstaufen führte Bleikappen als Strafe für Majestätsbeleidiger ein.

Sodann zu mir: »Der aus Toskana du
zum hypokritischen Kollegium kommst,
verschmähe nicht zu sagen, wer du bist.«
Und ich: »Geboren wurd ich und wuchs auf
am schönen Arno in der großen Stadt
und trage den gewohnten Körper noch.
Doch wer seid ihr, daß an den Wangen euch
der Schmerz herunterträufelt, wie ich sehe,
und daß die Pein an euch so gleißend strahlt?«
Der eine sagte: »Unsre gelben Mäntel
sind dickes Blei, daß wir darunter knarren
wie eine Waage unter den Gewichten.
Wir sind vom lustigen Orden in Bologna,
ich Catalano, jener Loderingo,
von deiner Stadt als Friedenstifter beide
gewählt, indes man sonst nur einen nimmt.
Und wie wir dabei uns benommen haben,
kann man noch heute am Gardingo sehen[1].
Da hub ich an: »Durch euer Übel, Brüder« –
doch weiter kam ich nicht: Ins Auge fiel mir
am Boden festgenagelt mit drei Pflöcken
gekreuzigt einer, der sich heftig krümmte,
schnaubend in seinen Bart, da er mich sah;
wozu der aufmerksame Catalano
mir sagte: »Der Gepflöckte, den du anschaust,
beredete die Pharisäer, daß
zum Heil des Volks ein Mensch zu opfern sei[2].
Querüber liegt er nackend auf der Straße
und, wie du siehst, muß er von jedem, der
ihn überschreitet, erst die Last erdulden.
Sein Schwäher Hannas leidet gleiche Qual
hier unten und die anderen vom Rate,
der so viel Unheil auf die Juden brachte.«

1 *Der lustige Orden in Bologna, Ordo Militiae Beatae Mariae, bestand aus reichen Mitgliedern, die jede Art von Mildtätigkeit übten, aber wegen ihrer Weltlichkeit vom Volke die Genießebrüder genannt wurden (Frati gaudenti). Catalano und Loderingo wurden 1266 als Stadtrichter (Podestà) nach Florenz gerufen, um zwischen den Parteien Frieden zu stiften, mißbrauchten aber ihr Amt, unterstützten die Welfen gegen die Gibellinen und ließen die Paläste ihrer Feinde im Stadtviertel Gardingo zerstören.*

2 *Der Hohepriester Kaiphas, der den Rat gab, Christum zu töten (Evang. Joh. XI).*

Da sah ich, wie Vergil sich wunderte
über den hingestreckt Gekreuzigten,
in ewiger Verbannung so erniedrigt.

Sodann sprach er den Bruder an und sagte:
»Wenn's euch beliebt und nicht verboten ist,
so sagt uns, ob ein Ausgang hier nach rechts
vorhanden, den wir beide finden können,
ohne die schwarzen Engel zu beschwören,
daß sie uns weg aus diesem Graben helfen.«

Er gab zur Antwort: »Näher, als du hoffest,
wölbt von der großen Ringwand her ein Fels
sich über all die Schreckenstäler hin,
nur über unsres nicht; hier reißt er ab.
Ihr könnt über das Bruchgeröll hinauf
vom Talgrund an der Seite weitersteigen.«
Geneigten Hauptes zögerte mein Führer
ein Weilchen, eh er sprach: »Nicht richtig hat es
der mit dem Sünderhakenspieß beschrieben.«
Worauf der Bruder: »In Bologna hat man
viel Schlimmes uns gelehrt über den Teufel,
verlogen sei er auch, ja Lügenvater.«

Mit großen Schritten ging hierauf mein Führer
mit einigem Zorn im Angesicht hinweg.
Daher verließ auch ich die Mantelträger,
den Spuren seiner lieben Füße folgend.

Vierundzwanzigster Gesang

Schwerer Aufstieg · Die Diebe · Die Schlangen
Vanni Fucci

In jenem Teil des neugebornen Jahrs,
da Sonnenstrahl im Wassermann sich stärkt
und schon in Tagesmitte flieht die Nacht[1]
und Morgenreif des weißen Bruders Bild
auf das Gefilde hingebreitet zeichnet
mit seiner Feder leicht und flüchtig nur[2],
da steht und schaut das Bäuerlein, dem schon
sein Vorrat schmilzt: es sieht das weite Feld
in weißem Glanz und schlägt sich auf die Hüfte,
geht in sein Haus und jammert hin und her,
ein armer Wicht, und weiß nicht, was er tun soll.
Dann kommt er wieder, sammelt neue Hoffnung,
da schon die Welt ein anderes Gesicht
im Nu ihm zeigt, und greift zum Hirtenstab
und treibt zur Weide seine Schäflein aus: –
so stand auch ich bestürzt, als ich die Stirne
des Meisters ganz von Zorn umwölkt gewahrte,
und so im Nu war Pflaster auf der Wunde.
Denn, als wir zur gestürzten Brücke kamen,
blickte so freundlich mich der Führer an,
wie ich zuerst am Fuß des Bergs ihn sah.
Nach einigem Besinnen und Erwägen,
genau den Felsensturz betrachtend, tat er
die Arme auf und hielt mich schon umfaßt.
Und wie der Werkmann schafft und schätzt zugleich
und immer schon das Nächste vorbereitet,
so hob er mich auf eine Felsenspitze,

1 *Kurz vor der Tag- und Nachtgleiche, zwischen 21. Januar und 21. Februar.*

2 *Der Morgenreif täuscht Schnee vor.*

wobei er, gleich den nächsten Block vermerkend,
mir sagt: »An diesen klammre dann dich fest,
versuch jedoch zuerst, ob er dich trägt.«
Das war kein Pfad für schwere Mantelträger,
da er, so leicht, und ich, von ihm geschoben,
doch kaum von Block zu Block hinaufgelangten.
Und wäre vor uns nicht der Anstieg kürzer
als hinter uns der Abstieg war, gewesen,
wer weiß, ob er's gemacht hätt – ich gewiß nicht.
Doch da die Bösen-Gräben nach der Tiefe
des Brunnenschachtes hin sich alle neigen,
so bringt die Lage jedes Tals es mit sich,
daß äußre Wand die innre überragt:
wir kamen schließlich doch bis auf die Höhe,
von der der letzte Fels hinunterhängt.

In meinen Lungen war kein Atem mehr;
ich konnt nicht weiter, als ich oben war,
und gleich am Rand der Höhe setzt ich mich.
»Hier heißt's nun abtun deine Trägheit«, sprach
der Meister, »denn in Federbett und Kissen
hat sich noch niemand seinen Ruhm geholt.
Wer aber ruhmlos seine Zeit verbraucht,
der ist wie Rauch in Luft und Schaum in Wasser,
und keine Spuren läßt er auf der Erde.
So raff dich auf, vergiß die Atemnot!
Es siegt in jeder Schlacht der starke Mut,
der unter plumpem Körper nicht erschlafft.
Noch höhre Treppen gilt es zu ersteigen,
's ist nicht genug, von Heuchlern sich entfernen.
So du mein Wort verstehst, laß es dich spornen!«
Da rafft ich mich empor, als wär ich besser
bei Atem schon als ich mich fühlte, und

»geh zu!« sagt ich, »ich habe Kraft und Mut«.
Die Felsenbrück hinauf ging unser Weg,
war voller Zacken, eng und unbequem
und merklich steiler als die früheren.
Ich sprach im Gehen, wollt nicht schwach erscheinen,
worauf vom neuen Graben eine Stimme
aufstieg – und keine Worte formen konnte.

Ich konnte nichts verstehn, obgleich ich schon
auf dieses Brückenbogens Scheitel stand;
doch klang's, als wär der Sprecher sehr erzürnt.
Ich spähte abwärts, doch mein Auge drang
mit irdischer Kraft durch dieses Dunkel nicht.
Drum bat ich: »Meister, willst du nicht hinüber
zum andern Damm, daß wir hinunter kommen?
Was ich von hier aus hör, versteh ich nicht,
und schau hinab und kann es nicht erkennen.«
»Kein andre Antwort«, sprach er, »geb ich dir,
als daß ich's tu, denn eine brave Bitte
verdient, daß man ihr nachkommt ohne Worte.«
Wir stiegen nach dem Brückenkopf hinab,
wo er zum achten Grabenrand sich fügt:
da lag die Kluft nun sichtbar unter mir.

So fürchterliche Schlangenknäuel sah ich,
fremdartige Rassen, durcheinanderwimmeln,
daß mir noch heut davon das Blut gerinnt.
Hier muß der Ruhm von Libyens Wüste schweigen,
denn, bringt sie Ottern, Ringler, Brillenschlangen
und Vipern, Lanzennattern auch hervor,
so hat sie so viel giftiges Gezücht
doch nie erzeugt, mit ganz Äthiopien nicht,
noch samt der Wüstenei am Roten Meer.

Und zwischen diesen bösen ekeln Haufen
lief nackt und zitternd menschlich Volk umher
– kein Zaubermittel, keine Zuflucht half ihm –
die Hände festgebunden auf dem Rücken
mit Schlangen, die sich durch die Lenden fraßen
und ringelten und vorne sich verknüpften.

Da sieh! in unsrer Nähe wird ein Mann
von einer Natter angefallen und
gebissen mitten zwischen Hals und Schulter.
So flink ward noch kein O, kein I geschrieben,
wie der in Flammen aufging und verbrannte
und ganz zu Asche auseinanderfiel.
Und wie er so zersetzt am Boden lag,
da lief der Aschenstaub von selbst zusammen:
im Nu ward wiederum der gleiche Mann. –
Der Phönix, künden uns die großen Weisen,
vergehe und erstehe ebenso
in Flamm und Asche all fünfhundert Jahr.
Er fresse, sagen sie, kein Kraut noch Korn
und lebe nur von Weihrauch und Amom
und baue sich sein Grab aus Nard und Myrrhe. –
Der Sünder stand vom Boden auf, sah aus
wie einer, dem's geschieht, er weiß nicht wie,
daß ihn der Teufel auf den Boden wirft,
oder vielleicht ein Krampf ihn plötzlich lähmt,
und wie er aufsteht, starrt er um sich her
von einer großen Angst, die ihn beklemmt,
noch ganz verwirrt und seufzt und schaut sich um.
So streng ist Gottes Macht, so fürchterlich
sausen herab die Hiebe seiner Rache!

Mein Führer fragt' ihn, wer er sei, und er:

»Ich bin hieher geregnet aus Toskana
vor nicht sehr langer Zeit in diese Wildnis.
Zu leben wie ein Vieh, nicht wie ein Mensch
gefiel dem Bastard, der ich war. Ich bin
die Bestie Vanni Fucci aus Pistoia[1].«
Ich bat den Führer: »Laß ihn nicht entschlüpfen
und frag, warum in dieser Kluft er steckt.
Ich sah ihn zornig nur und händelsüchtig.«
Der Sünder hört es und verstellt sich nicht,
vielmehr mit Absicht blickte er mich an,
aus Scham und Bosheit mußte er erröten
und sprach: »Daß du im offenbaren Elend
mich hier ertappen mußtest, tut mir weher
als einst mein Ende in der Welt mir tat.
Ich kann dir nicht verleugnen, was du fragst.
Ich fiel so tief, weil ich gestohlen habe
das kostbare Gerät der Sakristei,
und fälschlich wurd ein anderer beschuldigt.
Froh werden sollst du der Entdeckung nicht,
wofern du je aus dieser Nacht herauskommst.
Mach auf die Ohren, höre meine Botschaft!
Erst stößt Pistoia seine Schwarzen aus,
sodann erneut Florenz Sitten und Volk;
der Kriegsgott braut in Valdimagra Dunst,
um dessen Hitze sich die Wolken sammeln,
ein wildes Wetter stürmt dagegen an,
und Kämpfe gibt es über Camp Piceno,
die Wolke reißt, der Wetterschlag fährt nieder
und schlägt die Weißen allesamt aufs Haupt.
Das soll dich wurmen, drum hab ich's gesagt[2].«

1 Vanni Fucci, ein Räuber und Mörder, der kurz vor 1300 in Pistoia sein Wesen trieb.

2 Prophezeiung von Ereignissen der Jahre 1301 und 1302; mit den Schwarzen sind hier die Gibellinen, mit den Weißen die Welfen gemeint.

Fünfundzwanzigster Gesang

Der Rinderdieb Cacus
Verwandlungen zwischen Mensch und Schlange

Am Ende seiner Worte hob der Dieb
mit hündischer Gebärde beide Hände
empor und schrie: »Herr Gott, das ist für dich!«
Doch daraufhin mußt ich die Schlangen loben:
die eine rollt sich gleich um seinen Hals,
als sagte sie: nun sprich kein Wörtchen mehr.
Die zweite rankte sich um seine Arme,
verknotete nach vorne sich so fest,
daß er mit keinem Ruck mehr sie bewegte.

Weh dir, Pistoia, weh! Verfüge endlich
die eigene Zerstörung, daß es aus sei!
Du übertriffst an Frevel deine Gründer[1].
In all den dunkeln Höllentälern fand ich
noch keinen gegen Gott so trotzigen Geist,
selbst den nicht, den der Blitz vor Theben fällte[2].

1 Die Anhänger des Catilina, nach der Sage.

2 Capaneus, siehe 14. Gesang der Hölle.

Der Pistojese floh ohne ein Wort.
Da kam ein wütender Kentaur einher-
gejagt und rief: »Wo ist, wo ist der Starrkopf?«
In den Maremmen kann's so viele Schlangen,
wie er auf seiner Kruppe trug, nicht geben,
sie reichten ihm bis an die Menschenbrust,
und hinter seinem Schädel an den Schultern
hing mit gespreizten Flügeln ihm ein Drache,
speit Feuer gegen jeden, der ihm kommt.
Mein Meister sagte: »Das ist Cacus, der

am felsigen Fuß des Berges Aventin
gar manches Blutbad angerichtet hat.
Er geht auf andrem Weg als seine Brüder[1],
weil er mit List die große Herde stahl,
die nahe seiner Höhle weidete.
Dort fanden seine Dieberein ihr Ende
unter dem Keulenschlag des Herkules:
von hundert Schlägen spürt' er nur die ersten.«
Indes er also sprach, lief Cacus weiter,
und unten kamen nun drei Geister her,
die weder ich bemerkte, noch der Führer,
bis sie herauf zu uns: »Wer seid ihr?« riefen,
so daß wir inne hielten im Gespräch
und nunmehr nur auf sie noch achteten.

Ich kannte sie nicht, aber bald geschah's,
wie es durch Zufall zu geschehen pflegt,
daß einer einen vierten nennen mußte.
»Wo mag der Cianfa bleiben?« hört ich fragen,
und, um den Führer aufmerksam zu machen,
hob ich vom Kinn den Finger nach der Nase. –
Wenn du jetzt zögerst, Leser, das zu glauben,
was ich berichte, soll es mich nicht wundern,
da ich dem Selbst-Gesehnen kaum noch traue.
Mit offnen Augen blickt ich auf sie nieder.
Sieh da, ein Kriechtier mit sechs Füßen springt
den einen an und klammert sich an ihn.
Den Bauch umgreift's ihm mit den Mittelfüßen,
und mit den Vorderfüßen faßt's die Arme,
dann beißt's ihn in die Wange rechts und links.
Die Hinterfüße preßt's ihm an die Schenkel
und fährt mit seinem Schweif dazwischen durch
und reckt ihn hinten an dem Rücken hoch.

1 *Die Kentauren des siebenten Grabens, siehe 12. Gesang der Hölle.*

So hat kein Efeu noch sich angewurzelt
an einen Baum, wie dieses Schreckenstier
den Menschenleib umspannt' mit seinen Gliedern.
Sodann, als wären sie von warmem Wachs,
verschmolzen ihre Massen, ihre Farben;
kein Tier war mehr erkennbar und kein Mensch.
So geht der Flamme am Papier hinauf,
bevor es Feuer fängt, ein Braun voran,
das noch kein Schwarz ist und schon lang kein Weiß [mehr.
Die beiden andern schauten hin und brachen
zugleich in Schreie aus: »Agnello, wehe![1]
was wird aus dir? Nicht einer und nicht zweie!«
Die beiden Köpfe waren einer worden,
indessen durcheinander zwei Gesichter
in *einem* Antlitz noch verloren schienen.
Zwei Arme fertigten sich aus vier Streifen,
und Schenkel, Füße, Bauch und Rumpf zusammen
ergaben niegesehne Gliederformen.
Verwischt das Bild der vorigen Gestalten,
ins Halbe, zweifach Nichtige entartet:
so wandelt' es langsamen Schritts dahin.

Wie hurtig manchmal über einen Weg
von einer Hecke zu der andern huschend,
die Eidechs in der Sommerhitze blitzt,
lief plötzlich auf die beiden andern Diebe,
auf ihre Bäuche zu ein wütend Schlänglein:
war fahl und schwarz getupft wie Pfefferkorn
und stach den einen in die Stelle, wo
wir aus der Mutter erste Nahrung ziehn,
dann fiel's zu Boden, ausgestreckt vor ihm.
Der so Durchbohrte schaut es an und schweigt,
auf beiden Füßen steht er da und gähnt,

1 *Agnello Brunelleschi, war ein berühmter Dieb, wie der oben genannte Cianfa Donati und die beiden später angedeuteten Florentiner Buoso degli Abati und Puccio Sciancato dei Caligai.*

als wär er schläfrig oder fieberte.
Er schaut die Schlange an, und sie den Mann.
Ihm aus der Wunde quillt, ihr aus dem Maule
ein starker Dampf. Die Dämpfe treffen sich. –
Verstumme nun, Lucan, statt uns zu fabeln
vom elenden Sabell und von Nassidius
und lausche lieber, was sich hier ereignet[1].
Von Cadmus und von Arethusa schweige
nun auch Ovid, wenn er in Schlang, in Quelle
den Mann, das Weib vertauscht, ich neid's ihm nicht[2];
denn beiderseits lebendig zwei Naturen
hat er doch so noch nie gewandelt, daß
die Formen beide ihren Stoff vertauschten.
Hier diese zwei nun spielten so zusammen,
daß ihren Schweif die Schlange spaltete,
und der Gebissne seine Füße schloß.
Die Beine und die Schenkel schmolzen ihm
in eines, so daß von der Naht gar bald
auch nicht die Spur mehr zu erkennen war.
Das schweifgespaltne Wesen zog, was dort
verlorenging, an sich, und seine Haut
schmeidigte sich, die andre wurde hart.
Die Arme schrumpften in die Achsel ein;
ich sah's bei ihm, an ihr die kurzen Füßchen
verlängert so, wie sie bei ihm sich kürzten.
Die hintern Füßchen aber drehte sie
zum Glied zusammen, das der Mann verbirgt,
während dem andern draus zwei Füße sproßten.
Indes der Dampf, umwallend beide Wesen,
mit neuer Farb dem einen Haare oben
erzeugt am Kopf, dem anderen sie wegnimmt,
erhob das eine sich und sank das andre,
in bösen Augen immer sich behaltend;

1 *Anspielung auf Lucans Pharsalia IX. Gesang, 761 ff.*

2 *Anspielung auf Ovid Metamorph. IV und V.*

und schauend so, vertauschten sie die Schnauzen.
Der Aufgestandne zog die seine einwärts
den Schläfen zu, und aus dem Überschuß
trieb Ohren er sich an die glatten Wangen;
das übrige, noch nicht Zurückgeschrumpfte,
gab eine Nase ihm in das Gesicht;
auch schwellte er die Lippen, wie sich's ziemte.
Der Hingesunkne jagt die Schnauze vor
und zieht die Ohren in den Kopf zurück,
wie es die Schnecke mit den Hörnern macht.
Die Zunge, erst noch ganz und sprachgewandt,
zerspaltet sich, und die gegabelte
des andern schließt sich, und der Dampf hört auf.
Die Seele, die zum Tier geworden war,
rauscht schlangenzischend weg und flieht durchs Tal;
der andre wortespeichelnd hintendrein.
Dann kehrt er ihr den neuen Rücken zu
und sagt zum dritten: »Jetzt mag Buoso huschen
wie ich zuvor und auf dem Bauche kriechen.«

So sah ich, wie das Pack im siebten Graben
sich wandelt und vertauscht. Wenn ich nicht ganz
es traf, entschuldige mich das Ungewohnte. –
Wohl waren meine Augen etwas wirr
und mein Gemüt geschwächt. Trotzdem erkannt ich
die zwei, die heimlich mir entschlüpfen wollten.
Sehr wohl erblickte ich Puccio Sciancato,
den einzigen, der unverwandelt blieb
von den drei Sündern, die zuerst uns riefen.
Dem andern weint Gaville heut noch nach[1].

1 Es ist Francesco dei Cavalcanti, der oben als Drache auftrat, er stammte aus Schloß Gaville in Toskana, wo er ermordet wurde.

Sechsundzwanzigster Gesang

Strafpredigt gegen Florenz · Die falschen Ratgeber · Ulixes letzte Fahrt und Tod

Freu dich, Florenz, so groß ist deine Macht,
daß über Land und Meer dein Flügel rauscht –
und durch die ganze Hölle hallt dein Name.
Fünf Dieben unter deinen großen Bürgern
begegnete ich dort, ich muß mich schämen,
und dir erwächst kein' große Ehre draus.
Wenn uns im Morgentraume Wahrheit dämmert,
bekommst du bald zu spüren, was dir Prato,
von anderen zu schweigen, Böses wünscht.
Und wär's schon da, es käme nicht zu früh.
O wär es doch! da es ja kommen muß,
und härter träf es mich im hohen Alter.

Wir gingen weiter und hinauf die Stufen,
die vorher uns zum Abstieg dienlich waren,
hißte mein Führer sich und zog mich nach.
Sodann den unbegangnen Pfad dahin
durch Felsenblöcke, Splitter, Steingeröll
mußt oft die Hand dem Fuße vorwärts helfen.
Da überkam mich schmerzlich ein Gedanke,
der heut beim Schauspiel des Betrugs mir weh tut,
so daß ich straffer meine Künste zügle
und sie vor krummen Wegen treu bewahre,
daß nur ich selbst, was mir ein guter Stern
und höhre Mächte gaben, nicht vergifte! –
Es sieht der Landmann, auf dem Hügel ruhend,
zur Jahreszeit der lauen Sommernächte,

wenn sich die Sonne kurze Zeit verbirgt,
die Fliege schlummert und die Schnake schwirrt,
Glühwürmchen schwärmen überm Wiesengrund,
wo er zu ernten und zu pflügen pflegt,
so viele als ich Flammen flackern sah
im achten Graben, da ich dorthin kam,
wo man ihn überschaun kann bis zum Boden.
Und wie der »Kahlkopf«, den die Bären rächten,
den Feuerwagen des Elias sah,
als himmelan die Pferde sich erhoben
und mit den Augen ihm nicht folgen konnte,
und nur den Flammenwirbel noch gewahrte,
der wie ein Wölkchen in die Höhe flog[1]:
so schwebte Flamm um Flamme hier dahin
durch Tales Schlund, verhüllend ihren Raub,
und jede Flamm entführte einen Sünder.
Ich reckte schaubegierig auf der Brücke
mich so, daß ich gestürzt wär, ungestoßen,
hätt ich nicht einen Felsblock noch erfaßt.
Und als der Führer meine Spannung sah,
sagt er: »Im Kern der Flamme sind die Geister,
ein jeder hüllt in seine Brust sich ein.«
Und ich: »Durch deine Worte wird es mir
gewisser noch, es schien mir schon, o Meister,
daß es so sei, und fragen wollt ich dich:
wer wohnt in jener Flamme, die nach oben
sich teilt, als stieg sie auf vom Scheiterhaufen
der feindlichen thebanischen Gebrüder[2]?«
Und er: »Zusammen werden dort gefoltert
Ulyss und Diomed, wie sie zusammen
in Krieg und Groll sich einst vergangen haben.
In ihrer Flamme wird gebüßt die Arglist
des hohlen Pferdes, das die Bresche brach,

1 Siehe 2. Buch Könige, 2. Kap.

2 Eteokles und Polyneikes vor Theben.

durch die der edle Same Roms entfloh[1].
Gebüßt wird dort auch die Verstellungskunst,
durch die Deidámia ihren Freund verlor[2],
auch des Palladiums Raub wird dort bestraft[3].«
»Wenn sie in ihrer Lohe sprechen können,
so bitte ich dich, Meister«, sagte ich,
»gar sehr und bitte tausendmal darum,
daß du mir nicht verweigerst, hier zu warten,
bis die gehörnte Flamme näher kommt,
der sich, du siehst's, mein Wunsch entgegenbeugt.«
Und er: »Gar lobenswert ist deine Bitte,
daher ich gerne sie erfülle, aber
gib acht, daß seine Sprache würdig sei.
Laß lieber mir das Wort; ich weiß genau,
was du begehrst; sie könnten Anstoß nehmen
an deiner Sprechart, weil sie Griechen waren.«

Als nun die Flamme hergeflogen war,
ersah mein Führer die Gelegenheit,
und seine Rede lautete wie folgt:
»Die ihr zu zweit im selben Feuer wallet,
hab ich's verdient um euch in meinem Leben
und wirklich es verdient, sei's noch so wenig,
als ich mein Heldenlied auf Erden schrieb,
so fliegt nicht weg, und sage mir der eine,
wohin er sich verlor, den Tod zu finden.«

Da flackerte mit ihrem höchsten Gipfel
die griechsche Doppelflamme und begann
zu brausen wie ein windgepeitschtes Feuer
und regte gleich die Spitzen hin und her,
als wollte sie mit einer Zunge reden.
Und eine Stimme kam heraus und sprach:

1 *Aeneas und die Seinigen.*

2 *Deidámia starb vor Schmerz, als Achilles auf Veranlassung des Ulixes gegen Troja zog.*

3 *Der Raub der Pallasstatue in Troja.*

»Da ich mich losgemacht von Kirke, die
mich länger als ein Jahr gehalten hatte
am Strand (Gaëta heißt er seit Aeneas),
da fesselte mich nichts mehr. Vaterglück
und Sohnesdankbarkeit und Gattenliebe,
wie sie Penelope um mich verdiente,
ward alles aufgezehrt in meiner Brust
vom heißen Drang, durch alle Länder hin
der Menschen Wert und Narrheit zu erfahren.
Ich fuhr hinaus ins offne hohe Meer
auf einem einzgen Schiff mit meiner kleinen
Gesellenschar, die nimmer mich verließ;
besucht' in Nord und Süd die Ufer bis
nach Spanien und Marokko, sah Sardinien
mit all den vielen Inseln jenes Meeres.
Wir wurden alte Männer, bis wir endlich
an jene enge Wasserstraße kamen,
wo Herkules die Warnungszeichen setzte,
auf daß der Mensch sich hier nicht weiter wage.
Ich aber ließ Sibilia zur Rechten[1]
und hatte links schon Setta hinter mir[2]
und – ›Brüder‹, sprach ich, ›die durch hunderttausend
Gefahren nach dem Westen seid gelangt,
entziehet nicht dem kurzen Lebensabend,
der uns noch bleibt, die sinnliche Erfahrung
der unbewohnten Welt dort nach der Sonne!
Bedenkt, wes hohen Samens Kind ihr seid
und nicht gemacht, um wie das Vieh zu leben!
Erkenntnis suchet auf und Tüchtigkeit.‹
Mit dieser kurzen Rede stachelt ich
meine Genossen auf und trieb sie vorwärts
so scharf, daß niemand sie gezügelt hätte.
Das Hinterschiff dem Morgen zugekehrt,

1 *Sevilla.*
2 *Ceuta.*

mit tollen Ruderschlägen ging der Flug
hinaus und vorwärts, immer mehr nach links[1].
Bald sah man nachts des andern Poles Sterne,
und wie sie alle kamen, sank der unsre[2],
bis er sich nicht mehr aus dem Meer erhob.
Schon fünfmal hatte volles Licht vom Mond
herabgestrahlt und fünfmal war's geschwunden
seit wir zur großen Fahrt uns aufgemacht.
Da tauchte dunkel in dem fernen Dunst
ein Berg herauf und schien mir riesenhoch,
so hoch, wie ich noch nichts gesehen hatte[3].
Wir jubelten. – Die Lust ward bald zunichte,
denn von dem fernen Lande kam ein Wirbel,
der faßte an der Spitze gleich das Schiff
und dreht es dreimal um im Strudelkreise,
beim vierten hob er's hinten auf – und köpflings,
wie fremde Macht es wollte, fuhr's hinab.
Dann schloß sich langsam über uns das Wasser.«

1 Das heißt abbiegend nach Süd bzw. Südwest

2 Der Polarstern.

3 Der Berg des Fegfeuers.

Siebenundzwanzigster Gesang

Guido von Montefeltro · Die Zustände in der Romagna · Guidos Leben, Versündigung und Tod

Emporgerichtet stand die Flamme still;
sie sprach nicht mehr, und schon entschwebt sie uns,
entlassen von des Dichters holden Worten,
als hinter ihr gleich eine andre kam,
nach deren Spitze unsre Blicke gingen,
weil sie verworrne Laute von sich gab.
Der sizilianische Stier, dessen Gebrüll
das erstemal vom Schmerz des Künstlers kam
(mit Recht), der ihn so sinnreich hergerichtet,
der eh'rne, brüllte immer mit der Stimme
des armen Menschen in ihm, daß es klang,
als fühlte tiefes Weh das heiße Erz[1].
Und so die Jammerlaute, eingeschlossen
ins Feuer, ohne rechten Ausweg noch,
vermummten sich in Feuers Brausesprache,
bis sie den Weg zur Flammenspitze fanden,
die sie zu ihrer Zunge schmeidigten,
daß klare Worte wir vernehmen konnten:
»An dich ergeht mein Wort, der du lombardisch
soeben noch gesprochen hast und sagtest:
›Jetzt geh, ich will dich länger nicht bemühn.‹
Vielleicht bin ich ein wenig spät gekommen,
doch laß dich nicht gereun, mit mir zu reden,
und sieh, wie's mich im Feuer nicht gereut.
Bist du erst jetzt in dieses dunkle Reich
aus jenem lieblichen lateinischen Land
herabgestürzt, wo ich mich schuldig machte,

1 Dante erinnert sich an die bekannte Sage vom Stier des Phálaris. Siehe Ovid Tristia III, 11, 41 ff.

1 Zwischen den Bergen von Urbino und dem Monte Coronaro, wo der Tiber entspringt. Der Sprecher ist Guido von Montefeltro, geb. 1220, ein bekannter Staatsmann und Krieger, der 1296 Franziskanermönch wurde und als solcher 1298 starb.

2 Der Adler ist das Wappentier der Herren von Polenta, die über Ravenna und Cervia, ein Städtchen südlich von

so sprich: ist Krieg, ist Friede in Romagna?
Denn aus dem Bergland bin ich, das Urbino
vom Joche trennt, aus dem der Tiber springt[1].«
Ich lauschte noch, hinabgebeugt, auf ihn,
als mir der Meister an die Seite rührte,
und sagte: »Jetzt sprich du; der ist Lateiner.«
Ich hatte meine Antwort schon bereit
und ohne Zögern fing ich an und sprach:

»Flammenumhüllte Seele du dort unten,
Krieg ist und war bei deinen Romagnolen
im Herzen ihrer Zwingherrn heut und immer,
doch offen jetzt im Land sah ich ihn nicht.
Ravenna ist seit alter Zeit das gleiche;
der Adler von Polenta horstet dort
und breitet über Cervia seine Schwingen[2].
Forlì, die Stadt, die lange widerstand,
zum blutgen Haufen manchen Franzmann warf,
ruht nun im Schutz der grünen Löwentatze[3].
Der alte und der junge Hund Verrucchio,
die den verhafteten Montagna würgten,
sie beißen noch und beuten aus wie einst[4].
Die Städte am Lamone und Santerno
verwahrt im weißen Nest der Löwenjunge,
der die Partei nach Hitz und Kälte wechselt[5].
Am Strand des Savio die Stadt Cesena,
wie zwischen Ebene und Berg sich schmiegend,
so lebt sie zwischen Freiheit und Tyrannis[6].
– Und jetzo bitt ich, sag uns, wer du bist,
wolle nicht spröder als die andern sein,
daß sich dein Name in der Welt behaupte.«

Ravenna, herrschten.

3 Die grüne Löwentatze ist das Wappenzeichen der Ordelaffi, die über Forlì herrschten, wo 1282 die Franzosen von Guido geschlagen wurden.

4 Malatesta, Vater und Sohn, Tyrannen von Rimini, wegen ihrer Grausamkeiten berüchtigt als »Bluthunde« (Mastini).

5 Es handelt sich um die Städte Faenza am Lamone und Imola am Santerno. Daselbst herrschte Maginardo Pagani, der zwischen den Parteien hin- und herschwankte. Er führte einen Löwen im weißen Feld als Wappen.

6 In Cesena herrschte um 1300 die Republik unter fortwährendem Wechsel des Podestà.

Da brauste erst nach ihrer Art die Flamme,
dann regte sie allmählich ihre Spitze
und formte atmend hin und her die Worte:
»Wenn ich vermutete, daß meine Antwort
noch je einmal nach oben kommen könnte,
so rührt ich meine Flammenzunge nicht mehr.
Jedoch, da niemand aus der Unterwelt,
wenn man mir recht berichtet, wieder aufsteigt,
geb ich dir ohne Furcht vor Schande Auskunft.
Ich war Soldat und nachher Franziskaner.
Den Strick gegürtet, dacht ich mich zu bessern,
und sicher hätt' es so sich mir verwirklicht,
wenn nicht der große Pfaff – verflucht sein Name! –
mich in die Schuld zurückgestoßen hätte.
Wieso, weshalb, das will ich dir erklären.

Da ich als Mutterkind, geformt aus Fleisch
und Bein noch lebte, waren meine Taten
nicht eines Löwen, sondern eines Fuchses.
Verdeckte Wege und Verschlagenheiten,
die kannt ich alle, übte sie so kunstvoll,
daß überall davon die Rede ging.
Als ich das Greisenalter kommen sah,
die Zeit, in der sich's ziemt für jedermann
die Segel und die Taue heimzuholen,
da ward mir leid, was ehedem mich freute,
und reuig und geständig beugt ich mich.
Wehe mir Armen, hätt es nur geholfen!
Der Fürst der neuen Pharisäer führte
nicht gegen Sarazenen oder Juden,
nur gegen Christen Krieg im eignen Haus.
Beim Lateran, dort kämpfte er und nicht
gegen die Heiden, die bei Akre siegten[1],

1 Akre in Syrien fiel im Jahre 1291 in die Hände der Sarazenen.

noch gegen Händler in des Sultans Landen.
Das höchste Amt, die heilgen Weih'n mißachtet
er an sich selbst, so wie an mir den Strick,
den einst nur abgezehrte Mönche trugen.
Wie Konstantin den heiligen Silvester
aus des Soracte Höhle rief zur Heilung
vom Aussatz, also rief er mich zu Rate,
daß ich sein' fieberhafte Herrschsucht heile.
Er wollte Anleitung von mir! Ich schwieg,
denn seine Worte waren wie ein Rausch.
Da sagt er mir: ›Sei unverzagten Herzens.
Ich sprech dich frei im voraus: also zeig mir,
wie ich Praenestes Burg zerstören kann[1].
Den Himmel auf- und zuzuschließen hab ich
die Macht, du weißt's, ich habe beide Schlüssel.
Mein Vorgänger wußte sie nicht zu schätzen.‹
So trieben die gewicht'gen Argumente
mich dahin, daß ich nicht zu schweigen wagte,
und sprach: ›Dieweil du, Vater, von der Sünde,
der ich nun doch verfallen muß, mich reinigst,
so sei's: Versprechen reichlich. Halten kärglich,
das schafft Triumphe dir auf hohem Stuhl.‹
Dann, als ich starb, kam meinethalb Franziskus,
mich abzuholen. Doch ein schwarzer Engel
entgegnet' ihm: ›Laß los und prell mich nicht!
Hinab muß er mit mir zu meinen Knechten,
weil er den Rat, den tückischen, gegeben.
Seit jenem Spruch bin ich ihm auf der Spur.
Wer nicht bereut, der ist nicht freizusprechen.
Bereun und Tun zugleich geht auch nicht an,
dieweil der Widerspruch es nicht erlaubt.‹
Weh mir! Es war ein schreckliches Erwachen,
als er mich faßte mit dem Wort: ›Vermutlich

1 Der Papst Bonifaz VIII. verlangte von Guido den Rat, wie er die Partei der Colonna in ihrer Feste Palestrina oder Praeneste schlagen könne. Guidos Rat, viel zu versprechen und wenig zu halten, führte zum Ziel.

entging dir meine Schärfe in der Logik.‹
Vor Minos schleppt' er mich, und dieser schlug
achtmal mit seinem Schweif die harten Schultern
und tat noch wütend einen Biß und schrie:
›Hinweg mit ihm zum Feuertanz des Truges!‹
Drum bin ich hier verloren, wie du siehst,
und wandle qualvoll in der Flammenhülle.«

Nachdem er so sich ausgesprochen hatte,
fuhr in der Flamme klagend er hinweg,
und flackernd krümmte sich ihr spitzes Horn.
Wir gingen weiter auf der Klippe Grat,
ich und mein Führer, bis zum nächsten Bogen
über den Graben, drin die Zwietrachtstifter
die schwere Bürde ihrer Schuld bezahlen.

Achtundzwanzigster Gesang

Die Zwietrachtstifter · Mohammed Fra Dolcino · Pier da Medicina · Bertrand von Born und andere

Und nicht einmal in ungebundner Rede
und nicht durch Wiederholung wär die Welt
von Blut und Wunden sagbar, die ich sah!
Für jedes Menschen Zunge wär's zu viel,
weil's keine Sprache gibt und kein Verständnis
mit so viel Fassungskraft als nötig wäre. –
Wenn man zusammennähme all die Menschen,
die auf den reichen Feldern Süditaliens
ihr Blut vergossen haben in den Kämpfen
der Troer, Römer und Karthager, wo,
wie Livius, der Zuverlässige, schreibt,
ein Berg von goldnen Ringen übrig blieb,
und nähme man dazu die Schwergetroffnen
des Widerstandes gegen Robert Guiskard
und die, deren Gebein man heut noch sammelt
bei Ceperan, wo die Apulier alle
Verräter waren, und bei Tagliacozzo,
wo ohne Schwert der greise Alart siegte,
und zeigte Mann für Mann seine Verwundung,
seine Verstümmlung vor, so wär's ein Nichts
neben dem ekeln Graus des neunten Grabens[1].
Ein Faß, dem Dauben oder Querholz fehlen,
ist nicht so löchrig wie der Sünder war,
bei dem's vom Kinn bis an den After klaffte.
Zwischen den Beinen hing ihm das Gedärm.
Herz, Leber, Lunge sah man und den Sack,
der Kot aus allem macht, was wir verschlucken.

1 Dante erwähnt Schlächtereien aus den Samniterkriegen, aus den Punischen Kriegen, besonders die Schlacht bei Cannae, die Kämpfe des Robert Guiskard gegen die Sarazenen, die Schlachten bei Ceprano und Tagliacozzo zwischen Anjou und Hohenstaufen, wo Alard de Valery durch Kriegslist über Konradin von Hohenstaufen siegte.

Indes ich mit den Augen ihn durchbohre,
blickt er auf mich und öffnet sich die Brust
mit Händen: »Schau nur!« rufend, »Selbstzerreißung!
Betrachte den verstümmelten Mohammed!
Der vor mir geht und jammert, ist Alí[1],
das Angesicht vom Kinn zum Schopf zerschlitzt.
Und Ärgernis und Zwiespalt haben alle,
die du hier siehst, erregt in ihrem Leben,
drum sind sie ebenso zerspalten hier.
Dort hinten steht ein Teufel, der zerstückt
mit Schwertesschärfe jeden dieser Sekte
gar grausam jedesmal, daß uns der Weg
dieselbe Schmerzensstraße führt im Kreis.
Denn immer schließt sich unsere Verwundung,
bevor an ihm vorbei wir wieder kommen.
Jedoch, wer bist du, daß du spähst und schnüffelst
dort auf der Brücke und die Strafe wohl,
die zugesprochene, verzögern möchtest?«
»Der Tod hat ihn«, erwiderte mein Meister,
»noch nicht ereilt, noch soll er Sünden büßen.
Damit ihm aber volle Kenntnis werde,
muß ich, der schon Gestorbene, ihn führen
von Kreis zu Kreis hienieden durch die Hölle.
Das ist so wahr wie, daß ich sprech mit dir.«
Es waren mehr als hundert, die das hörten,
und blieben stehn, vergaßen ihre Qual
und staunten aus dem Graben nur nach mir.

»Da du so bald vielleicht ans Sonnenlicht
zurückkehrst, sag dem Fra Dolcín, er solle,
falls er nicht schnell hierher mir folgen will,
sich vorsehn mit Proviant, auf daß kein Schnee
ihn je blockiere und dem Novaresen

1 Alí, der Kalif, der die Mohammedaner in zwei Sekten spaltete.

den sonst gewiß nicht leichten Sieg verschaffe[1].«
Zum Weitergehn den einen Fuß gehoben,
trug mir Mohammed diese Botschaft auf,
dann streckt er ihn zur Erde und schritt aus.

Und sieh, ein andrer mit durchstochner Kehle,
die Nase abgeschnitten bis zur Braue,
und nur mit einem einzigen Ohre noch,
war staunend stehngeblieben, um zu schauen
mit vielen andern und tat auf den Schlund,
der außen rings von Blut gerötet war,
und sprach: »Der du kein' Schuld zu büßen hast,
dich hab ich im lateinschen Land gesehn,
wenn nicht die große Ähnlichkeit mich täuscht.
Vergiß den Pier da Medicina nicht,
wenn je du wiedersiehst das schöne Land
von Marcabo hinauf bis nach Vercelli,
und tu den beiden Herrn in Fano kund,
dem Messer Guido und dem Angiolello,
daß man, wenn uns die Ahnung hier nicht täuscht,
in einem Sack sie aus dem Schiffe werfen
und bei Cattolica ertränken wird
auf des Tyrannen tückisches Geheiß[2].
Das weite Meer von Cypern bis Mallorca
hat solche Freveltat noch nie geschaut,
nicht bei Piraten noch argolschen Räubern[3].
Der einäugige Schurke und Tyrann
von jener Stadt, die mein Begleiter hier
so gerne nie gesehen haben möchte,
wird die von Fano zur Besprechung bitten
und dafür sorgen, daß sie nimmermehr
die Stürme von Focara fürchten müssen[4].«
Und ich zu ihm: »Erkläre doch und zeig mir,

1 Mohammed wendet sich an Dante mit einer Mahnung für Fra Dolcino, einen norditalienischen Sektenführer, der sich 1306 in den Bergen des Piemont mit seinen Anhängern verschanzte, bis er, durch Schnee und Hunger gezwungen, sich ergeben mußte. Unter dem Novaresen versteht er wohl die gegen Dolcino ausgezogenen Kreuzfahrer.

2 Der Sprecher, Pier da Medicina in der Romagna, bei dem Dante zu Gast war, prophezeit, daß Malatestino von Rimini zwei Edle von Fano, Guido del Cássero und Angiolello da Carignano ertränken lassen wird, eine Untat, die sich um 1312 ereignete.

3 Die griechischen Seeräuber.

4 Stürmische Küste an der Adria.

sofern ich droben von dir künden soll,
deinen Begleiter mit dem scheuen Blick.«
Da griff er einem seiner Nebenmänner
ans Kinn, den Mund ihm öffnend mit der Hand,
und rief: »Der ist es hier und sagt kein Wort.
Verbannt kam er zu Cäsar und zerstreute
die Zweifel ihm, denn dem Gerüsteten,
sprach er, hab Warten immer nur geschadet[1].«
Oh, wie verstört sah dieser Curio aus
mit abgeschnittner Zunge in der Gurgel,
der einst so keck im Raterteilen war.

Ein anderer mit abgehackten Händen
hob in die dunkle Luft die beiden Stummel,
die ihm mit Blut das Angesicht bespritzten,
und rief: »Vergiß auch nicht den Mosca, ach!
und meinen Unglücksspruch: getan, gewonnen!
der den Toskanern so viel Böses brachte[2].«
»Sehr wohl«, ergänzte ich, »und Tod den Deinen.«
So häuft sich ihm auf alten Schmerz ein neuer,
und außer sich vor Trauer ging er fort.

Ich aber blieb, die Schar mir zu betrachten,
und sah etwas, das ich mich scheuen müßte
ohne Beweis so einfach zu erzählen,
doch mein Gewissen gibt mir Sicherheit;
es ist der gute Bürge, der uns hilft
und wappnet mit der Reinheit seines Fühlens.
Ich sah, fürwahr – mir ist, als säh ich's immer –,
im Trauerzuge wandeln mit den andern
das Rumpfstück eines Mannes ohne Haupt.
Der abgeschlagne Kopf, am Haar gehalten,
pendelt ihm in der Hand wie die Laterne

1 Cajus Curio, der, aus Rom verbannt, zu Julius Cäsar ging und ihn bestimmt haben soll, gegen Rom zu marschieren.

2 Mosca dei Lamberti, Anstifter zum politischen Mord an Buondelmonte, woraus der Bürgerkrieg in Florenz entstand.

und schaut uns an und sagt: »Weh mir, o weh!«
So leuchtet er mit sich sich selbst voran,
und waren zwei in einem, eins in zweien.
Wie kann es sein? Der's angeordnet, weiß es.
Als er genau am Fuß der Brücke stand,
reckt' er den Arm mit samt dem Kopf empor,
um näher seine Worte uns zu bringen.
Sie lauteten: »Nun schau die lästige Strafe,
der du die Toten siehst und lebend atmest,
und schau, ob's eine größre geben kann,
und hör, damit du über mich berichtest:
Bertrand von Born bin ich, derselbe, der[1]
den bösen Rat dem jungen König gab.
Empörung schürt ich zwischen Sohn und Vater.
Achitophel hat zwischen Absalon
und David bösartiger nicht gestichelt[2].
Weil ich so nah verbundne Menschen trennte,
drum trag ich Armer mein Gehirn getrennt
von seinem Lebensquell in diesem Rumpf.
So ist Vergeltungsrecht an mir vollstreckt.«

1 *Der berühmte kampflustige provenzalische Sänger Bertrand von Born soll durch seine Lieder Zwietracht gestiftet haben in der Familie des Königs Heinrich II. von England.*

2 *2. Könige, 15 12 ff.*

Neunundzwanzigster Gesang

Ein Großvetter des Dichters, Geri del Bello
Die Fälscher · Die Leute von Siena

Von vielen Menschen mit so argen Wunden
waren berauscht und müde meine Augen
und hätten gern sich einmal ausgeweint.
Vergilius aber sprach: »Was schaust du so?
Warum versteift dein Blick sich auf die Schatten
der jämmerlich Verstümmelten hinab?
Auf andre hast du so noch nie gestarrt.
Willst du etwa sie zählen, so bedenke:
das Tal hat zweiundzwanzig Meilen Umkreis.
Auch steht der Mond schon unter unsern Füßen,
die uns vergönnte Zeit geht auf die Neige,
und viel ist noch zu sehn, das du nicht kennst.«
»Hätt'st du«, entgegnete ich ihm sodann,
»den Grund beachtet, der mich schauen machte,
so hätt'st du mir vielleicht erlaubt, zu weilen.«
Ich sprach's, indes der Führer weiterging
und ich mit meiner Antwort hinterher
und fügte bei: »Dort unten in dem Hohlraum,
in den ich eben noch so eifrig spähte,
verbüßt, glaub ich, ein Geist, mir blutverwandt,
die dort so fürchterlich bestrafte Schuld.«
Da mahnte mich Vergil: »In diesen einen
darf jetzt dein Denken sich nicht mehr verfangen.
Aufs Weitre schau und laß ihn, wo er ist.
Ich hab ihn stehn gesehn am Fuß der Brücke:
er wies auf dich und drohte mit dem Finger.
Geri del Bello nennen hört ich ihn[1].

1 Geri del Bello, ein Vetter Dantes, der aus Blutrache ermordet wurde, zürnt, daß niemand aus der Familie Alighieri ihn rächt.

Du warst gerade völlig hingenommen
durch den Enthaupteten von Autafort
und schautest gar nicht hin, und weg war er.«
»O Führer«, sprach ich, »man hat ihn ermordet
und niemand hat ihn noch gerächt bis heute,
keiner von den Genossen seiner Schmach.
Daher sein Zorn und Stolz, drum ging er weg
ohne ein Wort an mich. So denk ich's mir
und kann mein Mitgefühl ihm nicht versagen.«

So sprachen wir und kamen an den Punkt
der Brücke, wo das nächste Tal sich auftut
und man, wenn's heller wär, den Grund erblickte.
Wir hielten überhalb der letzten Klause
von Bösen-Graben, und die Büßenden
erschienen sichtbar nun für unsre Augen.
Da trafen unerhörte Jammerlaute
wie spitze, mitleidscharfe Pfeile mich,
daß ich mit Händen mir die Ohren deckte.
Wenn alle Krankheit aus den Siechenhäusern
von Chianatal, Maremma und Sardinien,
von Juli bis September aufgehäuft,
gestopft in einem einzigen Graben läge,
so glich's dem Weh von hier; und ein Gestank
kam hoch von Fäulnis und von Eiterbeulen.
Wir stiegen zu dem letzten Damm hinab
vom Brückensteg, nach links auch hier wie sonst.
Und jetzo konnt ich noch lebendiger
den Grund erkennen, wo die Dienerin
des hohen Herrn, Justitia, unfehlbar
die Fälscher straft, die sie bei uns verzeichnet.
Es kann nicht trostloser gewesen sein
auf Aegina, da alles Volk erkrankte

und so mit Pest die Luft vergiftet war,
daß selbst die Tiere bis zum kleinsten Wurm
hinsanken allzumal – worauf das alte
Geschlecht der Menschen, wie die Dichter meinen[1],
aus Emsen-Samen sich erneuerte –
wie hier im dunkeln Tal das Elend aussah
von siechen Geistern, die in Haufen lagen,
der eine auf dem Bauch des andern oder
an fremde Schultern angelehnt, und kriechend
verzog sich mancher durch die kranke Gasse.

1 *Ovid Metamorph. VII, 523 ff.*

Wir gingen Schritt vor Schritt ohne Gespräch
und schauten nur und lauschten auf die Kranken,
die keine Kraft sich zu erheben hatten.
Zwei sah ich sitzend aneinanderlehnen,
wie überm Feuer Pfann an Pfann gestützt,
von Kopf zu Fuß befleckt mit Schorf und Ausschlag.
Noch nie konnt ich so eifrig striegeln sehn.
Weder ein Stallknecht, wenn die Herrschaft wartet,
noch einer, wenn es Zeit zum Schlafen ist,
rieb je so flink, wie diese beiden kratzten
am eignen Leib mit ihren scharfen Nägeln
vor lauter Wut, den Kitzel loszuwerden.
Die Fingernägel schabten an dem Schorf
so, wie das Messer einen Karpfen schuppt,
oder den Panzer eines andern Fisches.
»Der du mit Fingern deine Kruste krallst
und manchmal auch sie abzwickst wie mit Zangen«,
begann zu einem von den zwein mein Führer,
»ist aus Italien einer hier bei euch?
Sag uns, so wahr du hoffst, daß dir die Nägel
beim ewigen Geschäfte nicht versagen.«
»Wir zwei, die du so zugerichtet siehst,

sind aus Italien«, sprach der eine klagend.
»Doch wer bist du, daß du um uns dich kümmerst?«
»Ich steige«, sprach der Führer, »stufenweise
hinab mit diesem Lebenden, dem ich
das Reich der Hölle willens bin zu zeigen.«
Da brach die gegenseitige Anlehnung
entzwei, und zitternd wandte jeder sich
zu mir, wie andre, die das Wort erfaßten.
Ganz nahe zu mir her der gute Meister:
»Jetzt«, sagt er, »sprich zu ihnen, was du willst.«
Da er's nun wollte, fing ich an und sprach:
»Bei eurem Angedenken in der Welt,
daß es nicht schwinde aus der Menschen Sinn
und viele Sonnenjahre daure, bitt' ich,
sagt mir, wer seid ihr und von welcher Herkunft?
Erklärt euch mir und laßt euch nicht verschüchtern
durch eure lästig widerliche Strafe.«
»Ich stamme«, sagte einer, »aus Arezzo.
Verbrennen ließ mich Albero da Siena[1].
Doch nicht, wofür ich starb, kam ich hieher.
Sagt ich doch nur im Scherz ihm eines Tages,
ich schwänge durch die Lüfte mich im Flug.
Und er, neugierig wie er war und gläubisch,
verlangt die Kunst des Daedalus von mir.
Da ich ihm keine Flügel gab, gab er
mich seinem Vater, der mich brennen ließ.
Doch in den letzten dieser Gräben hat
mich Minos, der Unfehlbare, gewiesen
für Alchimie, die ich im Leben trieb.«
Da wandt ich mich zum Dichter: »Gab's wohl je
ein windigeres Volk, als das von Siena?
Nicht einmal die Franzosen sind so eitel.«
Der andre Räudige hatte mich gehört

1 Der Sprecher ist der Alchimist Griffolino von Arezzo, der von dem Bischof in Siena zum Feuertod verurteilt wurde. Er wollte dem Albero da Siena die Kunst des Fliegens beibringen und wurde als Betrüger und Zauberer bestraft. Albero war ein Sohn oder ein Schützling des Bischofs.

und stimmte bei: »Den Stricca ausgenommen[1],
der gar so maßvoll im Vergeuden war,
so wie den Niccolò, der uns erfand[2]
den köstlichen Gebrauch der Nelkenwürze
für unser Gärtlein, wo dergleichen wuchert;
und ausgenommen die Gesellschaft auch,
in der Caccia d'Ascian Weinberg und Wald[3]
und Abbagliato den Verstand verspielte[4].
Damit du aber wissest, wer dir so
gegen das Volk von Siena beispringt, schau
recht scharf mir ins Gesicht, bis es dir aufgeht,
und mich erkennst als des Capocchio Schatten[5].
Durch Alchimie hab ich das Gold verfälscht,
und du erinnerst dich, ich seh dir's an,
wie gut ich die Natur zu äffen wußte.«

1 *Wahrscheinlich handelt es sich um Giovanni Stricca dei Salimbeni.*

2 *Niccolò, ebenfalls aus der Familie der Salimbeni, Bruder des Stricca. Er führte die Sitte, Speisen mit Nelken zu würzen, ein.*

3 *Caccia vergeudete leichtsinnig seinen ganzen Grundbesitz.*

4 *Abbagliato, Spitzname des Bartolomeo dei Folcacchieri, der in Siena als besonders witzig bekannt war.*

5 *Dante scheint diesen Falschmünzer persönlich gekannt zu haben.*

Dreißigster Gesang

Fälscher der Person, des Geldes, der Worte
Gianni Schicchi · Myrrha · Meister Adam
Der Grieche Sinon

Als Juno gegen Semele und gegen
das ganze Volk von Theben wütete
mit immer neuem Ausbruch ihres Zornes,
ward Athamas von wildem Wahn erfaßt.
Da er die eigne Frau mit ihren Knaben,
auf jedem Arme einen, kommen sah,
schrie er: »Die Netze ausgespannt, daß ich
die Löwin samt den Jungen überrasche!«
Mit mitleidlosen Tatzen griff er dann
das eine Knäblein, das Learchus hieß,
und schwang's und schmettert es an einen Stein.
Die Frau ging mit dem andern Kind ins Meer[1]. –
Und als Fortuna den Trojaner Hochmut,
der alles sich vermaß, zu Boden warf,
daß samt dem Reich der König unterging,
da wurde Hekuba, im Elend schmachtend,
wie sie Polyxena geopfert sah
und ihren Polydor am Strand des Meeres
als Leiche liegen, so von Schmerz ergriffen,
daß sich ihr Geist umnachtete und sie
zu bellen plötzlich anfing wie ein Hund[2]. –
Doch nicht in Theben, nicht in Troja sah man
so wild den Wahnsinn über Tier und Menschen
sich stürzen und die Leiber so mißhandeln,
wie die zwei nackten Schatten, die ich sah.

1 *Vgl. Ovid Metam. IV, 416 ff.*

2 *Vgl. Ovid Metam. XIII, 399 ff.*

Sie kamen angerannt und bissen um sich,
wie Schweine, wenn sie aus dem Kofen brechen.
Der erste packte den Capocchio an,
schlug ihm die Hauer ins Genick und zerrt' ihn,
daß kratzend ihm der Bauch am Boden schleifte.
Der aus Arezzo stand daneben, zitternd,
und sagte mir: »Hans Schicchi heißt der Irrgeist,
der so herumtobt und die andern schindet[1].
Und ich: »Wenn jetzt der zweite dort die Zähne
dir nicht ins Fleisch soll haun, so säume nicht
und sag mir, wer es ist, bevor er wegläuft.«
Und er: »Die Seele ist's, die alte, jener
verderbten Myrrha, die mit ihrem Vater
in mehr als rechter Liebe freundlich tat.
Sie näherte sich ihm zu sündiger Lust,
vermummt in eine andere Gestalt[2].
Und ähnlich macht's der Irrgeist, der dort flieht[3].
Die schönste Stute in der Eselsherde
sich zu gewinnen, mummt' er sich als Buoso
Donati[4] und diktiert sein Testament.«

Als die zwei Rasenden vorüber waren,
denen ich lange mit den Augen folgte,
betrachtete ich andre Leidgeborne.
War einer da, geformt wie eine Laute,
wenn man sich in der Leistengegend weg-
geschnitten denkt die Gabelung der Schenkel.
Die plumpe Wassersucht, die unsern Körper
durch schlechtverdaute Säfte so entstellt,
daß nicht mehr das Gesicht zum Bauche paßt,
trieb ihm die durstigen Lippen auseinander
wie bei der Schwindsucht, daß die untre abwärts
zum Kinn sich stülpt, die andere nach oben.

1 *Schicchi, ein Testamentfälscher aus Florenz.*

2 *Myrrha, Tochter des Königs von Zypern. Vgl. Ovid Metam. X, 298 ff.*

3 *Gianni Schicchi.*

4 *Ein reicher Florentiner.*

»Die ihr von allen Qualen frei und doch –
ich weiß nicht wie – im Reich der Schmerzen seid«,
sprach er zu uns, »schaut her und achtet wohl
auf Meister Adams Qual! In meinem Leben[1]
bekam ich reichlich alles, was ich wollte,
und schmachte jetzt nach einem Tropfen Wasser.
Die Bächlein, wie sie von den grünen Hügeln
des Casentino in den Arno rieseln
mit ihren saftigen und kühlen Rändern,
ich seh sie immer vor mir – nicht umsonst.
An ihrem Bild verzehr ich mich und trockne,
werd magrer im Gesicht als von der Krankheit.
Gerechtigkeit, die folgerichtig foltert,
verfolgt mich mit dem Schauplatz meiner Sünde
und jagt mir tausend Seufzer aus der Seele.
Dort in Romena war's, daß ich verfälschte
den Wert der Münze mit dem Täufer drauf[2],
bis ich den Flammen meinen Körper ließ.
Oh, könnt' ich hier die schlechte Seele finden
des Guido oder eines seiner Brüder,
nicht um den Branda-Quell gäb ich den Anblick[3].
Der eine ist schon da, wenn mir's die Schatten,
die hier vorüberrasen, richtig sagen.
Aber was hilft's mir, mit gelähmten Gliedern?
Wenn ich nur soweit noch beweglich wäre,
in hundert Jahren einen Zoll zu gehn,
ich hätte längst mich auf den Weg gemacht,
ihn aufzusuchen in dem wüsten Haufen
und liefe so elf Meilen lang im Umkreis
und beinah eine halbe in die Quere.
Um ihretwillen lieg ich beim Gesindel.
Verführt von ihnen münzte ich die Gulden
mit drei Karat von schlechtem Zusatz drin.«

1 *Meister Adam aus Romena war ein berüchtigter Falschmünzer.*

2 *Die Florentiner Goldgulden.*

3 *Eine Quelle im Casentino bei Romena. Guido und dessen Brüder aus der Familie Guidi waren die Herren von Romena, die den Meister Adam zu seinen Fälschungen veranlaßten.*

Und ich zu ihm: »Wer sind die zwei Verlornen
zu deiner Rechten eng beisammenliegend:
und dampfen wie im Winter nasse Hände?«
»Ich fand sie hier und immer regungslos«,
erwidert er, »seit ich herabgeschneit bin.
Ich glaub, sie wenden nimmermehr sich um.
Die hier beschuldigte den keuschen Joseph,
der hier, der Grieche Sinon, log vor Troja[1].
Sie fiebern beide stark und qualmen sehr.«
Der eine, ärgerlich, so nebenbei
genannt zu sein, als wär er irgendeiner,
schlug mit der Faust ihm auf den prallen Bauch,
und der erdröhnt, als wär es eine Trommel.
Und Meister Adam traf ihn ins Gesicht
geschwungnen Arms – das klang nicht weniger hart –
und sprach: »Kann ich mich schon nicht von der Stelle
mehr rühren, weil die Beine gar so schwer,
hab ich den Arm doch frei, um dir zu dienen.«
Der Grieche drauf: »So frei war er dir nicht,
als du zum Scheiterhaufen gehen mußtest.
Beim Münzen freilich war er um so freier.«
Der Bauchige: »Hier sagst du jetzt die Wahrheit;
so wahrhaft aber war dein Zeugnis nicht
vor Troja, wo man Wahrheit von dir wollte.«
»Ich *sprach* nur falsch, du aber *münztest* falsch,
und *einmal* nur«, sprach Sinon, »fehlte ich:
du öfter als ein jeder von den Teufeln.«
»Meineidiger, erinnre dich des Pferdes«,
erwiderte der aufgeblähte Bauch,
»und schäm dich, daß die ganze Welt es weiß!«
»Und schäm du dich des Durstes«, sprach der Grieche,
»der dir die Zunge spaltet, und der Jauche,
die dir den Bauch bis an die Augen auftreibt.«

1 *Sinon, der Grieche, der mit lügnerischen Worten die Trojaner veranlaßte, das hölzerne Pferd aufzunehmen. Aeneis II, 57 ff.*

Der Münzmann drauf: »Dir reißt's das Maul entzwei,
wenn es zu lästern gilt nach deiner Art.
Hab ich schon Durst und bin ich voll von Säften,
so hast du Fieberhitz und Schmerz im Kopf.
Man brauchte dich gewiß nicht lang zu bitten,
um an dem Spiegel des Narziß zu lecken.«

Ich hörte ganz gebannt den beiden zu,
als mir der Meister rief: »Jetzt aber schau,
es fehlt nicht viel, so hadre ich mit dir!«
Da ich den Zorn in seiner Sprache spürte,
wandt ich zu ihm so tief beschämt mich hin,
daß mich noch heute die Erinn'rung umtreibt.
Wie einem, der im Traum beklemmt sich ängstet
und träumend wünscht: oh, wär es nur ein Traum!
und ungeschehen haben möcht, was ist,
ward mir zumut. Ich bracht kein Wort hervor
im Drang, mich zu entschuldigen: und also
ward ich entschuldigt, ohne mir's zu glauben.
»Selbst größere Verfehlung als die deine«,
sprach er, »wird ausgelöscht durch solche Scham.
Du sollst dich weiter nicht darum betrüben,
doch denk, daß ich dir immer nah soll sein,
wenn's je geschieht, daß du auf Menschen triffst,
die miteinander streiten, so wie hier.
Denn dabei zuzuhören, ist gemein.«

Einunddreißigster Gesang

Der letzte, tiefste Höllenkreis · Die Riesen Nimrod · Ephialtes · Antaeus · Der Abstieg

Die mir die Wunde schlug, daß beide Wangen
vor Scham sich röteten, dieselbe Zunge
bot auch den Trost der Arzenei mir dar.
So sagt man, daß die Lanze des Achill
und seines Vaters Peleus beides brachte:
Verletzung erst, und dann Wohltat der Heilung.

Wir hatten nun das kranke Tal im Rücken
und gingen auf den Damm, der es umgürtet,
hinüber, quer, und redeten kein Wort.
Da war es nicht ganz Nacht und nicht ganz Tag,
so daß das Aug nur wenig vorwärts drang.
Doch hörte ich gar laut ein Horn erschallen,
das jeden Donner übertönen konnte.
Dem Schall entgegen zielten meine Blicke
zurück die Bahn zu seinem Ausgangspunkt.
Nach jener schweren Niederlage, wo
der Große Karl die heiligen Kämpen ließ,
dröhnte der Hornruf Rolands nicht so schrecklich.
Kaum hatte ich den Kopf dorthin gewendet,
als viele hohe Türme mir erschienen
und ich den Meister frug: »Wie heißt die Stadt?«
Und er entgegnete mir: »Allzuweit
willst du voraus durch dunkle Räume eilen,
und so verirrt sich deine Phantasie.
Wenn du dir's dort besiehst, wirst du verstehn,
wie leicht der Sinn sich auf die Ferne täuscht;

drum spute dich, um selbst dorthin zu kommen.«
Dann faßte er mich freundlich bei der Hand
und sprach: »Bevor wir weiter vorwärtskommen,
auf daß der Augenschein dich nicht befremde,
versteh: es sind nicht Türme, sondern Riesen.
Sie stehn im Brunnenschacht vom Nabel abwärts
und ragen aufwärts rings am Rande her.«
Wie, wenn der Nebel langsam sich verteilt,
das Auge Stück für Stück erfaßt und kennt,
was alles hinter Schwaden sich verbirgt,
so drang ich durch die dicke dunkle Luft
und kam dem Uferrande immer näher,
bis mir der Irrtum schwand, und wuchs das Grauen.
Denn wie in ihrem Umkreis sich die Stadt
Montereggión mit einem Kranz von Türmen[1],
so schmückte hier der Rand des Brunnens sich.
Wie Türme ragten mit der halben Höhe
ihrer Gestalt die schrecklichen Giganten,
von Zeus bedroht noch immer, wenn er donnert.

Von einem konnt ich schon das Antlitz sehen
und Brust und Schultern und den Leib zum Teil
und beide Arme rechts und links hinunter.
Wahrlich, die Natur hat wohlgetan, die Formung
so ungeheurer Wesen aufzugeben
und ihre Faust dem Kriegsgott zu entziehen.
Wenn sie der Elefanten und der Wale
nicht müde wird, so muß man als gerecht
und weise ihren Ratschluß anerkennen;
denn, wo des Geistes Schärfe sich gesellt
zu wildem Trieb und ungestümer Kraft,
kann sich der Mensch nicht mehr dagegen wehren.
So lang und dick erschien mir sein Gesicht

1 *Eine Festung bei Siena mit 14 Türmen; wurde im 16. Jahrhundert zerstört.*

als wie der Pinienzapfen vor Sankt Peter[1],
und dem entsprach der ganze Körperbau.
Der Uferrand, der ihn von Leibes Mitte
abwärts verdeckte wie ein Schurz, ließ aufwärts
noch so viel sehn, daß bis zu seinem Haupthaar
drei Friesen sich vergeblich recken würden;
denn volle dreißig Spannen konnt ich zählen
von Mantelkragen abwärts bis zur Mitte.
»Raphèl mai amèch zabì almi[2]«,
rief er mit seinem fürchterlichen Maul,
dem sanftre Töne schlecht entsprochen hätten.
Mein Führer ihm entgegen: »Dumme Seele,
halt an dein Horn dich, blas dich tüchtig aus,
wenn Zorn, wenn Leidenschaften dich befallen.
Such doch am Hals, so findest du den Strick,
an dem es hängt! Siehst nicht, verwirrter Geist,
wie sich's um deine breite Brust herumlegt?«
Sodann zu mir: »Er zeigt sich selber an
als Nimrod, der er ist. Sein Unterfangen
zerschlug die Einheit im Gebrauch der Sprache.
Lassen wir ihn, verliern wir keine Worte,
denn jede Sprache ist für ihn genau,
wie seine für die andern, unverständlich.«

Wir gingen also unsres Weges weiter
nach links. Dort, einen Bogenschuß entfernt,
stand, noch viel mächtiger, der zweite Riese.
Wer den gefesselt hat, ich weiß es nicht.
Doch war der eine Arm ihm auf der Brust,
der andre, rechte, auf dem Rücken fest-
gebunden, mittels einer Kette, die
vom Hals hinab ihn so umschlang, daß fünfmal
sie um den freien Teil des Körpers lief.

1 Der mächtige bronzene Pinienzapfen, noch heute im Vatikan zu sehen, ein Werk aus der römischen Kaiserzeit, stand damals vor der Kirche.

2 Sinnlose Worte, die im Munde Nimrods, des Anstifters des Turmbaus zu Babel, keiner weiteren Deutung bedürfen.

»Dieser Vermessne wollte seine Macht
am höchsten Jupiter einmal erproben,
drum hat er diesen Lohn«, sagte mein Führer.
»Ephialtes heißt er, Großes unternahm er,
als die Giganten ihren Göttern drohten,
und schwang den Arm – jetzt regungslos für immer.«
Und ich: »Wenn's möglich ist, so möcht ich wohl
von Briareus, dem Unermeßlichen,
mit eignen Augen mir das Bild gewinnen[1].«
Drauf er: »Du wirst hier den Antaeus sehen,
der näher ist und frei und sprechen kann.
Er soll uns auf den Grund der Hölle setzen.
Der, den du sehen willst, ist weit von hier
und auch gefesselt und geformt wie dieser,
nur im Gesicht schaut er noch wilder aus.« –
Durch keinen Erdstoß ist wohl je so stark
ein Turm erschüttert worden, wie Ephialtes
plötzlich begann sich fürchterlich zu schütteln.
Da überlief mich niegefühlte Furcht;
am bloßen Schrecken wäre ich gestorben,
hätt ich die starken Ketten nicht gesehn.
Dann schritten wir auf unsrem Weg fürbaß
bis zu Antaeus. Gut fünf Ellen ragt er
über den Schacht, den Kopf nicht mitgerechnet[2].
»Der du dereinst in jenem Tal des Glückes,
wo Scipio hohen Ruhmes teilhaft wurde[3],
als Hannibal und seine Truppen flohen,
zur Beute tausend Löwen dir gewannest,
ja, der, wenn im erhabnen Kriege du
gestanden hätt'st bei deinen Brüdern, siegreich
vielleicht die Erdensöhne hätt'st gemacht,
setz uns hinab, laß es dich nicht verdrießen,
zum eingefrorenen Kozyt hinab,

1 Einer der drei hundertarmigen Riesen, siehe Aeneis X, 564 ff.

2 Antaeus, der Riese, der an der Schlacht gegen die Götter nicht teilnahm, ist frei von Fesseln.

3 In dem Tal von Zama, wo Scipio den Hannibal besiegte, soll sich die Höhle befunden haben, in der Antaeus von der Löwenjagd lebte.

schick uns nicht erst zu Tityos und Typhon.
Mein Freund kann geben, was hier sehr begehrt ist;
drum neige dich, anstatt das Maul zu rümpfen.
Er kann dir in der Welt noch Ruhm verschaffen,
er lebt, und langes Leben hat er vor sich,
wenn vor der Zeit ihn nicht die Gnade ruft.«
So sprach der Meister, und der Riese eilig
reckte die Hände, deren harten Druck
einst Herkules empfand, und griff nach meinem
Vergil. Wie der sich fassen fühlte, sagt er
zu mir: »Komm her, damit ich dich umfange!«
Und tat's, daß er und ich ein Bündel waren.

1 Der bekannte schiefe Turm in Bologna.

Wenn man am Turme Garisenda aufschaut[1],
dort, wo er überhängt, und streicht ein Wölkchen
darüber weg, gegen den Hang, so meint man,
er falle auf uns, also schien Antaeus,
als ich an ihm hinaufsah, mir zu wanken,
und gerne wär' ich anderswo gewesen.
Doch sänftiglich setzt er uns auf dem Grund,
wo Luzifer und Judas stecken, ab.
Doch so gebeugt verweilte er nicht lange
und hob sich, wie im Schiff der Mastbaum, hoch.

Zweiunddreißigster Gesang

Die Verräter im Eis · Caina für Verräter der Verwandten · Anténora für Verräter des Vaterlandes

Wenn mir so dumpf und schrill die Verse klängen,
wie's für die böse Höhle sich gehört,
auf der das Urgestein der Erde lastet,
dann preßte ich den ganzen Saft hervor
aus meinem Stoff; doch da so harter Klang
mir fehlt, erheb ich zaghaft nur die Stimme.
Den dunkeln Grund der ganzen Welt beschreiben,
es ist kein Spaß, kein spielerisch Versuchen
für Kindermund, der Mutti ruft und Vati.
Seien die Musen meinem Liede günstig,
die für Amphion Thebens Mauern fügten[1],
damit sich Tatsache und Wort entsprechen! –
Mißratner Pöbel du und letzter Auswurf
dort unten, wo das Wort mir fast versagt –
als Schaf, als Geiß wärst besser dran gewesen!

1 Die Musen halfen dem Amphion, als er durch den Klang seiner Leier die Steine beim Aufbau von Theben bewegte.

Als wir den dunkeln Schacht hinunter waren,
zu des Giganten Füßen und noch tiefer,
und ich hinaufsah an der hohen Mauer,
hört ich mir sagen: »Vorsicht, wenn du schreitest,
setze die Füße so, daß sie nicht treten
noch stoßen an die Köpfe armer Brüder!«
Ich sah mich um, und vor und unter mir
gewahrt ich einen See, der war gefroren,
sah eher aus wie Glas und nicht wie Wasser.
Noch nie vermummte mit so dicker Hülle
die Donau sich im winterlichen Öst'reich,

noch unter kaltem Himmelsstrich der Don
wie hier, und stürzte gar der Tambernik[1]
auf dieses Eis oder die Pietrapana,
so macht' es nicht einmal am Rande: krik.

1 Ein hoher Berg in Slawonien. Pietrapana, der höchste Berg der apuanischen Alpen in Toskana.

Im Sommer, wenn das Bauernmädel oft
vom Ährenlesen träumt, quaken die Frösche
und heben ihre Mäuler übers Wasser:
so hockten, fahl bis ans Gesicht, im Eis
die eingefrornen, armen Schatten jammernd
mit Zähneklappern nach dem Takt der Störche.
Gesenkt nach unten hielten sie ihr Antlitz.
An ihren Lippen konnte man den Frost,
in ihrem Aug das Herzeleid erkennen.

Nachdem ich erst im Kreis mich umgeschaut,
neigt ich den Blick und sah zwei Menschen, die
so nah sich staken, daß ihr Haar sich mischte.
»Wer seid ihr, Brust an Brust geschmiegt?« frug ich.
Da bogen sie die Hälse beide rückwärts
und richteten zu mir herauf das Antlitz,
so daß die Tränen, bisher quellend nur
von innen, übertropften auf die Lippen
und dann als Eis die Augen ganz verschlossen.
So fest zwingt keine Klammer Holz an Holz.
Darob die zwei, von Wut ergriffen, stießen
wie Böcke ihre Köpfe aneinander.
Ein andrer, dem vor Kälte beide Ohren
herunter waren, hielt den Blick gesenkt
und frug: »Was schaust du so in unsern Spiegel?
Du möchtest wissen, wer die beiden sind.
Das Tal, wo der Bisenzio fließt, gehörte
Alberto, ihrem Vater und den beiden.

Ein Schoß gebar sie. In der ganzen Caina
findst du nicht eine Seele, die so gut
wie diese es verdient, auf Eis zu liegen[1]:
nicht die des Jungen, dem der König Artus
mit einem Stoß die dunkle Brust durchhellte[2],
noch des Focaccia[3], noch des Sünders hier,
der mir mit seinem Kopf die Aussicht sperrt.
Sein Name Sassol Mascheroni sagt dir,
wenn du Toskaner bist, genug von ihm[4].
Und jetzt, um längres Reden zu vermeiden,
wisse, daß Camicion de' Pazzi ich bin
und warte auf Carlinos Kameradschaft[5].«
Und Tausende sah ich, vom Frost verhunzte
Gesichter, daß mir schaudert jetzt und immer,
wenn ich gefrorne Pfützen vor mir habe.
Indes wir nach dem Mittelpunkte gingen,
auf den die ganze Schwerkraft sich versammelt,
und ich im ewigen Schatten zitterte,
stieß ich, war's Wille, Fügung oder Zufall,
ich weiß es nicht, beim Wandeln zwischen Köpfen
dem einen ins Gesicht mit meinem Fuß
so heftig, daß er schrie: »Was trittst du mich?
Falls du die Strafe mir für Montaperti
nicht zu verschärfen hast, verschone mich!«
Und ich: »Jetzt warte, lieber Meister, hier,
bis ich mir Klarheit schaffe über diesen.
Nachher eil ich mit dir so rasch du willst.«
Mein Führer hielt, und ich gebeugt zu jenem,
der immerzu noch heftig lästerte:
»Wer bist du, daß du so auf andre schmähst?«
»Wer bist denn du, der durch Anténora[6]
hingeht und stößt den Leuten an die Backen«,
sprach er, »was kaum ein Lebender sich leistet?«

1 *Caina heißt dieser Teil des Eissees nach dem Brudermörder Kain. Alberto, der Vater dieser Sünder, und sie selbst waren die Herren im Tale von Bisenzio, nördlich von Florenz.*

2 *Mordrec, der verräterische Sohn des Königs Artus, in der Artus-Sage.*

3 *Focaccia dei Cancellieri von Pistoia tötete verräterischerweise seinen Vetter oder, nach anderer Nachricht, seinen Vater.*

4 *Ein Florentiner, der den eigenen Neffen verräterisch ermordete.*

5 *Camicion ermordete verräterisch den Ubertino dei Pazzi. Carlino dei Pazzi, ebenfalls ein Verräter.*

6 *Dieser Teil des Eissees verdankt seinen Namen dem trojanischen Verräter Anténor.*

»Und lebend bin ich, und das kann dir lieb sein,
sofern du Ruhm begehrst«, antwortet ich,
»daß so dein Nam in meiner Schrift erscheine.«
Doch er: »Ich wünsche mir das Gegenteil,
laß mich in Ruhe, quäl mich nicht, geh weiter,
du ungeschickter Schmeichler hier im Tiefen!«
Da faßte ich ihn im Genick und rief:
»Jetzt wirst du dich schon nennen müssen, oder
es bleibt kein Haar dir mehr hier oben übrig.«
Drauf er: »Und raufst du sie mir alle aus,
ich nenne mich dir nicht, ich zeig mich nicht,
und wenn du tausendmal auf mich dich stürzest.«
Verwickelt hatt ich schon in seine Haare
die Hand und manche Strähne ausgerissen,
wozu er das Gesicht verbarg und heulte,
als ihm ein Nachbar rief: »Bocca, was hast du[1]?
Hast nicht genug an deinem Zähneklappern,
mußt heulen auch noch? Welcher Teufel plagt dich?«
»Jetzt«, sagt ich, »will ich nichts mehr von dir wissen,
Verräter, Schurke, dir zu Schmach und Schande
bring ich die Wahrheit über dich in Umlauf.«
»Geh und erzähle, was du willst«, sprach er,
»vergiß mir aber nicht, wenn du hinaufkommst,
den Nachbarn hier mit seiner flinken Zunge.
Er weint dem anjovinschen Golde nach[2].
Den aus Dovera, kannst du sagen, hab ich
dort, wo die kalten Sünder sind, gesehn.
Wenn man dich fragt: wer war denn sonst noch dort?
schau dir zur Seite den von Beccherìa[3] –
Florenz hat ihm die Gurgel abgeschnitten.
Gianni del Soldanier[4], wenn ich nicht irre,
ist dort bei Ganelon und Tebaldello[5],
der, als Faenza schlief, die Tore auftat.«

1 Der Verräter, der sich auf jede Weise verbergen will, ist Bocca degli Abati, der durch Verrat die Niederlage der Florentiner Guelfen bei Montaperti verursachte.

2 Buoso da Dovera ließ sich von Karl von Anjou bestechen und verriet den König Manfred bei Parma 1265.

3 Tesauro Beccaría, päpstlicher Legat in Toskana, der die Guelfen von Florenz verraten haben soll.

4 Gianni del Soldanier, ein Florentiner Gibelline, der seine Partei verraten haben soll.

5 Ganelon, der Verräter unter den Paladinen Karls des Großen. Tebaldello Zambrasi öffnete den Bolognesern die Tore der Stadt Faenza.

Wir waren weiter unsres Wegs gegangen,
da, sieh, im gleichen Loch zwei Eingefrorne.
Das Haupt des einen war der Hut des andern.
Und wie der Hungrige sein Brot verzehrt,
so schlug der obere dem unteren
die Zähne zwischen Schädel und Genick.
Nicht anders nagte Tydeus unversöhnlich[1]
an Menalippos' Schläfen, als der eine
der Sünder an des andern Kopf herum.
»Der du so tierisch deinen Haß bekundest
an deinem Feind, den du im Bisse hast,
sag mir den Grund«, sprach ich, »und ich gelobe,
wenn du zu Recht dich über ihn beklagst
und ich erfahre, wer ihr seid und was
er Böses tat, daß ich's dir lohne droben,
so mir die Zunge nicht im Mund verdorrt.«

1 Nach Statius (Thebais VIII, Vers 140 f.) biß Tydeus noch sterbend in die Schläfen seines Feindes Menalippos, den er im Kampf erschlagen hatte.

Dreiunddreißigster Gesang

Graf Ugolino im Hungerturm · Die Tolomea Alberigo Manfredi und Branca Doria

Es hob der Sünder von der grausen Speise
den Mund empor und wischt ihn an den Haaren
des angefressnen Hinterschädels ab.
Dann fing er an: »Wut und Verzweiflung schwellen,
schon wenn ich's schweigend denke, mir das Herz.
Nun soll ich gar mit Worten daran rühren.
Wenn meine Rede aber dem Verräter,
an dem ich nage, Schande fruchten kann –
merk auf, wie Worte unter Tränen fließen!
Ich weiß nicht, wer du bist, noch welchen Weges
du hier herabkamst, aber Florentiner,
läßt deine Sprache mich vermuten, bist du.
Ich war Graf Ugolino, mußt du wissen[1],
und dieser hier der Erzbischof Ruggieri.
Nun hör, weshalb ich ihm so nahe bin.
Wie er mit seinen Ränken mich umgarnte,
mich, den Vertrauenden, gefangennahm
und nachher töten ließ, weiß jedermann.
Wie grauenvoll mein Tod gewesen ist,
das hat dir aber keiner noch erzählt,
das hör und sieh, was er mir angetan! –
Es heißt der Turm durch mich der Hungerturm,
und mancher muß sich noch darin verzehren. –
Dort hatte durch ein enges Mauerloch
der volle Mond sich mir schon oft gezeigt,
als mir in einer Nacht im bösen Traum
plötzlich der Schleier von den Augen fiel.

1 Graf Ugolino della Gherardesca, ein mächtiger guelfischer Parteiführer in Pisa, wurde vom Erzbischof Ruggieri und dessen gibellinischen Freunden im Jahr 1288 überfallen und samt seinen Söhnen Gaddo und Uguccione und seinen Enkeln Brigata und Anselmuccio gefangengenommen und in einen Turm gesperrt, wo sie alle dem Hungertod erlagen.

Ich sah den Bischof hier als Herrn der Jagd,
wie er den Wolf und seine Jungen hetzte
zum Berg, der zwischen Pisa liegt und Lucca.
Mit scharfen, magern, klugen Hunden schickte
Gualandi und Sismondi und Lanfranchi
er in die ersten Reihen seiner Treibjagd.
Nach kurzem Laufen fühlten sich die Wölfe,
der Vater mit den Kindern, müd. Es bissen
sich Hundezähne tief in ihre Weichen. –
Noch eh es tagte, fuhr ich auf und hörte,
wie meine Kinder, die ich um mich hatte,
im Schlafe wimmerten und Brot verlangten. –
Nun denke dir die Ahnung meines Herzens!
Und wenn dich das nicht rührt, so bist du hart,
und wenn du jetzt nicht weinst, so weinst du nie. –
Sie waren aufgewacht. Es kam die Stunde,
da man gewöhnlich uns das Essen brachte,
doch jeden hatte schon sein Traum geschreckt.
Und drunten an dem fürchterlichen Turm
hört ich das Tor vernageln. Meinen Kindern
sah ich ins Angesicht und sprach kein Wort.
Ich weinte nicht, ich war zu Stein geworden.
Sie aber weinten, und mein Anselmuccio
fragt mich: ›Du schaust so, Vater, was ist dir?‹
Doch keine Träne weint ich, keinen Laut
sprach ich an jenem Tag, noch in der Nacht,
bis draußen wiederum die Sonne schien.
Wie nun ein kleiner Strahl herunterfiel
auf unser Stroh, und wie aus vier Gesichtern
mein eigen Bild mir in die Augen sah,
biß ich in beide Hände mir vor Schmerz.
Da glaubten sie, ich bisse mich aus Hunger.
Und alle vier zumal erhoben sich

und riefen: ›Vater, besser wäre uns,
wenn du von unserm armen Fleische nähmest.
Du hast es uns gegeben, nimm es wieder!‹ –
Wied'rum beruhigt ich mich ihnen zuliebe.
Und noch zwei Tage schwiegen wir zusammen.
Was tatst du dich nicht auf, du harter Boden!
Und wie wir nun am vierten Tage waren,
da wirft sich Gaddo hin zu meinen Füßen.
›Mein Vater‹, sagt er, ›warum hilfst du nicht?‹
und stirbt, und so wie du mich siehst, so sah ich
die andern dreie nacheinander fallen,
vom fünften bis zum sechsten Tag; hernach
erblindet ich und kroch und tastete
und schrie nach ihnen noch zwei lange Tage.
Dann endlich überwand den Schmerz mein Hunger.« –
Nun schwieg er, rollte seine Augen und
packte den armen Schädel mit den Zähnen.
Hart biß er auf den Knochen wie ein Hund.
Weh Pisa! Abscheu du und Schmach der Menschen
im schönen Land, wo unsre Sprache klingt!
Da deine Nachbarn zögern, dich zu strafen,
regt ihr euch, Inseln denn, Capraia und
Gorgona, und verstopft des Arno Mündung,
daß er ersäufe jeglichen Pisaner!
Wenn schon die Leute von dem Grafen sagten,
er habe deine Burg verraten, Pisa,
so durftest du die Kinder ihm nicht foltern,
du neues Theben! Neu und schuldlos waren
die jungen Uguccione und Brigata,
wie die zwei andern, die mein Lied genannt hat.

Wir gingen weiter, andre Menschen lagen
vom rauhen Froste eingebettet da,

rücklings gestreckt, nicht mehr gebeugt nach unten.
Die Träne sperrt der Träne hier den Weg.
Im Aug erstarrend staut das Weinen sich
und drückt nach innen und vermehrt die Angst.
Die ersten Tränen werden hart, und wie
ein gläsernes Visier verbauen sie
unter den Brau'n die ganze Augenhöhle. –
Zwar hatte mir die Kälte im Gesicht
schon jegliches Gefühl ertötet, ähnlich
wie eine Schwiele ganz gefühllos wird,
doch kam's mir vor, als spürt ich einen Wind,
daher ich frug: »Wer fächelt hier, ist nicht
hier unten jeder Hauch erstorben, Meister?«
Drauf er: »Du bist nun bald an Ort und Stelle,
wo dir der Augenschein die Antwort gibt
und du die Ursache des Wehens schaust.«
Da rief ein Eisverkrusteter uns an:
»Ihr schweren Sünderseelen, denen wohl
der letzte Platz ist angewiesen worden,
nehmt mir vom Angesicht die harten Schalen,
daß ich den Jammer, der das Herz bedrängt,
ausweine, eh die Träne wieder starr wird.«
Drauf ich zu ihm: »Wenn ich dir helfen soll,
sag, wer du bist, dann will ich dich befrein,
wo nicht, zum tiefsten Eis hinuntermüssen.«
»Ich bin«, versetzte er, »der Bruder Albrich,
der mit dem Obst vom Garten ›Meuchelmord‹[1],
und kriege Datteln hier für meine Feigen.«
»Oh«, sagt ich ihm, »bist du jetzt schon gestorben?«
Und er: »Wie es um meinen Körper droben
im Leben steht, entzieht sich meinem Wissen.
Es ist der Vorzug unsrer Ptolomea[2],
daß oft die Seele hier sich niederläßt,

1 *Alberigo dei Manfredi aus der Romagna ließ 1285 zwei seiner Verwandten bei Tisch vergiften. Er deutet seine Missetat an durch den Ausdruck: »Ich bin der vom Garten ›Meuchelmord‹.«*

2 *Der Name Tolomea oder Ptolomea für die dritte Abteilung des Eissees ist von Dante wahrscheinlich nach dem ersten Buch Makkabäer XVI, Vers 11 ff. gewählt worden mit Beziehung auf den verräterischen Meuchelmörder Ptolomäus, Sohn des Abob.*

noch eh den Faden Atropos zerschneidet.
Damit du williger vom Angesicht
die glasgewordnen Tränen mir entfernest,
tu ich dir kund: sobald der Mensch Verrat
wie ich verübt, wird ihm sein Leib entrissen
von einem Teufel, der ihn dann regiert,
bis seine irdische Zeit vollendet ist.
Die Seele aber stürzt in diesen Schacht,
und droben kann der Leib noch sichtbar bleiben,
indes sein Schatte hier gefriert wie der dort.
Du mußt's doch wissen, da du frisch herabkommst.
Der Branca d'Oria ist's. Seit vielen Jahren
schon steckt er so verschlossen hier im Eis[1].«
»Ich glaub«, sprach ich zu ihm, »du willst mich narren.
Bis jetzt starb Branca d'Oria noch nicht.
Er ißt und trinkt und schläft und kleidet sich.«
Doch er: »Im Graben bei den Schreckenskrallen,
dort, wo der kleberige Pechbrei brodelt,
war Michel Zanche noch nicht eingetroffen,
als d'Oria einem Teufel seinen Leib
einräumen mußte, und sein Angehöriger,
der bei der Untat mithalf, ebenso.
Doch strecke jetzt die Hand aus und mach frei
die Augen mir.« – Ich machte sie ihm nicht frei.
Und edel war es, grob zu tun mit ihm. –

Wie seid ihr Genueser doch entartet,
der guten Sitte fremd und voller Laster!
Verjagen sollte man euch aus der Welt! –
Neben dem Scheusal aus Romagna traf ich
der Euern einen, dessen Missetat
ihm flugs die Seele zum Kozytus treibt,
und oben spielt sein Leib den Lebenden!

1 Branca d'Oria hat in verräterischer Weise den Michel Zanche, seinen Schwiegervater, ermordet. Branca lebte noch im Jahr 1325. Der Mord aber wurde um 1290 begangen. Über Michel Zanche siehe 22. Gesang, Vers 88.

Vierunddreißigster Gesang

Gindecca · Die Erzverräter Judas, Brutus und Cassius · Die Gestalt des Luzifer · Die Überwindung des Erdmittelpunktes · Aufstieg

»Vexilla regis prodeunt Inferni«
(Des Höllenkönigs Banner rücken vor[1])
»und kommen uns entgegen, darum schau«,
sagte mein Meister, »ob du ihn erkennst.«
Wie wenn ein dicker Nebel vor uns wallt,
oder die Nacht heraufgestiegen kommt
und ferne eine Windmühle erscheint:
ein ähnliches Gebäu wähnt ich zu sehen.
Ich schirmte hinter meinem Führer mich
gegen den Wind. Kein andrer Schutz war da.
Schon kam ich – schaudernd kündet es mein Vers –
dorthin, wo ganz verdeckt vom Eis die Schatten
nur noch wie Splitterchen im Glas erscheinen,
die einen liegend, andre aufgerichtet,
den Kopf nach oben oder auch die Sohlen.
Ein andrer küßt' im Bogen sich die Füße.

Als wir so weit vorangekommen waren,
daß es dem Führer Zeit schien, das Geschöpf,
das einst das schönste war, mich sehn zu lassen,
trat er vor mir beiseit und rief mich an:
»Hier steht der Dis[2]«, sprach er, »und hier ist's nötig,
daß du mit starkem Mute dich bewaffnest.«
Wie kalt mir ward, wie mir die Stimme brach,
das frag mich, Leser, nicht, ich schreib's nicht her,
denn jedes Wort darüber wäre schwächlich.
Ich konnt nicht sterben, und ich konnt nicht leben.

1 Parodie eines Kirchenhymnus des Venantius Fortunatus.

2 Dis, so nannten die Römer den Pluto, den Gott der Unterwelt.

Nun denk dir, wenn du so viel Sinn noch hast,
was aus mir wurde zwischen Tod und Leben.
Der Kaiser des gequälten Schattenreiches
ragte mit halber Brust über das Eis.
Mein Größenmaß kommt einem Riesen näher
als seinen Armen die Giganten kommen.
Nun stell dir vor, wie groß das Ganze sein muß,
daß es zu solchen Teilen passen kann.
Wenn er so schön war, wie er häßlich jetzt ist,
und doch mit Trotz auf seinen Schöpfer blickte,
dann freilich ist er allen Leides Urquell.
Was war mir das ein großes Wunder, als
ich drei Gesichter sah an seinem Kopf:
das eine vorn, und dies war rot wie Blut,
die andern zwei an dieses angelehnt,
über der Mitte jeder Schulter stehend,
vereinigten sich auf des Scheitels Höhe.
Das rechte Angesicht war weißlich-gelblich,
das linke negerhaft wie eines Menschen
von dort, wo sich der Nil zu Tale wälzt[1].
Zwei mächtige Flügel ragten unter jedem
Gesicht hervor wie eines Riesenvogels.
Auf keinem Meer noch sah ich solche Segel.
Sie waren nicht befiedert, sondern so
wie einer Fledermaus. Er flatterte
damit. Drei Winde gingen davon aus,
so kalt, daß der Kozyt zu Eis erstarrte.
Er weinte aus sechs Augen, Tränen trieften
mit blutigem Speichel von drei Kinnen ihm.
In jedem Maul zermalmten seine Zähne,
wie man den Flachs bricht, einen Sünder, so
daß drei zugleich er auf der Folter hatte.
Dem vordern war der Biß das wenigst Schlimme

1 Luzifer ist die Fratze der göttlichen Dreieinigkeit und hat drei häßliche Gesichter; das vordere ist rot und bedeutet das Gegenteil der göttlichen Allgüte, den Urhaß, das rechte, weißlich-gelb, dürfte das Gegenstück der Allmacht, die Ohnmacht, sein, das linke, schwarz, das Gegenteil der Allwissenheit, die absolute Unwissenheit.

gegen die Krallen, die von seinem Rücken
manchmal die ganze Haut herunterfetzten.
»Die schwerste Pein dort oben leidet dieser.
Judas Ischariot ist es«, sprach mein Meister.
»Sein Kopf steckt drin, die Beine zappeln außen.
Sieh die zwei andern mit dem Kopf nach unten!
Der an der schwarzen Fratze Baumelnde
ist Brutus, schmerzverkrümmt, und spricht kein Wort.
Der andre, stark gebaut, ist Cassius[1]. –
Die Nacht steigt auf. 's ist Zeit, wir müssen fort,
denn alles haben wir nunmehr gesehn.«

Ich faßt ihn um den Hals, wie er es wünschte,
und er, den Augenblick und Ort erhaschend,
wo sich die Flügel richtig öffneten,
warf klammernd sich an die behaarten Rippen.
Von Zotte dann zu Zotte stieg er abwärts
zwischen dem dichten Fell und krustigen Eis.
Und als wir an den Schenkelansatz kamen,
wo sich die Hüften ums Gelenk verbreitern,
kehrte mein Führer angestrengt und angstvoll
dorthin den Kopf, wo erst die Beine waren,
und hielt zum Aufstieg jetzt sich fest am Fell,
so daß ich dacht, es ging zurück zur Hölle.
»Laß jetzt nicht los, auf diesen Treppen muß«,
sprach keuchend wie ein müder Mann mein Führer,
»von all dem Übel man sich jetzt entfernen.«
Dann schlüpfte er durch einen Felsenspalt
hinaus und setzt mich ab auf dessen Rand
und trat gewandten Schrittes neben mich.
Ich hob die Augen und erwartete,
den Luzifer wie vorhin noch zu sehn,
und sah, wie er die Beine hielt nach oben.

1 Brutus und Cassius, die Mörder Cäsars, als des ersten von Gott bestimmten Kaisers, werden neben den Verräter Christi gesetzt.

Wie sehr der Anblick mir zu schaffen machte,
kann jedes ungeschulte Hirn sich denken,
das den von uns durchschrittnen Punkt nicht kennt.

»Steh auf, die Reis' ist lang«, sagte der Meister,
»der Pfad beschwerlich, und die Sonne steht
auf halbem Wege schon zur dritten Stunde.«
Ein Prunksaal war's gewiß nicht, wo wir standen,
war eher wohl ein wilder Höhlengang,
unebnen Grunds bei mißlicher Beleuchtung.
»Bevor ich aus dem Abgrund klimme, Meister«,
sagt ich, nachdem ich aufgestanden war,
»erkläre mir ein wenig meine Zweifel.
Wo ist das Eis jetzt und wie kommt's, daß dieser
kopfüber steckt und daß so schnell die Sonne
vom Abend bis zum Morgen uns umkreist hat?«
Und er: »Du bildest dir noch immer ein,
jenseits des Mittelpunkts zu stehn, wo ich
mich an das Haar des Weltdurchbohrers hängte.
Dort warst du nur, solang es abwärts ging.
Als ich mich kehrte, da durchschrittest du
den Punkt, nach dem das Schwere üb'rall wuchtet.
Jetzt wölbt sich über dir der andre Himmel,
dem unsern gegenüber, der das Festland
bedeckt und unter dessen Scheitelpunkt
des Menschen sündenloser Sohn verschied[1].
Dein Fuß steht auf der runden kleinen Scheibe
der Gegenseite des Giudecca-Kreises[2].
Wenn hier der Morgen, kommt der Abend dorten.
Und dieser, dessen Haar zum Aufstieg diente
für uns, steckt noch genau am Ort wie vorher.
Auf diese Seite kam er aus dem Himmel
gestürzt. Das Festland, einst auch hier vorhanden,

1 In Jerusalem, das nach Dantes Geographie auf dem Höhepunkt der nördlichen Erdhälfte ruht.

2 Die letzte Abteilung des Eissees, Giudecca, hat ihren Namen von Judas.

verhüllte sich im Meer aus Furcht vor ihm
und floh zur festen Seite, und vielleicht
entstand dabei auch dieser hohle Gang
und was darüber aufschoß in die Höhe[1].«
Es läuft ein Raum von Beelzebub so weit
hinweg als wie das ganze Höllengrab:
Man sieht ihn nicht, man kennt ihn nur am Rauschen
von einem Bächlein, das hier niedergleitet
durch Felsen, von ihm selbst gehöhlt und sachte
gewundnen Ganges sich herunterschlängelnd.
Und diesen unsichtbaren Weg betrat
mein Führer jetzt mit mir zurück ins Helle,
und ohne Rast und Rücksicht ging es aufwärts.
Er stieg als erster Mann und ich als zweiter
so lange, bis ich schöne Zeichen sah
am Himmel hoch durch eine runde Öffnung.
Dann traten wir hinaus und sahn die Sterne.

1 *Der Berg der Läuterung oder des Fegfeuers wäre demnach durch Luzifers Sturz in die Erdmasse entstanden.*

Fegfeuer

Erster Gesang

Anrufung der Musen · Morgendämmerung am Ufer des Läuterungsberges · Der alte Cato

Die Segel hißt mein Geistesschifflein jetzt
zu bessrer Fahrt und läßt ein wildes Meer,
durch das ich es gesteuert hab, zurück.
Und singen will ich von dem zweiten Reiche,
wo sich die Menschen geistig reinigen
und, himmelan zu steigen, würdig werden.
Erhebe sich vom Tod jetzt meine Dichtung.
Ihr heiligen Musen, helfet eurem Sohn,
und du, Kalliope, richte dich auf,
begleit mein Lied mit jenem hohen Klang,
mit dem du schlugst im Wettstreit, ach, die Elstern
daß sie verzweifelten an jeder Gnade[1].

Ein sanftes Blau, wie morgenländischer Saphir
ins heitre Bild des Himmels hingegossen
von lichter Höhe bis zum Horizont,
beglückte endlich wieder meine Augen,
sobald ich aus der Todesluft heraus war,
mit mattem Blick und schwerem Atem noch.
Das freundliche Gestirn der Liebenden
durchglänzte lächelnd schon den ganzen Osten
und überstrahlte sein Geleit, die Fische.
Ich wandte mich zur Rechten aufmerksam
dem Pol des Südens zu und sah vier Sterne,
die niemand seit dem Sündenfall gesehen.
Der Himmel, schien es, freut sich ihres Glanzes[2].

1 Kalliope ist die Muse der epischen Dichtung. Im Wettstreit mit den Töchtern des Pieros siegte sie und verwandelte die Rivalinnen in Elstern.

2 Vielleicht meint Dante die Sterne des Südlichen Kreuzes. Jedenfalls stehen sie hier als Symbol der vier Kardinaltugenden. Da Dante sich die ganze südliche Erdhälfte vom Meer bedeckt denkt, in dessen Mitte der Läuterungsberg als einzige Insel steht, als Antipode zu Jerusalem, und da er auf die Spitze des Berges das irdische Paradies verlegt, so hat seit dem Sündenfall kein sterbliches Auge diesen Himmel mehr gesehen.

Bedauernswertes Menschenland im Norden,
daß es dir nicht vergönnt ist, sie zu schauen.

Als ich von ihrem Anblick mich getrennt
mit halber Wendung nach dem andern Pol,
an dem der Große Bär nicht mehr heraufkam,
stand einsam neben mir ein alter Mann.
Sein würdig Aussehn flößte Ehrfurcht ein,
wie sie ein guter Sohn dem Vater schuldet.
Er hatte einen langen Bart, gemischt
mit Fäden, die so silbern wie sein Haupthaar,
das rechts und links ihm auf die Brust herabfloß[1].
Die heilgen Strahlen jener vier Gestirne
umsäumten so mit Helligkeit sein Antlitz,
daß ich es sah, als ständ es in der Sonne.
»Wer seid ihr, so den blinden Bach herauf
aus ewiger Gefangenschaft entsprungen?«
rief er, daß ihm der würdige Bart erbebte.
»Wer hat euch hergeführt, vorangeleuchtet
beim Aufstieg aus der tiefen Finsternis,
die ewig doch das schwarze Tal bedeckt?
So herrscht im Abgrund keine Ordnung mehr,
oder im Himmel gar ein neuer Ratschluß,
daß ihr, Verdammte, meinen Strand betretet?
Da faßte mich mein Führer, und mit Worten,
mit Händen und mit Winken bracht er mir
die Haltung und den Blick der Ehrfurcht bei;
sprach dann: »Ich komme nicht aus eigner Kraft.
Auf Bitten einer hohen Frau vom Himmel
geleitete ich diesen hilfreich her.
Da es jedoch dein Wille ist, das Nähere
genau zu hören über unsern Zustand,
kann's nicht der meine sein, es dir zu weigern.

1 Cato, der in Utica Selbstmord beging, um dem gottgewollten ersten Kaiser, Julius Cäsar, den Platz zu räumen, steht hier als Vertreter sittlicher Freiheit.

Der Wandrer hier sah nie die letzte Stunde,
doch war er nahe dran durch seine Tollheit,
und blieb ihm nur noch eine kleine Frist.
Um ihn zu retten, wurde ich, wie schon
gesagt, entsandt. Kein andrer Weg als dieser,
den ich beschritten habe, war mehr möglich.
All die Verdammten hab ich ihm gezeigt
und will ihm jetzt die andern Geister zeigen,
die sich in deiner Obhut läutern sollen.
Wie's mir gelang? Da wäre viel zu sagen.
Von oben kommt die Kraft, daß ichs vermag,
ihn deinem Wort und Anblick zuzuführen;
so laß dir seine Gegenwart gefallen.
Er sucht die Freiheit, deren hohes Gut
versteht, wer ihr zulieb das Leben opfert.
Und du verstehst's, dem ihr zulieb der Tod
nicht furchtbar war, als du in Utica
abtatst das Kleid, das sich dereinst verklärt.
Durch uns wird ewige Ordnung nicht gestört.
Denn dieser lebt, und ich bin frei von Minos.
Dem Kreis gehör ich an, wo deine Marcia[1]
in treuen Augen immer noch dein Bild
bewahrt und dir, du heilig Herz, sich weiht.
Bei ihrer Liebe denn, sei uns geneigt!
Laß deine sieben Reiche uns durchwandern,
ich bring ihr Grüße dann zurück von dir,
so du dort unten noch genannt sein magst.«

1 *Marcia, Catos Gattin.*

»Gewiß«, sprach er, »solang ich dort war, hatt' ich
an Marcia mein ganzes Wohlgefallen
und tat ihr alles Liebe, das sie wollte.
Doch seit sie jenseits bleibt am dunkeln Strom,
kann sie mich nicht mehr locken; das Gesetz,

das mich errettete, steht zwischen uns[1].
Doch wenn dich eine Frau des Himmels schickt,
wie du mir sagst, braucht's keine Schmeichelrede;
genug, daß du in ihrem Auftrag forderst.
So geh und gürte alsbald deinen Schützling
mit schlichten Binsen, wasch ihm auch das Antlitz,
auf daß nichts Schmutziges an ihm verbleibe.
Nicht ziemlich wär es, vor den ersten Diener
aus Paradieseshöhen hinzutreten
mit Augen, noch getrübt von einem Nebel.
Ganz unten, dort am Strande unsrer Insel,
wo auf und ab die Welle schlägt und flieht,
gedeihen Binsen auf dem schlammigen Grund.
Kein anderes Gewächs, etwa mit Laub
oder aus Holz, kann sich am Leben halten,
weil es dem Wellenschlag sich hier nicht anschmiegt.
Hieher zurück sollt ihr dann nicht mehr kommen.
Die Sonne geht nun auf, sie wird euch zeigen,
wo es den Berg hinauf sich leichter steigt.«

Er sprach's und schwand. Ich richtete mich auf
ohne ein Wort, mich an den Führer haltend,
und schaute nur auf ihn, als er begann:
»Folge mir nach, mein Sohn, wir müssen hier
zurück uns wenden, diesem Hange nach,
der ebenmäßig sich zum Meere senkt.«
Vom Morgenstrahl getroffen, floh und schwand
die Dämmerstunde schon, und in der Ferne
erkannte ich den Spiegelglanz der See.
Wir gingen über das verlassne Land
zurück, als hätten wir den Weg verloren
und wären nutzlos von ihm abgekommen.
Als wir an eine Stelle kamen, wo

1 Cato starb 79 Jahre vor Christi Tod und muß, nach Dante, im Limbus geweilt haben, bis er durch Christi Höllenfahrt befreit wurde.

der Tau dem Sonnenstrahl noch widerstand
und, halb im Schatten, langsam nur verdampfte,
da breitete mein Meister beide Hände
und legt sie sachte in das feuchte Gras.
Und ich verstand, was er im Sinne hatte
und bot ihm die verweinten Wangen dar.
Da wusch er ganz die echte Farbe frei,
die mir vom Höllendunst verdunkelt war.
Wir kamen an den menschenleeren Strand,
wo nie ein sterblich Schiff vorbeigefahren,
das nachher wieder heimgefunden hätte.
Dort gürtet er gemäß dem Wunsch des Alten
mit Binsen mich, o Wunder, die er wählte,
und immer wuchs das schlichte Pflänzchen neu
im Augenblicke dort, wo er es ausriß.

Zweiter Gesang

Sonnenaufgang · Ankunft neuer Seelen im Schifflein des Engels · Casella

Die Sonne stand am Horizonte, dessen
Meridian über Jerusalem
mit seiner höchsten Kurve sich erhebt;
die Nacht stieg auf der andern Hälfte schon
am Ganges hoch, hielt in der Hand die Waage,
die später sie im Winter wieder ablegt;
und auf Auroras Wangen sah ich nun
die jungen Farben, weiß und rot, sich wandeln,
ins alternd Gelbliche hinüberspielend.
Wir weilten immer noch am Meeresufer
wie Menschen, die den Weg wohl überdenken
und gehn im Geist, jedoch der Körper bleibt.

Und sieh! Wie gegen Morgen durch den Nebel
im Westen unten, nah der Meeresfläche,
der Mars in einem roten Schimmer steht,
ähnlich erschien – o könnt ich es noch sehn! –
ein Licht mir, und es nahte übers Meer
viel schneller sich als jeder Vogelflug.
Wie ich nur einen Augenblick hinweg
von ihm und fragend nach dem Führer schaute,
sah ich es heller schon und größer wieder.
Sodann erschien mir rechts und links an ihm
ein weißes Etwas, und darunter trat
ruckweise noch ein Leuchtendes hervor.
Mein Meister sagte noch kein Wort dazu,
bis aus dem obern Weiß zwei Flügel wurden.

Nun er den Schiffsmann wohl erkannte, rief er:
»Geschwinde wirf dich auf die Knie und falte
die Hände. Schau! der Engel Gottes ist es.
So sind die Wärter, die du fortan siehst.
Betrachte, wie er Menschenkunst verschmäht;
er will kein Ruder, will kein ander Segel
als seine Flügel für die weite Fahrt,
und schau, wie steil er sie zum Himmel hält
und schlägt die Luft mit ewigem Gefieder,
das nie sich wandelt, wie der irdische Flaum.«

Wie er uns nah und immer näher kam,
der Gottesvogel, leuchtete er heller.
Mein Aug ertrug den nahen Glanz nicht mehr.
Ich senkte es, und jener kam zum Strande
mit einem hurtigen und leichten Schifflein,
das kaum noch seinen Kiel ins Wasser tauchte.
Der hohe Ferge auf dem Hinterschiff
trug Seligkeit an seiner Stirn geschrieben,
und um ihn saßen mehr als hundert Geister.
»In exitu Israel de Egypto«,
sie sangen alle es mit *einer* Stimme
(»da Israel hinwegzog aus Ägypten«),
und wie es weiter in dem Psalter heißt[1].
Dann schlug er segnend über sie das Kreuz,
worauf sich alle an das Ufer stürzten,
und er, so schnell wie er gekommen, abfuhr.

Die dagebliebne Schar sah landfremd aus
und blickte sich nach allen Seiten um,
wie Leute, denen die Umgebung neu ist.
Auf alles Ding traf jetzt das Tageslicht
wie sichrer Pfeil, geschossen von der Sonne,

1 *Beginn des Psalms 114.*

der schon den Steinbock fortgetrieben hatte.
Da hoben jene Neulinge nach uns
das Angesicht und sprachen: »Wenn ihr könnt,
so zeiget uns zum Berg hinauf den Weg.«
Vergil antwortete: »Ihr scheint zu glauben,
daß wir bekannt mit dieser Gegend sind,
doch wir sind fremde Pilger, so wie ihr.
Wir kamen eben jetzt und kurz vor euch
auf andrem Weg hieher, der war so schwierig,
daß dieser Aufstieg nur ein Spiel dagegen.«
Die Seelen, die an meinem Atemholen
bemerkten, daß ich noch am Leben war,
verwunderten sich sehr und wurden blaß.
Wie um den Boten, der den Ölzweig bringt,
das Volk sich sammelt und sich keiner scheut
vor dem Gedräng, wo's Neuigkeiten gibt,
so hefteten auf mein Gesicht den Blick
jetzt all die guten frohen Seelen und
vergaßen fast den Weg zur Reinigung.

Eine von ihnen, sah ich, trat hervor
mit solcher Freundlichkeit mich zu umarmen,
daß es mich trieb, den Gruß ihr zu erwidern.
Nichtige Schatten, nur dem Auge wirklich!
Dreimal umfaßt ich ihn mit Arm und Hand,
und dreimal blieben Arm und Hand mir leer.
Ich glaub, daß Staunen mein Gesicht verfärbte,
daher der Schatten lächelnd rückwärts wich
und ich ihm nach nur immer vorwärts drang,
bis er mich freundlich mahnte, ruhig zu bleiben.
Daran erkannt ich ihn und bat, er möge
ein wenig im Gespräch mit mir verweilen.
Er gab zur Antwort mir: »Wie ich dir gut war

im irdischen Leib, bin ich's als freie Seele
und weile gern mit dir. Doch du, wohin?«
»Casella, Freund, um noch einmal hieher[1]
zurückzukehren, tu ich diese Reise.
Doch du«, sagt ich, »wie kommst du so verspätet?«
Und er: »Mir ist kein Unrecht widerfahren,
wenn Er, der mitnimmt *wen* und *wann* er will,
mir oft die Überfahrt verweigert hat;
denn aus gerechtem Wollen kommt das seine.
Doch wahrlich, seit drei Monden hat er jeden,
der eingehn wollte, gerne mitgenommen[2],
so daß auch ich, am Meeresufer harrend,
dort, wo des Tibers Wasser salzig wird,
in Güte von ihm zugelassen wurde
zur Mündung, die sein Flügelboot befährt.
Denn dort versammeln immer sich die Seelen,
die nicht zum Acheron hinuntersinken.«
Und ich: »Wenn neue Pflicht dir nicht verbietet,
den Hochgesang der Minne noch zu pflegen,
an dem so oft sich meine Sehnsucht stillte,
so bitt ich, gib von diesem Trost ein wenig
für meine Seele, die mit ihrem Leib
auf dieser Wanderung so müde wird.«
»Amor che nella mente mi ragiona
(Die Minne, die in meinem Geiste spricht«)[3],
so lieblich stimmte er mein Lied nun an,
daß es mir lockend nachhallt im Gemüt.
Die Seelen um ihn her, mein Meister auch
und ich, wir waren alle so beglückt,
als hätten wir nichts anderes im Sinn.
Wir lauschten seinen Klängen, hingenommen
und still – und sieh, da kommt der wackre Greis
und ruft: »Was soll das nun, ihr Säumigen,

1 *Casella, ein Freund Dantes und Musiker, der die Jugendgedichte Dantes vertont hat.*

2 *Casella starb vor 1300 und wurde erst im Jubeljahr 1300, dank dem päpstlichen Generalablaß, von dem Engel zur Überfahrt aufgenommen.*

3 *Das von Casella angestimmte Lied steht in Dantes Convivio. Es ist das Lied der Sehnsucht nach Wahrheit und Weisheit.*

und diese Lässigkeit, hier stehnzubleiben?
Zum Aufstieg, flugs, daß ihr die Schuppen abstreift,
die euch den offenbaren Gott verdecken.«

Wie, wenn sie Körner picken oder Lolch,
die Tauben auf dem Futterplatz beisammen
sich stille halten, nicht wie sonst stolzieren,
und, werden sie erschreckt durch irgend etwas,
im Nu die schöne Atzung liegen lassen,
weil etwas Dringlicheres sie bestürmt:
so schnell sah ich die frischgekommne Schar
hinweg von dem Gesang zum Berge flüchten,
nur fort, und wußten noch nicht recht, wohin.
Nicht weniger geschwind war *unser* Aufbruch.

Dritter Gesang

Vorpurgatorium · Der schattenwerfende Leib
Die im Kirchenbann Verstorbenen
König Manfred von Hohenstaufen

Indes in jäher Flucht die Seelenschar
über das Land hin auseinanderstob
zum Berg der mühevollen Reinigung,
hielt ich mich an den trauten Weggenossen.
Wie hätt ich fliehen können ohne ihn?
Wer hätte nach dem Gipfel mich gebracht?
Mir schien, er machte sich Gewissensbisse.
Du reinlich würdevolles Selbstbewußtsein,
daß dir so weh ein kleiner Fehltritt tut!
Als seine Schritte von der Eile ließen,
die niemals mit der Würde sich verträgt,
ward auch mein Denken, eben noch beklommen,
jetzt wieder unbefangener und offen,
so daß ich aufwärts schaute nach dem Hang,
der himmelhoch sich aus dem Wasser hebt.

Die Morgensonne flammte mir im Rücken
und vor mir schnitt sie, unterbrochnen Strahles,
den Umriß meines Körpers sich heraus.
Ich wandte mich zur Seite voller Furcht,
daß ich verlassen wäre, als ich sah,
daß nur vor *mir* der Boden dunkel war.
Und mein Beschützer: »Warum zweifelst du?«
sprach er mit voller Wendung her zu mir.
»Glaubst du, ich sei nicht bei dir, dich zu führen?
Im fernen Land, wo jetzt der Abend dämmert,
liegt mir der Leib, der Schatten warf, begraben.

1 Vergil starb in Brindisi und wurde in Neapel begraben.

Neapel hat ihn, Brindisi nicht mehr[1].
Wenn jetzt nichts Schattendes vor mir einhergeht,
bedenk, daß Lichtstrahl auch die Himmelssphären
durchdringt, und keine ihn der andern wegnimmt.
Daß solche Körper Schmerz und warm und kalt
empfinden, das verübt die höchste Macht,
die ihr Verfahren nicht enthüllt – für uns.
Ein Narr, wer hofft, daß unsere Vernunft
die unbegrenzte Bahn durchschreiten könne,
des einzigen Wesens Weg in drei Personen.
Gib dich zufrieden mit den Tatsachen,
Menschlein, denn wenn du alles sehen könntest,
hätte Maria nicht gebären brauchen.
Fruchtlose Sehnsucht hast du ja gesehen
bei jenen, deren Wunsch wohl stille wäre
und doch in ewiger Trauer sie verzehrt.
Ich meine Aristoteles und Plato
und viele andere.« Hier neigte er
die Stirne und versank in dumpfes Schweigen.

Inzwischen kamen wir zum Fuß des Berges
und sahen hier den Fels so schroff sich heben,
daß noch so flinke Beine ihn nicht zwängen.
Der wildeste und steilste Pfad der ganzen
ligurischen Küste wäre eine Treppe,
behaglich gangbar, im Vergleich damit.
»Wer weiß, wo nun der Abhang sanfter wird«,
fragte mein Meister und verhielt die Schritte,
»daß man hinauf auch ohne Flügel käme?«
Indes er so geneigten Angesichts
den Weg im Geiste suchend überdachte
und ich hinauf am Felsblock Umschau hielt,
erschien mir linkerhand ein Schwarm von Seelen,

die uns entgegenkamen, doch so langsam,
daß man ihr Schreiten kaum bemerken konnte.
»Erheb die Augen«, sagte ich zum Meister,
»da kommt ja, wer uns Auskunft geben wird,
wenn bei dir selbst du keinen Rat mehr findest.«
Er schaute hin, und mit befreitem Ausdruck
sprach er: »So laß uns gehn, sie kommen langsam;
du aber, lieber Sohn, bleib fest im Hoffen.«
Wir hatten gut eintausend Schritte schon
getan, und jene Schar war noch so weit
von uns, als wie ein tüchtiger Steinwurf reicht.
Da drängten sie sich alle an die Felsen
der hohen Wand und standen still beisammen
wie jemand, der nicht traut und schauen will.
»Ihr gut verstorbnen, auserwählten Geister«,
begann Vergil, »bei jenem Frieden bitt' ich,
auf den ihr alle wartet, wie mich deucht,
sagt uns, wo senkt der Berg sich sanfter nieder,
so daß es möglich wird, hinaufzusteigen?
Es haßt den Zeitverlust, wer Weisheit liebt.«
Wie Schäflein ihren Stall verlassen, einzeln,
zu zwei, zu drei, die andern zögern noch,
schüchtern zu Boden Nas und Augen senkend,
und was das erste tut, tun auch die andern,
und bleibt es stehn, so lehnen sie sich drüber,
einfältig friedlich, wissen nicht, warum:
so sah ich auf uns zu die Vordersten
aus dem erwählten Häufchen sich bewegen,
ehrsamen Schrittes mit verschämtem Blick.
Wie diese nun den Sonnenschein vor mir
zur rechten Seite unterbrochen sahen,
so daß mein Schatten auf die Felswand fiel,
machten sie halt und traten kurz zurück,

und all die andern hinter ihnen her,
ohne den Grund zu wissen, ebenfalls.
»Bevor ihr danach fragt, gesteh ich euch:
es ist ein Menschenleib, was vor euch steht,
daher am Boden der zerteilte Schein.
Erregt euch darum nicht, und seid versichert,
daß nur mit Hilfe, die vom Himmel kommt,
er diese Bergwand zu ersteigen trachtet.«
So sprach mein Meister, und die wackre Schar:
»Kommet voran mit uns und wendet euch!«
wobei sie mit der Hand uns rückwärts winkten.

Und einer unter ihnen: »Wer du seist,
schau her auf mich im Weiterschreiten und
besinn dich, ob du je mich drüben sahest.«
Ich wandte mich, betrachtete ihn fest.
Blond war er, schön und ritterlicher Art;
die eine Braue aber war zerhauen.
Als ich bescheidnen Wortes ihm verneinte,
ihn je gesehn zu haben, sagt er: »Schau«,
und auf der Brust entblößt er eine Wunde
und gab sich lächelnd zu erkennen: »Manfred[1],
der Kaiserin Konstantia Enkel bin ich
und bitte dich, wenn du nach dort zurückkehrst,
dann geh zur lieben Tochter mein und Mutter
von Aragons und von Siziliens Stolz[2].
Sag ihr die Wahrheit, wenn man andres munkelt:
tödlich getroffen zweimal war mein Leib,
durchbohrt von Wunden, als ich meine Seele
weinend dem Allbarmherzigen empfahl.
Zwar schrecklich waren alle meine Sünden,
aber mit weiten Armen nimmt die Gnade,
die unerschöpfliche, den Reuigen auf.

1 Manfred, natürlicher Sohn des Kaisers Friedrich II., war König von Neapel und Sizilien 1258–66. Papst Clemens IV. sprach den Kirchenbann über ihn aus und rief Karl von Anjou gegen ihn ins Feld. Manfred fiel in der Schlacht bei. Benevent. Den Namen Konstanze führen sowohl die Großmutter wie die Tochter Manfreds.

2 Manfreds Tochter Konstanze vermählte sich mit Peter III. von Aragon und Sizilien, dem sie drei Söhne gebar.

Hätte der Hirte von Cosenza, den
auf meinen Körper Clemens hetzte, damals
in Gottes Antlitz diesen Zug erkannt,
so ruhte mein Gebein noch heut begraben
am Brückenkopfe dort bei Benevent
im würdigen Schutz der aufgetürmten Steine.
Statt dessen wird's von Wind und Regen draußen
am Verde-Ufer hin und her gezerrt[1],
wohin man's in der Dunkelheit verschleppt hat.
Durch Kirchenbann läßt Gottes Liebe nie
sich so verscheuchen, daß sie nicht zurückkehrt,
solange noch ein Hoffnungsschimmer grünt.
Gewiß, wer gegen heiliges Gebot
der Kirche unbotmäßig bleibt und stirbt,
und, selbst wenn er bereut, muß ausgeschlossen
von diesem Ufer dreißigmal solange
als er in seinem Trotz verharrte, warten,
wenn Fürbitte die Frist ihm nicht verkürzt.
Du siehst daraus, wie du mich trösten kannst,
wenn du Konstanzen, meiner lieben Tochter,
erzählst, wie du mich sahst und wie ich warte.
Viel Hilfe kann uns hier von drüben kommen.«

1 *Verde, heute der Garigliano.*

Vierter Gesang

Die Aufmerksamkeit · Felsweg und Aufstieg
Die Natur des Berges · Die Trägen · Belacqua

Wenn eines unsrer seelischen Vermögen
von Lust oder von Schmerz ergriffen wird
und sich die ganze Seele darauf einstellt,
so zeigt sich's, daß sie sonst auf nichts mehr achtet.
Und damit ist der Irrtum widerlegt,
daß mehr als *eine* Seele in uns wirke.
Wenn also ein Gehörtes, ein Geschautes
die Seele anzieht und gefangen hält,
so geht die Zeit dahin, man merkt es nicht:
denn eins ist das empfindende Vermögen,
ein andres das umfassend denkende,
und dieses bindet sich, wenn jenes schweift.
Dies konnt' ich wahrlich an mir selbst erfahren,
als ich mit Staunen lauschte jenem Geist,
indes die Sonne, ohne daß ich's merkte,
um reichlich fünfzig Grade stieg und wir
den Punkt erreichten, wo die Seelenschar
einstimmig rief: »Hier der gesuchte Aufstieg.«

Oft ist der Durchschlupf, den der Winzer sperrt
mit einer Gabel voll Gestrüpp und Dornen
zum Weinberg, wenn die Trauben dunkler werden,
noch breiter als die Gasse, die hinauf
mein Führer stieg und ich ihm nach. – Wir zwei
allein, nachdem die Seelen fortgegangen. –
Auf zu San Leo und hinab zu Noli
und auf den Gipfel von Bismantova[1]

1 San Leo und Noli, schwer zugängliche Bergdörfer. Bismantova war eine Felsburg in der Nähe von Modena.

kommst du zu Fuß, hier aber brauchst du Flügel,
ich mein die flinken Flügel und die Federn
der großen Sehnsucht auf des Führers Spuren,
dem ich die Hoffnung und die Klarheit danke.
Wir stiegen aufwärts in dem Felsenspalt.
Die Wand beengte uns von beiden Seiten;
der Grund verlangte festen Tritt und Griff.
Als wir zum letzten Saum der Wand gelangten,
wo wieder frei der Hang sich breitete,
frug ich: »Wo geht der Weg, mein Meister, jetzt?«
Und er: »Nur abwärts tu mir keinen Schritt,
immer bergauf und unentwegt mir nach,
bis irgendwie ein Kundiger uns geleitet.«
Das Auge reichte nicht bis zu dem Gipfel
und ziemlich steiler ging die Steigung als
die Mittellinie eines rechten Winkels.
Und ich war müd und sprach: »Oh, lieber Vater,
wende dich her und schau zurück und sieh,
wie ich allein bleib, wenn du weitergehst.«
»Mein Sohn«, sprach er, »schlepp dich bis hieher noch«,
und wies auf einen Sims, der wenig höher
von hier aus um den ganzen Berg sich legte.
Von seinem Wort gespornt, arbeitete
ich kriechend mich hinauf in seine Nähe,
bis ich den Fuß auf jener Stelle hatte.
Da konnten wir uns endlich beide setzen
gen Morgen hin, von wo wir aufgestiegen;
denn solche Rückschau macht dem Menschen Freude.
Zuerst hinunter nach den Ufern blickt' ich,
sodann zur Sonne auf und wundert mich,
daß sie von links her ihre Strahlen sandte.
Der Dichter merkte wohl, wie ganz verblüfft
ich immer nach dem Sonnenfahrzeug starrte,

wie es hinauf von uns gen Norden zog...
Drum sagt' er mir: »Wenn Castor jetzt und Pollux
dem Sonnenspiegel, der hinauf und abwärts
sein Licht verteilt, ein wenig näher ständen[1],
so könntest du den rotbestrahlten Tierkreis
noch näher bei den Bären schwingen sehen,
so er den alten Kurs noch beibehält.
Willst du verstehn, wie dies nur möglich ist?
Besinn dich, stell dir Zion vor, die Stadt,
und diesen Berg, auf unsrer Erde stehend,
daß bei verschiednen Hemisphären beide
denselben Horizont besitzen, dann
wirst du begreifen, wie die Sonnenbahn,
auf der Phaethon sich so schlecht bewährte,
dem einen links, dem andern rechts verläuft,
wenn du es klar und aufmerksam bedenkst[2].«
»Gewiß, mein Meister«, sprach ich, »niemals hab ich
so klar wie jetzt den Punkt erfaßt, an dem
mein Sinn zuvor sich mangelhaft erwies.
Der Umkreis in des Weltgewölbes Mitte,
der in der Wissenschaft Äquator heißt
und ewig zwischen Sonn und Winter liegt,
er neigt von hier sich gegen Norden hin
so viel, wie von Jerusalem gen Süden
aus eben jenem Grund, den du mir sagst[3].
Doch, wenn es dir beliebt, wüßt ich auch gerne,
wieviel wir noch zu gehen haben, denn
es steigt der Hang, steigt höher als mein Auge.«
Und er: »Es ist das eigne dieses Berges,
daß er am Anfang unten immer schwierig,
dann desto leichter wird, je mehr du steigst.
Drum, wenn du ihn so sanft, so leicht empfindest,
daß dir der Aufstieg geht, als brauchtest du

1 Das Sternbild der Zwillinge Castor und Pollux steht der Sonne am nächsten zwischen Mai und Juni. In dieser Zeit rückt der Zodiacus mehr nach Norden und nähert sich dem Bären.

2 Da Jerusalem und der Läuterungsberg Antipoden sind und den gleichen Horizont haben, erscheint der Sonnenlauf vom Purgatorium aus in umgekehrter Richtung.

3 Der Himmelsäquator entfernt sich von Dantes Standpunkt aus so weit nach Norden hin, wie man ihn von Jerusalem aus nach Süden hin geneigt sieht.

auf einem Schiff flußabwärts nur zu gleiten,
dann bist du oben, und der Pfad ist aus
und darfst dir Ruhe von der Mühsal hoffen.
Mehr sag ich nicht, doch dieses weiß ich wahrlich.«

Als er sein Wort geendet hatte, klang
uns nahe eine Stimme: »Und vielleicht
wirst du zuvor noch Grund zum Sitzen haben.«
Wir kehrten, er und ich, uns nach der Stimme
und sahn zur Linken einen großen Felsen,
den wir bis dahin nicht beachtet hatten.
Wir traten näher, und da waren Leute,
die hinter jenem Stein im Schatten sich
doch wohl aus Lässigkeit gelagert hatten;
darunter einer, der gar müde aussah
und dasaß mit den Armen um die Knie
und zwischen diesen tief das Antlitz bergend.
»Mein lieber Meister«, sagt' ich, »schau dir den an,
ob er in seiner schlaffen Haltung nicht
noch fauler als der Faulheit Bruder aussieht.«
Da wurd er aufmerksam und schaut uns an
mit einem Blick, der kaum am Schenkel auftaucht,
und sprach: »Steig doch hinauf, du hast ja Kraft!«
Sofort erkannt ich ihn; obgleich mein Atem
noch von der Anstrengung beschleunigt war,
ging ich zu ihm, und als ich bei ihm stand,
erhob er kaum das müde Haupt und sagte:
»Hast du jetzt recht gesehen und begriffen,
wie hier von links der Sonnenwagen kommt?«
Bei seinen trägen Gesten, kurzen Worten
trat mir ein leises Lächeln auf die Lippen:
»Belacqua«, sagt ich ihm, »jetzt ist mir nicht[1]
mehr bang um dich; doch sage mir, warum

1 Belacqua, ein Florentiner Handwerker, den der Dichter gekannt haben muß.

hast du dich hier gesetzt, erwartest du
Begleitung, oder frönst deiner Gewohnheit?«
Und er: »Was soll ich mich bemühen, Bruder?
Am Tore droben sitzt der Engel Gottes,
der ließe doch mich nicht zur Buße ein.
Hier außen muß der Himmel mich so lange
umkreisen wie mein Leben währte, weil ich
die Reu verschoben habe bis zum Letzten –
es sei denn, daß zuvor Gebet mir helfe,
aus einem gottgefälligen Herzen kommend.
Was nicht zum Himmel dringt, hat keinen Zweck.«

Schon schritt der Dichter mir voraus bergan
und sprach: »Komm mit! 's ist Zeit, schau doch, wie
die Sonne gegen Mittag rückt, und drunten [schon
die Nacht das Ufer von Marokko deckt.«

Fünfter Gesang

Säumige, vom Tod überrascht
Jacopo del Cássero · Buonconte
da Montefeltro · Pia dei Tolomei

Ich hatte jene Seelen schon verlassen
und folgte meinem Führer auf der Spur,
als hinter mir mit aufgehobnem Finger
die eine rief: »Schaut euch den zweiten Mann an!
Die linke Seite ist ihm unbeleuchtet,
und er gebärdet sich wie ein Lebendiger.«
Beim Klange dieses Wortes schaut ich mich um
und sah, wie sie verwundert nur auf mich,
auf mich und meine Schattenseite starrten.
»Was lässest du dir das Gemüt verstricken
und deine Schritte hemmen?« rief mein Meister,
»was kümmert's dich, wenn dort gemunkelt wird?
Mir eile nach und laß die Leute schwatzen,
und sei ein Turm, des Gipfel unbewegt
und steinern ruht, so sehr die Winde blasen;
denn rückwärts weicht von seinem Ziel der Mensch,
sobald Gedanken übereinanderwuchern
in ihm, und ihre eigne Kraft verzehrt sich.«
Was konnt ich darauf sagen als: »Ich komme.«
Als ich es sagte, überflog mich leicht
die Farbe, die zuweilen uns entschuldigt.

Inzwischen kamen Leute, nicht weit vor uns
am Hang daher quer über unsern Weg,
die sangen Vers für Vers das Miserere.
Als sie bemerkten, daß mein Körperliches
dem Strahl der Sonne keinen Durchgang ließ,

zerbrach ein langes dumpfes Oh! ihr Lied.
Und zwei von ihnen eilten uns entgegen
gleichsam als Boten, um uns auszufragen:
»Lasset uns wissen, wie es um euch steht.«
»Geht nur zurück«, erwiderte mein Meister,
»berichtet denen, die euch hergesandt,
daß dieser hier im Fleische leibt und lebt.
Wenn sie am Anblick seines Schattens stutzten,
wie ich vermute, so genügt die Auskunft.
Sie soll'n ihm Ehre antun, er kann's lohnen.«
Feurige Dämpfe sah ich nie so schnell
in klaren Nächten durch den Himmel eilen,
noch durch die Abendwolken im August[1],
wie jetzt zurück im Nu die Boten flogen
und, kaum erst dort, mit allen andern wieder
zu uns, ein zügelloser Reitersturm.
»Ein großes Volksgedränge wälzt sich her.
Sie wollen dich erbitten«, sprach der Dichter,
»halt dich nicht auf und hör sie an im Gehen.«

1 Sowohl die Sternschnuppen wie das Wetterleuchten galten für Dante und seine Zeit als verursacht durch entzündete Dämpfe.

»O Seele, die du gehst hinauf zum Glück
mit den lebendigen Gliedern deines Leibes,
eil«, riefen sie mir nach, »nicht gar so rasch
und schau, ob je du einen von uns kennst,
auf daß du drüben dann von ihm berichtest.
Ach, warum gehst du, warum hältst du nicht?
Wir alle mußten sterben durch Gewalt
und waren Sünder bis zur letzten Stunde,
bis uns das Licht des Himmels endlich aufging,
daß wir bereuend und vergebend schieden
und ausgesöhnt mit Gott, nach dessen Anblick
wir Sehnsucht leiden, unser Leben ließen.«
Und ich: »So sehr ich ins Gesicht euch schaue,

ich kenne keinen, aber wenn ihr etwas
verlangt, was ich vermag, ihr edlen Geister,
so sprecht! ich will es tun bei jenem Frieden,
den ich auf dieses einzigen Führers Spur
von einer Welt zur andern suchen muß.«

Und einer[1] sprach: »Ein jeder traut dir zu,
daß du uns helfen wirst, auch ohne Schwur,
wofern dir Ohnmacht nicht den Willen schlägt.
Daher, wenn ich als erster reden darf,
ich deine gute Fürsprache erbitte,
falls je du in die Mark Ancona kommst
zwischen Romagna und dem Reiche Karls[2].
In Fano soll man eifrig für mich beten,
daß ich mich reinige von schwerem Unrecht.
Ich stamm von dort, jedoch die tiefen Wunden,
durch die sich all mein Lebensblut verströmte,
sie wurden mir bei Padua geschlagen,
allwo ich mich besonders sicher wähnte.
Befohlen hatte es der Herr von Este,
weil er mir zürnte, wider alles Recht.
Wär ich geflohn in Richtung auf la Mira,
bevor sie bei Oriago mich erhaschten,
so atmete ich heute noch auf Erden.
Ich floh zum Sumpf, in Schilfrohr und Morast
verfangen, stürzte ich und sah am Boden
aus meinem Blute einen See sich bilden.«

Dann sprach ein anderer[3]: »Wenn sich dein Wunsch,
den du bergan verfolgst, erfüllen soll,
so hilf dem meinigen mit frommem Sinn.
Ich bin Buonconte, der von Montefeltro.
Vergessen von Johanna und den andern[4],

1 Jacopo del Cássero bekämpfte als Podestà von Bologna den Markgrafen von Ferrara, Azzo VIII. von Este, der ihn 1298 in den Lagunen bei Padua ermorden ließ.

2 Gemeint ist Karl II. von Anjou.

3 Buonconte, Sohn des Guido von Montefeltro (vgl. siebenundzwanzigsten Gesang der Hölle), führte die Gibellinen von Arezzo gegen die Florentiner Guelfen in der Schlacht bei Campaldino im oberen Arnotal, wo Dante selbst mitkämpfte (1289).

4 Montefeltros Witwe und andere Verwandte.

geh ich gebeugten Haupts in diesem Schwarm.«
Und ich: »Durch welche Macht, durch welchen Zufall
verschwandest du vom Feld bei Campaldino?
und niemand weiß nun, wo dein Körper liegt.«
»Oh«, sagte er, »am Fuß des Casentino
querüber läuft das Bächlein Archiano,
das ob der Klaus' im Apennin entspringt;
und dort, wo es im Arno sich verliert,
flüchtet' ich hin, zu Fuß. Mir war der Hals
durchbohrt, mein Blut bezeichnete den Weg,
mein Aug erlosch, und meine Stimme brach,
Maria! rufend, und ich fiel; und dort
blieb mein entseeltes Fleisch verlassen liegen.
Höre die Wahrheit und berichte drüben.
Der Engel Gottes hielt mich, und der Schwarze
rief ihm entgegen: ›Was beraubst du mich?
du nimmst sein Ewiges mit dir hinauf –
für ein geweintes Tränlein soll er *dein* sein?!
Doch mit dem Rest will ich mein Wesen treiben!‹ –
Du weißt, wie in der Luft der feuchte Dunst
sich sammelt und sich niederschlägt als Wasser,
sobald er in die kalten Schichten steigt.
Der Wille nun, der immer Böses will,
erregte Dampf und Wind mit Wohlbedacht
durch Künste, die er von Natur besitzt.
Als dann der Tag erlosch, bedeckte er
das Tal von Pratomagno bis zum Joch
mit Nebel und verdichtete den Himmel,
wodurch die satte Luft zu Wasser wurde.
Der Regen fiel, und in die Gräben floß
der Überschwall, den keine Erde hielt,
und floß zusammen in die größern Bäche,
so schnell dem königlichen Strome zu,

daß nichts den Sturz des Elementes hemmte.
Meinen erstarrten Leib, nahe der Mündung,
erfaßte brausend der Archian und wälzte
ihn in den Arno, zog von meiner Brust
die in der letzten Not gekreuzten Arme,
rollte am Grund mich hin und an den Ufern
und grub und hüllte mich ins Schwemmgut ein.« –
»Ach, wenn du wieder drüben heimgekehrt
und ausgeruht vom langen Weg wirst sein«,
nahm nun der dritte Geist das Wort dem zweiten,
»dann denke auch an mich, ich bin die Pia[1].
Siena war Wiege mir, Maremma Grab,
und jener weiß es, der den Edelstein
mit seinem Ring zur Trauung mir gegeben.«

1 Pia dei Tolomei aus Siena wurde 1495 von ihrem Gatten aus unbekannten Gründen ermordet.

Sechster Gesang

Die Macht der Fürbitte · Dämmerung · Sordello
Italiens politisches Elend

Sobald das Würfelspiel zu Ende ist,
bleibt, wer verloren hat, enttäuscht allein
und wiederholt und lernt die leidigen Würfe;
doch mit dem Sieger geht die ganze Schar,
die einen vor, die andern hinter ihm,
und von der Seite drängen sie sich zu.
Er bleibt nicht stehn, hört diesen an und jenen;
wem er die Hand gereicht, der geht beiseite,
und so erwehrt er sich des lästigen Haufens.
So ging es mir in dieser dichten Schar.
Bald da, bald dort mit freundlichem Gesicht
Zusage gebend, löst ich mich von ihnen.
Da war der Aretiner, der durch Tacco[1]
mit schrecklicher Gewalt erschlagen wurde.
Sodann der andre, der im Kampf ertrank[2].
Da kam mit flehender Gebärde Friedrich
Novello; der Pisaner auch, durch den[3]
Marzuccos Milde sich so stark erwies;
Graf Orso, und dann jener, dem durch Haß
und Neid und nicht durch eigne Schuld die Seele
vom Leib gerissen wurde, wie er sagte,
ich meine Peter de la Brosse: und darum
mag die Brabanterin, solang sie lebt,
sich vorsehn, daß sie nicht zur Tiefe fahre[4].

Als ich mich losgemacht von all den Schatten,
die baten, daß die andern für sie beten,

1 Ghino di Tacco ermordete aus Rache den Richter Benincasa, der hier als Aretiner bezeichnet wird.

2 Der andere Aretiner ist Guccio Tarlati, der im Arno bei der Verfolgung seiner Feinde ertrank.

3 Federico wurde bei derselben Gelegenheit ermordet. Der Pisaner ist der junge Farinata Scornigiani, dessen Vater Marzucco dem Mörder großmütig verzieh.

4 Graf Orso degli Alberghi wurde von einem Verwandten ermordet. – Pierre de la Brosse wurde auf Veranlassung seiner Gattin Maria von Brabant ermordet.

auf daß ihr Weg zum Heil beschleunigt werde,
frug ich: »Mir scheint, lichtvoller Meister, daß
du irgendwo in deinem Texte leugnest,
daß Himmelsratschluß lenkbar durch Gebet sei[1].
Und eben darum flehen diese Leute.
So wäre also ihre Hoffnung eitel,
oder hab ich dein Wort nicht recht gefaßt?«
Und er: »Was ich geschrieben hab, ist klar,
und dieser Seelen Hoffnung ist kein Wahn,
nur muß man's mit Vernunft genau betrachten.
Denn höchster Spruch wird nicht erniedrigt dadurch,
daß heiße Lieb in *einem* Schwung vollbringt,
was sich erdienen muß, wer hier verweilt.
Auch galt mein Satz, den du erwähnst, nur dort,
wo keine Schuld durch Bitten tilgbar war,
weil bis zu Gott die Bitten noch nicht drangen.
Versenk dich nicht in diesen tiefen Zweifel
und warte, daß dir jene ihn erleuchte,
die deinem Geist die Wahrheit bringen wird.
Versteh mich wohl, ich meine Beatricen,
du wirst sie sehn auf dieses Berges Gipfel
und lächeln wird sie dir in Seligkeit.«
Und ich: »O Meister, laß uns rascher gehn,
schon werd ich nicht so müde mehr wie vorhin,
und sieh des Berges langen Schatten dort!«
»Wir wollen mit dem heutigen Tage gehn«,
versetzte er, »soweit wir es vermögen,
doch steht die Reise anders als du meinst.
Eh du hinaufkommst, wirst die Sonne sehen
in ihrer Wiederkehr[2], die jetzt sich birgt
hinter dem Hang und nicht mehr dich bestrahlt.
Doch sieh, wie einsam eine Seele dort
abseits verweilt, auf uns den Blick gerichtet;

1 *Aeneis VI, Vers 376. Desine fata deum flecti sperare precando.*

2 *Es wird noch drei Tage dauern, bis die Wanderer den Gipfel erreichen.*

von ihr erfragen wir den schnellsten Weg.«

Wir kamen hin. Lombardenseele du,
in deiner Haltung, welch ein Stolz und Adel,
wie still und würdevoll dein Auge schweifte!
Sie sprach kein Wort zu uns, da wir ihr nahten
und schaute nur und folgte mit dem Blick,
dem Löwen gleich, wenn er geruhsam daliegt.
Jedoch Vergil trat zu ihr hin und bat,
sie möge uns den besten Aufstieg zeigen.
Sie aber gab nicht Antwort auf die Frage,
vielmehr, von wo wir kamen, wie wir lebten,
wollte sie hören, und mein guter Führer
erwähnte Mantua. – Der eben noch
in sich gekehrte Schatte reckte sich
ihm zu: »Landsmann von Mantua! Sordello[1]
bin ich!« – Da lagen sie sich in den Armen. –

Wehe Italien, knechtisch Land des Elends,
ein steuerloses Schiff bist du im Sturm,
ein offnes Haus und keine Herrscherin!
Der edle Sänger hier, vom bloßen Klang
der lieben Heimat ist er hingerissen
und bietet seinem Landsmann frohen Gruß –
indes die Lebenden von deinen Söhnen
des Kriegs nicht müde werden und sich hinter
den Mauern ihrer Vaterstadt verletzen.
An deiner Meere Ufer rings umher,
im Innern deines Landes such und schau,
ob irgendwo bei dir noch Friede blüht.
Wozu hat Justinian des Rechtes Zügel
dem Pferde angelegt? Es fehlt der Reiter.
Fehlte der Zügel, wär die Schmach geringer.

1 Der berühmte Trobador Sordello von Mantua lebte 1200 bis 1270. Durch sein Gedicht auf den Tod des provenzalischen Ritters Blacaz gilt er bei Dante als berufener Richter der Fürsten.

Weh, ungehorsam gottlos Priestervolk,
daß du den Kaiser nicht im Sattel leidest
und, was dir Gott befiehlt, nicht hören magst!
Schau doch, wie störrisch schon das Roß geworden,
da es die guten Sporen nicht mehr spürte,
seit du ihm in die Zügel hast gegriffen.
Albrecht von Deutschland, wehe! preisgegeben[1]
hast du das wilde, ungezähmte Tier,
anstatt in seinen Sattel dich zu schwingen.
So falle denn das Urteil des Gerechten
hoch von den Sternen über dich: plötzlich
und klar, daß es dein Erbe schaudernd sehe!
Denn du und auch dein Vater, beide habt ihr
von Habsucht euch dort drüben halten lassen,
und hier verödete des Reiches Garten.
Schau, träger Fürst, wie die Montecchi stehn
zu Cappelletti, die Monaldi zu
den Filippeschi, übel gar und hämisch[2].
Komm, Unbarmherziger, und sieh die Not
deiner Getreun und lindre ihre Leiden,
dann kannst du sehn wie Santafior gedeiht[3].
Und komm und schau, wie deine Roma weint;
verwitwet, einsam, ruft sie Tag und Nacht:
Mein Kaiser, warum schützest du mich nicht?
Komm, sieh, wie lieb sich hier die Menschen haben,
und wenn kein Mitleid dich bewegen kann,
so komm und schäm dich deines Rufs bei uns! –
Und wenn's erlaubt ist, höchster Gott, zu fragen,
der Du durch uns ans Kreuz geschlagen wurdest:
Ruht Dein gerechtes Aug nicht mehr auf uns,
oder bereitest Du in Deinem Ratschluß,
dem unergründlichen, ein neues Heil
das unserem Verstande sich entzieht? –

1 *Albrecht I. von Habsburg, Kaiser von 1298–1308, zog nie nach Italien, so daß das Ansehen der Krone schwand. Er wurde ermordet, worin Dante ein Gottesurteil erblickt.*

2 *Feindliche Familien in Verona und in Orvieto, wie andere in vielen italienischen Städten.*

3 *Santafiora, ein verfallenes Lehensgebiet in Toskana.*

1 Marcellus war Konsul in Rom bei Ausbruch des Bürgerkrieges zwischen Cäsar und Pompejus.

Es wimmelt von Tyrannen in Italien,
in jeder Stadt erhebt sich ein Marcellus[1]
mit jedem Bauern, der Partei ergreift.

O mein Florenz, du freilich kannst dich freun,
dich trifft mein rednerischer Ausfall nicht,
dank deinem Volk, das sich so sehr bemüht!
Im Herzen hegt wohl mancher das Gerechte,
doch er besinnt sich erst und schießt zu spät;
die Deinen tragen's auf der Zungenspitze.
Es scheut wohl mancher eines Amtes Bürde;
Die Deinen aber, ehe man sie fragt,
ruft eifrig jeder: ich will's auf mich nehmen!
Drum sei vergnügt, du hast ja Grund dazu,
du Reiche, Friedliche, Verständige!
Wie wahr ich spreche, der Erfolg wird's weisen.
Athen und Sparta, die Gesetze gaben
und bürgerlich so gut geregelt waren, –
ein Schrittchen kaum im Lebensstil bedeutet,
was sie geleistet haben, im Vergleich zu dir.
Verordnungen verstehst du auszuklügeln,
deren April-Gespinst nicht hält bis Mai.
Wie oft hast du, seit du dir denken kannst,
Gesetze, Münzen, Ämter, Trachten, Sitten
verändert und die Bürgerschaft gewechselt!
Wenn du's bedenkst, wenn du's bei Licht betrachtest,
erkennest du in dir das kranke Weib,
das keine Ruhe find't im Federbett
und wälzt aus Angst vor Schmerz sich hin und her.

Siebenter Gesang

Sordello und Vergil · Das Tal der nachlässigen Fürsten · Rudolf von Habsburg Ottokar II. von Böhmen · Philipp III. von Frankreich · Heinrich III. von England u. a.

Nachdem sie sittsam heiter ihren Gruß
wohl drei- und viermal sich erneuert hatten,
trat fragend einen Schritt zurück Sordello:
»Wer seid ihr?« – »Eh an diesem Berg die Seelen
sich läutern durften auf dem Weg zu Gott,
ließ Octavianus mein Gebein begraben.
Ich bin Vergil, vom Himmel ausgeschlossen
nur durch den *einen* Fehler meines Glaubens.«
So lautete die Antwort meines Führers.
Als wie ein Mensch, der plötzlich vor sich sieht
ein Ding, worüber er sich wundern muß,
und weiß nicht, soll er's glauben, soll er nicht,
gebärdet sich der andre, blickt' zu Boden
und trat in Demut wieder vor ihn hin,
die Knie wie ein Diener ihm umarmend.
»Berühmtester Lateiner«, sagt er,
»und meiner Heimat ewiger Preis, durch dich
hat unsre Sprache ihre Macht bewiesen.
Daß ich dich sehn darf, ist's Verdienst, ist's Gnade?
Würdige mich eines Worts und sag mir, kommst du
von unten und aus welchem Höllengang?«
»Durch alle Windungen des Reichs der Schmerzen«,
antwortet er, »bin ich heraufgekommen,
getrieben und geführt von Himmels Kraft.
Nicht was ich tat, nur was ich nicht tat, hat mich

des höchsten Lichts beraubt, das du begehrst,
und dessen Wert ich, ach, zu spät erkannte.
Dort unten ist ein Ort, wo keine Marter,
nur Dunkelheit das Herz beengt und wo
das Weh, statt aufzuschreien, leise seufzt.
Dort wohn ich bei den Kindern, die in Unschuld
vom Tod ergriffen wurden, ehe noch
der Fleck ererbter Schuld gewaschen war,
und auch bei denen, die noch nicht im Schutz
der heilgen Tugenden, doch ohne Fehl
den andern Tugenden ergeben waren[1].
Doch gib uns einen Wink, sofern du weißt
und sagen darfst, wie wir am schnellsten dorthin
gelangen, wo die Reinigung beginnt.«
Er sprach: »Uns ist kein fester Platz gewiesen,
und frei darf ich umhergehn und bergauf;
ich komm als Führer mit, soweit ich kann.
Doch schau, wie schon der Tag zur Neige sinkt,
und aufwärts geht es nicht mehr in der Nacht.
Drum laß uns sehn, wo gut zu ruhen wäre.
Abseits zur Rechten weilen Seelen hier,
zu denen ich, wenn du's erlaubst, dich führe.
Es wird nicht ohne Reiz sein, sie zu kennen.«
»Wie das?« erging die Frage, »wenn nun einer
bei Nacht bergauf wollt', würde er behindert
von andern, oder weil die Kraft ihm fehlte?«
Sordello mit dem Finger auf der Erde
zog einen Strich und sprach: »Nicht über diesen
kämst du nach Sonnenuntergang hinauf.
Doch nicht, daß etwas anderes den Aufstieg
verwehrte, nur die Dunkelheit der Nacht
lähmt unser Können und verwirrt das Wollen.
Man könnte wohl bei Nacht wieder hinab

1 Vergil unterscheidet hier wie ein christlicher Theologe die weltlichen von den heiligen Tugenden.

und an dem Abhang hin und wider schweifen
solang der Tag sich in der Tiefe birgt.«
Das wundert meinen Meister schier. »Wohlan«,
sprach er, »so führe uns an jenen Platz,
wo du gesagt hast, daß man gern verweile.«

Wir waren noch nicht weit gegangen, als
ich eine Senkung in dem Berg bemerkte,
ähnlich den Senkungen der irdschen Täler.
»Dorthin«, sprach jener Schatte, »laßt uns gehn,
wo sich die Mulde an dem Abhang auftut,
damit wir dort den neuen Tag erwarten.«
Ein schräger Pfad, nicht steil, nicht waagrecht, führte
uns seitwärts an des Tals Umrandung hin,
wo diese beinah ganz sich schon verflacht.

Silber und Gold und Scharlachrot und Bleiweiß
und indisch Blau und leuchtend helles Holz
und frisch gebrochener Smaragd, das alles
müßte in seinem Farbenglanz verblassen,
wie kleines Licht vor größrem, überstrahlt
vom Gras und von den Blumen dieses Tales.
Und nicht allein mit Malerei erstaunte
Natur uns hier: aus tausend süßen Düften
bereitet sie ein wunderbar Gemisch.
Im Grünen zwischen Blumen sitzend, sah ich
im Schutz des Tals, von draußen unsichtbar,
Salve Regina singend einen Chor
von Seelen. »Eh die Sonne vollends schwindet,
verlangt nicht, daß wir ihnen näher treten«,
sprach, der uns hergeführt, der Mantovaner.
»Von diesem Rand aus überseht ihr besser
ihrer Gebärden Spiel und ihre Mienen,

als wenn ihr drunten wärt, in ihrer Mitte.
Der dort am höchsten sitzt und dem man ansieht,
daß er versäumte, was er pflegen sollte,
und tut den Mund nicht auf im Sängerchor,
war Kaiser Rudolf; heilen hätt er können
die Wunden, dran Italia leidend liegt,
bis spät ein andrer einst sie wieder herstellt.
Schaut jenen, der dem Kaiser tröstlich zuspricht:
er herrschte in dem Land, das durch die Moldau
zur Elbe und ins Meer sein Wasser gießt,
sein Nam ist Ottokar, schon in den Windeln
taugte er mehr als Wenzel, sein verbuhlter
und tatenloser Sohn im bärtigen Alter[1].
Der Kurznasige dort, der sich bespricht
mit jenem andern, der so gütig ausschaut,
starb auf der Flucht zur Schmach des Lilienbanners[2].
Schaut, wie er schmerzlich an die Brust sich schlägt,
und wie der andre in die offne Hand
die Wange eingebettet hat und seufzt[3].
Vater und Schwieger sind sie dem von Frankreich[4]
und wissen, wie er's treibt in Schmutz und Laster,
drum sind sie so in Kümmernis versunken.
Der Starkgebaute, dessen Stimme schmiegsam[5]
sich dem Gesang des Adlernasigen anpaßt[6],
war einst mit jeder Tugend ausgestattet,
und wär sein Erbe auf dem Königsthron
der Jüngling dort geblieben hinter ihm[7],
so hätt die Tugend sich im Blut erhalten.
Doch von den andern Prinzen gilt das nicht:
Jakob und Friedrich haben zwar das Reich –
die wahre Erbschaft ging vorbei an beiden.
Nur selten blühet an des Stammbaums Zweigen
die alte Rechtlichkeit. Und also will

1 Ottokar II., König von Böhmen, war Rudolfs Feind. In diesem Tale sitzen ehemalige Feinde friedlich beisammen und trösten einander.

2 Philipp III., König von Frankreich, starb auf dem Rückzug vor dem Heere Peters III. von Aragon, 1285.

3 Heinrich I. von Navarra.

4 Mit dem »von Frankreich« ist Philipp der Schöne gemeint.

5 Peter III. von Aragon, der Gemahl Konstanzes von Hohenstaufen.

6 Karl I. von Anjou.

7 Von den Söhnen Peters III. starb der bessere, Alfons III., als Jüngling, die anderen, Jakob II. und Friedrich II., herrschten über Sizilien.

Der sie uns schenket, daß wir Ihm sie danken.
Auf jenen mit der Adlernase paßt
mein Wort so gut wie auf den andern Sänger;
Provenza und Apulia leiden drunter.
Hier taugt der Schößling weniger als der Same,
wie auch Beatrix und Margrete sich
des Gatten weniger rühmen als Konstanze[1].
Dort seht ihr einsam sitzen König Heinrich
von Engelland, der schlicht und sittsam lebte[2].
Auch treiben seines Stammes Zweige besser.
Der als der Unterste, am Boden ruhend,
den Blick nach oben richtet, ist der Markgraf
Wilhelm von Monferrat, der seinen Ländern[3],
um Alessandria, Blut und Tränen kostet.«

1 *Beatrix und Margarete, die Gemahlinnen Karls I. von Anjou.*

2 *Heinrich III., König von England.*

3 *Markgraf Wilhelm VII. von Monferrat im Piemont wurde von den Bürgern der Stadt Alessandria gefangen und starb 1292.*

Achter Gesang

Abendstimmung · Nachtgebet · Schutzengel
Nino Visconti · Die Schlange
Corrado Malaspina

Die Stunde kam, da auf der hohen See
den Schiffer Heimweh faßt, und er im Herzen
um liebe Freunde bangt, die er verließ,
und da im jungen Pilger Liebesweh
erwacht beim fernen Hall der Abendglocke –
wie Weinen klingt es um den Tod des Tages:
da wurd ich müde weiter zuzuhören
und richtete den Blick auf eine Seele,
die, aufrecht, Stille mit der Hand gebot.
Sie faltete und hob die Hände aufwärts,
dem Aufgang ihre Blicke zugewendet,
als sagte sie zu Gott: mich rührt nur dieses.
»Te lucis ante«, floß von ihren Lippen
so fromm und mit so holdem Klang hervor,
daß es dem eignen Denken mich entriß.
Die andern Seelen folgten fromm und sanft
den ganzen Hymnus singend Vers für Vers,
die Augen zu den hohen Bahnen hebend.

Hier schärfe, Leser, deinen Blick aufs Wahre,
denn die Verschleierung ist jetzt so dünn,
daß du sie leicht und ganz durchdringen wirst.

Ich sah sodann die edle Schar der Seelen
im Schweigen immer noch zum Himmel schauen
demütig, blaß, ergeben in Erwartung,
und sah zwei Engel aus der Höhe kommen

und niederschweben mit zwei Flammenschwertern,
die an der Spitze abgebrochen waren.
Hellgrün wie erste Frühlingsblätter leuchtet
ihr Kleid, das mitgerissen von dem Schwung
der grünen Flügel hinter ihnen flattert.
Der eine stellt sich nahe über uns,
der andre unten gegenüber so,
daß sie das Volk von beiden Seiten schützten.
Das blonde Haupt an ihnen sah ich wohl,
an ihrem Antlitz aber brach mein Auge,
wie vor der Übermacht die Kraft zergeht.
»Sie kommen beide aus Marias Reich,
das Tal zu überwachen«, sprach Sordello,
»weil schon die Schlange umgeht und gleich da ist«.
Da ich nicht wissen konnt, auf welchem Weg,
kehrt ich mich hin und her und drängt mit schaudernd
vor Frost an meines Meisters traute Schulter.

Sordello sprach: »'s ist Zeit, hinabzutreten
unter die großen Schatten; sprechen wir
mit ihnen, gerne werden sie euch sehen.«
Drei Schritte nur, dünkt mich, hatt ich zu tun
und war schon unten, und da sah ich einen,
der schaut mich an, als müßte er mich kennen.
Zwar war die Luft nun ziemlich dunkel schon,
doch zeigt sie unsrem Auge manches klar,
das sie zuvor uns noch verbarg durch Ferne.
Er kam auf mich herzu, ich ihm entgegen.
Wie freute ich mich, edler Richter Nino[1],
als ich erkannte, daß du nicht verdammt bist.
Was war das zwischen uns ein herzlich Grüßen!
Dann frug er mich: »Wann bist du an dem Fuß
des Bergs gelandet nach der weiten Fahrt?«

1 Nino oder Ugolino Visconti aus Pisa. Er führte den Krieg der verbannten Pisaner Guelfen gegen seine Vaterstadt, um die Mörder des Grafen Ugolino zu bestrafen.

»Oh!« sprach ich, »aus dem dunkeln Reiche stieg ich
heut früh und hab das erste Leben noch;
das zweite zu gewinnen, wandre ich so.«
Und kaum war meine Antwort laut geworden,
trat er zurück und ebenso Sordello,
wie plötzlich fassungslos gewordne Menschen.
Der eine wandt' sich an Vergil, der andre
an einen, der dort saß und rief: »Auf, Konrad,
komm her und schau, was Gott gewollt aus Gnade!«
Sodann zu mir: »Bei dem besondern Dank,
den du dem Wesen schuldest, dessen Urgrund
wir nicht erreichen können, bitt ich dich:
wenn du zurück bist übers große Wasser,
erinnere Johanna[1], daß sie flehend
beim Hort der Unschuld sich für mich verwende;
denn ihre Mutter liebt mich, glaub ich, nicht mehr,
seit sie den Witwenschleier abgelegt,
den einst die Arme sich noch wünschen wird[2].
An ihr kann man so recht verstehen lernen,
wie lang bei Weibern Liebesflammen dauern,
wenn Aug und Hand sie kosend nicht erneuern.
Auf ihrem Leichensteine wird die Schlange
des Wappenschilds derer von Mailand nie
so ehrbar wirken wie Galluras Hahn«[3].
So sprach er, und auf seiner Miene prägte
sich ehrlich jener echte Eifer aus,
der maßvoll in gerechtem Herzen wirkt.

Verlangend ging mein Auge nach dem Himmel
und suchte langsam kreisende Gestirne,
nahe dem Pol, der Nabe ihres Rades.
»Was schaust du so hinauf?« fragte mein Führer.
Und ich: »Nach den drei Sternenlichtern dort,

1 *Johanna, Ninos Tochter.*

2 *Ninos Gattin, Beatrice von Este, heiratete in zweiter Ehe Galeazzo Viscoti, den Fürsten von Mailand, der später gestürzt wurde. Er führte eine Schlange in seinem Wappen.*

3 *Im Wappen der Visconti von Pisa.*

von denen dieser ganze Pol erglüht.«
Drauf er: »Das helle Viergestirn, das du
am Morgenhimmel sahst, ist dort hinab,
und diese drei an seiner Stelle jetzt[1]«.

Er sprach noch, als Sordello ihn ergriff
und, mit dem Finger in die Richtung weisend,
ihm sagte: »Dort, schau hin, kommt unser Feind.«
An einer Stelle, wo das kleine Tal
nicht ganz geschützt, sieh, da war eine Schlange,
die Eva wohl den Sündenapfel reichte.
Durch Gras und Blumen schlich sie tückisch her,
bog dann und wann den Kopf zurück und leckte
den Rücken, wie wenn sie sich glättete.
Ich sah es nicht und kann es nicht beschreiben,
wie sich zum Flug die Himmelsfalken hoben;
sie schwebten beide schon, als ich sie sah.
Das Sausen ihrer grünen Flügel hörte
die Schlange und entfloh, worauf die Engel
in gleichem Flug auf ihren Posten kehrten.

Der Schatte, der dem Richter sich genähert,
als dieser rief, ließ in der ganzen Zeit
des Schlangenüberfalls kein Aug von mir.
»So wahr das Licht, das dich nach oben führt,
in deinem Willen Nahrung finden soll
so viel ihm bis zum Glanz der Höhe nötig«,
begann er, »bitt ich, gib mir treue Botschaft,
so du sie kennst, aus Valdimagra und
den Nachbarlanden, wo ich einst ein Herr war.
Man nannte mich Corrado Malaspina[2]:
der alte bin ich nicht, jedoch ein Enkel
und läutre hier die Liebe zu der Sippe.«

1 Die drei Sterne bedeuten die geistigen Tugenden Glaube, Liebe, Hoffnung.

2 Corrado Malaspina stammt aus der Familie der Freunde und Gönner des Dichters, dem er gastfreundliche Aufnahme in seinem Haus prophezeit. Tatsächlich ist Dante dort im Jahre 1306 als Verbannter aufgenommen worden.

»In euern Länderein«, versetzte ich,
»war ich zwar nie, jedoch, wer kennt sie nicht
in ganz Europa, wo man immer hinkommt?
Der Ruf, der eurem Hause Ehre zollt,
verherrlicht eure Herrn und eure Lande,
daß man sie kennt, auch wenn man noch nicht dort war.
Ich schwör's, bei meiner Hoffnung, aufzusteigen,
daß euer ehrenwert Geschlecht im Kampf
und in der Milde seinen Rang bewahrt.
Gewohnheit und Natur gibt ihm das Vorrecht –
wenn schon die Welt durch Schuld des Hauptes irrgeht –
allein gradaus zu schreiten, nicht seitab.«
Und er: »Nun geh, die Sonne legt sich nicht
zum siebten Male mehr im Bette nieder,
das Aries mit seinem Bild umspannt[1],
eh deine edelmännisch hohe Meinung
dir sich bewähren wird und festigen
durch stärkre Klammern als durch Hörensagen,
wenn nicht der Lauf des Urteilsspruches stockt.«

1 *Das Sternzeichen des Widders.*

Neunter Gesang

Dantes Traum · Aufstieg · Die Pforte zum eigentlichen Fegfeuer

Des alten Tithon rosige Geliebte[1]
erbleichte schon am morgendlichen Himmel,
den Armen ihres holden Freunds entschwindend;
die Stirne leuchtet ihr von Edelsteinen,
gefaßt in der Figur des kalten Tieres,
das mit dem Schweife nach den Menschen schlägt[2].
Die Nacht im Aufstieg hatte ihrer Schritte
schon zwei getan und setzte zu dem dritten
auf unser Lager den beschwingten Fuß,
als ich, von Adams Leiblichkeit beschwert,
dem Schlaf erlag, mich sinken ließ ins Gras,
wo wir selbfünft alle beisammensaßen.

Sodann, wenn gegen Morgen seine Klagen
das Schwälbchen zwitschert in Erinnerung
vielleichts des Leids, das Philomele litt,
und da des Menschen Geist ferner als sonst
von seinem Fleisch und sorgenfreier schweift
und beinah göttlich sein Gesicht sich klärt,
erschien im Traume mir mit goldnen Federn,
die Flügel weit gebreitet in den Lüften,
ein Adler, schwebend und zum Stoß bereit.
Ich kam mir vor wie auf dem Berge, wo
aus der Gefährten Mitte Ganymed
emporgerissen wurde zu den Göttern.
Ich dachte mir: vielleicht ist's Adlers Brauch,
daß er nur hier herniederfährt und sonstwo

1 *Aurora.*

2 *Wird verschieden gedeutet, von den einen auf das Sternbild der Fische oder des Skorpions, von andern auf das der Wasserschlange oder des Walfisches. Die folgende Zeitangabe bleibt trotzdem klar: Auf dem Läuterungsberg ging die dritte Nachtstunde zu Ende, als in Europa der Tag begann.*

mit seinen Fängen uns nicht holen mag.
Mir war, als kreist er über mir ein wenig
und zuckte schrecklich wie ein Blitz herab
und risse mich hinauf zum Feuerhimmel.
Dann war's, als ob wir flammten, er und ich,
und derart schmerzte der geträumte Brand,
daß das Gespinst des Schlummers jäh zerriß.
So mag Achill sich einst geschüttelt haben,
mit aufgeschreckten Augen um sich blickend,
und konnte nicht verstehen, wo er war,
da ihn im Schlaf die Mutter weggetragen
von Chiron bis nach Skyros, wo sodann
die Griechen doch ihn fanden und entführten;
und also schüttelt' den zergehenden Schlaf
auch ich mir vom Gesicht und wurde bleich,
als hätte mich der kalte Schreck erfaßt.

Mein Führer war als einzger Trost noch bei mir.
Die Sonne seit zwei Stunden hoch am Himmel,
und mein Gesicht dem Meeresufer zu.
»Hab keine Furcht«, begann mein Herr und Meister,
»beruhige dich, wir sind am rechten Ort.
Entfalte jetzt und spare nicht die Kräfte!
Zum Reich der Buße bist du nun gelangt;
du siehst die Felswand, die es rings verschließt,
und siehst den Eingang, wo die Mauer klafft.
Vorhin, als kaum der Tag noch dämmerte,
und deine Seele in dem Tale schlief
auf jenem Blumenteppich, der es schmückt,
kam eine Frau und sprach: ›ich bin Lucia[1];
laßt mich den Schlafenden hier auf mich nehmen,
daß ich ihm helfe seinen Weg hinauf‹.
Sordell verblieb bei jenen Hochgestalten.

1 Wir sind der heiligen Lucia, Spenderin der göttlichen Gnade, schon im zweiten Gesang der Hölle begegnet.

Sie nahm dich weg, und wie der Tag erstrahlte,
stieg sie empor, und ich auf ihren Spuren.
Eh sie dich niederlegte, wiesen mich
auf jenen Eingang ihre schönen Augen;
dann schwand sie hin, und dir entschwand der Schlaf.«

Wie man vom Schwankenden ins Sichre kommt
und wie die Furcht in Zuversicht sich wandelt,
sobald der wahre Sachverhalt hervortritt,
so änderte ich mich, und da mein Führer
mich aufgemuntert sah, bewegt er sich
am Fels hinan, und ich ihm nach zur Höhe.

Leser, du siehst, wie meinen Gegenstand
ich höher baue, wundre dich nicht,
wenn ich mit reichrer Kunst ihn nun auch stütze.

Wir traten näher auf den Eingang zu,
und wo zuvor nur eine Bresche mir
erschien, ein Spalt, der in der Mauer klafft,
sah ich ein Tor, zu dem drei Stufen stiegen,
und jede hatte eine andre Farbe.
Ein Pförtner wartete und sprach kein Wort.
Und als ich besser ihn ins Auge faßte,
sah ich ihn sitzen auf der obern Stufe,
ein Antlitz zeigend, das ich nicht ertrug.
Ein nacktes Schwert hielt er in seiner Hand,
das uns entgegenspiegelte so strahlend,
daß oft ich hinschaun mußte und nicht konnte.
»Bleibt stehn und sagt von dort aus, was ihr wollt«,
rief er uns an, »und wer geleitet euch?
habt acht, daß ihr nicht Schaden nehmt beim Aufstieg!«
»Vom Himmel eine Frau, kundig der Fahrt«,

antwortete der Meister, »sagte uns
noch eben jetzt: dort ist das Tor – geht hin!«
»So fördre sie zum Heil denn eure Schritte«,
fiel nun der Pförtner freundlich wieder ein,
»kommt also her zu unsern Stufen jetzt.«

Der erste Treppenstein, zu dem wir kamen,
ein weißer Marmor, war so glatt und rein,
daß er mich spiegelte, so wie ich aussah.
Der zweite, mehr als dunkelrot gefärbt,
ein rauhes brandzerfressenes Gestein,
der Länge und der Breite nach zersprungen.
Der dritte, massig auf den andern lastend,
erschien mir als ein flammender Porphyr,
wie frisches Blut, das aus der Ader springt.
Auf diesem Stein ruhten die beiden Füße
des Engels, der darüber auf der Schwelle,
der diamantenen, des Tores saß[1].

Wie recht war's mir, als mich hinauf mein Führer
die Stufen zog und sprach: »In Demut sollst du
jetzt bitten, daß das Torschloß dir sich öffne.«
Ich warf mich fromm zu Engels Füßen hin,
barmherziglichen Eintritt mir erflehend
und dreimal schlug ich vorher meine Brust.
Mit seines Schwertes Spitze auf die Stirne
schrieb er mir sieben P und »Wasche« sprach er[2]
»dort drinnen diese Wunden von dir ab.«
Wie Asche oder Aushub trockner Erde,
ein graues Einerlei war sein Gewand,
aus dem zwei Schlüssel unten er hervorzog.
Der eine war aus Gold, der andre silbern.
Erst mit dem helleren, dann mit dem gelben

1 Die drei Stufen deuten auf die drei Momente des Sakramentes der Beichte: Reue, Schuldbekenntnis, Genugtuung. Die diamantene Schwelle dürfte ein Symbol der Kirche sein.

2 Die sieben P bedeuten die sieben Todsünden (Peccata).

versuchte er das Tor nach meinem Wunsch.
»Wenn einer von den Schlüsseln hier versagt
und sich nicht regelrecht im Schlosse dreht«,
erklärt er uns, »dann wird der Weg nicht frei.
Kostbarer ist der eine, doch der andre
braucht gar so viele Kunst und feinen Geist,
bis er den Wirrwarr löst, das Schloß entriegelt.
Sankt Peter gab sie mir und riet mir, eher
beim Auftun als beim Schließen vorschnell sein,
sobald sich jemand mir zu Füßen werfe[1].«

Des heilgen Tores Eingang stieß er auf
und sprach: »Tretet hinein, doch merkt euch wohl:
wer rückwärts schaut, muß wiederum hinaus.«
Und als die Flügel der geweihten Pforte,
aus tönendem Metall mächtig geschmiedet,
in ihren Angeln sich zu drehn begannen,
da dröhnt's und kreischte schärfer als das Tor
Tarpejas, als man ihr den wackern Wächter
Metellus raubte und sodann den Staatsschatz[2].
Ich horchte auf beim ersten Donnerlaut; –
mir klang's wie »Te Deum laudamus«, dessen
gedämpfter Chor in sanfter Melodie
mir ein Gehörbild schuf, genau wie wenn
man einem Singen zuzuhören pflegt,
das Orgeltöne so begleiten, daß
das Wort bald hörbar auftaucht, bald ertrinkt.

1 Der goldene und der silberne Schlüssel bedeuten die Lossprechung und Prüfung durch den Priester bei der Beichte.

2 Anspielung auf das Tor am tarpeischen Felsen in Rom, das von Cäsar erbrochen wurde, als er sich gegen den Widerstand des Tribuns Metellus des römischen Staatsschatzes bemächtigte. Vgl. Lucan, Pharsalia III, 154 ff.

Zehnter Gesang

Aufstieg zum ersten Sims des Fegfeuers
Die Reliefbilder an der Felswand · Die Stolzen

Über die Schwelle waren wir, die selten
begangen wird, weil falsche Liebe, ach,
so viele Seelen auf den Irrweg lockt,
und dröhnend hörte ich das Tor sich schließen.
Hätt ich den Blick danach zurückgewendet,
wie hätt ich jetzt mich noch entschuldigen können?

Wir stiegen auf im Fels durch eine Gasse,
die sich bald da, bald dorthin winden mußte,
wie Welle, wenn sie weicht und wiederkehrt.
»Hier ist es nötig, einige Kunst zu brauchen«,
begann mein Führer, »um sich anzuschmiegen
bald hier, bald dort der fliehenden Seitenwand.«
Wir kamen nur in kleinen Schritten vorwärts,
so daß der Mond, im Schwund begriffen, schon
sein Ruhelager wiederum erreichte,
bevor wir aus dem engen Hohlweg waren.
Als wir ins freie Offne kamen, oben
wo sich der Berg zusammenzieht, verjüngt,
war ich ermattet, und wir waren beide
des Weges ungewiß und machten halt
auf einem Plan, wie Wüstenweg so öde.
Vom Rande, wo's ins Leere fällt bis zu
der Bergwand, die noch immer steigt, beträgt
des Planes Breite wohl drei Menschenlängen.
So weit mein Blick sich immer schwingen konnte,
sei's nach der linken, nach der rechten Flanke,

der Sims bot jedesmal das gleiche Bild.

Wir hatten noch nicht einen Schritt getan,
als ich erkannte, daß ringsum die Wand,
noch abgeschrägt, bevor sie senkrecht stieg,
aus reinem Marmor war und ausgeschmückt
mit Bildwerk, daß nicht nur ein Polyklet[1],
ja die Natur sich übertroffen fühlt.
Der Engel, der zur Erde den Bescheid
des langersehnten Friedens bringt und endlich
den alten Sündenbann des Himmels bricht,
er stand in Stein geschnitten so wahrhaftig
vor uns und mit so lieblicher Gebärde,
daß er nicht aussah wie ein stumm Gebilde;
geschworen hätte man: jetzt sagt er Ave!
dieweil im Bild hier dargestellt auch sie,
durch die die hohe Liebe sich erschloß.
In ihrer Haltung lag das stille Wort
»ich bin die Magd des Herrn«, so ganz und gar
beschlossen, wie im Wachs die Form des Siegels. –
»Schau nicht auf *eine* Stelle immer nur«,
sagte mein trauter Meister, da ich ihm
zur Seite bei dem Platz des Herzens stand.
Ich ließ das Auge wandern und gewahrte
hinter Maria auf derselben Seite,
wo eifrig neben mir der Führer ging,
ein zweites Bildwerk in der Felsenwand.
Ich trat hinzu, vorüber an Vergil,
damit ich's näher vor den Augen hätte.
Da war, demselben Marmor eingeschnitten,
die Bundeslade mit dem Ochsenkarren
– als Warnung vor dem angemaßten Amt[2]. –
Voran ging vieles Volk, das war geteilt

1 Berühmter griechischer Bildhauer.

2 Die Bundeslade lehrt, daß angemaßtes Amt mit dem Tode bestraft wird, 2. Buch Samuel, 6. Kapitel, Vers 5 ff.

in sieben Chöre zum Gesang. Ich meinte,
ich hörte sie und hörte sie auch nicht.
Beim Weihrauch, der da abgebildet war,
gerieten ähnlich Auge mir und Nase
mit Ja und Nein in zweifelvolle Zwietracht.
Dem heiligen Gefäß voran, zum Tanze
hoch aufgeschürzt, bescheiden der Psalmist,
der mehr hier als ein König war und weniger.
Ihm gegenüber, dargestellt am Fenster
eines Palastes, schaute Mikal zu
als wie ein höhnisches und böses Weib[1].
Den Standort meines Schauns verließ ich nun,
da ich ein andres Szenenbild bemerkte,
das hinter Mikal weiß herüberstrahlte.
Da stellte sich im Bild die Großtat dar
des römischen Prinzipates, dessen Tugend
zum Wundersieg erhöht' Gregors Gebet –
ich spreche von Trajanus Imperator.
Am Zügel seines Pferds steht eine Witwe,
in Trauer und in Tränen aufgelöst,
und um ihn her sieht man ein groß Gedränge
von Reitern und die goldnen Adlerzeichen
zu Häupten ihm, im Winde sich bewegend.
Das arme Weib, inmitten dieses Aufzugs,
sagt, wie es scheint: o Herr, Gerechtigkeit
für meines Sohnes Tod, der mir das Herz bricht.
Und er zur Antwort ihr: so warte doch
bis ich zurück bin. Aber sie: o Herr –
in Schmerzensungeduld scheint sie zu sprechen –
und wenn du *nicht* mehr kommst? – Der mich ersetzt,
schafft dir dein Recht. – Und sie: was nützt es dir,
wenn der das Gute tut, das du versäumst?
Drauf er: nun tröste dich, ich muß ja wohl

1 Die spottende Mikal, Sauls Tochter, Davids Weib.

die Pflicht erfüllen, eh ich weiterziehe.
So will's das Recht, mich hält die fromme Scheu[1].
Er, dem nichts Neues in der Welt begegnet,
erschuf dies sichtbare Gespräch so neu
für uns, weil hier dergleichen sich nicht findet.

Ich freute mich noch lange im Betrachten
von Bildern solcher demutsvoller Haltung,
dem Aug so lieb um ihres Künstlers willen;
da flüsterte mein Dichter: »Schau, dort kommen,
langsamen Schrittes freilich, viele Menschen,
die weisen uns den Stufengang hinauf.«
Mein Auge, im Begriff umherzuspähn
nach Neuigkeiten, die es gerne sucht,
nahm unverzüglich Richtung jetzt auf ihn. –
Nun aber, Leser, laß dich nicht beirren
in deinem guten Streben, wenn du hörst,
was Gott dem Schuldner auferlegt zu leisten.
Nicht auf die Form der Qualen kommt es an.
Bedenk die Zukunft, denn im schlimmsten Fall
kann es den großen Spruch nicht überdauern[2].
Ich sprach zum Meister: »Was sich da auf uns
einherbewegt, sieht nicht wie Menschen aus.
Was mag es sein? Ich weiß nicht, was ich schaue.«
Und er: »Es ist die schwere Strafbestimmung,
die lastend sie zur Erde niederkrümmt.
Zu Anfang traut' ich meinen Augen nicht.
Schau richtig hin und fasse und entwirre,
was unter jener Steine Last einherkriecht,
dann siehst du bald, wie der und der sich abmüht.«

Hoffärtige Christen, arme schwache Menschen,
wie krank ist eures Geistes Auge doch,

1 Darstellung der Sage über Kaiser Trajan, der seinen Auszug ins Feld verschob, um einer Witwe Gerechtigkeit widerfahren zu lassen. Für diese Großtat soll ihm Papst Gregor durch seine Fürbitte das Paradies verschafft haben. Siehe zwanzigster Gesang des Paradieses.

2 Die Qual des Fegfeuers kann nicht länger dauern als bis zum Spruch des Jüngsten Gerichtes.

daß ihr mit störrischen Schritten vorwärts wollt!
Begreift ihr nicht, daß wir nur Würmer sind,
bestimmt, den Himmelsschmetterling zu bilden,
der zum Gericht sich ohne Panzer schwingt?
Was bläht sich also euer Mut so hoch?
Mißratenen Insekten ähnlich seid ihr,
ein Wurm mit fehlgegangener Entwicklung.

Um einen Vorbau, um ein Dach zu stützen,
sieht man als Kragstein manchmal ein gekrümmtes
Figürchen mit den Knien an der Brust,
das durch den bloßen Anschein im Beschauer
wahrhaftige Beklemmung weckt, und so
sah ich in sorglicher Betrachtung diese.
Sie waren zwar mehr oder weniger
gekrümmt, je nach der Last, die jeder trug,
doch der Geduldigste in seinem Ausdruck
war noch ein Jammerlaut: ich kann nicht mehr!

Elfter Gesang

Das Vaterunser der Büßenden · Umberto Aldobrandeschi · Oderisi von Gubbio · Die Flüchtigkeit des Ruhmes · Provenzano Salvani

»O Vater unser, der Du bist im Himmel,
umschlossen nicht, durch freie Liebe nah
den ersten Werken Deiner Schöpfung droben,
geheiligt sei Dein Nam und Deine Kraft
von jeglichem Geschöpf, wie sich's gebührt,
daß alle Deinem Lebenshauche danken.
Dein Reich komme zu uns mit seinem Frieden,
wir können nicht durch eigne Kraft zu ihm
mit all unsrem Verstand, wenn's uns nicht wird.
Dein Will geschehe bei den Engeln, die
Hosianna singend Dir den ihren opfern,
so wie auf Erden soll die Menschheit tun.
Gib heut uns unser täglich Himmelsbrot;
wenn es uns fehlt in dieser rauhen Wüste,
gehn wir zurück, je mehr wir vorwärts streben.
Wie wir verzeihen unsern Peinigern,
was wir gelitten, so vergib auch Du
in Güte uns und nicht nach Wert und Schuld.
Führ' unsre Kräfte, die so leicht erliegen,
nicht in Versuchung durch den alten Feind,
erlöse uns von ihm, der uns bedrängt.
O Herr und Vater, diese letzte Bitte
gilt nicht für uns, wir brauchen sie nicht mehr,
doch für die andern, die zurückgeblieben.«
So beteten für sich und uns die Schatten
um Pilgersegen unter schwerer Last,
wie sie im Traume manchmal uns bedrückt,

und gingen alle in verschiednen Ängsten
und Müdigkeiten auf dem ersten Sims
zu ihrer Läuterung vom Erdendunst. –
Wenn drüben immer Gutes uns erfleht wird,
was können hier die Wohlgesinnten dann
zum Danke den Verstorbnen tun und sagen?
Pflicht ist es wahrlich, ihnen beizustehn,
daß sie den alten Erdenmakel tilgen
und rein und leicht zu Sternenbahnen steigen.

»Wenn Recht und Gnade euch entlasten sollen,
so daß ihr bald die Flügel rühren dürfet,
nach eurem Wunsche frei emporzuschweben,
dann zeigt uns, bitt ich, welcher Hand man schneller
zum Aufstieg kommt, und gibt es mehrere,
so weist uns nach dem weniger steilen hin,
denn der hier mit mir wandert, noch beschwert
durch Vater Adams fleischliches Gewand,
tut sich trotz besten Willens hart beim Steigen.«
Die Worte, die sie nun zur Antwort gaben
auf Frag und Bitten dessen, dem ich folgte,
kamen, man konnt nicht sehn, aus wessen Mund;
sie lauteten: »Kommt nur mit uns nach rechts
die Straß entlang, so findet ihr den Aufgang,
den ein Lebendiger ersteigen kann.
Wenn mich das Joch, das steinerne, nicht drückte,
das meinen allzu stolzen Nacken bändigt,
so daß mein Blick am Boden haften muß,
wollt ich den Lebenden, der sich nicht nennt,
mir anschaun, wollte sehn, ob ich ihn kenne,
und was ich trage, müßt' sein Mitleid wecken.
Ich war Lateiner, Sohn des großen Tuskers[1].
Wilhelm Aldobrandesco hieß mein Vater.

1 Umberto aus dem mächtigen stolzen Geschlechte Aldobrandeschi wurde wegen begangener Gewalttaten in seinem Schlosse zu Campagnatico in Toskana ermordet.

Ob ihr wohl je gehört habt seinen Namen?
Das alte Blut und die hochherzigen Taten
der Ahnen machten mich so dünkelhaft,
daß ich vergaß, ein Menschenkind zu sein,
verachtend gründlich jedermann, so daß
ich daran starb, wie die Sienesen wissen
und jedes Kind in Campagnatico.
Umberto bin ich, und nicht mich allein,
die Meinen alle plagt der Hochmut sehr
und hat ins Elend sie hinabgerissen.
Um Hochmuts willen muß ich hier die Last
so lange schleppen, bis ich Gott versöhne,
da ich's versäumt im Leben, bei den Toten.«

Ihm zuzuhören beugte ich mich nieder,
und einer von den Büßern, nicht der Sprecher,
wandte sich unterm hemmenden Gewicht
und sah mich an und kannte mich und rief mich,
wobei er angestrengt die Augen heftet
auf mich, der ganz gebeugt mit ihnen ging.
»Oh«, sagt ich ihm, »bist du nicht Oderisi,
der Ruhm von Gubbio und jener Kunst,
die in Paris Illuminieren heißt[1]?«
»Ach Bruder«, sprach er, »frischer lachen jetzt
des Franco von Bologna Pinselkünste[2].
Er hat den Ruhm jetzt ganz, ich nur zum Teil.
Das hätt ich nicht so freundlich zugegeben
solang ich lebte, denn gar heftig drängte
im Herzen mir der Wunsch nach Auszeichnung.
Für solchen Stolz bezahlt man hier die Strafe.
Und noch wär ich nicht hier, hätt ich aus Sünden
mich nicht zur rechten Zeit zu Gott gewendet.
O eitler Ruhm der Leistung bei den Menschen!

1 Oderisi von Gubbio, gestorben 1299, war ein berühmter Miniaturenmaler.

2 Franco Bolognese war als Maler um die Wende des 13. Jahrhunderts sehr geschätzt.

Wie kurz das Grün am höchsten Gipfel währt,
wenn nicht ein Stillstand dumpfer Zeiten kommt!
So dachte bei den Malern Cimabue
das Feld zu halten: jetzt gilt nur noch Giotto,
und in den Schatten trat des andern Ruhm[1].
Ein Guido hat dem andern weggenommen
den Dichterpreis des Sprachstils, und vielleicht
ist schon geboren, der sie beide schlägt[2].
Der Lärm der Welt ist wie des Windes Hauch,
der bald von da und bald von dort uns bläst
und seinen Namen mit der Richtung ändert.
Was macht's für deinen Ruhm dereinst, ob du
in hohem Alter hinfährst, ob du stirbst
mit Kindermund noch ›pappo, dindi‹ lallend,
in tausend Jahren wohl, die doch noch kürzer
erscheinen vor der Ewigkeit als wie
ein Wimperschlag im Jahr des Fixsternhimmels[3]. –
Der gar so langsam seines Weges zieht
vor mir, erfüllte einst mit seinem Namen
das ganze Tuskerland, jetzt kaum noch ruchbar
in Siena, wo er herrschte, als die Wut
Florentias gebrochen ward, der Stolzen,
die heute nur ein feiles Weib noch ist[4].
Eure Berühmtheit ist wie grünes Gras:
es kommt, es geht, dieselbe Sonne sengt es,
die zart und frisch es aus der Erde lockt.«

Und ich: »Dein wahres Wort legt echte Demut
ins Herze mir und schlichtet mir die Hoffart. –
Doch wer ist jener, den du eben meintest?«
Er sagte: »Provenzan Salvani ist es;
hier büßt er nun, weil er sich angemaßt,
ganz Siena unter seine Faust zu beugen.

1 Cimabue und Giotto, die zwei berühmtesten Maler zu Dantes Zeit.

2 Anspielung auf Guido Cavalcanti und Guido Guinizelli, die bedeutendsten Dichter der Schule des »dolce stil nuovo«.

3 Der Fixsternhimmel ist der langsamste der neun Himmel.

4 Provenzano Salvani, ein mächtiger Bürger von Siena, führte die Gibellinen in der Schlacht bei Montaperti gegen die Guelfen von Florenz. Um das Lösegeld für einen seiner Freunde, der von Karl von Anjou gefangengehalten wurde, zu beschaffen, stellte er sich auf den großen Platz von Siena als Bettler auf und erbrachte die Summe.

So fuhr er hin, so geht er ruhelos
seit seinem Tod; mit solcher Münze zahlt,
wer drüben gar zu keck war, seine Buße.«
Und ich: »Wenn eine Seele ihre Reue
verschoben hat bis an des Lebens Ende,
so wartet sie dort unten, aber kann nicht
herauf, wenn gute Fürbitte nicht hilft,
bis noch einmal die Lebenszeit verstreicht. –
Wie hat nun dieser hier heraufgedurft?«
»In seines Lebens Glanzzeit«, war die Antwort,
»freiwillig auf dem großen Platz in Siena
und ohne Menschenscheu stellt' er sich auf.
Um seinen Freund, der Karls Gefangner war,
aus Kerkers Qualen zu erretten, zwang er,
am ganzen Leibe zitternd, sich ins Elend.
Mehr sag ich nicht. Ich weiß, mein Wort ist dunkel,
doch dauert es nicht lang, bis deine Nachbarn
dir Anlaß geben, daß du's deuten kannst.
Durch diese Tat wurde der Bann gelöst.«

Zwölfter Gesang

Bilder zur Warnung vor dem Stolz
Der Engel am Aufgang zum zweiten Sims

In gleicher Haltung wie im Joch zwei Stiere
schritt neben der beladnen Seele ich,
soweit der traute Lehrer es erlaubte.
Dann, als er sagte: »Laß ihn, geh vorbei,
jetzt ist es Zeit, daß jeder selbst sein Schifflein
so gut er kann mit allen Mitteln treibe«,
da richtet' ich mich auf, wie sich's gehört,
um auszuschreiten, wenn auch die Gedanken
mir noch gebeugt verharrten und gehemmt.
Ich regte mich und folgte gern den Schritten
des Meisters nach, und beide zeigten wir,
wie leicht schon unser Gang geworden war.
Da sagt er mir: »Schlag deine Augen nieder,
es kann dir nützen, um den Weg zu ebnen,
wenn du betrachtest, was die Füße treten.«

Wie zur Erinnerung an die Verstorbnen
auf ihrer Gräber Tafeln aufgezeichnet
zu sehn ist, wie sie einst im Leben waren
(weshalb man oft am Grabe um sie trauert,
vom Angedenken wiederum erfaßt,
dem sich kein fromm Gemüt entziehen kann),
so sah ich hier, doch besser aufgeführt,
kunstmäßige Figurenbilder, die
den ganzen Weg am Berg herum bedeckten.
Da sah ich das Geschöpf, das edelste
von allen Kreaturen, wie vom Himmel

es seitwärts, blitzeschnaubend niederfuhr[1]. –
Da sah ich ferner vom olympischen
Geschoß durchbohrt den Briareus liegen
zur andern Seite kalt und schwer am Boden[2]. –
Da sah ich Mars und Pallas und Apoll
in Waffen noch um ihren Vater her
zermalmte Leiber von Giganten musternd[3]. –
Da sah ich Nimrod vor dem Riesenbau
sprachlos verwirrt, die Völker rings betrachtend,
die seinem Stolz in Sennaar verbundnen[4]. –
O Niobe, wie war dein Bild am Boden
voll Schmerz, in Tränen aufgelöst, umgeben
von deinen zweimal sieben toten Kindern! –
O Saul, der in dein eigen Schwert dich stürztest,
wie lagst du da, ein Leichnam auf Gilboa,
wo seither weder Regen fiel noch Tau. –
Arachne, Törin, ach, wie sah ich dich
schon halb als Spinne trostlos an den Fetzen
des Werkes hängen, das dir schlecht gedieh[5]. –
O Roboam, du drohst ja schon nicht mehr
hier auf dem Bild. Voll Schreck auf seinem Wagen
fährt er davon, noch eh man ihn vertreibt[6]. –
Zu sehn war ferner auf dem harten Pflaster,
wie teuer jenes böse Halsgeschmeide
Alkmaion seine Mutter zahlen ließ[7]. –
Zu sehn war, wie auf König Sanherib
im Tempel sich die eignen Söhne warfen
und den Ermordeten dort liegen ließen[8]. –
Zu sehen war der Sturz, der Mord und Hohn,
vollstreckt an Cyrus durch Tomyris, da
sie sprach: »Dich dürstete nach Blut, jetzt trink[9]«.
Zu sehen waren auch in voller Flucht
nach Holofernes Tode die Assyrer,

1 *Luzifers Sturz.*

2 *Der vom Blitz getroffene Riese Briareus, dem wir schon in der Hölle begegnet sind (einunddreißigster Gesang).*

3 *Ein Bild nach der Gigantenschlacht.*

4 *Bild vom Turmbau zu Babel.*

5 *Arachne, die stolze Weberin, die von Pallas in eine Spinne verwandelt wurde.*

6 *Rehabeam, König von Israel, auf der Flucht vor dem empörten Volke.*

7 *Eriphyle, durch ein Halsband bestochen, verriet ihren Gatten Amphiaraus und wurde zur Strafe von ihrem Sohn Alkmaion getötet.*

8 *Sanherib, König von Assyrien, von seinen Söhnen ermordet, 2. Buch Könige 19, 36 ff.*

9 *Die Königin der Massageten*

Tomyris soll den Perserkönig Cyrus besiegt und seinen Kopf in Blut getaucht haben.

1 Die Assyrer führten auf ihrer Flucht die Leiche des Holofernes mit sich, Judith 14.

dazu die Reste der vollzognen Strafe[1]. –
Ich sah in Asche und in Trümmern Troja.
O Ilion, wie erniedrigt und erbärmlich
zu sehen war dein Bild in Stein gemeißelt! –

Wo war im Malen oder Zeichnen je
ein Meister, der die Tönung und den Umriß
so gab wie hier, ein Staunen für die Kenner?
Die Toten und die Lebenden so wahrhaft,
daß ich so gut wie wirklich alles sah
am Boden, da ich ging gesenkten Blickes.
So schreitet denn, ihr Kinder Evas, stolz
dahin und senket nur die Stirne nicht,
daß ihr nicht seht, wie übel euer Pfad ist!

Die Wanderung am Berg herum war weiter,
der Lauf der Sonne höher schon gediehen
als ich, befangenen Gemütes, schätzte.
Da sagte mir der immer aufmerksam
vorsichtige Vergil: »Erheb das Haupt,
jetzt brauchst du nicht so sachte mehr zu gehen.
Sieh dort, ein Engel schickt sich an und kommt
auf uns zu, und die sechste Stunde, sieh,
kehrt von dem Dienste ihres Tags zurück.
In Blick und Haltung zeige deine Ehrfurcht,
damit er freudig uns nach oben weise.
Bedenke, solch ein Tag kommt nimmer wieder.«
Mir war sein Mahnen an die Zeit und daß man
sie nicht verlieren dürfe, so vertraut,
daß ich in diesem Punkt ihn leicht verstand.

Nun kam das schöne Wesen auf uns zu,
in Weiß gekleidet, strahlend das Gesicht,

dem flimmernden Gestirn des Morgens gleich.
Er tat die Arme, tat die Flügel auf
und sprach: »Kommet herbei, hier sind die Stufen,
und nunmehr wird der Aufstieg leichter gehn.
Nur wenige sind es, die dem Rufe folgen.
Zum Flug geboren, menschliches Geschlecht,
soll dich ein Hauch der Luft zu Falle bringen?«
Er führte uns zum Einschnitt in den Felsen;
dort streift er mit den Flügeln mir die Stirne
und hieß mich sicher meines Weges wandern.
Steigt man zu rechter Hand den Berg hinauf
von Rubacontes Brücke zu der Kirche,
die ob der Musterstadt Florentia thront[1],
so wird der jähe Anstieg unterbrochen
durch Treppen, angelegt in jener Zeit,
da Buchführung und Maß noch ehrlich waren.
Ähnlich ist hier der steile Hang gemildert,
der von dem obern Kreis herunterfällt,
nur daß wir rechts und links die Felswand streiften.

Als wir die Richtung dorthin nahmen, hörten
wir Stimmen, die »beati pauperes
spiritu[2]« sangen, – unaussprechlich schön.
Wie anders als die höllischen sind doch
die Täler hier, wo uns Gesang beim Eintritt
empfängt! und unten war's ein wilder Jammer.

Die heiligen Stufen stiegen wir hinan,
und mir kam's vor, als stieg ich sehr viel leichter
als vordem ich zu ebner Erde ging,
drum wandt' ich mich zum Meister: »Sag, was ist mir
für ein Gewicht genommen worden, daß ich
beim Gehen kaum noch Müdigkeit verspüre?«

1 Erinnerung an die rampenartige Treppe hinauf zu San Miniato in Florenz.

2 Evang. Matth 5, 2.

Und er: »Wenn dir die noch verbliebnen P's,
obschon verloschen fast auf deinem Antlitz,
ganz ausgetilgt, wie jetzt das erste, sind,
dann wird der gute Wille deine Füße
so mit sich reißen, daß sie nicht nur mühlos,
ja gar mit Lust sich aufwärts treiben lassen.«
Da macht ich es wie manche Leute, die
am Kopf was haben, es nicht wissen, und
aus Zeichen andrer es vermuten können,
dann mit der Hand sich vergewissern wollen,
die sucht und findet und vollbringt den Dienst,
den das Gesicht diesmal nicht leisten kann.
So mit gespreizten Fingern meiner Rechten
fand ich nur sechs von jenen Lettern noch,
die mir der Pförtner auf die Stirn geschnitten.
Mein Lehrer sah mir zu und lächelte.

Dreizehnter Gesang

Der zweite Sims · Die Neidischen · Sapia

Wir standen auf dem höchsten Punkt der Treppe
dort, wo der Berg, der seine Wandrer läutert,
zum zweiten Male einen Einschnitt zeigt.
Auch hier umrahmt ein Sims wie jener erste
die Höhe rundherum, nur daß der Reif,
dieweil er enger ist, sich rascher biegt.
Da ist kein Zeichen und kein Bild zu sehen;
ganz nackt und glatt die Straße und der Hang,
in leichenhafter Färbung des Gesteins.
»Wenn wir auf Leute warten woll'n, die hier
den Weg uns weisen«, meinte der Poet,
»so fürcht ich, sind wir lange in der Schwebe.«
Dann richtet er die Augen nach der Sonne
und sprach, die rechte Seite seines Körpers
zur Achse machend, schwenkend mit der linken:
»Du holdes Licht, dem ich mich anvertrauend
den neuen Weg betrete, führ uns du,
wie sich's in diesem Reich gehört, hinan.
Du wärmst die Welt, du leuchtest über ihr.
Wo nicht ein andrer Grund entgegenwirkt,
gebührt die Führung immer deinen Strahlen.«

So viel man hier auf eine Meile zählt,
waren wir dort in kurzer Zeit gegangen,
weil uns ein eifriges Verlangen trieb:
da wehten uns entgegen unsichtbar
Stimmen von Geistern, die in hohen Worten

zu Gaste baten für den Tisch der Liebe.
Die erste Stimme, die vorüberflog:
»Vinum non habent«, sprach sie laut und hell[1]
und wiederholte hinter uns den Spruch.
Und eh sie noch verklungen in der Ferne,
rief eine andere: »Ich bin Orestes«,
und schwebte weiter ohne Aufenthalt[2].
»O Vater«, sprach ich, »was für Stimmen sind das?«
Und über meine Frage, horch, die dritte,
die sagte: »Liebet, die euch Böses taten[3]«.
Mein Meister sprach: »Auf diesem Rundgang wird
der Neid gegeißelt, darum wird die Geißel
mit Liebesworten züchtigend geschwungen.
Die Abschreckung wird freilich anders klingen,
du wirst sie hören können, denk ich mir,
eh du zum Durchgang des Verzeihens kommst.
Doch jetzt durchspähe aufmerksam den Raum.
Dort vorne kannst du Menschen sitzen sehen,
am Felshang hingekauert Mann für Mann.«

Da schärfte ich die Augen mehr als sonst,
und vor mir konnt ich Schatten unterscheiden
in Mänteln von der Farbe des Gesteins.
Und als wir ihnen etwas näher kamen,
hört ich: »Maria bitt für uns!« und hörte
bei ihren Namen alle Heiligen rufen.
Ich kann nicht glauben, daß noch heut auf Erden
ein Mensch dem Mitleid sich verhärten könnte,
wenn er mitansehn müßte, was ich sah.
Als ich nahe genug herangetreten,
um ihr Gehaben deutlich zu erkennen,
trieb mir der Schmerz die Tränen in die Augen.
Ein ärmlich Büßerhemd schien ihre Kleidung.

1 *Worte Marias bei der Hochzeit zu Kana, Ev. Joh. 2, 1.*

2 *Orestes als Beispiel der Freundschaft.*

3 *Worte Christi. Ev. Matth. 5, 44.*

Schulter an Schulter hin und hergelehnt
und alle an die Felswand angestützt,
den armen Blinden glichen sie, die um
das Nötigste an Gnadenorten betteln
und hängen ihre Köpfe üb'reinander
und wollen schnell ein wirksam Mitleid wecken,
nicht nur durch ihrer Worte Klagelaut,
auch durch das flehentlich bedürftige Aussehn.
Und wie zum Blinden keine Sonne dringt,
so bleibt den Schatten dieser Büßenden
das himmlische Geschenk des Lichts versagt,
denn ihrer aller Augenlider sind
vernäht mit Draht, wie man bei wilden Sperbern
es macht, daß sie sich besser zähmen lassen.
Mir war, als ob ich sie beleidigte,
wenn ich sie ansah, ungesehn von ihnen,
drum wandt ich mich um Rat zu meinem Meister.
Er wußte meinen stummen Blick zu deuten,
und, ohne meine Frage abzuwarten,
»So sprich mit ihnen«, sagt er, »kurz und klug.«
Vergil ging neben mir auf jener Seite,
wo man ins Leere fallen könnte, weil
der Sims hier keinerlei Umkränzung trägt.
Zur andern Seite saßen still ergeben
die Schatten; und aus streng verschlossnen Augen
gepreßte Tränen netzten ihre Wangen.
Ich redete sie an: »Die ihr so sicher
das hohe Licht dereinst zu schauen hofft,
um das allein sich eure Sehnsucht sorgt,
so wahr die Gnade euch nun bald den Wahn
wie Scham zerstreue und den Geist erhelle,
so daß Erleuchtung ihm von oben strömt,
erweiset mir die Freundlichkeit und sagt mir,

ob eine Seele hier ist aus Italien.
Es kann ihr nützlich werden, wenn ich's weiß.«
»Mein Bruder, jede Seel ist Bürgerin
der *einen* wahren Stadt. Du willst wohl sagen,
daß sie als Pilgrin in Italien lebte.«
So war die Antwort, die mir ungefähr
ein wenig weiter vorne als ich stand
erscholl, so daß ich mehr nach dorthin sprach.
Da sah ich unter andern einen Schatten,
der sichtlich wartete. Ihr fragt: wieso?
Mit hochgehobnem Kinn nach Art der Blinden.

»Die du dich mühst, um aufzusteigen, Seele«,
sprach ich, »bist du's, die eben Antwort gab?
so nenne dich bei Namen oder Heimat.«
»Ich war aus Siena«, sagte sie, »ich läutre
mit diesen andern hier mein sündig Leben
und weine flehend um des Retters Hilfe.
Sapía nannten sie mich, doch ich war[1]
nicht weise, freute über fremden Schaden
mich herzlicher als über eignes Glück.
Daß du nicht glaubst, ich wolle dich beschwatzen,
so hör, ob ich nicht toll war, wie ich sagte.
Schon ging die Kurve meines Lebens abwärts,
als unsre Bürger auf dem Feld bei Colle
mit ihren Feinden in der Schlacht sich trafen,
und ich erbat von Gott, was schon verhängt war.
Geschlagen wurden sie, in bittre Flucht
gejagt, und als ich diese Hetze sah,
erfaßte mich ein Jubel ohnegleichen,
und frech erhob ich das Gesicht zu Gott
und schrie: ›Jetzt fürchte ich auch dich nicht mehr!‹
So pfiff die Amsel, als der Himmel lachte.

1 *Sapía, eine Frau aus einem Adelsgeschlecht in Siena. Sie erzählt, wie sie über die Niederlage der Ihrigen bei Colle di Valdelsa (1296) ihre Schadenfreude bezeigte.*

Am Ende meines Lebens sucht ich Frieden
mit Gott, doch wäre meine Schuld noch nicht
durch eigne Buße mir gelindert worden,
hätte Pier Pettignano[1] nicht sich mein
erbarmt, und hätt er meiner nicht gedacht
in seinen gottgefälligen Gebeten.
Doch wer bist du, der unsern Zustand hier
erforscht und wie mich deucht mit offnen Augen
einhergeht und lebendig atmend redet?«
»Mir wird«, sagt ich, »das Aug hier auch einmal
geschlossen, doch nicht lange, denn nicht oft
hat es mit bösem Neid umhergeblickt.
Viel banger ängstet meine Seele sich
in Furcht vor Martern auf dem untern Sims.
Schon fühle ich von dort den Druck auf mir.«
Und sie: »Wer hat dich denn heraufgeführt
zu uns, wenn du hinabzukehren glaubst?«
»Der neben mir hier steht und schweigt«, sprach icn.
»Ich bin noch lebend, sag mir deine Wünsche,
erlesne Seele, so du willst, daß ich
für dich noch irdische Gänge unternehme.«
»Dies ist nun«, sprach sie, »etwas Unerhörtes,
ein großes Zeichen ist's, wie lieb dich Gott hat.
Drum hilf mir dann und wann mit deiner Bitte.
Bei deinem tiefsten Wunsch ersuch ich dich,
wenn je du auf Toskanas Boden kommst,
erfrische in der Heimat meinen Ruf.
Du findst die Meinen unter vielen Narren
mit ihren Talamone-Plänen, die[2]
noch hoffnungsloser sind als die der Diana[3]
und höchst verlustreich für die Admirale[4].«

1 Ein Handwerker in Siena, der für heilig gehalten wurde.

2 Gemeint ist der Plan, in Talamone, wo die Malaria herrschte, einen Hafen zu errichten.

3 Gemeint sind kostspielige und nutzlose Versuche, einen unterirdischen Strom, La Diana, zu finden, der die Stadt mit Wasser versehen sollte.

4 Es scheint, daß der Plan des Seehafens in Talamone vielen Seeleuten Gesundheit und Leben gekostet hat.

Vierzehnter Gesang

Guido del Duca und Rinieri da Cálvoli sprechen über Zustände und Mißbräuche in Toskana und in Romagna

Warnende Stimmen gegen den Neid

»Wer schreitet da um unsern Berg herum,
bevor der Tod ihn leicht hinschweben lehrt,
und blinzelt mit den Augen nach Belieben?«
»Ich weiß nicht, weiß nur, daß er nicht allein ist.
Frag du ihn doch, da du ihm näher bist,
begrüß ihn freundlich, daß er mit uns spreche.«
So redeten einander zugeneigt
und rechts von mir zwei Schatten über mich
und lehnten sich zurück, mich anzureden.
Der eine[1] sprach: »O Seele, noch gebannt
im Körper, die du pilgerst nach dem Himmel,
gib uns zuliebe und zum Troste Nachricht,
woher du kommst und wer du bist, denn staunen
machst du uns mit der Gnade, die dir ward,
wie über Niegewesenes man staunt.«
Und ich: »Durchs Herz Toskanas schlängelt sich
ein Flüßlein; es entspringt am Falterona
und wird von hundert Meilen Lauf nicht müde.
Von seinen Ufern stammt mein leiblich Teil.
Zu sagen, wer ich bin, das wär vergebens;
mein Name hat noch keinen rechten Klang.«
»Erfaß ich deine Andeutungen richtig
mit dem Verstand«, antwortete mir jener,
der anfangs sprach, »so meinst du wohl den Arno.«
Drauf frug der andre[2] ihn: »Warum verbirgt er
geflissentlich den Namen dieses Flusses,

1 Guido del Duca aus dem Hause von Bertinoro in der Romagna war ein angesehener Gibelline in der ersten Hälfte des 13. Jahrhunderts.

2 Rinieri von Cálvoli, ebenfalls Romagnole, gehörte der welfischen Partei an.

als wär es gar ein fürchterliches Ding?«
Der so befragte Schatte gab zur Antwort:
»Ich kenne seine Gründe nicht, doch wert
daß er zugrunde geht, ist dieser Name.
Denn von des Flusses Ursprung, wo die Kette
des Apennin, zerrissen am Peloro[1],
so wasserreich wie kaum wo anders ist,
bis dorthin, wo der Fluß zurückerstattet,
was aus dem Meer der Himmel zu sich nahm
(wovon die Flüsse wieder sich bereichern),
wird Tugend in dem ganzen Tal als Feindin
verfolgt wie eine Natter, sei's daß Elend
oder Verkommenheit das Land verseucht.
Und so verwandelt und entartet sind
die Menschen dieses jammervollen Tales,
als habe Kirkes[2] Küche sie gefüttert.
Bei schweinischem Gesindel, dem man Eicheln
statt menschenwürdiger Speise geben sollte,
fließt er zuerst als dünner Bach vorbei.
Das Tal hinab trifft er auf hündische Kläffer,
die nur im Knurren, aber sonst nicht stark sind,
und wendet dann verächtlich sich zur Seite
und fließt bergab. Je mehr sein Wasser schwillt,
werden die Hunde abgelöst von Wölfen
am Ufer des verfluchten Bettelgrabens.
Durch düstere Gründe dann hinunter
findet er Füchse, die so abgefeimt sind,
daß sie der schlauste Geist nicht fangen kann. –
Ich rede weiter – mag man mich belauschen,
und diesem hier ist's gut, wenn er sich merkt,
was mir der Geist der Wahrheit offenbart.
Ich sehe deinen Enkel, der als Jäger[3]
die Wölfe jagt und allesamt erschreckt

1 Cap Peloro an der Meerenge von Messina.

2 Die bekannte Zauberin, die die Genossen des Odysseus in Tiere verwandelte.

3 Hinweis auf Fulcieri da Cálvoli, der als Podestà von Florenz im Jahr 1303 mehrere weiße Gibellinen hinrichten ließ.

am Ufer des entmenschten Flusses hin.
Ihr Fleisch verkauft er bei lebendigem Leib,
dann tötet er das raubgewohnte Wild.
Viele entleibt er, und sich selbst entehrt er.
Mit Blut besudelt tritt er aus dem Wald
und läßt ihn so, daß nicht in tausend Jahren
zum alten Stande das Gehölz sich forstet.«

Wie bei der Kunde künftiger Verwüstung
das Angesicht dem, der's erfährt, sich trübt,
woher auch die Gefahr ihm drohen mag,
so sah ich jetzt die andre Seele, die
den Worten lauschte, trüb und traurig werden,
da sie den Inhalt in sich aufgenommen.
Des einen Rede und des andern Aussehn
erweckten mir den Wunsch nach ihrem Namen.
Ich fragte sie, ich bat sie auch darum,
worauf der eine, der zuerst gesprochen,
erwiderte: »Du willst, daß ich mich füge,
dir mitzuteilen, was *du* uns verschweigst.
Doch da der Herr mit seiner Gnade dich
so reich bestrahlt, will ich nicht geizig tun.
So wisse denn, ich bin Guido del Duca.
Der Neid entzündete mir so das Blut,
daß, wenn ich einen frohen Menschen sah,
ich gleich vor Mißgunst im Gesicht erbleichte.
So ernte ich nun, was ich pflanzte: Stroh!
Was hängest du dein Herze, Menschenvolk,
an Werte, die das Allgemeine scheuen!
Der neben mir ist Rainer, Preis und Ehre
des Hauses Calvoli, in dem nicht einer
den Manneswert von ihm hat erben wollen.
Und nicht sein Stamm allein ist so verarmt

an Lebensfreude und Wahrhaftigkeit:
vom Po bis zum Gebirg, vom Meer zum Reno[1],
im ganzen Land herum ist alles voll
von giftigem Gestrüpp; es auszuroden
für bessern Anbau reicht die Zeit nicht mehr.
Wo ist der gute Lizio, wo Manardi,
Pier Traversaro, Guido di Carpigna[2]?
Bastarden sind Romagnas Kinder worden!
Wann sieht Bologna einen Fabbro wieder[3]?
Faenza einen Bernardin di Fosco,
aus kleinem Samen ein so edles Reis?
Wundre dich nicht, Toskaner, daß ich weine,
wenn ich gedenke, wie Guido da Prato
und Ugolino d'Azzo bei uns lebten,
und Frederic Tignoso mit den Seinen[4],
die Häuser Traversara, Anastigi –
und beide Sippen ohne rechten Erben!
Wie Fraun und Ritter uns bei Mühn und Freuden
zu Minne und zu hohem Sinne führten –
und jetzt, wie niederträchtig sind die Herzen!
Was stehst du noch und wartest, Brettinoro[5]?
Dein Herr ist weggezogen samt den Seinen
und vielem Volk. Sie wollten nicht verfaulen.
Bagnacaval hat recht, daß es nun ausstirbt[6],
und schlecht tut Castrocaro, schlimmer Conio[7],
daß sie noch solche Gräflein zeugen mögen.
Mit den Pagani wird es besser werden,
wenn erst ihr Teufel weg ist, doch nicht so,
daß wieder rein ihr Ruf erstrahlen kann[8].
O Ugolin de'Fantolin[9], dein Name
steht sicher, da kein Sproß mehr zu erwarten,
der durch Entartung ihn verdunkeln könnte.
Doch jetzt geh fort, Toskaner, laß mich weinen

1 Gemeint ist die ganze Romagna.

2 Die Genannten gehören den besten Adelsgeschlechtern der Romagna an.

3 Fabbro Lambertazzi, † 1259, ein angesehener Gibelline in Bologna; Bernardin di Fosco, ein tüchtiger Mann aus dem Volke.

4 Angesehene vornehme Persönlichkeiten in der Romagna.

5 Heute Bertinoro, ein Kastell bei Forlì.

6 Bagnacavallo, ein kleiner Ort bei Ravenna.

7 Zwei Ritterburgen in der Romagna.

8 Die Pagani waren eine Adelsfamilie in Faenza.

9 Aus Faenza, der Letzte seines Geschlechtes.

nach Herzenslust, ich mag nicht weiterreden,
unser Gespräch hat mir den Sinn beengt.«

Wir wußten wohl, daß diese guten Seelen
uns weggehn hörten, und ihr Schweigen war
uns sichere Gewähr des rechten Weges.
Alleine waren wir und schritten weiter,
als, wie ein Blitzstrahl, der die Luft zerschneidet,
uns eine Stimme scharf entgegenrief:
»Erschlagen wird mich jeder, der mich findet[1]!«
Und wie der Donner, der die Wolke schlitzt,
so rollte es vorüber und verklang.
Kaum, daß sich unser Ohr davon erholte,
kam mit Getöse gleich die zweite Stimme,
wie Schlag auf Schlag dem Donner Donner folgt:
»Ich bin Aglauros, die versteinert wurde[2]!«
Da wollt ich mich an meinen Dichter schmiegen
und trat statt vorwärts einen Schritt zurück.
Bald wurd es stille in der Luft um uns,
und er: »Das war der scharfe Ruck des Zügels,
um euer Fahrzeug in der Bahn zu halten.
Ihr schnappt den Köder, und am Angelhaken
zieht euch der alte Erbfeind zu sich hin.
Da hilft kein Zügel und kein Warnruf viel.
Der Himmel wirbt um euch und kreist um euch
und tut euch seine ewige Schönheit dar,
doch immer haftet euer Aug am Boden.
Drum züchtigt euch der Allessehende.«

1 Kains Worte, 1. Mose 4, 14.

2 Aglauros, die Neidische, wurde von Merkur in einen Stein verwandelt. Ovid Metam. II, 708 ff.

Fünfzehnter Gesang

Die Lichterscheinung des Engels · Aufstieg Gespräch über die Verteilung der irdischen und himmlischen Güter · Beispiele der Sanftmut auf dem dritten Sims

So viel des Weges wie von Tagesanbruch
bis an das End der dritten Stunde, spielend
und kindlich frisch die Sonnensphäre läuft,
so viel etwa blieb gegen Abend hin
der Sonne noch von ihrer Reise übrig.
Die Vesper kam; zu Haus war Mitternacht.
Gerade ins Gesicht stach uns die Sonne,
da wir am Berg so weit herumgekommen,
daß jetzt gen Abend unsre Richtung lief.
Auf feine Stirne fühlt ich schwer und schwerer
als eben noch den Glanz des Lichtes treffen
und wußte staunend nicht, wie mir geschah.
So hob ich denn zur Höhe meiner Brauen
die Hände auf und machte einen Schirm,
das Allzuviel des Lichtes abzudämpfen.
Wie wenn von Wassers oder Spiegels Fläche
der Lichtstrahl abspringt auf die andre Seite
und mit derselben Neigung wieder aufsteigt,
mit der er fällt, und wie er gleichviel abweicht
vom Einfallslot in gleichem Winkelmaß,
was uns Erfahrung zeigt und Wissenschaft,
so.glaubte ich von einem Lichtstrahl mich
getroffen, der sich vor mir spiegelte,
und schleunigst wandte mein Gesicht ich ab.
»Was ist das, lieber Vater, für ein Licht,
vor dem ich das Gesicht nicht schützen kann

und das sich, scheint mir, auf uns zu bewegt?«
»Wundre dich nicht«, antwortet er, »wenn dich
das himmlische Gesinde jetzt noch blendet.
Ein Bote kommt und lädt zum Aufstieg ein.
Bald wirst du solche Klarheit nun mit Lust
und nicht mit Mühe mehr zu schaun bereit sein,
soweit Natur dich dazu fähig machte.«
Als wir dem heilgen Engel nahe waren,
sprach er mit heitrer Stimme: »Tretet ein,
viel sanfter als zuvor steigt hier die Treppe.«

Hinweg von unserm Standort ging's hinauf,
und hinter uns ein Singen: »Selige
Barmherzigkeit und Heil dem Sieger[1]!« – klang es.
Indes wir beide so allein, mein Lehrer
und ich, nach oben strebten, dachte ich,
aus seinen Worten Nutzen mir zu ziehen,
und wandte mit der Frage mich an ihn:
»Was meinte wohl der Schatte aus Romagna
mit ›Werten, die das Allgemeine scheuen‹?«
Drauf er: »Da er von seinem größten Laster
die Folgen kennt, so ist's gewiß kein Wunder,
daß er durch Tadel es beschneiden will.
Weil eure Wünsche sich auf Güter richten,
die durch Gemeinschaft und Verteilung schmelzen,
so gibt es allerseits ein neidisch Schnauben.
Wenn aber Liebe zu dem höchsten Himmel
nach oben euer Streben lenken möchte,
so bliebe frei von Eifersucht die Brust.
Je mehr sie droben ›unser‹ sagen lernen,
um so viel mehr besitzt an Gut ein jeder,
und um so wärmer strahlt im Chor die Liebe.«

1 *Evang. Matth. 5, 7 und 12 (?).*

»Noch hungeriger bin ich jetzt«, sprach ich
»als wenn ich vorher ganz geschwiegen hätte,
und nur noch weitre Zweifel hegt mein Geist.
Wie ist es möglich, daß ein Gut, verteilt
auf mehrere Besitzer, diese reicher
als wenn sie wenige wären, werden läßt?«
Und er: »Da sich nur immer dein Gedanke
auf irdische Verhältnisse bezieht,
so quillt dir Nacht aus wahrem Licht hervor.
Das unaussprechlich und unendlich Gute,
von oben eilt es zu der Liebe hin,
wie Lichtstrahl auf die hellen Körper fällt,
und schenkt die Glut, die ihm entgegenglüht.
Je mehr des Menschen Liebe sich verstrahlt,
strömt also ihr an ewiger Stärke zu.
Je mehr sich Menschen droben einig finden,
je mehr wächst Liebe zu, wächst Liebenswertes:
sie strahlen es einander zu wie Spiegel.
Wenn dir mein Wort noch nicht genügen kann,
du wirst ja Beatricen sehn, und sie
wird all dein Fragen dir und Sehnen stillen.
Nur trachte, daß du die fünf Wunden schnell –
schon zwei sind weg – dir von der Stirne fegest;
indem sie wehe tun, verheilen sie.«
»Dein Wort beruhigt mich«, wollte ich ihm sagen,
da sah ich schon mich auf dem dritten Sims,
und neue Lust zu schauen ließ mich schweigen.
Ich kam mir plötzlich wie ergriffen vor,
verzückt in ein Gesicht, und mir erschien
in einem Tempel vieles Volk versammelt,
und eine Frau trat eben ein, in sanfter
und mütterlicher Art: »Mein Sohn«, sprach sie,
»Warum hast du uns solches angetan[1]?

1 *Ev. Lukas 2, 41 ff.*

Siehe, mit Schmerzen haben wir, dein Vater
und ich, nach dir gesucht.« Und als sie schwieg,
verschwand die erste der Erscheinungen.
Und eine andre Frau erschien, vor Schmerz
und Groll die Wangen tränenüberströmt,
und sprach zu ihrem Gatten ungeduldig:
»Wenn du der Herr bist über diese Stadt,
um deren Namen einst die Götter stritten[1],
aus deren Hoheit alles Wissen strahlt,
so strafe doch, Pisistratus, die Keckheit
des Arms, der unser Töchterlein umhalste.«
Den Herrscher aber sah ich mild und gütig
mit Mäßigung im Ausdruck ihr begegnen:
»Was tun wir dem dann, der uns Böses wünscht,
wenn wir verfolgen, wer uns Liebe zeigt[2]?«
Dann sah ich viele zornentflammte Menschen
zu Tode einen Jüngling steinigen.
Sie schrien heftig: »Foltert, foltert ihn!«
Und sah, wie er zur Erde hin sich neigte,
zu Tod getroffen, schon zusammenbrach,
die Augen aber offen nach dem Himmel
zum höchsten Herren in Bedrängnis betend,
daß er verzeihe seinen Peinigern,
mit einem Aufblick, der Erbarmen weckt[3].

Als meine Seele zu den Gegenständen
der Wirklichkeit nach außen wieder kehrte,
erkannt ich meine Träume doch als wahr.
Mein Führer sah wohl, daß ich einem Manne,
der sich dem Schlaf entwindet, glich und sprach:
»Was hast du, daß du dich nicht halten kannst
und kommst mir eine halbe Meile schon
mit trübem Blick und schwankem Tritt einher,

1 Athen.

2 Das Beispiel des Pisistratus stammt wohl aus Valerius Maximus, Facta et dicta mem.

3 Martyrium des heiligen Stefanus. Apostelgeschichte 7, 54 ff.

als wärst von Wein benommen oder Schlaf?«
»O bester Vater, wenn du's hören willst,
erzähl ich dir«, sprach ich, »was mir erschien,
als ich der Beine nicht mehr mächtig war.«
Drauf er: »Und wenn du mir mit hundert Masken
dein Angesicht verdecktest, wäre doch
dein Denken, auch dein heimlichstes, mir offen.
Deine Visionen sollten dich ermahnen,
dein Herze aufzutun und zu bereiten
dem ewigen Quell, der uns den Frieden bringt.
Ich frug, ›was hast du?‹ nicht wie jene Leute,
die nur mit stumpfen Augen schauen und
nicht sehn, wie Seele einen Leib verläßt.
Ich frug, um deinen Schritten Kraft zu geben.
So muß man Säumige und Träge spornen,
wenn sie erwachen, ihren Tag zu nützen.«

Wir gingen durch den Abend hin und spähten,
so weit die Augen dringen konnten, vorwärts
dem Licht des letzten Sonnenblicks entgegen.
Da sahn wir langsam einen Rauch erstehn,
der wälzt' sich dunkel wie die Nacht auf uns,
und keine Möglichkeit ihm zu entfliehen.
Dahin war Helligkeit und reine Luft.

Sechzehnter Gesang

Die Zornigen im Rauch · Marco Lombardo

Nicht Höllendunkel, noch die Nacht des Himmels,
wenn kein Gestirn zu sehn ist und die Wolken
das einsame Gewölbe ganz verfinstern,
haben mein Auge je so dicht umschleiert
wie dieser Rauch, der uns umhüllte und
so rauh sich fühlbar machte und so beizend,
daß man das Aug nicht offenhalten konnte.
Daher mein treuer zuverlässiger Lehrer
mir nähertrat und seine Schulter bot;
und wie der Blinde seinem Führer folgt,
daß er sich nicht verirre, sich nicht stoße
an etwas Schädlichem, gar Tödlichem,
so ging ich durch die scharfe schmutzige Luft
und hörte meinen Führer an, der sagte:
»Gib acht, daß du dich nur von mir nicht trennest.«

Ich hörte Stimmen, deren jede klang
wie ein Gebet um Frieden und Erbarmen
zum Lamme Gottes, das die Sünden trägt.
Sie fingen immer an mit »Agnus Dei«,
in allen waren Wort und Ton so gleich,
daß ihre Eintracht überall sich zeigte.
»Sind das wohl Geister, die ich höre?« frug ich.
Und er zu mir: »Du hast es recht erkannt.
Vom Zorn sich zu befreien, sind sie hier.«
»Wer bist du, daß du unsern Rauch zerteilst
und sprichst von uns, als ob für dich die Zeit

nach Monaten und Wochen sich noch messe?«
So machte eine Stimme sich vernehmbar[1].
Daher der Meister: »Gib ihm Antwort«, sagte,
»und frag ihn, ob von hier aus man hinaufgeht.«
Und ich: »Göttlich Geschöpf, das hier sich läutert,
um rein zu seinem Vater heimzukommen,
begleite mich, und du sollst Wunder hören.«
Und er: »Ich folge dir, so weit ich darf,
und da der Rauch uns das Gesicht verwehrt,
soll das Gehör uns beieinanderhalten.«
Und nun begann ich: »In der irdischen Hülle,
die mir im Tod sich löst, steig ich hinauf.
Bis hieher drang ich durch der Hölle Not,
und da mich Gott in seine Gnade aufnimmt
und seinen Thron zu schauen mir vergönnt
in einer lang nicht mehr geübten Form,
verbirg mir nicht, wer du im Leben warst.
Erzähl, und sag, ob's hier zum Aufstieg geht
und leite uns mit deinen Worten hin.«
»Lombarde war ich, und man hieß mich Marco;
erfahren in der Welt, liebt ich die Ehre,
für die sich heute keine Hand mehr rührt.
Zum Aufstieg bist du auf dem rechten Weg.«
So gab er mir Bescheid und fügte bei:
»Wenn du hinaufkommst, bitt für mich, ich bitt dich.«
Und ich: »Auf Treu und Glauben sich'r ich dir,
was du begehrst, doch quält ein Zweifel mich
zum Bersten, wenn ich ihn nicht lösen kann.
Erst war er einfach, jetzt ist er verdoppelt[2]
durch deinen Spruch, der mir als wahr bestätigt
den Punkt, der hier wie dort zum Zweifel führt.
Wohl bleibt es wahr, die Welt ist ganz verlassen
von jeder Tugend, wie du mir verkündest,

1 Marco Lombardo, ein Edelmann, der in der zweiten Hälfte des 13. Jahrhunderts großes Ansehen genoß.

2 Der erste Zweifel ist in Dante angeregt worden durch Guido del Duca im vierzehnten Gesang Fegfeuer, 29 ff.

und voll und überhäuft mit Schlechtigkeit.
Doch deute mir, ich bitte dich, den Grund an,
daß ich ihn sehn und andern zeigen möge;
man sucht ihn bald im Himmel, bald hienieden.«

In einen tiefen Seufzer brach er aus
vor Schmerz und fing zu reden an: »Ach, Bruder,
die Welt ist blind, man merkt, du kommst von dort.
Ihr Lebenden legt sogleich jeden Grund
dem Himmel droben bei, als ob er alles
notwendig mit sich riss' in seinem Lauf.
Und wär es so, so wär der freie Wille
zerstört in euch, auch wär es ungerecht,
im Guten Freud, im Bösen Leid zu haben.
Den Antrieb eurer Regung gibt der Himmel,
nicht jeden, sag ich, aber gäb er jeden,
so habt ihr doch das Licht für Gut und Böse,
habt freies Wollen, das nur mühsam zwar
den ersten Kampf mit den Gestirnen aushält,
doch dann bei guter Pflege immer siegt.
Der höhern Macht, der besseren Natur
folgt ihr dann frei, und damit wächst in euch
der Geist, der keinen Sternen untersteht.
Daher, wenn heut die Welt entgleist, so liegt
in euch der Grund, in euch ist er zu suchen.
Ich will ihn dir wahrhaftiglich erkunden.

Aus Schöpfers Hand, der gerne sie betrachtet,
noch eh sie da ist, schlüpft die kleine Seele,
ein Kindlein noch im Weinen und im Lachen,
und weiß von nichts in ihrer frischen Einfalt,
nur, daß sie von dem frohen Vater her
sich immer gern zu Frohsinn wieder wendet.

Zunächst bekommt sie Lust an Kleinigkeiten,
sie läßt sich täuschen, und sie läuft danach,
wenn ihre Liebe nicht gezügelt wird.
So wurden Schranken nötig und Gesetze,
ein König wurde nötig, der zum Turme
der heiligen Stadt euch aufzublicken lehrte.
Gesetze gibt's, jedoch in wessen Hand?
In niemands, denn der Hirte, der vorangeht,
vermag zu schaun, doch nicht sich zu entscheiden[1].
Wie nun die Herde ihren Hirten immer
nach Gütern, die sie selbst begehrt, sieht gieren,
so weidet sie sich dran und will nichts Höhres.
So kannst du einsehn, daß nur schlechte Führung
der Grund ist, der die Welt verkommen läßt,
und nicht Entartung euerer Natur.
Rom, das die alte Welt in Ordnung brachte,
besaß zwei Sonnen, um die beiden Wege
der Erde und des Himmels zu erleuchten.
Erblindet sind die Sonnen aneinander,
in *einer* Hand sind Schwert und Hirtenstab.
Wehe der fluchbeladenen Verbindung,
in der sie sich nicht achten und nicht fürchten!
Wenn du's nicht glaubst, geh hin und schau die Früchte,
ist doch am Samen jedes Kraut zu kennen.
Im ganzen Land bespült von Etsch und Po
war Mut und höfisch Wesen noch zu finden,
eh Kaiser Friedrich dort in Streit geriet[2]. –
Jetzt kann mit Sicherheit sich jeder Lump
daselbst ergehn und braucht sich nicht zu schämen
vor Ehrenmännern, die er treffen könnte.
Drei Greise sind noch da, ein Hohn und Vorwurf
der alten an die neue Zeit. Die drei
erwarten sehnlich, daß der Herr sie abruft.

1 Die Meinung ist, der Papst sei wohl gelehrt, aber ohne Willenskraft und Tugend.

2 Bevor Friedrich II. von Hohenstaufen mit dem Papst in Streit geriet.

Der wackre Gerhard, Konrad von Palazzo
und Guido da Castel, der auf französisch[1]
mit Recht der biedere Lombard genannt wird. –
So sage laut jetzt, daß die römische Kirche,
verwechselnd in sich selbst die zwei Gestalten,
in Schmutz mit allem, was sie trägt, verfällt!«

1 Drei Männer aus adeligen Geschlechtern in Oberitalien.

»Wie recht du hast, mein Marco!« rief ich aus.
»Jetzt kann ich auch verstehn, warum von Erbschaft
die Söhne Levis ausgeschlossen wurden[2].
Doch sprich, wer ist der Gerhard, der als Muster
der hingegangnen Männer, wie du meinst,
zum Hohn der rohen Gegenwart zurückblieb?«
»Willst du mich täuschen oder mich versuchen?«
antwortet er, »daß du toskanisch redest
und scheinst den wackern Gerhard nicht zu kennen?
Ich kenn ihn als den Wackern nur mit Namen
und müßt nach seiner Tochter Gaia ihn[3]
den Frohen nennen. Doch genug, lebt wohl.
Siehst du, wie's dämmert durch den Rauch und schim-
von weißem Licht? Ich muß zurück, ich darf [mert
dem Engel, der dort steht, nicht vor die Augen.«
Er sprach's und wartete auf keine Antwort.

2 Der Stamm Levi war bei den Israeliten vom weltlichen Besitz ausgeschlossen.

3 Gaia, die Tochter des Gherardo da Camino, war wegen ihres zügellosen Lebens bekannt.

Siebzehnter Gesang

Beispiele bestraften Zornes · Aufstieg zum vierten Sims · Die Einteilung des Fegfeuers

Wenn je ein Nebel im Gebirge, Leser,
dich überfiel, so daß du nur mehr wie
der Maulwurf sehen konntest durch ein Häutchen,
erinnre dich, wie dann der dicke Dunst,
der feuchte, sich allmählich lichtet, und
die Sonnenscheibe ihn nur schwach durchdringt:
und leicht und schnell kannst du ein Bild dir machen,
wie ich die Sonne dort nun wieder sah,
gerade noch vor ihrem Untergang.
Im Geichmaß mit des Meisters treuen Schritten
trat ich hervor aus diesem Rauchgewölk
ans Licht, das drunten schon erstorben war.

O Phantasie, du reißest uns hinweg
manchmal so weit, daß nichts mehr wir verspüren,
und tönten tausend Tuben um uns her,
wer gibt dir Flügel, wenn die Sinne schlafen?
Himmlisches Licht beflügelt dich, es strahle
von selbst herab, oder durch höhern Willen.
In meiner Phantasie erschien das Schreckbild
der Freveltat von jener, die sodann
zum Vogel ward, der im Gesang sich tröstet[1].
Und dabei drängte sich mein Geist so ganz
nach innen zu sich selbst, daß er von außen
jetzt nichts mehr aufnahm, was auch kommen mochte.–
Dann senkte in die hohe Innenschau
sich ein Gekreuzigter trotzig und wild

1 Hinweis auf den Mythos von der Nachtigall, Prokne, siehe Ovid Metam. VI, Vers 412–676.

hernieder, und mit solcher Miene starb er,
und um ihn her der große Assuerus,
Esther, sein Weib, und Mardachai, der treue,
in Wort und Taten Lautere, Gerechte[1].
Und als mir dieses Bild von selbst zerging,
wie eine Blase auseinanderbricht,
wenn ihr das Wasser, drauf sie schwimmt, entweicht,
da stieg in meinem Traum ein Mädchen auf,
das heftig weinend sprach: »O Königin,
warum hast du im Zorn dich aufgegeben?
Hast dich getötet um Lavinias willen,
hast mich verloren, und so muß ich trauern,
Mutter, um dich noch eher als um ihn[2].«

Wie unser Schlummer bricht, wenn plötzlich uns
auf das geschlossne Aug ein Lichtstrahl fällt,
und wie der unterbrochne Schlaf verflackert,
so stürzte und versank mein Traumgesicht
sofort, da mir ein Strahl ins Antlitz schlug
und heller leuchtete, als wir gewöhnt sind.
Ich wandte mich, zu sehen, wo ich war,
als eine Stimme sprach: »Hier geht's hinauf!«
und jede andre Absicht mir verscheuchte
und einen ungeduldigen Wunsch erweckte,
den Sprecher dieser Worte zu betrachten
und nicht zu ruhn, bis ich ins Aug ihm schaute.
Wie vor der Sonne aber, die uns blendet
und sich im Übermaß des Lichts verhüllt,
versagte und erlag mir hier die Sehkraft.
»Dies ist ein Geist von Gott, der auf den Weg
zur Höhe uns verweist, unaufgefordert,
und hinter seinem Licht sich selbst verbirgt.
Er hilft uns, wie sich Menschen helfen sollen:

1 Buch Esther, Kapitel 7.

2 Lavinia, deren Mutter Amata sich vorschnell erhängte, als sie die falsche Nachricht erhielt, daß Turnus, der Bräutigam ihrer Tochter, in der Feldschlacht gefallen sei. Aeneis XII, 595 ff.

denn wer auf Bitten wartet und die Not sieht,
der hegt im Sinne schon ein böses Nein.
So wollen wir dem hohen Rufe folgen,
im Aufstieg uns beeilen, eh es dunkelt,
denn nachher wär's bis morgen nicht mehr möglich.«
So sprach mein Führer, und wir beide wandten
zu einer Treppe unsre Schritte hin.
Und kaum, daß ich zur ersten Stufe kam,
verspürt ich etwas wie ein Flügelschlagen
und Wehen im Gesicht und hörte: »Selig
die Friedfertigen, frei vom bösen Zorne!«

Schon waren über uns die letzten Strahlen
so hoch gestiegen und so nah die Nacht,
daß bald die Sterne blinkten da und dort.
»O meine Kraft, wie schwindest du dahin!«
sagt ich bei mir, da ich die Regsamkeit
in meinen Beinen stillgestellt empfand.
Wir waren oben, wo die Treppe aufhört
zu steigen, und wir waren festgebannt,
dem Schiff vergleichbar, das ans Ufer läuft.
Ich lauschte eine Weile, ob ich wohl
etwas vernehmen könnt im neuen Kreis,
und wandte mich an meinen Meister dann:
»Mein lieber Vater, sag mir, welch Vergehen
wird auf der Stufe, wo wir sind, gebüßt?
Ruht gleich der Fuß, laß doch dein Wort nicht ruhn.«

Und er zu mir: »Die Liebe zu dem Guten,
wenn sie zu schwach war, wird sie hier gestärkt.
Gar eifrig rudern hier die Säumigen.
Damit du dies noch offner einsehn kannst,
so richte deinen Geist auf mich und schau,

wie dir der Aufenthalt hier fruchtbar werde.
Weder der Schöpfer noch die Kreaturen«,
begann er, »waren jemals ohne Liebe,
sei's leibliche, sei's geistige, du weißt es.
Die rein natürliche bleibt frei von Irrtum.
Die andre kann sich irren im Objekt,
oder im Maß der Kraft: zu viel, zu wenig.
Solang sie nach des Himmels Gütern strebt
und nach den irdischen sich maßvoll hält,
kann sie uns nicht in böse Lüste stürzen.
Verkehrt sie aber sich zum Schlimmen, oder
verfolgt das Gute sie zu stark – zu schwach,
dann treibt sie das Geschöpf gegen den Schöpfer.
Danach, ersiehst du, muß die Liebe wirken
in euch als Trieb zu jeder guten Tat,
wie auch zu jedem sträflichen Beginnen.
Dieweil nun Liebe nimmermehr vom Wohl
ihres Subjekts das Auge wenden kann,
so ist vor *Eigenhaß* die Welt gesichert.
Und weil für sich allein, getrennt vom ersten
kein ander Wesen zu begreifen ist,
kann keine Regung uns zu Urhaß führen.
So bleibt, wenn meine Teilung richtig ist,
daß man das Übel nur beim Nächsten liebt;
und dreifach wächst euch diese Schadenliebe.
Der eine hofft von Nachbars Untergang
Erhebung sich, und darum nur begehrt er,
daß jener Größere erniedrigt werde.
Der andre bebt um seine Macht und Gunst,
um Ruhm und Ehre, wenn der Nächste aufsteigt;
dem grollt er drum und gönnt nichts Gutes ihm.
Der dritte wähnt durch Unbill sich geschändet,
so sehr, daß er auf Rache lüstern wird

und sinnt, wie er dem Nächsten wehe tue.
Auf diesen untern Simsen hier verbüßt sich
solch dreifach falsche Liebe. Jetzt sollst du
die Liebe ohne Maß und Ordnung sehen.
Ein jeder ahnt, wenn auch verworren nur,
und wünscht das Gut, das ihm die Seele stillt,
daher auch jeder strebt, es zu erreichen.
Doch wen nur eine träge Liebe treibt,
daß er es schaue und erringe, der
bereut's und muß auf diesem Sims es büßen.

Noch andre Güter gibt's, doch machen sie
nicht unser Glück und sind nicht wesentlich,
nicht alles Guten Same, Frucht und Wurzel.
Die Liebe, die sich allzusehr dran hängt,
wird in drei Kreisen über uns gebüßt[1].
Wie sie begrifflich sich in drei zerteilt,
verschweige ich, du sollst es selber finden.«

1 *In den Kreisen der Geizigen, der Schlemmer und der Wollüstigen.*

Achtzehnter Gesang

Weitere Belehrung über Liebe, Instinkt
und Willensfreiheit · Die Buße der Trägen
Der Abt von San Zeno in Verona

Ans Ende seiner Darlegung gekommen,
sah mich der hohe Lehrer forschend an,
ob ihm Befriedigung mein Anlitz zeigte.
Und ich, vom immer neuem Durst geplagt,
sprach in der Stille zu mir selbst: vielleicht
belästigt ihn mein allzu vieles Fragen.
Indes, der väterliche Wahrheitsfreund
bemerkte den verhaltnen Wunsch in mir
und löste sprechend meine Schüchternheit.
Da sagt ich: »Meister, mein Verstand belebt sich
an deinem Licht, drum seh ich alles klar,
was mir dein Wort beschreibt und nahebringt.
Ich bitt dich also, lieber guter Vater,
daß du die Liebe mir begreiflich machest
als Quelle alles guten Werks und bösen.«
»So richte denn«, sprach er, »auf mich die Schärfe
des geistigen Augs, dann wird dir offenkundig
der Irrweg, den uns blinde Führer weisen.
Unser Gemüt, geschaffen für die Liebe,
bewegt sich rasch und leicht nach jedem Ding,
sobald den Antrieb das Gefallen gibt.
Aus Wirklichkeit zieht eures Geistes Kraft
das Lockbild und entfaltet es in euch,
daß sehnend das Gemüt sich danach wendet,
und wenn es ganz zu ihm gebeugt sich neigt,
ist dieses Neigen Liebe, ist Natur,
die lustvoll sich von neuem euch verbindet.

Denn wie zur Höh hinauf das Feuer flammt,
da es geformt ist und geartet, um
dorthin zu steigen, wo es Dauer findet[1],
so drängt das lustbefangene Gemüt
in Sehnsucht geistig regsam, ruhelos
bis es sich des geliebten Wesens freuen darf.
Daraus magst du ersehen, wie die Wahrheit
dem Volke sich entzieht, das jede Liebe
als löblich in sich selber gelten läßt.
Es kann ja sein, daß Liebe wesenhaft
uns immer gut erscheint, jedoch nicht immer
ist gut das Bild, wenngleich aus gutem Wachs.«

»Dein Wort und meines Sinnes Folgsamkeit«,
sprach ich, »erklären mir, was Liebe ist,
und steigern *aber* meine Zweifelsucht.
Denn wenn von außen Lieb in uns gelegt wird
und anders sich die Seele *nicht* bewegt,
so ist's nicht *ihr* Verdienst, ob grad, ob krumm.«
Und er zu mir: »So viel Vernunft hier sieht,
kann ich dich lehren. Weiteres erwarte
von Beatricen. Es ist Glaubenssache.
Es ist zwar jede Wesensform verschieden
vom Stoffe und doch eins mit ihm und hält
besondre Kraft in ihrem Kern gesammelt.
Man merkt sie nicht, solange sie nicht wirkt.
Nur am Ergebnis kann sie sich erweisen,
wie Lebenskraft im grünen Laub der Pflanze.
So weiß man denn auch nicht, woher in euch
die Urbegriffe des Verstehens kommen,
so wenig wie der Trieb des Urbegehrens:
sie sind in euch, so wie zum Honigmachen
die Biene kommt, und dieser erste Trieb

1 *In den Feuerhimmel, die Heimat allen Feuers.*

gibt keinem Lob und keinem Tadel Raum.
Damit dem Urtrieb sich die andern fügen,
ist euch die Kraft, die urteilt, eingeboren.
Mit Ja und Nein muß sie die Schwelle hüten;
sie ist der Grund des wirklichen Verdienstes
in euch, dieweil sie auswählt und entscheidet,
was gute und was schlechte Liebe ist.
Die wirklich gründlichen unter den Denkern
erkannten diese eingeborne Freiheit
und stifteten auf Erden Sittlichkeit.
Nehmen wir an, daß jeder Liebestrieb
durch Not und Zwang in euch entzündet wird:
doch ihn zu meistern, liegt in eurer Macht.
Und diese edle Kraft meint Beatrice,
wenn sie von Willensfreiheit spricht. Drum schau
daß du's behältst, wenn dir ihr Wort begegnet[1].«

Der Mond kam späte gegen Mitternacht,
und manches Sternlein schwand dahin vor ihm,
der wie ein rotdurchglühter Kessel strahlte.
Dem Himmelslauf entgegen zog er hin
die Straße, die erhitzt wird von der Sonne,
wenn sie, von Rom gesehn, im Meer versinkt[2].
Der edle Schatten, um den Piétole
noch mehr zu rühmen ist als Mantua[3],
hatte des Zweifels Last mir abgenommen.
Und wie ich klar und offen nun die Antwort
auf meine Fragen beieinander hatte,
begann ich schläfrig hin und her zu sinnen.
Jedoch der Schlummer wurde mir verscheucht
durch Leute, die in unsrem Rücken jählings
im Kreise zu uns her getrieben kamen.
Wie einst am Ufer des Ismenus und

1 *Z. B. Im Paradies fünfter Gesang, Vers 19 ff.*

2 *Und zwar, wie es im Urtext heißt, zwischen Korsika und Sardinien, also westsüdwestlich.*

3 *Der eigentliche Geburtsort Vergils war Piètole, lateinisch Andes, in nächster Nähe von Mantua.*

Asopus hin bei Nacht die Menge raste,
wenn die Thebaner ihren Bacchus riefen[1],
so springt's und läuft's auf diesem Sims, soviel
ich sehen konnt, von eifrig liebevoll
zurecht gerittnen und gespornten Schatten.
Im Nu waren sie da, dieweil im Schnellauf
der ganze große Haufe sich bewegte.
Ihnen voran zwei Jammernde, die riefen:
»Maria ging auf das Gebirge *eilends*[2]«,
und: »Cäsar, um Ilerda zu bezwingen,
fiel erst Massilia an, dann rasch nach Spanien[3]«.
»Schnell, schnell und laßt uns keine Zeit verlieren
durch lahme Liebe«, schrien die andern hinten,
»aus rechtem Eifer soll uns Gnade blühen!«

»Ihr Scharen, die so scharf und feurig jetzt
etwaige Versäumnis oder Lauheit
im Fördern guter Werke hier verbüßet,
hier ist ein Lebender, ich lüge nicht,
der will hinauf, sobald die Sonne leuchtet.
Drum sagt uns, wo der nächste Durchgang ist.«
So lauteten die Worte meines Führers.
Und einer von den Geistern sprach: »Komm mit
auf unsrer Spur, so findest du die Bresche.
Wir sind so voll des Dranges nach Bewegung,
daß wir nicht still stehn können, drum verzeih,
nimm nicht für Grobheit unsre Rechtlichkeit.
San Zeno in Verona stand ich vor
als Abt zur Zeit des guten Kaisers Rotbart,
von dem man seufzend noch in Mailand spricht[4].
Schon steht mit einem Fuß im Grab der Mann,
der bald um dieses Klosters willen weint
und trauert, daß er Macht darüber hatte.

1 *Erinnerung an Thebaïs IX. Vers 434 ff., wo das Rasen der Thebaner bei ihrem Bacchuskulte geschildert wird.*

2 *Mariä Heimsuchung nach Evangelium Lukas 1, 39.*

3 *Cäsars rascher Siegeszug von Marseille nach Lérida, wo er das Heer des Pompejus schlug.*

4 *Der Sprecher ist Gerhard II., Abt von San Zeno. Mailand wurde 1162 auf Befehl des Kaisers zerstört.*

Durch seinen Sohn, den körperlich gehemmten,
den geistig schwachen, den nicht echt geborner,
ließ er den wahren Hirten dort ersetzen[1].«
Ich weiß nicht, sagt' er mehr noch oder schwieg er.
Schon weit vorbei an uns war er gelaufen,
doch dies, was ich gehört, behielt ich gern.

Der immer meiner Not behilfliche,
der Meister, sprach: »Schau her und sieh die zwei,
wie beißend setzen sie der Trägheit zu!«
Sie riefen hinter allen her: »Es starb
das Volk, vor dem das Meer sich teilte, ehe
den Jordan seine Erben sehen konnten[2].
Das andre Volk, die Mühen nicht ertragend,
um bis ans Ziel zu folgen dem Aeneas,
ergab sich einem Dasein ohne Ruhm[3].«

Als dann so fern uns diese Schatten waren,
daß wir sie nicht mehr sehen konnten, zog
ein anderer Gedanke bei mir ein,
und wieder andre und verschiedne sproßten
aus diesem mir, ich schwankte hin und her,
und wohlgefällig schlossen sich die Augen,
zum Traume wandelten sich die Gedanken.

1 Gemeint ist Alberto della Scala, der 1301 starb, nachdem er seinen natürlichen Sohn, ein minderwertiges Geschöpf, zum Abt von San Zeno eingesetzt hatte.

2 Viele Juden starben auf der Wanderung in der Wüste, bevor sie das gelobte Land erreichten.

3 Die Gefährten des Aeneas, die ihren Führer in Sizilien verließen. Aeneis V, Vers 604 ff.

Neunzehnter Gesang

Dantes Traum · Die Sirene · Der Engel am Aufstieg zum fünften Sims Papst Hadrian V. · Die Geizigen

Wann des vergangnen Tages Wärme nicht mehr
den Frost der Mondnacht mildert, weil die Kühle
der Erde und Saturnus' stärker ist,
zur Stunde, da der Geomant im Osten
das Zeichen größten Glücks erstehen sieht,
kurz, eh es hell wird auf der Bahn der Dämmrung[1],
erschien im Traume mir ein stammelnd Weib
mit scheelen Augen und verkrümmten Füßen,
verkrallten Händen und von bleicher Farbe[2].
Ich schaut' sie an, und wie die Sonne löst
und stärkt die in der Nacht erstarrten Glieder,
so schmeidigte mein Blick die Zunge ihr
und reckte ihren ganzen Wuchs zurecht
in kurzer Zeit, und das verstörte Antlitz
belebte er ihr mit verliebter Färbung.
Und kaum, daß sie behende reden konnte,
begann sie schon zu singen, und mit Mühe
hätt' ich von ihrem Lied mich frei gemacht.

»Ich bin«, sang sie, »die liebliche Sirene,
auf hohem Meer den Schiffer fang ich mir,
mich anzuhören, ist so wonnevoll.
Von seiner Richtung zog ich den Odysseus
mit meinem Sang, und wer mir traulich wird,
geht selten wieder fort, ich still ihn ganz.«

Sie hatte ihren Mund noch nicht geschlossen,

1 In der kühlsten Stunde der Nacht, wenn die Wahrsager das Bild der Fortuna maior, das dem Wassermann und den Fischen nahesteht, entwerfen und prophetische Vergleiche des magischen Zeichens mit den Sternbildern anstellen, verfiel Dante in einen Traum.

2 Die Sirene ist hier das Sinnbild der unmäßigen Liebe zu irdischen Gütern, also der drei Laster, die in den obern Kreisen verbüßt wurden, Geiz, Schlemmerei, Wollust.

als heilig eifrig eine Frau erschien
zu meiner Seite, jene zu verwirren.
»Vergilius, wer ist das Weib?« fragte sie
in hohem Zorn, und dieser kam herbei,
den Blick nicht lassend von der edeln Frau.
Er faßt die andre an, zerriß ihr vorne
das offne Kleid und zeigt' mir ihren Leib:
und ich erwachte am Gestank davon
und sah mich um. Der gute Führer sprach:
»Wohl dreimal ruf ich schon: ›steh auf und komm!‹
daß wir den freien Durchgang für dich finden.«

Ich richtete mich auf. Vom hohen Tag
ganz überflutet stand der heilige Berg.
Wir gingen nun, das junge Licht im Rücken.
Dem Führer folgte ich, die Stirn gesenkt.
Und so gebeugt von der Gedanken Last,
sah ich dem Bogen einer Brücke ähnlich.
Da hörte ich: »Kommt her, hier geht's hinauf«,
so sanft im Ton, so freundlich zu uns sagen,
wie man's im Land der Sterblichkeit nicht hört.
Die schwanenweißen Flügel ausgebreitet,
wies uns der Sprecher dieses Worts hinauf
zwischen zwei Wände in den schroffen Felsblock.
Mit seinen Schwingen fächelt er uns an
und selig pries er »die da tragen Leid,
denn Trost steht ihren Herzen zu Gebote«.

»Was ist dir, daß du so zu Boden schaust?«
begann mein Führer fragend das Gespräch,
noch kaum entfernt vom Engel unter uns.
Und ich: »In Zweifeln ganz befangen wandl ich
und hänge meinem letzten Traumbild nach

und komm nicht los davon mit meinem Denken.«
»Das war die alte Hexe, die du sahst«,
sprach er, »das letzte Hindernis nach oben.
Auch sahst du, wie man sich von ihr befreit.
Genug, und setz die Fersen auf die Erde.
Die Augen richte nach dem hohen Lockbild,
in großen Kreisen schwingt's der ewige König.«
Dem Falken gleich, der den gesenkten Blick
beim Lockruf wendet und sich vorwärts reckt,
von seinem Wunsch zur Nahrung hingezogen,
so wandt ich, so bewegt ich mich den Gang
hinan, der eingeschnitten in den Felsen
bis zu dem Sims und seinem Rundgang führt.

Als ich hinaustrat auf den fünften Kreis,
erblickt ich Menschen weithin jammervoll
am Boden liegend, das Gesicht nach unten.
»Adhesit pavimento anima mea«
(Im Staube hingestreckt liegt meine Seele[1]),
so klang, von tiefen Seufzern unterbrochen,
ihr Wort, daß man es kaum verstehen konnte.
»Ihr Auserlesnen Gottes, deren Pein
in Hoffnung und Gerechtigkeit sich mildert,
weist zu den hohen Stufen uns den Weg.«
»Ist euch geschenkt die Strafe, hier zu liegen,
und wollt ihr rasch den Weg nach oben finden,
so haltet stets nach außen eure Rechte.«
So klang auf meines Dichters Frage Antwort
von wenig weiter vorne; dadurch fand
ich den verborgnen Sprecher noch heraus.
Dann kehrte ich das Aug zu meinem Führer,
der mir mit heitrem Winke Zustimmung
zu meinem sichtbar stummen Wunsche nickte.

1 *Psalm 119, 25.*

Da ich nach meinem Sinn mich geben durfte,
begab ich mich zu jenem Sprecher hin,
auf den ich eben aufmerksam geworden,
und sagte: »Der du reifen läßt in dir,
o Geist, durch Tränen Aufnahme bei Gott,
verschieb für mich nur kurz dein hohes Streben!
Wer warst du, und warum den Rücken so
nach oben, sprich, und soll ich dir etwas
erwirken dort, von wo ich lebend komme!«

Und er: »Warum der Himmel unsern Rücken
nach oben kehrt, erklär ich dir. Doch vorher
Scias quod ego fui successor Petri
(vernimm, daß ich auf Petri Stuhle saß).
Es wälzt ein schöner Fluß sich zwischen Sestri
und Chiáveri zu Tal, von seinem Namen
empfängt den Adelstitel mein Geschlecht[1].
Wie schwer in wen'gen Wochen fühlte ich
des großen Mantels Last! weil ich vor Schmutz
ihn wahrte. Federleicht ist alles andre!
Meine Bekehrung, wehe mir! kam spät.
Erst als ich Oberhirte war in Rom,
durchschaute ich die Täuschungen des Lebens,
erfuhr, daß so das Herz nicht ruhiger wurde,
und höhre Stellen gab es nicht auf Erden.
So warf ich meine Sehnsucht nach dem Himmel.
Vorher war meine Seele heimatlos,
ferne von Gott und ganz in Geiz befangen;
jetzt, wie du siehst, bin ich dafür bestraft.
Hier an der Buße der bekehrten Seelen
wird die Natur des Geizes offenbar;
es ist die schwerste Plage dieses Berges.
Wie unser Aug sich nie erheben wollte

1 Ottobono Fieschi, Graf von Lavagna, war nur wenige Wochen lang (1276) Papst unter dem Namen Hadrian V.

und immer nur auf irdische Dinge starrte,
so klebt es jetzt am Staub, *gerechterweise.*
Und wie die Habsucht jede gute Regung
zu edeln Taten in uns tötete,
so liegen wir nun starr, *gerechterweise,*
an Händ und Füßen festgebannt, gebunden.
Solang es dem gerechten Herrn beliebt,
solange liegen wir am Boden still.«

Ich kniete nieder, wollte zu ihm sprechen,
doch als ich anfing und als er bemerkte
nur durchs Gehör mein' ehrerbiet'ge Haltung,
sprach er: »Warum beugst du dich so herunter?«
Und ich zu ihm: »Aufrecht zu stehn erlaubte
vor Eurer Würde mein Gewissen nicht.«
»Steh auf und recke deine Beine, Bruder!«
sprach er, »laß dich nicht irren, Mitknecht bin ich
samt dir und allen vor demselben Herrn.
Hast du den heilig evangelischen Spruch
›da werden sie nicht freien‹ je verstanden[1],
dann siehst du auch, warum ich hier so rede.
Geh weiter jetzt, du sollst nicht länger bleiben,
du störst mit deiner Gegenwart die Tränen,
durch die ich reifen lasse, was du sagtest. –
Ich habe eine Nichte drüben namens
Alagia, gut geartet, wenn sie nicht
verdorben wird durch unsres Hauses Beispiel,
für mich die einzige, die geblieben ist.«

1 *Ev. Matth.* 22, 30.

Zwanzigster Gesang

Der Geiz · Beipiele gesegneter Armut · Hugo Capet und die Könige von Frankreich Beispiele bestraften Geizes · Das Erdbeben

Das eigne Wollen gegen bessres Wollen
hat schweren Stand, drum zog ich *ihm* zu Wunsche
den eignen ungestillten Wunsch zurück
und ging. Mein Führer nahm den freien Weg
immer der Felswand nah, wie man auf Mauern
sich an den Zinnengang zu halten pflegt;
denn Büßer, tränenweise von sich gießend
das große Übel dieser ganzen Welt,
lagen umher bis an den äußern Rand.

Verflucht seist du, uralte Wölfin, allen
auf Raub erpichten Bestien weit voran
mit deinem unersättlich düstern Hunger!
Der du mit deinem Umschwung, wie wir glauben,
den Zustand unsrer Erde änderst, Himmel,
wann kommt der Jäger, der die Bestie scheucht?

Wir gingen langsam, Schritt vor Schritt, und ich
war auf die Schatten aufmerksam und hörte
ihr Weinen und ein Klagen zum Erbarmen.
Ein Ruf klang mir ans Ohr: »Maria, holde!«
der sich vor uns erhob, als jammerte
in Kindesnöten ein gebärend Weib,
und Worte folgten: »Ach, wie arm du warst,
man kann es sehen an der Unterkunft,
wo du die heilige Bürde niederlegtest.«
Und weiter hört ich: »Wackerer Fabricius,

du wolltest lieber arm in Ehren bleiben,
als lasterhaft in großem Reichtum sitzen[1].«
Da diese Worte mir so sehr gefielen,
trat ich hinzu, um zu erkunden, wer
der Geist, der sie gesprochen hatte, war.
Er rühmte auch die milde Gabe noch,
die Nikolaus den Jungfrauen gewährte,
um ihre zarte Ehrbarkeit zu wahren[2].
»Die du so gute Reden führest, Seele,
sag mir, wer warst du«, sprach ich, »und warum
nur du das Lob des hohen Beispiels pflegst.
Nicht unbedankt soll deine Antwort bleiben,
wenn ich zurück ins flüchtige Leben kehre,
den kurzen Rest des Weges zu vollenden.«
Und er: »Ich geb dir Auskunft, nicht daß ich[3]
von drüben Trost erwarte, nur weil du
von Gnade schon im Leben so umstrahlt bist.
Ich war die Wurzel des verseuchten Baumes,
der Schatten wirft auf alles Christenland,
daß kaum noch gute Frucht zu brechen bleibt.
Wenn Douai, Lille, Gent und Brügge könnten,
so würden rasch sie jetzt die Rache nehmen[4],
die ich von Ihm erfleh, der alles richtet.
Man nannte drüben mich Hugo Capet,
aus mir sind all die Philips, Ludewigs,
die neuerdings das Frankenland regieren.
Mein Vater war ein Metzger in Paris[5].
Als all die alten Könige dahin
bis auf den einen, der die Kutte nahm[6],
kamen in meine Hand des Reiches Zügel
und so viel Macht dazu und Neuerworbnes,
ein Anhang auch von solchen Freunden, daß
die herrenlos gewordne Krone auf

1 Der römische Konsul Caius Fabricius, der die Geschenke des Königs Pyrrhus zurückwies.

2 Das dritte Beispiel ist der heilige Nikolaus, der drei Mädchen mit Geld beschenkte, um ihre Keuschheit zu retten.

3 Der Sprecher ist Hugo Capet, der Stammvater der Capetinger in Frankreich.

4 Diese vier flandrischen Städte empörten sich 1302 gegen den König Philipp der Schönen und besiegten ihn.

5 Die mittelalterliche Sage, daß die Capetinger von einem Metzger abstammen, ist dem Dichter gerade recht, um die französischen Könige, die er von Herzen haßt, zu brandmarken.

6 Dante verwechselt hier den letzten Karolinger mit dem letzten Merowinger.

den Scheitel meines Sohns sich senkte, der
zum Ahnherrn der gesalbten Häupter wurde.
Solang durch reiche provenzal'sche Mitgift
die Zucht meines Geschlechts noch nicht verdarb,
tat es nichts Böses, freilich auch nichts Großes;
doch dann begann mit Lug und mit Gewalt
sein Raubgeschäft: zur Sühne nahm es dann
Ponthieu, die Normandie und die Gascogne,
und Karl zog nach Italien, und zur Sühne
ließ er den Corradino opfern, und
den Thomas schickt er himmelwärts zur Sühne[1].
Ich seh nicht fern von heute schon die Zeit,
daß sich ein zweiter Karl aus Frankreich aufmacht
und sein' Person und Art erst recht zu zeigen.
Allein und ohne Waffen zieht er aus,
nur mit der Judas-Lanze zum Turnier
und setzt sie ein und schlitzt Florentias Leib[2].
Er wird kein Land damit, nur Sünd und Schande
gewinnen, die so schwerer auf ihm lasten,
je leichter er dergleichen Schaden achtet.
Den dritten Karl, den einst zu Schiff gefangnen,
seh ich das eigne Töchterlein verschachern,
wie die Piraten fremde Sklavinnen[3]. –
Was kannst du, Habsucht, uns noch Ärgres tun,
da du mein Blut so ganz ergriffen hast,
daß es sein eigen Fleisch nicht mehr behütet?
Das alt und neue Weh zu überbieten,
seh ich das Lilienbanner in Anagni
und Christum selbst in seinem Stellvertreter
zum zweitenmal erhascht, verhöhnt, getränkt
mit Essig und mit Galle, zwischen Schächern[4]
gekreuzigt, und so ruchlos ist der zweite
Pilatus, daß er gierig, ohne Rechtsspruch

1 *Daß Karl von Anjou den Thomas von Aquino vergiften ließ, ist wohl nur eine Legende.*

2 *Karl von Valois zog in Florenz auf Veranlassung Bonifaz VIII. ein und vertrieb die weißen Guelfen aus der Stadt, wodurch auch Dante verbannt wurde.*

3 *Karl II. von Anjou, den Peter von Aragon gefangennahm, gab seine Tochter Beatrice dem Markgrafen von Ferrara preis.*

4 *Mißhandlung des Papstes Bonifaz VIII. durch Abgesandte Philipps des Schönen im Jahr 1303.*

zum Tempel gar die Räuberschiffe schickt[1].
Herr Gott, wann willst du mir die Freude gönnen,
daß ich die Rache seh, die im verborgnen
geheimen Ratschluß sänftigt deinen Zorn!

Was vorhin ich zum Preis der einzigen Braut
des heilgen Geistes rief, worauf du dich
an mich um einige Erklärung wandtest,
es ist der Kehrreim unserer Gebete
den ganzen Tag hindurch, doch wenn es Nacht wird,
ergreifen wir den Gegenton dazu:
dann wiederholen wir Pygmalions Los,
der zum Verräter, Dieb und Mörder wurde,
nur weil der Durst nach Gold ihn dazu trieb[2],
und denken an des geizigen Midas Elend,
infolge seines gierigen Verlangens
für alle Zeiten lächerlich geworden[3];
des Toren Acham auch gedenken wir,
wie er die Beute stahl, daß Josua
in einen Zorn geriet, der hier noch glüht[4].
Dann wird Saphira und ihr Mann gescholten[5],
gelobt der Huftritt gegen Heliodor[6];
am ganzen Berg herum ertönt die Schmach
des Gierigen, der Polydor erschlug[7];
zum Schlusse rufen wir und fragen: ›Crassus,
wie schmeckt das Gold? sag an, du mußt's ja wissen[8]‹.
Bald laut, bald leise sprechen der und jener,
je wie der Eifer da und dort uns spornt
zu größrer oder kleinrer Anstrengung.
So sprach auch ich vorhin das Lob im Tages-
gebet nicht als der einzige, nur wurde
gerade keine andre Stimme laut.«

1 *Mißhandlung und Auflösung des Templerordens (1314) durch denselben König Philipp.*

2 *Pygmalion, der seinen Schwager aus Goldgier meuchlings ermordete.*

3 *Midas, der von Bacchus die Macht erhielt, was er berührte, in Gold zu verwandeln.*

4 *Acham, siehe Josua 6, 17 ff., und 7, 1 ff.*

5 *Siehe Apostelgeschichte 5, 1.*

6 *2. Makkabäer 3, 7 ff.*

7 *Siehe Aeneis III, 49 ff.*

8 *In das abgeschlagene Haupt des Crassus ließ der Partherkönig flüssiges Gold gießen als Hohn auf die Habsucht dieses Römers.*

Wir hatten uns entfernt von ihm und eilten,
von unsrem Weg so viel zurückzulegen,
wie uns auf solcher Straße möglich war.
Da fühlte ich, als stürzte etwas ein,
den Berg erbeben, und ein kalter Schauer
erfaßte mich, als ob ich sterben müßte.
Gewiß hat Delos nicht so stark gebebt,
bevor Latona dort ihr Nest erbaute,
die Wiege für Apollo und Diana[1].
Ein Schrei erhob sich drauf von allen Seiten,
so daß mein Meister sich mir näherte
und sprach: »Hab keine Furcht, ich bin mit dir.«
Ehre sei Gott im Himmel! klang der Ruf,
wie ich vernehmen konnte bei den nächsten,
durch die der große Schrei verständlich wurde.
Wir standen unbeweglich und gespannt,
wie bei dem Himmelchor dereinst die Hirten,
bis Erdstoß und Gesang zu Ende waren.
Dann setzten wir die fromme Wandrung fort,
den Schatten zugewandt, die hin zur Erde
gestreckt, den alten Jammer wiederholten.
Nie hat, wenn ich mich recht erinnern kann,
die Unerfahrenheit mich so geplagt
und so begierig mich gemacht auf Wissen,
wie damals sinnend mir zumute war,
und in der Eile wagt ich nicht zu fragen
und konnt mit eignen Augen nichts entdecken,
daher ich schüchtern und bedenklich wurde.

1 Die Titanentochter Latona, von der eifersüchtigen Juno verfolgt, irrte umher, bis sie auf der schwimmenden Insel Delos Zuflucht fand. Jupiter verankerte mit diamantenen Ketten die Insel, und als sie festlag, gebar Latona den Apoll und die Diana.

Einundzwanzigster Gesang

Der Dichter Statius gesellt sich zu den Wanderern

Der eingeborne Durst, der nur zu löschen
mit jenem von der Samariterin
erbetnen Gnadenwasser, quälte mich,
und vorwärts spornte mich die Hast und Eile
auf viel versperrtem Weg dem Führer nach,
auch tat mir die gerechte Buße weh.
Und siehe, so wie Lukas uns erzählt[1],
daß Christus den zwei Wandernden erschien,
da er dem Grabe schon entstiegen war,
so kam von hinten uns ein Schatte nach,
der die am Wege Liegenden besah.
Wir merkten nichts von ihm, bis er uns grüßte:
»Der Friede Gottes, Brüder, sei mit euch!«
Sofort sahn wir uns um, und mein Vergil
erwiderte den Gruß, wie sich's gehört,
und sagt ihm: »In den Schoß der Seligen nehme
in Frieden der wahrhaftige Hof dich auf,
der mich in ewige Verbannung weist.«
»Wieso?« frug er. Wir schritten rüstig weiter.
»Wenn ihr von Gott nicht zugelassen seid,
wer brachte dann euch Schatten bis herauf?«
Mein Lehrer drauf: »Schau doch die Zeichen an,
die dieser trägt, vom Engel eingegraben,
so siehst du, daß er auserlesen ist.
Doch da die unermüdlich Spinnende
noch auf der Kunkel ihm den Rocken hielt,
den Clotho[2] jedem Menschen zubereitet,

1 Evang. Lukas 24, 13 ff.

2 Clotho, die jüngste der drei Parzen; ihre Schwester, die den Lebensfaden des Menschen spinnt, ist Lachesis.

so konnte seine Seele, unsre Schwester,
den Aufstieg hier noch nicht allein vollbringen,
denn so wie wir sieht sie die Dinge nicht;
drum wurde ich aus weitem Höllenschlund
hervorgeholt und soll ihn unterweisen
und will es tun, soweit mein Können reicht.
Doch sag, wenn du es weißt, warum soeben
der Berg erbebte und ein einziger Ruf
vom feuchten Ufer bis hinauf erscholl.«

Mit dieser Frage traf er meinen Wunsch
ins Nadelöhr, daß an der Hoffnung schon
die Ungeduld des Dursts sich linderte.
Der andre sprach: »Hier gibt es nichts, das ohne
Gesetz und Ordnung an dem heiligen Berg
geschieht, noch gegen das Gebräuchliche.
Für keine Art von Störung ist hier Raum.
Was aus sich selbst der Himmel hat und nimmt,
kann einen Anlaß geben, andres nicht.
Drum fällt kein Regen, fällt kein Schnee noch Hagel.
Kein Tau, kein Reif mehr zeigt sich oberhalb
der kleinen dreigestuften Eingangstreppe.
Von Wolken, dichten oder duftigen,
von Wetterleuchten oder Regenbogen,
der drunten immer wandert, hier kein Schein.
Auch steigt kein trocknes Dampfen höher als
bis zu dem Rand der drei genannten Stufen,
auf dem der Schlüsselträger Petri fußt.
Wohl bebt es drunten etwa, schwach und stark,
jedoch durch Wind, der in der Erde steckt,
(ich weiß nicht wie) bebt es hier *oben* niemals.
Hier bebt's, wenn irgendeine Seele sich
geläutert fühlt und aufsteht und sich regt

zum Aufstieg, dann begleitet sie der Ruf.
Die Läuterung erweist sich nur durch Wollen,
das völlig frei zu bessrem Aufenthalt
die willensfreudige Seele plötzlich hebt.
Sie will schon vorher, doch sie kommt vom Trieb,
der erst in Sünden, dann gerechtermaßen
in Qualen sie gebannt hält, noch nicht los.
Und ich, der hier in Schmerzen liegen mußte
fünfhundert Jahr und mehr, hab eben jetzt
den Willen frei zur bessern Welt gespürt.
Drum spürtet ihr den Erdstoß und den Jubel
der frommen Geister auf dem ganzen Berg
zum Herrn, der bald auch sie befördern möge.«

Dies sagt er uns, und da je mehr der Durst
uns plagt, je besser das Getränk uns schmeckt,
so labte er mich, daß es kaum zu sagen.
Mein weiser Führer drauf: »Nunmehr versteh ich,
wie euch das Netz umstrickt, und wie ihr loskommt,
warum es bebt und über was ihr jubelt.
Nun laß mich wissen, bitt ich, wer du warst;
warum so viele hundert Jahr du hier
hast liegen müssen, gib mir zu begreifen.«
»Zur Zeit, da mit des höchsten Königs Beistand
der tapfre Titus Blut und Wunden rächte,
die man dem Opfer Judas' angetan[1],
lebt ich im Ruhmesglanz des Dichternamens
auf Erden«, sprach der Geist. »Ich wurde viel
gepriesen, doch im Glauben lebt ich nicht.
So lieblich und beschwingt war mein Gesang,
daß mich, den Tolosaner, man nach Rom
berief und mit dem Myrtenkranz mich krönte.
Man nennt mich dort noch jetzt mit Namen Statius[2].

1 D. h. zur Zeit der Zerstörung Jerusalems, 70 n. Chr.

2 Der berühmte römische Dichter Publius Papinius Statius, der im ersten nachchristlichen Jahrhundert gelebt, die Thebais, die Achilleis und die Silvae geschrieben hat. Die Achilleis hat er nicht vollendet. Er ist in Neapel, nicht, wie Dante meinte, in Toulouse geboren.

Von Theben sang ich und sodann vom großen
Achill, des Ruhm mich unterwegs erdrückte.
Mein Feuer stieg aus einer Funkensaat
der heilgen Flamme, die wie mich wohl mehr
als Tausende erwärmt hat und erleuchtet.
Ich meine die Aeneis; in der Dichtung
ist sie die Mutter, ist die Amme mir.
Nicht einen Deut vollbracht ich ohne sie.
Drüben gelebt zu haben in den Tagen
Vergils, ich gäbe gern ein weitres Jahr
im Banne dieser Buße noch dafür.«
Auf dieses Wort hin wandte sich Vergil
mit einem Blick zu mir, der sagte: schweig!
Doch alles kann die Kraft des Willens auch nicht!
Es ist das Lachen und das Weinen derart
dem Reize zugeordnet, dem's entspringt,
daß es, je ungewollter, desto echter.
So mußt ich eben lächeln oder blinzeln,
worauf der Schatte schwieg und mir ins Auge,
wo unser Innerstes sich darstellt, schaute.
»Wenn all dein Mühen dir gedeihen soll,
so sag«, sprach er, »weshalb soeben dir
ein Lächeln sichtbar übers Antlitz blitzte?« –
So bin ich angepackt von beiden Seiten:
hier soll ich schweigen, dort werd ich beschworen
zu reden. – Seufzen muß ich, und mein Meister
versteht's und sagt mir: »Sprich denn ohne Scheu
und steh ihm Rede und berichte ihm,
was er mit solchem Eifer wissen möchte.«
Drauf ich zu jenem: »Wohl magst du dich wundern,
ehrwürdiger Geist, daß mir das Lachen kam.
Noch größres Wundern will ich dir bereiten.
Der mir den Blick nach oben richtet, dieser

ist dein Vergil, dem du die Kraft verdankst,
die Menschen und die Götter zu besingen.
Wenn andre Gründe für mein Lachen du
vermutest, gib sie auf, sie sind nicht richtig.
Dein Wort und Wunsch nur war der wahre Grund.«

Schon beugt er sich zu meines Lehrers Füßen,
sie zu umfassen, aber dieser wehrte:
»Laß, Bruder, wir sind Schatten alle beide.«
Da stand er auf: »So magst du denn ermessen,
wie groß zu dir das Feuer meiner Liebe,
da ich die Nichtigkeit des Leibs vergesse
und Festigkeit in unsern Schatten suche.«

Zweiundzwanzigster Gesang

Aufstieg zum sechsten Sims · Gespräche zwischen Statius und Vergil
Der Baum des Lebens

Vorüber schon am Engel waren wir,
am Engel, der zum sechsten Ring uns wies,
da er die Wunde von der Stirn mir wischte
und selig, die Gerechtigkeit verlangen,
mit Worten uns gepriesen hatte, die
vom Texte nur das »dürstet« klingen ließen[1].
Und leichter durch die Treppengänge hin
ward mir der Weg, so daß ich ohne Mühe
den schnellen Geistern in die Höhe folgte.
Da sprach Vergil: »Wo geistige Liebe glüht
und ihre Flamme sichtbar wird nach außen,
entzündet sie auch immer Gegenliebe.
Drum hab ich seit dem Tag, da Juvenal[2]
zu uns hinabkam in den Höllenlimbus
und deine Zuneigung mir offenbarte,
dich so von Herzen lieb gewonnen, wie
noch keinen andern je so unbesehen.
Drum steig ich hier so leicht mit dir die Treppen.
Doch sag, verzeih als Freund mir diese Frage,
die gar so keck vertraulich mir entschlüpft,
und rede freundlich mit mir darüber:
wie konnte nur in *deiner* Brust der Geiz,
der törichte, bei so viel Weisheit nisten,
die du mit Eifer dir errungen hast?«
Nach diesen Worten leuchtete ein Lächeln
bei Statius auf, sodann erwidert er:
»Aus jeder Silbe winkt mir deine Liebe.

1 Matthäi 5, 6 heißt es: Selig sind, die da hungert und dürstet nach Gerechtigkeit. Die Hervorhebung des Hungerns erfolgt erst am Schluß des vierundzwanzigsten Gesanges.

2 Juvenal, der berühmte römische Satirendichter.

Es treten freilich manchmal Dinge auf,
die uns zu Zweifeln falschen Anlaß geben,
dieweil der echte Grund verborgen bleibt.
Was du mich fragst, beweist mir, daß du glaubst
ich sei dereinst ein Geiziger gewesen,
vermutlich, weil ich auf dem Sims dort lag.
Nun sollst du wissen, daß gerad das Geizen
mir allzu ferne lag und dieses ›allzu‹
hab ich gebüßt in Tausenden von Monden,
und hätt ich mich nicht damals noch gebessert,
als ich den Spruch verstand, den du erzürnt
der menschlichen Natur entgegenrufst:[1] –
›wozu vermagst du nicht, schreckliches Gold,
die sterblichen Begierden hinzureißen!‹ –
so wälzt ich Steine drunten zum Turnier.
Da ward ich inne, daß des Menschen Hand
sich übereilen kann, auch im Vergeuden,
und nun bereut ich dies und andre Laster.
Viel Kahlgerupfte werden auferstehn[2],
die ihren Fehl aus bloßem Unverstand
im Leben und im Tod noch nicht bereuten!
Die Schuld, die sich wie Gegentrieb verhält
zu irgendeiner Sünde, mußt du wissen,
wird auf dem gleichen Rang mit ihr entkräftet.
Wenn ich mich unter jener Schar befand,
die ihren Geiz beweint, so war es also,
weil ich vom Gegenteil mich reinigte.«

Mein Hirtenliedersänger sagte nun:
»Als du die wilden Waffentaten sangest
und der Jokaste zwiefach Leid darüber[3],
da war, so scheint's nach dem, was Klio[4] dir
zu sehen gab, dein Glaube noch nicht der,

1 *Aeneis III, 56; Quid non mortalia pectora cogis, auri sacra fames!*

2 *Vgl. Hölle, VII, 57.*

3 *Jokaste, die Mutter der feindlichen Brüder in der Thebais.*

4 *Klio, die Muse der Geschichte.*

der nötig ist zum Wert der guten Werke[1].
Durch welche Sonne, welche Lichter, sprich,
ward also dir die Finsternis verscheucht,
daß du den Kurs des frommen Fischers[2] fuhrest?«
Drauf er zu ihm: »Du wiesest mir zuerst
den Weg zum Felsenquell auf dem Parnaß,
und dann zu Gott den Weg erhelltest mir.
Du schrittest wie der Wandrer durch die Nacht
mit seinem Licht am Rücken, das nicht *ihm*,
doch hinter ihm den Menschen Klarheit spendet.
Von dir der Spruch: ›die Welt wird neugeboren,
Astraea kehrt, es kehrt die Urzeit wieder,
vom hohen Himmel steigt ein neu Geschlecht[3]‹.
Durch dich ward ich Poet, durch dich ein Christ.
Um dir den Hergang deutlicher zu zeigen
als nur im Umriß, mal ich ihn noch aus.
Die ganze Welt war damals schon befruchtet
vom wahren Glauben, dessen Saat die Boten
des ewigen Reiches ausgeschüttet hatten:
und mit dem Wort der neuen Prediger
klang jener Spruch von dir so gut zusammen,
daß ich sie oft und gern zu hören pflegte.
Und dadurch wurden sie mir lieb und heilig.
Und als Domitian sie nun verfolgte,
ergriff es mich, daß ich mit ihnen weinte.
Solang mein Leben drüben währte, stand
ich ihnen bei. Die Reinheit ihrer Sitten
ließ alle andern Sekten mich verachten.
Noch ehe ich die Griechen im Gedicht
gen Theben führte, wurde ich getauft,
verbarg jedoch aus Furcht mein Christentum
und wahrte lange noch den Schein des Heiden.
Für diese Lauheit lief ich mehr als vier

1 *Der christliche Glaube.*

2 *Des Apostels Petrus.*

3 *Vergil, Ecloga IV, Vers 6 ff.*

Jahrhunderte im vierten Kreis herum.
So hast du denn die Hülle weggehoben,
die den gelobten hohen Wert verbarg[1].

Jetzt sprich, solang wir noch zu steigen haben,
und sag mir, wo Terenz, der alte Freund, ist,
Caecilius, Plautus, Varius, wenn du's weißt[2].
Sind sie verdammt, sag an, wo weilen sie?«
»Sie alle, Persius, ich und viele andre«
erwiderte mein Führer ihm, »wir sind
mit jenem von den Musen allerreichlichst
getränkten Griechen[3] in dem ersten Kreis
der dunkeln Welt und sprechen oft vom Berge,
wo ewig unsre Näherinnen wohnen[4].
Euripides ist mit uns und Antiphon,
Simonides, Agathon und noch andre,
die man in Griechenland mit Lorbeer krönte.
Gestalten sieht man dort, die du besangst:
Antigone, Deiphyle, Argía,
Ismene, immer noch wie einst in Trauer,
man sieht die Künderin des Quells Langía[5],
Die Tochter des Tiresias und Thetis,
Deïdamia auch mit ihren Schwestern.«

Jetzt herrschte Schweigen zwischen beiden Dichtern,
die aufmerksam umherzuschaun begannen,
vom steilen Felsengang nicht mehr behindert.
Vier Mägde[6] dieses Tages waren schon
entlassen, an der Deichsel stand die fünfte
und nahm zum heißen Mittag hohe Richtung.
Mein Führer sprach: »Ich glaub, wir müssen wieder
die rechte Schulter nach dem Rande kehren,
wie bisher bei dem Rundgang um den Berg.«

1 *Daß Statius heimlich zum Christentum übertrat, ist offenbar eine Erfindung Dantes.*

2 *Die drei römischen Komödiendichter und der Epiker Varius.*

3 *Homer.*

4 *Die Musen auf dem Parnaß.*

5 *Hypsipyle, siehe Thebais IV, 774.*

6 *Stunden.*

So ließen wir uns dort von der Gewohnheit
die Straße zeigen, die uns sicher deuchte,
da jener Lautre einverstanden war[1].
Sie gingen mir voran, ich folgte ihnen
allein und hörte ihren Reden zu,
die in der Dichtkunst mir Erleuchtung gaben.
Doch bald durchbrach die freundlichen Gedanken
der Anblick eines Baums, mitten im Weg,
mit schönen Äpfeln, lieblich duftenden.
Und wie die Tanne sich verjüngt nach oben
von Zweig zu Zweig, so dieser Baum nach unten,
damit ihn niemand – denk ich mir – erklettre.
An dem vom Berg geschützten Rand des Weges
fiel hoch vom Fels herab ein klares Naß
und überrieselte das Laub des Gipfels.
Die beiden Dichter traten vor den Baum,
und eine Stimme in den Blättern rief:
»Nach dieser Speise hungert euch vergeblich!«
Sodann: »Maria sorgte bei der Hochzeit
für Ehr und Anstand, nicht für ihren Mund,
der jetzt für euch Fürbitte leisten muß. –
Die Fraun im alten Rom begnügten sich
mit Wasser als Getränk, und Daniel
verschmähte Speise und erwarb sich Wissen. –
Wie Gold so schön war jene erste Zeit,
da Eicheln durch den Hunger schmackhaft wurden,
und Nektar jedes Bächlein durch den Durst. –
Von Heuschrecken und Honig lebt' der Täufer
als seiner einzigen Nahrung in der Wüste,
und ruhmreich wurde er dabei und groß,
wie euch das Evangelium verkündet.«

1 *Der Lautre ist der geläuterte Statius.*

Dreiundzwanzigster Gesang

Die Buße der Schlemmer · Gespräch mit Forese Donati

Indes ich in des Baumes grünem Laub
mit meinen Blicken hing, wie einer, der
sein Leben auf der Vogeljagd vertrödelt,
rief mich der mehr als väterliche Freund:
»Mein Söhnchen, komm, die zugemessne Zeit
will nützlicher als so verwendet sein.«
Ich schaute und ich lief so schnell ich konnte
den weisen Männern nach, deren Gespräche
des Wanderns Mühe mich vergessen ließen.

Da hörte man ein Klagen und ein Singen:
»Tu meine Lippen auf, o Herr![1]« das klang
wie wenn man Lust und Weh zugleich erlebte.
»Mein Vater, was für Töne hör ich singen?«
frug ich, und er: »Es sind wohl Schatten, die
den Bannspruch ihrer Buße lösen wollen.«
Wie Pilger in gedankenvollem Schreiten
vorbei an unbekannten Menschen gehn
und sie nur anschaun, ohne zu verweilen,
so kam in raschren Schritten hinter uns
und staunt uns an und überholte uns
ein Zug von schweigsamen und frommen Seelen.
Sie hatten Augen, tief und schwarz umrändert,
im Antlitz waren alle blaß und mager,
so daß die Haut sich modelt nach den Knochen.
So bis zur letzten Faser ausgemergelt
kann Erysichthon kaum gewesen sein[2]

1 *Psalm 51.*

2 *Siehe Ovid Metam. VIII, 729 ff.*

in seines Hungers fürchterlichster Stunde.
Im stillen sagt' ich mir: so sahn sie aus
in dem belagerten Jerusalem,
als Mirjam sich ins eigne Kind verbiß[1].
Die Augenhöhlen, Ringe ohne Steine,
und im Gesicht, wo man ein OMO liest[2],
trat scharf gezeichnet gleich das M hervor.
Wer möchte glauben, daß Geruch von Äpfeln
und Wasser solche Gier erzeugen kann,
wenn er nicht weiß, wie's zugerichtet wird?
Ich mußte staunen über solchen Hunger,
wie mager sie und voller Schuppen waren,
da mir die Ursache verborgen blieb.

Und sieh! aus tiefer Höhle des Gesichtes
blickt starren Auges mich ein Schatte an,
dann rief er laut: »Welch Glück wird mir beschert!«
Am Angesicht hätt' ich ihn nie erkannt,
doch an der Stimme konnte ich ermessen,
wie sich sein Äußeres zerrüttet hatte.
Es hellten sich mir die entstellten Züge,
wie wenn ein Funke zwischen Trümmern aufblitzt,
und ich erkannte das Gesicht Foreses[3].
»Oh, schau nicht so«, bat er, »auf meinen Schorf,
der mir die Farbe meiner Haut zerstört,
noch auf die Auszehrung an meinem Fleisch.
Gib lieber mir Bericht von dir und wer
die beiden Seelen sind, die dich begleiten,
und sprich zu mir und bleib nicht länger stumm.«
»Ich weinte über deinem Antlitz, als
du starbst, und jetzt mit nicht geringerem Leid
bewein ich seinen Anblick«, sagt ich ihm.
»Sag mir, bei Gott, was ist's, das euch so schindet?

1 Josephus: De bello judaico VI, 3.

2 Das lateinische Wort für Mensch: (h)omo oMo, gibt ein Bild des ausgehungerten Angesichtes; wobei das M Augenbrauen und Nasenrücken hervorhebt, die zwei o die Augen.

3 Forese Donati, ein Jugendfreund Dantes, gestorben im Jahre 1296, war ein lustiger Geselle, der scherzhafte Sonette, die uns erhalten sind, mit Dante gewechselt hat.

Heiß mich nicht reden, wenn ich staunen muß;
wer etwas wissen will, kann schlecht erzählen.«
»Aus ewigem Ratschluß senkt sich eine Kraft«,
erklärte er, »ins Wasser, in den Baum
dort hinter uns, daran verzehr ich mich.
Dies ganze Volk, das Klagelieder singt,
da es der Schlemmerei ergeben war,
will hier durch Hunger und durch Durst sich läutern.
Eifrig zu trinken und zu essen reizt uns
der Duft des Apfelbaumes und des Wassers,
das sprühend sich verteilt über sein Grün.
Und nicht nur einmal, im Vorbeigehn etwa
an diesem Platz, erneut sich unsre Pein –
ich sage *Pein* und sollte sagen *Wonne*.
Ist doch, was uns zum Baume führt, dieselbe
Ergriffenheit, mit der der Heiland rief:
Eli! als er uns opferfroh befreite.«

Ich sprach zu ihm: »Forese, seit dem Tag,
da du die Zeit fürs Ewige verließest,
sind nicht einmal fünf Jahre noch verflossen.
Da dir die Fähigkeit zu sündigen
doch schon erloschen war, bevor die Stunde
der guten Reue dich mit Gott versöhnte,
wie bist du hier so früh heraufgekommen?
Ich dachte, dich dort unten noch zu treffen,
wo man Verspätung mit Verspätung zahlt.«
Und er: »Daß ich so schnell zum qualvoll süßen
Getränk der Buße komme, ich verdank es
den bitterlichen Tränen meiner Nella.
Durch ihre frommen Bitten, durch ihr Seufzen
hat sie vom Strand der Harrenden empor
und von den andern Kreisen mich erlöst.

So wohlgefällig steht vor Gottes Antlitz
meine verwitwete, geliebte Frau,
weil sie im rechten Tun so einsam ist.
Denn in der Wildnis auf Sardinien leben
die Weiber züchtiger als dort, wo ich
in einer Wildnis lassen mußt die meine.
Was soll ich dir noch sagen, lieber Bruder,
wenn ich die künftige Zeit schon vor mir sehe,
nicht gar so weit entfernt von dieser Stunde,
daß für die frechen Frauen in Florenz
auf offner Kanzel man verbieten muß,
die Brüste samt den Warzen nackt zu tragen.
Hat man je Wilde oder Mauren-Frauen
durch kirchliche und andre Strafen so
zur Scham in ihrer Kleidung zwingen müssen?
Wenn diese Ausgeschämten wissen könnten,
was ihnen jetzt der Himmel schon bereitet,
sie öffneten schon heut das Maul zum Schreien.
Wenn mich die Schau aufs Kommende nicht trügt,
verfallen sie in Leid, noch eh der Flaum
des Knäbleins Wange säumt, das heut gelullt wird. –
Doch jetzt verbirg dich mir nicht mehr, mein Bruder!
Du siehst ja, wie nicht ich allein, wie alle
dorthin, wo du die Sonne hinderst, schauen.«

Und ich: »Wenn du dir nochmals überdenkst,
wie du mit mir und ich mit dir gewesen,
tut heute die Erinnerung noch weh.
Von jenem Lebensstile brachte dieser,
der vor mir geht, mich ab vor wenigen Tagen,
da rund des Mondes Scheibe war, wie die
der Schwester dort« (ich wies hinauf zur Sonne).
»Durch Nacht der toten Seelen führte er

mein lebend Fleisch hindurch, ich folge ihm.
Von dort empor mit seinem Troste zog
er mich und rings um diesen Berg, wo ihr
das einst Verkrümmte in die Richte bringt.
Er sagt mir sein Geleite zu so lange,
bis ich das Ziel bei Beatrice finde.
Dort oben hab ich ohne ihn zu sein.
Vergilius, dieser, hat es mir gesagt«
(und damit deutet ich auf ihn), »der andre
ist der, den euer Reich in allen Fugen
erhebend, eben jetzt entlassen hat.«

Vierundzwanzigster Gesang

Bonagiunta von Lucca und der neue Stil des Minnesangs · Beispiele bestrafter Völlerei Der Engel am Aufgang zum siebten Sims

Wir gingen und wir sprachen unbehindert
und redeten und wanderten gar rüstig
wie ein von gutem Wind getriebnes Schiff,
indes die zwiefach abgestorbnen Schatten
aus tiefen Augenhöhlen mich bestaunten,
sobald sie mein lebendig Wesen merkten.
Und ich fuhr fort in meiner Mitteilung:
»Vielleicht, daß er[1] jetzt langsamer hinaufgeht
als von Natur, dem anderen zulieb.
Doch sag mir, wenn du's weißt, wo ist Piccarda?
und sag, ob unter diesem Volk, das so
mich anstarrt, ein Bemerkenswerter ist?«
»Piccarda, meine schöne gute Schwester,
so schön wie gut, hat überwunden und
erfreut sich ihrer Krone im Olymp[2].«
Dies schickte er voraus, sodann: »Hier ist's
erlaubt, mit Namen jedermann zu nennen,
da uns die Hungerkur unkenntlich macht.
Der dort«, er wies auf ihn, »ist Bonagiunta[3]
aus Lucca, und dem andern hinter ihm
mit seinem ganz zerfallenen Gesicht
war einst die heilige Kirche angetraut.
Er kam von Tours und läutert jetzt mit Fasten
den Süßwein und die Aale aus Bolzena[4].«
Viel andre nannt er mir noch, Mann für Mann,
und allen schien es recht, genannt zu werden,
denn dazu machte keiner finstre Miene.

1 Statius.

2 Siehe 3. Gesang Paradies.

3 Bonagiunta Orbiciani aus Lucca, ein Zeitgenosse Dantes und Minnesinger, der noch der alten sizilianischen Schule angehörte.

4 Papst Martin IV., 1285 in Perugia gestorben.

Vor Hunger an den Lippen kauen sah ich
nebst Ubaldin von Pila[1] Bonifaz[2],
der viele Seelen einst zu weiden hatte.
Ich sah den Herrn Marchese aus Forlì[3],
woselbst er reichlich trinken konnte, ohne
so heißen Durst wie hier, und löscht ihn doch nicht.

Wie man, vor einer Auswahl stehend, schaut
und schätzt, entschied ich mich für den von Lucca,
der offenbar auch mich am besten kannte.
Er murmelt vor sich hin, und wie »Gentucca«[4]
erklang es hold für mich aus seinem herben
gerechterweise abgezehrten Mund.
»O Seele«, sagt ich ihm, »ich sehe dir
die Lust mit mir zu sprechen an, so gib
nach dein und meinem Wunsch dich zu verstehen.«
»Ein Mädchen weiß ich, ist noch unvermählt«,
begann er, »seinethalb wird meine Stadt
dir lieb, trotz ihres schlechten Rufes, werden.
Nimm diese Aussicht mit auf deinen Weg.
Ob dich mein Raunen irreführt, das wird
sich noch erweisen durch die Wirklichkeit.
Doch sag, ob ich in dir den Mann erblicke,
der in dem neuen Stil sein Lied begann:
›Ihr minniglich verständigen Edelfrauen[5]‹?«
Und ich zu ihm: »'s ist meine Art, daß ich,
wenn Amors Geist mich rührt, es merk und so
wie er es eingibt, Wort für Wort verzeichne.«
»Jetzt seh ich, Bruder«, sagte er, »die Schwelle,
die den Notar und mich und den Guittone[6]
zum zarten neuen Stil nicht kommen ließ.
Ich seh nun auch, wie nahe Eure Schrift,
wie treu dem Gang der Eingebung sich schmiegt,

1 *Ubaldino, Vater des Erzbischofs Ruggieri von Pisa (vgl. dreiunddreißigster Gesang der Hölle).*

2 *Bonifazio Fieschi aus Genua, Erzbischof in Ravenna, von 1274–95.*

3 *Der Marchese Argogliosi aus Forlì war Stadtrichter in Faenza (1296).*

4 *Gentucca, Kosename einer weiter nicht bekannten Dame oder frommen Schwester, bei der Dante in seiner Verbannung Hilfe fand.*

5 *So beginnt die erste Kanzona in Dantes Vita nuova:*
Donna, ch'avete intelletto d'amore . . .
Sie gilt als Markstein für die neue Richtung einer lebendigeren, durchgeistigten Lyrik, die in der Literaturgeschichte als dolce stil nuovo berühmt ist.

6 *Der Notar ist Giacomo da Len-*

was freilich mit der unsern nicht geschah.
Und unabsehbar auseinanderstreben,
wenn man es überschaut, die beiden Stile.«
Er schwieg, als wär er froh, daß er's gesagt.
Wie Kraniche im Winter nach dem Nil
in Schwärmen ziehn und manchmal plötzlich schneller
in einer Reihe hintreinanderfliegen,
so taten allzumal die Schatten dort,
blickten sich um, beschleunigten den Schritt,
willig und leicht in ihrer Magerkeit.
Und wie ein Mensch, des hastigen Ganges müde,
die andern laufen läßt und geht gemächlich
bis sich das Keuchen in der Brust beruhigt,
so ließ Forese die beflissne Schar
an sich vorbei, ging hintendrein mit mir
und sprach: »Wann werde ich dich wiedersehn?«
Und ich: »Wie lange ich lebe, weiß ich nicht;
doch wenn mir auch der Heimgang nahe ist,
mit meinem Wunsche bin ich längst am Ufer,
denn meine Stadt, wo ich zum Leben kam,
steigt tiefer Tag für Tag von ihrer Höhe
und schickt sich an zu einem bösen Ende.«
»Nun geh«, sprach er, »den größten Schuldigen
seh ich am Schweife eines Tiers hinab
zum Tal geschleift, wo's keine Rettung gibt,
und schnell und schneller rast das Tier mit ihm,
von Sprung zu Sprung, zerschmettert ihn und läßt
die jämmerlich entstellte Leiche liegen[1].
Nicht lange werden mehr die Sphären kreisen,
(und dabei blickte er empor) bis dir
das Unbestimmte meiner Worte klar wird.
Ich laß dich jetzt, denn kostbar ist die Zeit
in diesem Reich, und wenn ich weiter so

tini, ein Dichter der sizilianischen Schule aus der ersten Hälfte des 13. Jahrhunderts. Guittone von Arezzo, ein sehr gelehrter und schulmäßiger Minnesinger, gehört der zweiten Hälfte des 13. Jahrhunderts an.

1 Prophezeiung des Todes von Corso Donati, der als Führer der schwarzen Guelfen großen Erfolg hatte, dann aber von seinen Feinden zu Tode gehetzt wurde, 1308. Er ist Foreses Bruder.

im Gleichschritt mit dir geh, verspät ich mich.«
Wie manchmal im Galopp ein Reiter aus
dem Trupp der übrigen hervorsprengt, um
des ersten Anpralls Ehre sich zu sichern,
so trennt er sich von uns mit großen Schritten,
und ich blieb, weiterwandelnd, bei den beiden,
die in der Welt so große Meister waren.

Und als er vor uns her so weit entfernt war,
daß mit den Augen ich nicht besser ihm
als seinen Worten mit dem Geiste folgte,
erschien ein zweiter Apfelbaum vor mir,
da ich gerade jetzt mich dorthin wandte,
mit fruchtbeschwerten Zweigen nahe winkend,
und Menschen drunter mit erhobnen Händen.
Sie riefen in das Laub, ich weiß nicht was,
wie Kindlein, die von eitlem Wunsch besessen
um etwas bitten. Der Gebetne schweigt,
er will nur tüchtig ihr Gelüste schärfen
und hält das Etwas sichtbar in die Höhe.
Sodann, enttäuscht verließen sie den Baum,
vor dessen Höhe wir zu stehen kamen
und der sich keinem Flehn und Weinen beugt.
»Vorüber sollt ihr gehn, nicht näher treten.
Dort oben steht der Baum, der Eva lockte,
und dieser ist ein Ableger davon.«
So sprach aus Ast und Laub, ich weiß nicht wer.
Daher Vergil und Statius und ich
am innern Rand des Weges weitergingen.
Dann sprach es: »Denket an die Wolkensöhne,
die doppelbrüstigen Verfluchten, die
mit vollen Bäuchen gegen Theseus kämpften[1],
und an die Juden, die sich unbeherrscht

1 *Die Kentauren.*

beim Trinken zeigten, so daß Gideon
sie nicht gen Midian bei sich haben wollte[1].«
So gingen wir am Rand des Weges hin
und hörten im Vorbeigehn schlimme Fälle
von kläglich schlecht bekommner Völlerei.

Dann, auf der freien Straße uns verbreitend,
wohl tausend Schritte gingen wir und mehr,
für sich ein jeder schweigsam in Betrachtung.
»Was geht ihr drei da so gedankenvoll?«
rief plötzlich eine Stimm. Ich schüttelt mich
wie ein verschlafnes aufgeschrecktes Tier
und hob den Kopf, zu sehen, wer da sei.
In keinem Ofen sah man je so leuchtend,
so glutrot Gläser oder Erze strahlen
wie ich ein Wesen sah, das sprach: »Wenn ihr
hinaufwollt, müßt ihr hier herüberschwenken
zum Pfade derer, die den Frieden suchen.«
Sein Anblick hatte derart mich geblendet,
daß ich zurückging hinter meine Lehrer,
um nur nach dem Gehör mich noch zu richten.
Und wie, das erste Morgenlicht verkündend,
die Mailuft uns entgegenweht und duftet,
von Gräsern und von Blüten ganz erfüllt,
so fühlt ich's fächeln über meine Stirne
und fühlte deutlich auch den Schwung der Flügel,
der einen Hauch Ambrosia spüren ließ.
Und Worte hört ich: »Selig, wen die Gnade
erleuchtet, daß die Lust des Gaumens ihm
nicht gierig schwelend das Gemüt bedrängt
und daß ihn stets nach rechtem Maße *hungert*.«

1 *Richter 7, 4 ff.*

Fünfundzwanzigster Gesang

Aufstieg zum siebten Sims · Statius über Zeugung, Seele, Fortleben nach dem Tod Die Flammenwand · Die Wollüstigen

Zu flottem Aufstieg trieb die Stunde uns,
da durch den Mittagsbogen schon die Sonne
dem Stier, die Nacht dem Skorpion gewichen[1].
Und wie ein Wanderer, der sich nicht aufhält,
was unterwegs ihm auch begegnen mag,
wenn sorgliche Geschäftigkeit ihn spornt,
so schlugen wir uns in die Felsengasse,
der eine hinterm andern, zu den Stufen,
so eng, daß man nur einzeln sie ersteigt.

Wie einem jungen Storch, der fliegen möchte,
die Flügel hebt und doch zum Nest hinaus
sich nicht getraut und senkt die Flügel: so
war mir zumut. Ich flackerte vor Lust
und Scheu zu fragen und benahm mich gar
wie einer, der das Wort ergreifen will.
Mein trauter Vater, trotz der Hast des Aufstiegs,
vergaß mich nicht und sprach: »Schieß los den Bogen!
hast ihn gespannt bis an des Pfeiles Eisen!«
Da öffnet ich getrost den Mund und sprach:
»Wie kommt es, daß man mager werden kann,
wo doch nach Nahrung kein Bedarf besteht?«
»Wenn ich auf Meleager dich verwiese,
der mit dem Brand des Holzscheits sich verzehrt[2],
so schien der Fall dir«, sprach er, »nicht so schroff.
Bedenkst du, wie dein Spiegelbild sich regt,
wenn du dich selber regst mit gleichem Ruck,

1 Die Mitte des Tages (bzw. der Nacht auf der andern Erdhälfte) war um zwei Stunden überschritten.

2 Von Meleager berichtet die Sage, daß er so lange lebte, wie ein magisch mit ihm verbundenes Holzscheit brannte und glühte. Siehe Ovid Metam. VIII, 445 ff.

dann mildert sich dir wohl die Schwierigkeit.
Um aber ganz dir deinen Wunsch zu stillen,
ist Statius da. Ihn ruf ich an und bitte,
daß er des Zweifels Wunde dir behandle.«
»Wenn ich die Schau in Ewiges ihm enthülle«,
versetzte Statius, »da *du* doch da bist,
sei's mir verziehn, ich kann dir nichts verweigern.«

Sodann zu mir: »Wenn du im Geist, mein Sohn,
bewahrst und aufnimmst, was ich dir erkläre,
so hellt sich dir die Frage, die du stellst.
Das feinste Blut, das nie von durstigen Venen
geschluckt wird, sondern bleibt als unberührte
und aufbewahrte Speise nach der Mahlzeit,
empfängt im Herzen die Gestaltungskraft[1]
für alle Glieder; ähnlich läuft ein Blut,
zu Gliedern sich zu wandeln, durch die Venen[2].
Verfeinert steigt der Saft hinab zum Orte,
von dem man lieber schweigt; von dort ergießt er
auf andres Blut sich ins Naturgefäß.
Hier bindet sich das eine mit dem andern,
das eine leidend, und der andre schaffend,
dem hohen Ort, dem er entquillt, gemäß[3].
Wie er es trifft, beginnt er gleich zu wirken,
macht's erst gerinnen und belebt sodann,
was er zum Stoff sich zubereitet hat.

So wird die tätige Kraft zu einer Seele,
verschieden von der Pflanzenseele nur,
weil sie nicht bleibt wie die und weiterstrebt.
Dann macht sie, daß sie sich bewegt und fühlt,
dem Seeschwamm gleich[4]. Dann sucht sie Fähigkeiten
aus ihrem Keime wirkend auszubilden.

1 Es liegt die antike Anschauung zugrunde, daß der männliche Same im Herzblut zubereitet werde.

2 Nämlich das weibliche Blut im Mutterleib.

3 Nämlich dem Herzen.

4 Der Seeschwamm galt in der antiken Biologie als Zoophyt (Tierpflanze). Dante folgte hier dem Aristoteles.

Und jetzt entfaltet sich, mein Sohn, jetzt dehnt sich
der Trieb, der aus dem Herzen des Erzeugers
hervortritt, wo Natur die Gliedrung plant.
Wie er vom Tier jedoch zum Menschen kommt,
erkennst du jetzt noch nicht. An diesem Punkte
verirrte sich ein Weiserer als du
und lehrte, daß der mögliche Verstand
von unsrer Seele abgeschieden sei,
da kein Organ für ihn zu sehen war[1].
Erschließ der Wahrheit, die nun kommt, dein Herz
und wisse, daß, sobald das Hirn im Fötus
die rechte Gliederung vollendet hat,
der Allbeweger freudig über diese
geglückten Künste der Natur sich beugt
und neuen, kraftgeladnen Geist hineinhaucht,
der alles Lebenstätige in seine
Substanz hereinbezieht zu seelischer Einheit,
die lebt und fühlt und zu sich selbst sich wendet[2].
Auf daß dich diese Lehre weniger wundre,
schau, wie zu Wein die Sonnenhitze wird,
wenn sie dem Saft der Rebe sich vermählt.

Und hat die Parze keinen Faden mehr,
dann löst die Seele sich vom Fleisch und nimmt
ihr menschlich und ihr göttlich Erbteil mit:
die niedern Kräfte alle zwar gehemmt,
Gedächtnis, Wille und Vernunft jedoch
zu schärfrer Tätigkeit bereit als je.
Ohn Aufenthalt, von sich aus, wunderbar
fällt sie an eines dieser Ufer, wo
sie ihren Zukunftsweg zuerst erkennt.
Kaum ist sie hier an ihren Ort gebannt,
so strahlt sie rings mit ihrer Bildungskraft

1 *Lehre des Averroes, des arabischen Auslegers des Aristoteles.*

2 *Dante sieht in der Reflexion des Selbstbewußtseins das höchste einheitschaffende Kennzeichen der Menschenseele.*

in Maß und Richtung ihrer frühern Glieder.
Und wie die Luft, wenn Regen sie durchfeuchtet
und sich ein Lichtstrahl spiegelnd in ihr bricht,
verschiedenfarbig aufgeschmückt erscheint,
so strömet hier die Luftumgebung ein
in Form, die von der festgebannten Seele
ihr kraftvoll eingeprägt, lebendig wird.
Und gleich dem Flämmchen, das dem Feuerstoffe,
wohin er wandelt, immer wieder nachgeht[1],
so folgt dem Geiste seine neue Form.
Weil so die Seele scheinbar werden kann,
nennt man sie Schatten; sie vermag auch nun
sich jeden Sinn zu bilden, selbst das Auge.
So sprechen wir, so lachen wir und lassen
die Tränen fließen und die Seufzer wehen –
du hast's ja merken können auf dem Berg.
Und je nachdem uns Wunsch und Leidenschaft
ergreift, gestaltet unser Schatte sich.
Daher die Magerkeit auch, die dich wundert.«

Die Alten unterscheiden den gemeinsamen Stoff des Feuers von der individuellen Form seiner Flamme.

Zum letzten Rang der Qualen waren wir
emporgestiegen, wandten uns zur Rechten,
und neue Sorge machte uns zu schaffen.

Hier schießen Flammen aus der Bergwand vor;
vom Sims geht Windeswehn nach oben aus
und treibt die Flamme weg vom Rand zu Berge.
Wir mußten darum auf der offnen Seite
hintereinandergehn. Ich fürchtete
das Feuer hier und dort den Sturz ins Leere.
Mein Führer sprach: »Hier muß man seine Blicke
gar streng im Zügel halten, denn es könnte
ein klein Versehen schon zum Fehltritt werden.«

»O Vater höchster Gütigkeit«, so hört ich
den Hymnus singen in dem großen Feuer,
und hinzuschauen fühlt ich heißen Drang.
Und Geister sah ich durch die Flammen wandeln.
Auf ihre und auf meine Schritte achtend,
verteilte ich von Zeit zu Zeit die Blicke.
Nachdem der Schluß des Lieds verklungen war,
mit lauter Stimme riefen sie: »Ich weiß
von keinem Mann[1]« – und leis das Lied von neuem,
und sangen's durch, dann riefen sie: »Im Walde
hält sich Diana und verjagt Helice,
weil sie das Gift der Venus schon verspürt[2].«
Dann wieder sangen sie, dann riefen sie
die Frauen und die Männer aus, die keusch,
wie Zucht und Ehe es verlangt, sich hielten.
Und diese Übung, glaub ich, dauert ihnen
die ganze Zeit, die sie im Feuer dulden.
Durch solche Pflege, solche Seelenkost
muß sich auch diese Wunde endlich schließen.

1 *Worte der Jungfrau Maria bei der Verkündigung.*

2 *Siehe Ovid Metam. II, 401 ff.*

Sechsundzwanzigster Gesang

Der Dichter Guido Guinizelli · Zwei Arten von Büßern der Wollust · Der provenzalische Dichter Arnaut Daniel

Indes wir so, der eine nach dem andern,
am Rande wandelten und oft der Meister
mir zusprach: »Laß dich witzigen, gib acht!«
schien mir die Sonne auf die rechte Schulter
und bleichte schon am ganzen Abendhimmel
das Blau ins Weißliche mit ihren Strahlen.
Mein Schatten ließ das Flammenrot der Sonne
noch glühender scheinen. Viele Seelen sah ich,
die sehr wohl im Vorbeigehn darauf merkten;
und das gab Anlaß, daß sie über mich
sich nun besprachen und einander sagten:
»Der sieht nicht aus, als wär sein Körper scheinhaft.«
Und einige machten sich so nah an mich
heran, als es die Rücksicht noch erlaubte,
daß sie das Läutrungsfeuer nicht verließen.

»Der du die andern zwei wohl nicht aus Trägheit,
sondern aus Ehrfurcht vor dir gehen lässest,
gib Antwort mir in meinem Durst und Feuer!
Und nicht nur mir tut deine Auskunft not:
all diese brennen drauf, wie nur nach Wasser
ein Inder, ein Äthiopier dürsten kann.
Sag an, wie kommt's, daß du die Sonne abhältst,
als wärest du vom Tod noch nicht erfaßt,
in seinem Netz dein Leib noch nicht gefangen?«
So sprach von jenen einer, und ich hätte
mich gleich erklärt, hätte mich nicht ein neues

Ereignis, das sich darbot, abgezogen.
Denn mitten auf dem Flammenwege kam,
entgegen ins Gesicht der ersten Schar,
ein Volk, des Anblick mich in Schwebe hielt.

Sieh, wie die Schatten da von beiden Seiten
in Eile sich begrüßen, rasch sich küssen
und, froh des kurzen Festes, weiterhuschen.
So treffen sich in braunen Haufen wimmelnd
zwei Ameisen in flüchtiger Berührung,
etwa ihr Glück oder den Weg erkundend.
Noch kaum von solchem Freundesgruß getrennt,
beim ersten Schritt, noch eh sie weitereilen,
erheben sie wetteifernd ihre Stimmen:
»Sodom-Gomorra!« schrein die Neugekommnen,
die andern: »In der Kuh erwartet brünstig
Pasiphaë den Sprung des jungen Stiers[1].«
Sodann wie Kraniche, die teils nach Norden
zum Ural ziehn und teils nach sandigen Wüsten,
die einen Frost, die andern Sonne suchend,
so kommt die eine Schar, so geht die andre,
und singen klagend wieder ihre Hymnen
und schreien die gehörigen Sprüche wieder.

Und wieder näherten sich mir wie vorher
dieselben, die mich angesprochen hatten.
Gespannt auf meine Antwort sahn sie aus.
Da sich ihr Wunsch zum zweitenmal mir kundgab,
begann ich: »Seelen, ihr voll Zuversicht
zum Frieden einzugehn früh oder spät,
mein Leib liegt weder frisch noch alt im Boden
der Erde drüben, nein, ich hab ihn selbst noch
mit Blut, mit Fasern und Gelenken an mir.

1 Siehe Hölle zwölfter Gesang, Vers 12.

Ich steige, von der Blindheit zu genesen,
zu meiner Herrin, die mir Gnade sichert,
daß ich mein sterblich Teil nach oben trage.
So wahr nun euer höchster Wunsch sich bald
erfüllen soll, daß ihr im Himmel wohnet,
der voller Liebe allen Raum umfaßt,
erzählt, damit ich's niederschreiben kann,
wer seid ihr? Wer sind jene andern Seelen,
die hinter euch soeben sich entfernen?«
Ein roher wilder Bauer aus den Bergen
kann nicht viel anders, nicht verdutzter dastehn
und stumm sich umschaun, wenn er in die Stadt kommt,
wie von den Schatten hier ein jeder aussah.
Als sie das starre Staunen abgeschüttelt,
das bei den Hochgesinnten schnell vergeht,
begann, der mich zuvor gefragt, aufs neue:
»Wohl dir, daß du in unseren Bezirken
Erfahrung für ein reinres Leben sammelst.
Die andern, die uns nicht begleiten, haben
wie Cäsar sich vergangen, der darob
als ›Königin‹ begrüßt ward im Triumphzug[1].
Deshalb ist ›Sodom‹ auch ihr Abschiedsgruß,
den du vernahmst, sie werfen es sich vor
und schüren die Gefühle ihrer Schande.
Indes war *unsre* Sünde zweigeschlechtlich.
Nur weil wir ohne menschenwürdig Maß
wie Tiere unserem Gelüsten folgten,
verkünden wir zu unsrer eignen Schmach
als Abschiedsspruch den Namen jenes Weibes,
das sich zum Vieh in viehischer Kufe machte.
Nun kennst du unser Tun und unsre Schuld.
Willst etwa unsre Namen noch erfahren –
's ist nicht die Zeit dazu, ich kann's nicht sagen.

1 Wegen homosexueller Neigungen, siehe Sueton, Kap. 49.

Was mich betrifft, erfüll ich deinen Willen:
bin Guido Guinizelli; jetzt schon hier,
weil ich bereute vor der letzten Stunde[1].«

Wie jenen Zwillingen, die ihre Mutter
vom Zorn Lykurgs umlodert wiederfanden[2],
ward mir zumut (doch bin ich nicht so keck)[3] –
da ich den Namen höre von ihm selbst,
der mir und gar den Besten Vater war
in holden Minnesangs erhabner Kunst.
Kein Wörtchen hört und sprach ich mehr, ging lange,
gedankenvoll an seinem Anblick hangend,
nur daß das Feuer mich von ihm noch trennte.
Nachdem die Augen sich geweidet hatten,
bot ich mich ganz zu seinen Diensten an
mit glaubenswürdiger Versicherung.
Er sagte: »Deine Worte, wie ich sie
verstehe, prägen sich mir ein, so klar,
daß Lethe sie nicht löschen wird noch trüben.
So wahr mir deine Treue gelten soll,
so sag mir doch, weshalb in Wort und Blick
du deine Liebe also mir erweisest?«
Ich antworte: »Weil eure holden Verse,
solang die neue Kunst in Geltung steht,
sogar die Tinte liebenswürdig machen.«

»O Bruder«, sprach er, »dieser, den ich dir
bedeute« (und er wies auf einen Geist)
»der war der größte Schmied der Muttersprache.
Die Minnesinger, die Romanenschreiber,
er hat sie all besiegt, was auch die Toren
vom Vorrang ihres Limousiners schwatzten[4].
Sie achten nur den Ruf anstatt der Wahrheit,

1 Guido Guinizelli, der berühmte Bologneser Dichter, der mit seiner philosophisch vertieften Lyrik den Beginn des »dolce stil nuovo« bezeichnet.

2 Siehe Thebais V, 715 ff.

3 Nicht so keck wie die Zwillingssöhne, die ihre zum Tode verurteilte Mutter Hypsipyle umarmten und erretteten.

4 Der Limousiner ist Giraut von Bornelh, ein berühmter provenzalischer Trobador; der von Guinizelli angedeutete Künstler, der ihn übertrifft, ist Arnaut Daniel, der größte Meister des kunstreichen Stiles der provenzalischen Lyrik, dem Dante als einem Vorbild nacheiferte. Seine Blütezeit fällt in die Jahre 1180–1200.

und darauf gründen sie die eigne Meinung,
um nicht nach Kunst und Grund erst lang zu fragen.
So machten sie es einst auch mit Guittone[1]
und priesen immerzu nur ihn, nur ihn,
bis andre ihn wahrhaftig überstrahlten. –
Wenn du nun wirklich so viel Vorrecht hast,
daß dir der Zutritt freisteht zu dem Kloster,
wo Christus selber die Gemeinde führt,
so sprich zu ihm für mich ein Vaterunser,
soweit wir es in diesem Reiche, wo
die Sünde keine Macht mehr hat, noch brauchen[2].«

Sodann, vielleicht um Platz für seinen Nachbarn
zu schaffen, glitt er durch die Flammen weg,
wie Fisch im Wasser, wenn er tiefer taucht. –
Zum Geist, den er mir angedeutet, trat ich
und sagte ihm, wie gern ich seinen Namen
in freundlichem Gedächtnis hegen möchte.
Und freien Mutes gab er mir die Antwort:
»So sehr gefällt mir euer höfisch Fragen,
daß ich mich nicht vor euch verbergen möchte.
Bin Arnold, und ich singe unter Tränen,
mit Reue denk ich des vergangnen Wahnes,
mit Freuden seh ich den ersehnten Tag.
Nun aber bitt ich euch bei jener Kraft,
die euch zum Gipfel dieser Stufen leitet:
Gedenkt zur guten Zeit auch meines Schmerzes[3].«
Dann barg er sich im reinen Flammenbad.

1 Guittone von Arezzo, siehe vierundzwanzigsten Gesang, Fegfeuer, Vers 56.

2 Bezugnahme auf den elften Gesang des Fegfeuers, Vers 23 ff.

3 Diese schönen Worte läßt Dante seinen provenzalischen Meister in provenzalischer Sprache sagen, um seiner besonderen Verehrung Ausdruck zu geben.

Siebenundzwanzigster Gesang

Der Gang durchs Feuer · Dantes Traum
Vergils Abschied

Daß sie die ersten Strahlen dorthin schoß,
wo ihres Schöpfers Blut vergossen wurde,
(indes die Waage sich im Ebro spiegelt,
und Ganges' Woge kocht in Mittagsglut),
so stand die Sonne, und der Tag entwich,
als froh der Engel Gottes uns erschien.
Er stand am Rande außerhalb des Feuers
und sang mit seiner Stimme, frischer als
die unsre: »Selig sind, die reinen Herzens.«
Und dann: »Hier geht's nicht weiter, gute Seelen,
eh ihr die Feuerprobe nicht besteht.
Schreitet hindurch und lauscht dem Sang von drüben!«
So sagte er, als wir ihm näher kamen.
Wie ich es hörte, fühlt ich mich erstarren,
als müßte man mich in die Grube legen.
Ich rang die Hände, beugte mich nach vorne,
ins Feuer sah ich und bekam den Eindruck
von Leibern, die ich hatte brennen sehen.
Die wackern Führer wandten sich zu mir.
Vergilius sprach zu mir: »Mein Sohn, bedenke,
hier ist kein Tod, hier kann nur Marter sein.
Bedenke, wenn ich dich auf Geryons Rücken
in Sicherheit geleitete, wie sollt ich
es hier in Gottes Nähe nicht vermögen?
Glaub mir, und wenn du tausend Jahre lang
in diesen Flammen weiltest, mitten drin,
auch nicht ein Härchen könnten sie dir sengen.

Und wenn du mir etwa nicht trauen magst,
geh hin zur Flamme, reiche ihr mit Händen
den Saum des Kleids und laß dich überzeugen.
Erheb dich endlich über Furcht und Zagen,
komm her zu mir und geh getrost hindurch!« –
Ich aber steh und kann nicht wie ich möchte.
Wie er mich starr noch immer stehen sah,
sprach er ein wenig ungeduldig: »Sieh,
von Beatrice trennt dich diese Mauer.«
Wie bei dem Namen »Thisbe« Pyramus
im Tode noch das Auge öffnete,
indes sein Blut dahinfloß, zu ihr aufblickt,
so wurd ich aufgeweckt aus meiner Starrheit,
sah meinen Führer an, da ich den Namen,
der ewig jung in meinem Sinn ist, hörte.
»Wirklich«, sprach der und schüttelte das Haupt,
»und weiter geht es nicht?« und lächelt mir,
wie man ein störrisch Kind mit Äpfeln lockt.
Dann schritt er mir voran, hinein ins Feuer.
Den Statius bat er, hintendrein zu kommen
(bisher ging er zumeist in unsrer Mitte).
Kaum war ich drin, hätt ich in siedend Glas,
nur um mich abzukühlen, mich geworfen,
so über alle Maßen war die Glut.
Mir Mut zu machen, sprach mein trauter Vater
von Beatricen immerzu und sagte:
»Mir ist, als könnt ich ihre Augen schauen.«
Wir gingen einer Stimme nach, die drüben
zu hören war, und ihrem Sange lauschend
gelangten wir hinaus zum Weg nach oben.
»Gesegnete des Vaters, kommet her![1]«
erklang es aus dem Innern eines Lichtes,
so hell und stark, daß ich's nicht ansehn konnte.

1 *Worte Christi, Evang. Matth. 25, 34.*

»Die Sonne geht«, sprach's dann, »es kommt der Abend;
ohn Aufenthalt beschleuniget den Schritt,
solang's im Westen noch nicht dunkel wird.«
Gerade auf im Felsen stieg der Weg
nach Osten, so daß ich die Strahlen vor mir
hinwegfing von der Sonne, tief im Rücken.
Wir hatten wenige Stufen erst erprobt,
als ich und meine Lehrer am Erlöschen
des Schattens fühlten, wie die Sonne weg war.

Bevor in seiner Unermeßlichkeit
der Horizont den gleichen Anblick zeigte
und überall die Nacht sich ausgebreitet,
bettete jeder sich auf einer Stufe,
da die Natur des Berges uns die Kraft
zum Weitersteigen, nicht die Lust, benahm.
So ruhen still zum Wiederkäun die Ziegen,
die erst so dreist und rasch von Fels zu Fels
nach Nahrung liefen, bis sie sich gesättigt,
lautlos im Schatten jetzt. Die Sonne glüht,
es schaut der Hirte über seine Herde,
auf seinen Stab gestützt und immer wachsam.
Und wie der Hüter draußen auf dem Feld
die Nacht bei seinen stillen Tieren bleibt
und wacht, damit der Wolf sie nicht verscheuche,
so lagerten wir alle drei beisammen:
ich wie die Herde, jene wie die Hirten,
und rechts und links umgaben uns die Felsen.
Nicht viel drang von der Außenwelt zum Auge,
doch dieses wenige ließ mich die Sterne
noch heller und noch größer sehn als sonst.

Und wie ich sinnend so nach ihnen schaue,
berührte mich der Schlaf, der Schlaf, der oft
noch eh es da ist, das Ereignis kündet.
Zur Stunde etwa, da der Venusstern,
der immerglühende, mit Liebesfeuer
vom Morgen her zuerst den Berg bestrahlt,
erschaute ich im Traume, schön und jung
und blumenpflückend eine Frau, die Heide
durchstreifend, und sie sang dazu die Worte:
»Mag jeder, der nach meinem Namen fragt,
erfahren, daß ich Lea bin. Ich flechte,
die weißen Hände rührend, meinen Kranz
und schmücke mich, um schön zu sein, im Spiegel.
Doch Rahel, meine Schwester, wird nicht müde
vor ihrem Spiegel tagelang zu sitzen.
An ihren schönen Augen freut sie sich
wie ich an meiner Hände Werk zum Schmuck.
Ihr ist die Schau genug, mir ist's die Tat[1].«
Ein erstes Schimmern ging dem Tag vorauf,
um so willkommener dem Pilgersmann,
je heimatnäher seine letzte Rast.
Im ganzen Umkreis floh die Finsternis,
es floh mit ihr mein Schlaf, und ich stand auf,
da ich die Meister schon erhoben sah.
»Die süße Frucht, durch tausend Zweige hin
so eifrig von den Sterblichen gesucht,
wird heute noch dir deinen Hunger stillen.«
Daß solch ein Wort Vergilius zu mir
gebrauchte, war ein Festgeschenk, wie niemals
ein anderes mich hätte freuen können.
Ein neuer Wille, Well auf Welle kam mir,
Wille nach oben, und bei jedem Schritt
fühlt ich zum Schwunge mir die Flügel wachsen.

1 Lea bedeutet das tätige, Rahel das beschauliche Leben, ihr Spiegel die Gottheit.

Als unter uns die Treppenstufen alle
im Lauf entwichen und wir oben auf
der letzten standen, blickt Vergil mich an
und sprach: »Das zeitliche, das ewige Feuer
hast du erkannt, mein Sohn, hier stehst du jetzt
und hier ist meine Wissenschaft am Ende.
Bedacht und eifrig bracht ich dich herauf,
nun überlaß du dich dem Trieb des Herzens.
Die steilen Pfade liegen hinter dir.
Sieh dort! Die Sonne leuchtet dir ins Antlitz,
und Wiesen dort und Blumen und Gehölz,
was alles eine reiche Erde schenkt.
Im Grünen sitzend oder wandelnd harrst du
der Frau mit ihren frohen schönen Augen,
die weinend mich zu dir gerufen hat.
Erwarte Lehre nicht noch Wink von mir,
denn frei, gesund und aufrecht ist dein Wille,
und Irrtum wäre es, jetzt ihn noch zu zügeln.
Du sei dein eigner Kaiser und dein Papst!«

Achtundzwanzigster Gesang

Das irdische Paradies · Matelda · Lethe · Eunoë

Ich spürte Lust, das Innre und das Äußre
des heilgen Waldes zu durchspähn, der frisch
und dicht das Morgenlicht dem Auge dämpfte,
und ohne Zögern wich ich ab vom Weg,
ging langsam tiefer in das Land hinein.
Von allen Seiten duftete die Erde;
ein süßer Lufthauch ohne Wetterlaune
fuhr über meine Stirne, und sein Wehen
war wie das Fächeln eines sanften Windes,
davon die Blätter zitternd und ergriffen
sich alle nach derselben Seite legten,
nach der des Berges erster Schatten fiel[1],
und kamen doch nicht derart aus der Fassung,
daß sich die Vögelein im Laub der Wipfel
bei ihren Künsten unterbrechen ließen;
sogar voll Fröhlichkeit begrüßten sie
die Morgenstunde, jubelnd im Gezweig,
das zu der Melodie den Grundbaß rauschte.
So hört man durch den Pinienwald am Ufer
von Classe hin ein Rauschen in den Ästen[2]
sich schwellend sammeln, wenn der Südwind los ist.

Schrittweise, langsam war ich schon so tief
hineingeraten in den alten Wald,
daß ich die Eintrittsstelle nicht mehr sah.
Und siehe da, ein Bach ließ mich nicht weiter;
mit stillen Fluten zog er nach der Linken[3]

1 *Also nach Westen, da die Sonne im Osten stand.*

2 *Der berühmte Pinienwald bei Ravenna.*

3 *Dante, wandelnd von Ost nach West, sieht den süd-nord gerichteten Bach nach links abfließen.*

die Gräser, die an seinem Rande wuchsen.
Die reinsten Wasser, die auf Erden fließen,
mit diesem nichtsverbergenden verglichen,
erscheinen alle irgendwie gemischt,
obgleich's hier immerzu im Dunkeln fließt,
von einem Wald beschattet, der doch nie
den Schein der Sonne durchläßt noch des Mondes.
Die Schritte hielt ich an, die Augen ließ ich
am andern Ufer schweifen in der Fülle
der unerschöpflich bunten Frühlingspracht.

Sieh da, wie eine plötzliche Erscheinung,
die wunderstaunend uns gefangen nimmt
und unser ganzes Denken stört, erschien
mir eine Frau: einsam erging sie sich,
singend, und zwischen Blumen pflückt' sie Blumen,
die ihr den Weg mit allen Farben säumten[1].
»Oh, schöne Herrin, wenn dein Anblick mir
den Grund des Herzens treulich offenbart,
von Minne du beseligend Erwärmte,
möcht's dir belieben, weiter vor ans Ufer«
sprach ich, »zu diesem Bächlein herzutreten,
damit ich auch verstehe, was du singst.
Du mahnest mich: so war Proserpina
damals und dort, wo sie dem Blick der Mutter
entschwand und ihr der Lenz verlorenging[2].«
Wie um sich selber eine Tänzerin,
alleine kreisend, beide Füße eng
geschlossen hält und schleift nur hin am Boden,
so kehrte sie auf rot und gelben Blumen
zu mir sich wie ein keusches Mägdlein her,
das züchtig seine Augen niederschlägt,
und meiner Bitte leistet sie Genüge

1 Die Frau ist Matelda. Sie gleicht der vorher im Traum geschauten Lea. Nach Gestalt und Name dürfte sie zu den in der Vita nuova gepriesenen Gefährtinnen Beatricens gehören. Sie ist die Seele des irdischen Paradieses, als eines Reiches der durch keine Not bedingten, freien, sich selbst genügenden Tätigkeit.

2 Erinnerung an Ovid Metam. V, 385 ff.

und näherte sich, bis die sanften Laute
ihres Gesanges mir auch sinnvoll wurden.
Sobald sie an den Rand gekommen, wo
die Gräser in dem reinen Bach sich netzen,
schlug sie die Augen auf zu meiner Freude.
So glanzvoll aus den Wimpern leuchtet' es,
ich glaube, kaum bei Venus, als sie plötzlich
von ihrem kecken Sohn verwundet wurde.
Vom andern Ufer lachte sie herüber,
ein buntes Vielerlei in ihren Händen,
das ungesät auf jener Höhe wächst.
Drei Schritte breit das Wasser zwischen uns,
jedoch der Hellespont, den Xerxes querte,
(noch heut ein Zaum für allen Menschenstolz),
der zwischen Sestos und Abydos flutet,
war dem Leander weniger verhaßt
als mir der Bach, der sich nicht auftun wollte.
»Ihr seid hier neu«, sprach sie, »sollte mein Lachen
an diesem Ort der auserlesnen Heimat
der Menschheit euch verwunderlich erscheinen
und einigen Verdacht erregen, so
erinnert euch des Psalmes ›Delectasti‹[1]
der euch erleuchten kann und Zweifel klären.
Und du, der vorderste, der mich gebeten,
sag an, ob du noch Weitres hören willst;
ich geb dir gerne jeglichen Bescheid.«

»Das Wasser«, sagt ich, »und des Waldes Rauschen
erschüttern meinen jungen Glauben an
den anders mir erklärten Sachverhalt[2].«
Und sie: »Die Ursache, aus der hervorgeht,
was dich verwundert, will ich dir erklären
und hinderliche Trübung dir zerstreuen.

1 *In der Vulgata Psalm 91, Vers 5, bei Luther 92, 5.*

2 *Die von Statius im einundzwanzigsten Gesang des Fegfeuers vorgetragene Lehre, daß der Berg keinen atmosphärischen Einflüssen unterstehe.*

Das in sich selber selige höchste Gut
erschuf den Menschen gut und froh und gab
als ewigen Friedens Pfand ihm diesen Ort.
Sein Fehltritt ließ ihn hier nur kurz verweilen,
sein Fehltritt wandelte in Schmerz und Tränen
das holde Spiel ihm und das gute Lachen.
Auf daß der Brodem, der dort unten gärt
von Dünsten aus dem Wasser und der Erde,
die immer, wo es geht, das Warme suchen,
dem Menschen hier nicht feindlich werde, stieg
zum Himmel dieser Berg so hoch empor
und hält sich von der Pforte aufwärts rein.
Und weil nun mit der ersten Himmelsdrehung
die Luft im ganzen Umkreise sich dreht,
wofern der Kreislauf nirgend unterbrochen,
bestürmt die himmlische Bewegung hier
den Gipfel, der in Gottes Äther ragt,
und weht und rauscht in diesem dichten Wald.
Und so geschüttelt, wächst die Kraft der Pflanze,
daß sie die Luft mit sich erfüllt und schwängert,
die kreisend solche Pflanzenkraft verstreut.
Davon empfängt nach Wert und Himmelsstrich
die überige Erde und erzeugt
verschiedner Hölzer Trieb- und Wachstumskräfte.
Man hätte demnach drüben keinen Grund mehr,
sich zu verwundern, wenn etwa ein Pflänzchen
auch ohne nachweisbaren Samen sprießt.
Und wissen sollst du, daß das heilige Feld,
auf dem du wandelst, voll ist jeden Samens
und Früchte birgt, die man bei euch nicht bricht.

Das Wasser, das du siehst, quillt nicht aus Adern,
gespeist durch Wolkendunst, gehemmt durch Frost,

wie eure Flüsse, schwellend und versickernd:
es kömmt aus einem festen, sichern Born,
der aus dem Willen Gottes das empfängt,
was er verströmt nach zwei verschiednen Seiten.
Was hier hinabfließt, löschet im Gedächtnis
des Menschen jede Spur von Sünden aus;
was dort, erfrischt ihm, was er Gutes tat.
Hier heißt es Lethe, auf der andern Seite
Eunoë, aber wirken kann es nur,
wenn man an beiden hier wie dort sich labt,
und schmackhaft ist es wie kein andrer Trank.
Nun könnte wohl dein Wissensdurst gelöscht sein
und braucht' ich Weiteres dir nicht zu künden,
doch will ich dir noch einen Zusatz schenken;
mein Wort sei dir, denk ich, nicht weniger lieb,
wenn's übers Ziel hinaus dich noch begleitet:
Die Dichter, die im Altertum besangen
die goldne Zeit und deren reines Glück,
sie schauten vom Parnaß hierher in Träumen.
Hier war des Menschen Ursprung ohne Schuld,
und ewiger Frühling ist, und immer Ernte,
und Nektar dieses vielgelobte Naß.«

Da wandte ich zu meinen Dichtern mich
zurück und sah, wie sie, nicht ohne Lächeln,
die letzte Darlegung vernommen hatten.
Dann blickt ich wieder auf die schöne Frau.

Neunundzwanzigster Gesang

Der Triumphzug der Kirche

Erfüllt vom Geist der Liebe ging das Wort ihr,
das sie gesprochen, über in Gesang:
»Wohl denen, deren Sünden ausgelöscht[1].«
Und wie sich Nymphen einsam oft ergingen
in Waldes Dickicht, sei's nach kühlem Schatten
sich sehnend oder auch nach Sonnenlicht,
so schritt sie hin, den Bach hinauf am Ufer,
und ich auf gleicher Höhe begleitete
mit kurzen Schritten ihre kleinen Tritte.
Noch keine hundert hatten wir zusammen
getan, als sich die Ufer beide bogen,
so daß ich jetzt wieder nach Osten ging.
Nach einem kurzen Stück in dieser Richtung
kehrte die Frau sich ganz zu mir herüber
und sagte: »Bruder, jetzt schau auf und lausche.«
Und siehe, eine Helligkeit durchlief
plötzlich und allerseits den großen Wald,
daß es mir vorkam beinah wie ein Blitzen.
Doch da das Blitzlicht, wie es flammt, verschwindet,
indessen dieses dauernd heller strahlte,
so sagt ich zu mir selbst: was ist dies nur?
Und eine Melodie ergoß sich sanft
durch die erhellte Luft, und wacker mußte
ich mich ereifern gegen Evas Keckheit.
Wo sich gehorsam Erd und Himmel fügten,
daß da ein einzeln Weib, noch kaum erschaffen,
den Schleier über sich nicht dulden konnte!

1 Sie singt den 32. Psalm.

Hätte sie fromm und stille sich gehalten,
so wären diese unsagbaren Wonnen
schon bälder mir und längre Zeit geworden.
Indes ich in Erwartung schwebte zwischen
so vielen Erstlingsgaben ewigen Glückes
und immer höhre Freuden noch begehrte,
entzündete wie Feuer sich vor uns
im grünen Laubwerk rings die Luft, und schon
erkannt ich als Gesang jene Musik.

Ihr heiligen keuschen Musen, wenn ich euch
zu Diensten fror und hungerte und wachte,
jetzt brauch ich dringend euern Gnadenlohn.
Vergönnet mir den helikonischen Quell
und daß Urania und ihr Chor mich lehren,
gedankenschweres Gut in Verse kleiden. –
Im Weitergehen spiegelte die Ferne
etwas wie sieben goldne Bäume her
im Luftraum zwischen uns und jenen Dingen.
Doch als ich nah genug ans Ziel herankam,
so daß vom Gegenständlichen des Anscheins
nichts durch die Ferne mehr verlorenging,
begriff mein unterscheidendes Vermögen,
wie das, was Bäume schienen, Leuchter waren[1],
und das Gesungene Hosianna hieß.
Über dem Prachtgeräte flammte Licht,
viel heller als der Mond bei klarer Luft
um Mitternacht in seines Monats Fülle.
Voller Verwundrung wandt ich mich zurück
zum traulichen Vergil, und seine Antwort
war ein Gesicht voll Staunen wie das meine.
Dann kehrt ich wieder den erhabnen Dingen
das Antlitz zu, die uns entgegenkamen,

1 *Die sieben Leuchter bezeichnen die sieben Gaben des Heiligen Geistes.*

langsamer als ein Zug von jungen Bräuten;
doch mahnte mich die Frau: »Was glühst du nur
im Anschaun der lebendigen Lichter so
und achtest nicht, was hinter ihnen kommt?«

Da sah ich Menschen im Gefolg der Lichter
einhergezogen kommen, weiß gekleidet.
So reines Weiß gab es auf Erden nie.
Das Wasser glänzte mir zur linken Hand
und gab mir meine linke Seite wieder,
wenn ich hineinsah wie in einen Spiegel.
Als ich so weit auf meiner Uferseite
gekommen war, daß nur der Fluß mich trennte
vom Schauspiel, hielt ich, um es zu betrachten.
Ich sah die Flämmchen, wie sie vorwärts rückend
Farbstreifen hinterließen in der Luft
als wären sie mit Pinseln hingestrichen.
So blieben Spuren in der Höhe sichtbar
von sieben Streifen, alle in den Farben
von Iris' Bogen und Dianas Gürtel.
Und diese Banner reichten rückwärts weiter
als ich zu sehn vermocht; die vordern hatten
etwa zehn Schritte Abstand voneinander.
Unter so bunt geschmücktem Himmel schritten
in Paaren vierundzwanzig Älteste[1];
sie trugen Lilienkränze auf dem Haupt,
und alle sangen: »Du Gesegnete
unter den Töchtern Adams, und gesegnet
in Ewigkeit soll deine Schönheit sein.«
Als dann die Blumen und das frische Gras
mir gegenüber auf dem andern Ufer
von den erlauchten Scharen freigegeben,
da kamen, wie am Himmel Licht an Licht,

1 *Offenbarung Joh. 4, 4. Gemeint sind die vierundzwanzig Bücher des Alten Testamentes.*

vier Tiere hinter jenen hergezogen,
ein jegliches mit grünem Laub bekränzt[1],
beschwingt mit je sechs Flügeln jedes Tier,
voll Augen das Gefieder, Argusaugen,
wenn Argus noch lebendige Augen hätte.
Ihr Aussehn näher dir zu schildern, Leser,
versag ich, denn zu neuem Aufwand drängt
der Stoff, daß ich die Reime sparen muß.
Lies im Hesekiel, dort findst du sie,
wie er sie kommen sieht von Mitternacht
mit ungestümem Wind und Feuerwolke[2].
Genau wie es in seinem Buche steht,
waren sie hier, nur was die Flügel angeht,
entfernt Johannes sich mit mir von ihm[3].
Zwischen die viere eingeordnet, kam
ein Wagen auf zwei Rädern zum Triumph
einher, am Halse eines Greifen hangend[4].
Der Greif hielt beide Flügel hochgereckt
und so hindurch zwischen den sieben Streifen,
daß er nicht einen einzigen verletzte.
Ins Unsichtbare ragten ihm die Schwingen.
Das Vogelartige an ihm war Gold,
das übrige gemischt aus Weiß und Rot[5].
Nicht einmal Rom hat mit so schönem Wagen
den Scipio gefeiert noch Augustum;
der Sonnenwagen selbst erschiene ärmlich,
derselbe, der entgleiste und verbrannte,
weil das Gebet der frommen Mutter Erde
Gerechtigkeit in Jovis Ratschluß fand[6].
Neben dem rechten Rad des Wagens tanzten
drei Fraun im Kreis einher, die eine rot[7],
so rot, daß sie im Feuer fast verschwände.
Die andere sah aus als wär ihr Fleisch

1 *Die vier Bücher der Evangelien.*

2 *Hesekiel 1, 4.*

3 *In der Offenbarung Joh. 4, 8 haben die Tiere sechs, bei Hesekiel nur vier Flügel.*

4 *Der Wagen soll die Kirche, der Greif Christum bedeuten.*

5 *Der goldenen Vogelgestalt entspricht die göttliche, dem pantherartigen Rumpf die menschliche Natur aus Fleisch und Blut-Weiß und Rot.*

6 *Anspielung auf den Mythus des Phaethon.*

7 *Die theologischen Tugenden: Liebe (rot), Hoffnung (grün), Glaube (weiß).*

und ihr Gebein ganz aus Smaragd gebildet.
Die dritte war wie frisch gefallner Schnee.
Bald war's die Weiße, die zu führen schien,
sodann die Rote. Je nach einer Stimme
bewegten langsam sich und schnell die andern.
Am linken Rade schwangen vier den Reigen
in purpurnen Gewändern nach der Weise
der einen mit dem dreifachen Gesicht[1].
Hinter der ganzen aufgeführten Gruppe
sah ich zwei Greise, ungleich angetan[2],
doch gleich an würdiger und steter Haltung:
der eine offensichtlich ein Vertrauter
des großen Hippokrat, den die Natur
uns, ihren teuersten Geschöpfen, schenkte.
Der andre zeigt ein kriegerisches Wesen
mit seinem blitzenden und scharfen Schwert,
das übers Wasser her mich noch erschreckte.
Dann sah ich vier mit demutsvollem Ausdruck[3]
und hinter allen einen Greis allein,
im Schlafe wandelnd, sinnenden Gesichtes[4].
Und diese sieben waren gleich gekleidet
wie jene erste Schar, nur daß ihr Haupt
mit Lilienkränzen nicht umwunden war,
vielmehr mit Rosen und mit roten Blüten.
Aus einiger Ferne hätte man geschworen,
daß jedem Feuer auf der Stirne flammte.

Als mir der Wagen gegenüberstand,
erscholl ein Donnerschlag, und all die Edeln
durften, so schien es, hier nicht weiterziehn
und hielten samt den vorderen Standarten.

1 *Die vier weltlichen Tugenden: Gerechtigkeit, Stärke, Mäßigkeit und die dreiäugige Klugheit.*

2 *Lukas und Paulus als Verfasser der Apostelgeschichte und der Briefe.*

3 *Die Verfasser der Briefe Petri, Johannis, Jakobi und Judä.*

4 *Der Verfasser der Offenbarung Johannis.*

Dreißigster Gesang

Beatrice · Ihre strafenden Worte

Als dieser Siebenstern vom höchsten Himmel,
der weder Untergang noch Anfang kennt[1],
und den kein Nebel trübt, nur unsre Sünde,
der jedem droben seine Pflichten weist,
so wie der untre Siebenstern den Schiffern
am Steuer hilft den Weg zum Hafen finden;
als dieser hielt, kehrten die Wahrheitsfreunde,
die *hinter* ihm und *vor* dem Greifen wandeln,
zum Wagen als zu ihrem Frieden sich.
Einer von ihnen, wie bestellt vom Himmel[2],
dreimal »komm meine Braut vom Libanon!«
sang er den Ruf, den alle wiederholten.
Wie einst die Seligen am Jüngsten Tag
behende alle aus den Gräbern steigend
mit frisch gestimmten Kehlen jubeln werden,
so hoben bei dem Ruf des greisen Sängers
sich aus dem Gotteswagen hundert Diener
und Boten ewgen Lebens[3] in die Höhe
und sprachen all: »Gelobt sei, der da kommt[4]!«
sodann: »Gebt Lilien aus vollen Händen[5]!«
mit Blumen alles ringsum überschüttend.
Ich sah schon oft am frühen Tag den Himmel
im ganzen Osten rosenfarbig werden
und alles übrige in heitrer Klarheit;
umschattet ging die Sonnenscheibe auf,
und dank dem Dunst, der ihre Strahlen dämpfte,
ertrug das Auge ihren Anblick lang –

1 Die sieben Leuchter oder Gaben des Heiligen Geistes werden hier mit dem Siebengestirn des Nordens (Kleiner Bär) verglichen.

2 Offenbar der Verfasser des Hohen Liedes, aus dem der folgende Ruf (IV, 8) entnommen ist.

3 Engel.

4 Die Worte, mit denen Jesus in Jerusalem begrüßt wurde. Evang. Matth. 24, 9.

5 Nach Aeneis VI, 883. Manibus o date lilia plenis.

und so in einem Wolkenspiel von Blumen,
das aus der Engel Händen sich erhob
und nah und ferne niederregnete,
bekränzt mit Ölzweig auf dem weißen Schleier,
erschien mir eine Frau in grünem Mantel
und feuerfarbenem Gewand darunter.

War doch mein Lebensgeist so lange schon
nicht mehr von ihrer Gegenwart erfaßt,
nicht staunend mehr von ihr durchschüttert worden –
doch ohne daß er sehend sie erkannte,
nur durch geheime Kraft, die von ihr ausging,
verspürt er alter Liebe Urgewalt.
Sobald ins Auge mir die hohe Kraft
einbrach, die einst mich ganz durchdrungen hatte
(im Knabenalter stand ich damals noch),
da kehrt ich mich voll Scheu nach meiner Linken,
so wie das Kindlein zu der Mutter läuft,
wenn es sich fürchtet oder Kummer hat,
zu klagen dem Vergil: »Kein Tropfen Blut
ist mir geblieben, der nicht bebt, das sind –
ich kenne sie – des alten Fiebers Zeichen.«

Vergilius aber hatte uns verlassen,
Vergil, mein Vater, nicht mehr da, Vergil,
dem ich zur Rettung mich doch anvertraut!
Da half auch nicht, was Eva uns verscherzte,
das Paradies, um mir vor bittern Tränen
die taugewaschnen Wangen zu bewahren.
»Du sollst nicht weinen, Dante, weil Vergil
hinweggegangen, weine jetzt noch nicht;
wirst über andre Wunden weinen müssen.«

So wie der Admiral vom Heck, vom Bug aus
die Mannschaft der ihm anvertrauten Schiffe
besichtigt und zum rechten Dienst ermuntert,
erschien mir auf dem linken Rand des Wagens,
als ich bei meinem Namen (den ich hier
notwendig schreiben muß) gerufen, dorthin
mich kehrt', dieselbe Frau, die ich noch eben
verhüllt im Blumenfest der Engel sah;
vom andern Ufer blickte sie auf mich.
Zwar ließ der Schleier, der vom Haupt ihr wallte
und den Minervas Friedenszweig umspannte,
noch immer nicht ihr offnes Bild erblicken;
jedoch auf königliche Art gebietend
fuhr sie in strenger Mahnung fort und sparte
nach Redners Kunst das Stärkste für den Schluß.

»Schau mich nur an, ich bin's, bin Beatrice.
Wie kommt's, daß du zum Berge dich bemühtest?
wußtest du nicht, daß man hier glücklich ist?«
Mir sank der Blick hinab aufs klare Wasser:
sah da mein Spiegelbild, schaut' weg ins Gras,
von Schamgefühl bedrückt, die Stirne senkend.
Wie einem Sohn, der seine Mutter gar
für hart hält, so erschien sie mir, denn bitter
schmeckt herber Eifer liebevoller Sorge.
Sie schwieg. Die Engel stimmten plötzlich ein
und psalmodierten: »Herr, ich trau auf dich[1]!«
Doch sangen sie nur bis zum neunten Vers.

Wie Schnee im Waldgebirg des Apennin
zu Eis verharscht, zwischen lebendigen Stämmen
von Winden aus Nordosten angehäuft,
dann auftaut und versickert in sich selbst

1 *30. Psalm, bei Luther 31.*

beim ersten Anhauch aus durchsonnter Erde,
und wie die Kerze unter Feuer schwindet,
so ward mir. Tränenlos und ohne Klage
stand ich, bevor der himmlische Gesang
in ewiger Sphärenmelodie ertönte;
doch als ich in den sanften Dämpfungen
der Engel Mitleid fühlte, mehr als wenn
sie sagten: Frau, was triffst du ihn so hart? –
zerging der Frost, der mir das Herz umringte,
in Seufzer und in Tränen und befreite
sich aus bedrängter Brust durch Mund und Augen.

Sie aber, standhaft auf derselben Seite
des Wagens immer noch, richtete nunmehr
an jene milden Wesen ihre Worte:
»Ihr haltet Wacht im ewigen Tageslicht,
euch kann durch Nacht und Schlaf kein Schritt entgehn,
den Sterbliche auf ihren Straßen tun,
drum faß ich sorglich meine Antwort so,
daß dort der Weinende mich auch verstehe,
und seiner Schuld entsprechend sei sein Schmerz.
Nicht nur durch Einfluß aus den hohen Sphären,
die jedem Samen seine Richtung geben
je nach dem Stande und Geleit der Sterne,
nein, auch durch Fülle göttlicher Begnadigung,
die niederregnet aus den höchsten Schichten,
für unsre Blicke unerreichbar fern,
ward dieser so in seinem jungen Leben
veranlagt, daß ihm jede Fähigkeit
zu schönster Meisterschaft gedeihen konnte.
Doch um so tückischer und wilder wird
das Erdreich durch die böse Narrensaat,
je kräftiger in ihm die Fruchtbarkeit.

Noch hielt ich anfangs ihn durch meinen Blick
aus jungen Augen und bestärkte ihn
auf rechtem Pfad, zum Ziele mir zu folgen.
Kaum daß ich aus der Jugendzeit hinüber
und in das andre Leben trat, verließ
er mich und gab sich anderen zu Diensten.
Vom Fleisch zum Geiste war ich aufgestiegen,
an Schönheit und an Lebenskraft gewachsen,
doch ihm jetzt minder lieb und weniger wert.
Auf trügerische Wege kam er da,
ging falschen Bildern eines nie erfüllten,
zur Lockung nur versprochnen Glückes nach.
Umsonst, daß ich Erleuchtung ihm erflehte,
sie ihm durch Träume oder sonstwie schickte,
zur Umkehr mahnend, doch er achtet's kaum.
Und fiel so tief, daß alle Warnungen
zu seiner Rettung unzulänglich waren,
und die Verdammten man ihm zeigen mußte.
Deshalb ging ich zum Tor des Totenreiches,
und jenem, der ihn hier heraufgeführt,
hat weinend meine Bitte sich genaht. –
Durchlöchert wäre Gottes hohe Satzung,
wenn einer durch die Lethe schritte und
sich daran labte, ohne erst zur Zeche
die Tränen seiner Reue zu vergießen.«

Einunddreißigster Gesang

Dantes Geständnis und Reue · Bad der Vergessenheit · Verzückung

»Du, an des heilgen Flusses Ufer drüben«,
so nahm sie gleich die Rede wieder auf,
geradezu auf mich die Spitze richtend,
und war doch scharf genug die Schneide schon,
»sag selbst, ist's wahr? die schwere Klage fordert,
daß sich dein Eingeständnis daran schließe.«
So groß war die Verwirrung meiner Kräfte,
daß zwar die Stimme sich erhob, doch ehe
sie noch geformt hervortrat, mir erstarb.
Bald ungeduldig: »Was besinnst du dich?«
sprach sie. »Gib Antwort, noch ist ja in dir
die leidige Erinnerung nicht verwaschen.«
Aus Furcht und aus Verwirrung rang sich mir
ein Ja so kleinlaut von den Lippen, daß
man schauen mußte, um es zu verstehen.
Wenn von zu großer Spannung an der Armbrust
beim Schuß die Sehne und der Bogen springen,
dann fährt der Bolzen weniger scharf ins Ziel:
so knickte mich der allzu harte Druck,
und Tränen sprudelt ich und Seufzer vor,
und die erschlaffte Stimme stockt am Ausgang.
Und sie: »In dem von mir beschwingten Streben,
das liebend dich zum guten Ziele trieb –
und höhern Wunsch als dieses gibt es nicht –
was hast du da für Gräben, Ketten, Sperren
begegnet, daß du so der Hoffnung dich
entschlagen mußtest, weiter vorzudringen?

und was für Freundlichkeiten, was für Gunst
erblicktest du auf anderen Gesichtern,
daß du an sie dich herzumachen brauchtest?«
In einem bitteren und tiefen Seufzen
erstickte mir die Stimme, daß ich kaum
die Antwort mit den Lippen formen konnte,
und klagend sagt ich: »Trügerische Lust
am Gegenwärtigen verführte mich,
sobald ich euer Antlitz nicht mehr sah.«
Und sie: »Auch wenn du, statt es zu gestehen
es leugnen wolltest, deine Schuld verschwiegest,
sie wär bekannt. Ein Richter ist, der's weiß.
Doch wenn den Sünder seine eigne Wange
errötend anklagt, wird vor unsrem Hof
des Richtschwerts Schneide wieder abgestumpft.
Damit dir aber fortan die Beschämung
auch nütze, und auf daß du stärker werdest,
wenn noch einmal dich die Sirenen locken,
so stille deine Tränen und merk auf.
Verstehe, wie der Hingang meines Leibes
dich in die andre Richtung treiben mußte.
Nichts Lieblicheres hat Natur und Kunst
dir je geboten, als die Wohlgestalt,
die staubzerfallene, in der ich wohnte.
Wenn so das höchste Sinnenglück dir log
und schwand mit meinem Tod, welch sterblich Ding
durfte begehrenswert dir dann noch werden?
Wohl hättest du, gleich nach dem ersten Pfeil
der falschen Welt, empor dich schwingen müssen,
mir folgend, die nicht mehr dazu gehörte,
und nicht den hohen Flug dir lähmen lassen
durch Mädchen oder andern flüchtigen Tand,
nicht warten, bis dich neue Schläge trafen.

Gelbschnabel bleibt wohl zwei- und dreimal sitzen,
die Flüggen aber sehen's gleich; umsonst
daß man mit Netz und Pfeilen ihnen nachstellt.«
So wie die Kinder lautlos und beschämt
die Augen niederschlagen, hören und
die eigne Schuld erkennen und bereuen,
so stand ich da. Und sie versetzte: »Wenn
was du gehört, dich schmerzt, so heb den Bart
und laß noch mehr dich schmerzen, was du siehst.«
Es läßt sich mit geringrem Widerstand
ein wetterharter Eichbaum wohl entwurzeln
vom Sturm aus Nord oder aus Afrika,
als ich auf ihr Gebot das Kinn erhob;
und wie sie »Bart« verlangte für Gesicht,
bemerkt ich wohl den Stachel in den Worten.

Da ich das Antlitz nun nach oben reckte,
erkannte ich, daß jene Urgeschöpfe
in ihrem Blumenstreuen innehielten.
Ich sah, wenngleich noch mit verstörtem Blick,
jetzt Beatricen hingewendet nach
dem heiligen Tier, das zwei Naturen einigt.
Selbst unterm Schleier und am Ufer drüben
erschien sie mir noch schöner als dereinst,
da sie leibhaftig alle überstrahlte.
Wie Nesseln brannte mich die Reue jetzt,
und alles, was mich einst gefangenhielt,
je mehr ich's liebte, haßte ich es nun.
So scharf ans Herz griff mir die Selbsterkenntnis,
daß ich zusammenbrach. Was aus mir wurde?
Die es verursacht hat, weiß es wohl auch.

Dann, als das Herz die Glieder neu belebte,
erblickt ich über mir die Einsame
von vorher. »Halt dich fest an mir«, sprach sie. –
Ins Wasser hatt' sie mich bis an den Hals
hinter sich hergezogen, und so glitt sie
wie eine Spule auf den Wellen hin.
Als ich dem seligen Ufer nahe kam,
erklang's: »Entsündige mich[1]!« so lieblich singend,
daß ich's nicht sagen, ja, nicht denken kann.
Die schöne Frau tat ihre Arme auf,
umfaßte mir das Haupt und tauchte mich
hinunter, daß ich Wasser schlucken mußte.
Dann führte sie mich aus dem Bad zum Reigen
der vier, die sich im Tanze schwangen. Jede
der Schönen legte ihren Arm um mich.
»Hier sind wir Nymphen und am Himmel Sterne.
Eh Beatrice niederstieg zur Erde,
bedienten wir sie als bestellte Mägde.
Wir bringen dich zu ihrem Angesicht,
drin strahlt ein Wunderschein, für den dein Auge
sich bei den dreien dort, die hellsehn, schärft.«
Sie sangen's und geleiteten zur Brust
des Greifen mich sodann, wo Beatrice,
uns zugewendet ganz zu sehen war,
und sagten: »Spare deine Sehkraft nicht,
wir haben zum Smaragd dich hergebracht,
mit dessen Strahlen einst dich Amor traf.«

1 *Asperges me. Psalm 51, 9.*

Ein tausendfältig aufgeflammtes Sehnen
zwang meine Augen in den Glanz der Augen,
die auf dem Greifen ruhten unverwandt.
Nicht anders als die Sonne in dem Spiegel
erstrahlte drin das zweigestaltige Tier

im Wechselspiel bald so, bald so sich gebend.
Bedenk, wie es mich wundern mußte, Leser,
da ich das Urbild sah, so still und gleich –
und immer sich in seinem Abbild wandelnd.

Indes mit frohem Staunen meine Seele
die Gabe kostete, die nährt und sättigt
und immer neuen Durst erstehen läßt,
traten in ihres höhern Ranges Schmuck
die andern drei mit edlem Anstand vor
und tanzten zu dem himmlischen Gesang.
»Beatrice, wende deine heiligen Augen«,
so lautete das Lied, »zu dem Getreuen,
der dich zu sehn, so weit gewandert kommt.
Sei gnädig, uns zulieb entschleiere
ihm deinen Mund, auf daß ihm kenntlich werde
die zweite Schönheit, die du noch verbirgst.«

Abglanz des ewig frischen Himmelslichtes,
wer hat im Schatten auf Parnassus je
des Studiums Blässe und den Trank vom Brunnen
erfahren, dessen Geist nicht schwer und plump
erschiene, wenn er *Dich* zu schildern wagte,
wie Du, harmonisch von des Himmels Grund
umschattet, in die freien Lüfte tratest?

Zweiunddreißigster Gesang

Die Wandlungen des Wagens der Kirche

So hingenommen waren meine Augen,
ein Dürsten von zehn Jahren mir zu stillen,
daß alle anderen Sinne jetzt erlagen.
Nach rechts und links die Blicke abgesperrt,
gleichgültig gegen andres: nur *ihr* Lächeln,
das heilige, bannte mich mit altem Zauber.
Da wurde mir gewaltsam das Gesicht
nach links durch jene Göttinnen gezogen,
von denen ich ein »allzu starr« vernahm.

Die Lichtempfindlichkeit in einem Auge,
das eben jetzt der Sonne ausgesetzt war,
machte für eine kurze Zeit mich blind,
doch als am Schatten sich mein Auge erholte
(ich sage Schatten im Vergleich zur Helle
des Lichts, von dem ich mich gewaltsam losriß),
da sah ich nach der rechten Seite schwenkend
das ruhmgekrönte Heer von dannen ziehn,
der Sonn entgegen und den sieben Leuchtern.
Unter den Schildern gut gedeckt, ein Trupp
Soldaten macht mit seinem Banner kehrt,
damit das Ganze dann zum Rückzug schwenke:
so zog der Vortrupp jener Kämpferscharen
des Himmelreiches ganz an uns vorüber,
bevor der Wagen seine Deichsel drehte.
Die Frauen traten wieder an die Räder;
den heiligen Wagen zog der Greif, jedoch

kein Federchen erzitterte an ihm.
Die schöne Frau, die mich durchs Wasser führte,
Statius und ich, wir gingen auf der Spur
des rechten Rads im innern Schwenkungsbogen.
So ging es durch den Wald hin, der verödet
seit der Verführung durch die Schlange lag,
im Gleichschritt mit Gesang der Engelschöre.

Etwa so viel wie dreimal abgeschnellt
ein Pfeil im Flug zurücklegt, waren wir
marschiert: da stieg vom Wagen Beatrice.
Von Mund zu Mund ging ein Gemurmel: Adam!
Dann stellten sie sich rund um einen Baum,
an dem kein Zweig mehr Blüte trug noch Blatt.
Mit seiner Krone, die ins Breite sich
ausdehnt, je mehr sie in die Höhe strebt,
wär er ein Riese selbst in Indiens Wäldern.
»Wohl dir, o Greif, daß du die Kost, die süße
dem Schnabel schmeckt, von diesem Baum nicht reißest,
dieweil sie grimmig schmerzt im Eingeweide.«
Es riefen's alle, die den mächtigen Baum
umstanden. Drauf das zweinaturige Tier:
»Für alle Zeit wird so das Recht gewahrt.«
Und damit wandt es sich zur Wagendeichsel
und zog sie an den Fuß des toten Baumes,
des Holz von seinem Holz sich ihm verband[1].
Wie unsre Pflanzen, wenn das große Licht
sich auf die Erde ausgießt, untermischt
mit Frühlingssternenlicht aus Fisch und Widder,
sich saftig füllen, jede ihre Farbe
aus sich erfrischt, noch eh der Lauf der Sonne
zu andern Sternenzeichen übergeht,
verjüngte sich der Baum, der vorher doch

1 Das Kreuz Christi, hier wohl die Deichsel des Wagens, soll nach alter Sage aus Holz vom Sündenbaum der Erkenntnis gezimmert sein.

so nackte Zweige hatte, und trieb Blüten
von einer Farbe zwischen Ros' und Veilchen. –
Mir unverständlich, nicht zu wiederholen,
ertönte nun ein Hymnus, den sie sangen
und den ich nicht zu Ende hören konnte.

Könnt ich beschreiben, wie des Argus Augen
den Schlaf erlagen, mitleidlose Augen,
beim Lied der Syrinx und ihr Wachsein büßten,
so malt ich wie der Maler nach Modell
und schilderte, wie ich entschlummerte.
So aber denk sich's jeder, wie er kann.
Ich geh indessen über zum Erwachen.
Ein Glanz zerriß den Schleier meines Schlafes,
zugleich ein Ruf: »Steh auf, was zögerst du?«
Wie Petrus und Johannes und Jakobus[1],
zur Schau des blühnden Apfelbaums geführt[2],
nach dessen Frucht die Engel gierig werden
und der bei ewigem Fest im Himmel duftet,
und wie sie zu sich kamen bei der Stimme,
die tiefre Schläfer schon erwecket hatte,
und wie sie ihren Kreis vermindert sahen
um Moses und Elias, und wie sie
den Meister selbst in andrem Kleide fanden:
ähnlich erwachte ich, und über mir
stand jene fromme Frau, die meine Schritte
zuerst den Fluß entlang geleitet hatte.
Und angstvoll fragt ich: »Wo ist Beatrice?«
Und sie: »Unter dem frisch belaubten Baum
bei seinen Wurzeln sitzen, schau sie dort,
und schau auch die Gefolgschaft um sie her.
Die andern schweben auf, dem Greifen folgend
mit sanfterem und tieferem Gesange.«

1 Das Folgende ist eine Erinnerung an Evang. Matth. 17, 1 ff.

2 Die Verklärung Christi.

Ob ihre Rede ausführlicher wurde,
ich weiß es nicht, denn ganz an *ihr* nun hing
mein Aug, für anders war mein Sinn verschlossen.
Sie saß allein auf der wahrhaftigen Erde
als Hüterin geblieben bei dem Wagen,
wie ihn der Greif (ich sah's) befestigt hatte,
im Kreis umschlossen von den sieben Nymphen
mit jenen sieben Lichtern in der Hand,
die sicher sind vor Sturm aus Nord und Süd.
»Nur kurze Zeit im Walde bleibst du hier
und dann, mir nah, für immer eingebürgert
in jenem Rom, wo Christus Römer ist.
Indes zunutze der verirrten Welt,
schau auf den Wagen jetzt, und was du siehst,
beschreib es, wenn du wieder drüben bist.«
So sagte Beatrice. Ich, ergeben
und folgsam ihrem Willen, lenkte dorthin,
wo sie es haben wollte, Geist und Auge.
Noch nie mit solcher Schnelligkeit fuhr Feuer
aus dicht geballter Wolke nieder, wenn
das Wetter aus den höchsten Schichten fällt[1],
wie ich hinunterstoßen sah den Adler
des Jupiter, den Baum durchbrechend, Rinde
und junges Laub und Blüten mit sich reißend.
Mit voller Schwunggewalt traf er den Wagen:
der wankte wie ein Schifflein in Gefahr,
bald rechts, bald links geworfen von den Wellen[2].
Dann sah ich huschend in das Innere
des Siegeswagens schlüpfen einen Fuchs,
der lang nichts Gutes mehr gefressen hatte[3].
Doch meine Herrin zeigt ihm seine Sünde
und Schande so, daß er hinweg so schnell,
wie seine Magerkeit erlaubte, lief.

1 *Die Blitze bilden sich nach mittelalterlicher Anschauung in der höchsten und kältesten Luftschicht, nahe dem Feuerhimmel.*

2 *Allegorie der Christenverfolgung durch die römischen Kaiser.*

3 *Allegorie der Ketzerei.*

Dann wiederum von dort, wo er gekommen,
ließ sich der Adler nieder in der Arche
des Wagens und erfüllte ihn mit Federn[1].
Wie eine Klage aus vergrämtem Herzen
brach aus des Himmels Höhen eine Stimme:
»Mein unheilschwer beladen Schifflein, weh[2]!«
Dann war's, als täte sich die Erde auf
zwischen den Rädern, und ein Drache stieß[3]
nach oben durch den Wagen seinen Schweif.
Und wie die Wespe, die den Stachel einzieht,
zog er den tückischen Schweif zurück und riß
die Trümmer mit und wandelt schnöd von dannen.
Das Übrigbleibende bedeckte sich,
wie sich mit Gras ein fetter Boden deckt,
mit Flaum, der wohl in guter, reiner Absicht[4]
ward dargebracht; und überschüttet wurden
die beiden Räder und die Deichsel schneller
als aus dem offnen Mund ein Seufzer springt.

Das so entheiligte Gebilde reckte
an allen Seiten Köpfe aus sich vor:
drei aus der Deichsel, aus den Ecken vier[5].
Die ersten drei mit Hörnern wie die Ochsen,
die vier ein einzig Horn auf jeder Stirn.
Es war ein nie gesehnes Ungeheuer.
Keck wie auf hohem Berge eine Burg
saß eine ausgeschämte Hure drauf
und äugt aus flinken Wimpern hin und her.
An ihrer Seite sah ich einen Riesen[6]
(es sollte wohl kein andrer sie entführen),
und hin und wieder küßten sich die beiden.
Doch als auf mich ihr lüstern schweifend Schauen
sich richtete, da geißelte der wilde

1 *Allegorie der Konstantinischen Schenkung.*

2 *Vgl. Hölle, neunzehnter Gesang, Vers 115.*

3 *Offenbarung Joh. 12, 3. Der Drache wird als Satan oder Mahommed oder Antichrist oder als die römisch-griechische Kirchenspaltung gedeutet.*

4 *Die der Kirche gemachten Schenkungen.*

5 *Wohl die sieben Todsünden. Vgl. das siebenköpfige Ungeheuer in der Offenbarung 17, 1 ff.*

6 *König Philipp der Schöne von Frankreich, der den Papst in das Exil nach Avignon brachte.*

Geliebte sie vom Haupt bis an die Sohlen.
Voll Argwohn und gar grimmig band er dann
das Ungeheuer los vom Baum und zerrte
es in den Wald so tief hinein, daß mir
die Hure und das Ungetüm verschwanden.

Dreiunddreißigster Gesang

Beatrices Weissagung und Mahnung
Der Baum der Erkenntnis · Eunoë

1 Psalm 79.

»Herr, es sind Heiden eingedrungen«, sangen[1]
zu dritt und viert im Wechselchor die Frauen,
die klagenden, mit sanfter Psalmodie.
In frommer Trauer hörte Beatrice
den Sängerinnen zu, so schmerzbewegt,
fast wie Maria aussah unterm Kreuz.
Sobald jedoch die andern Frauen sie
zum Sprechen kommen ließen, stand sie auf
und gab zur Antwort, feuerrot im Antlitz:
»Über ein Kleines, und ihr seht mich nicht mehr,
und aber, liebe Schwestern mein, ein Kleines,
daß ihr mich wiederseht. Ich geh zum Vater[2].«
Dann schickte sie die sieben vor sich her
und winkte, daß wir folgen sollen, ich,
die tätige Frau und der verbliebne Weise.
So ging sie, und sie hatte wohl noch kaum
das zehntemal den Fuß zum Schritt gesetzt,
als sie mit Augen mir ins Auge blitzend
geruhsam sagte: »Komm geschwinde, so
daß, wenn ich zu dir spreche, du mir nahe
und meine Worte zu verstehn vermögest.«
Kaum war ich, wie ich sollte, neben ihr,
begann sie: »Bruder, warum wagst du nicht
jetzt, da ich bei dir bin, mich zu befragen?«
Wie denen, die vor ihren Vorgesetzten
mit gar zu großer Ehrfurcht sprechen und
kein lautes Wort aus ihrem Halse bringen,

2 Evang. Joh. 16, 16.

erging es mir; mit halber Stimme nur
begann ich: »Herrin, was mir nötig ist
und was mir helfen kann, Ihr wisset es.«
Und sie: »Dein zaghaft und verschämt Betragen
will ich, daß du nun endlich von dir tust
und nicht mehr murmelnd wie im Traume redest.

Vernimm: der Wagen, den der Drache brach,
er ist gewesen und ist nicht[1]. Der Schuld'ge
kann Gottes Rache nicht beschwichtigen.
Nicht immer ohne Erben bleibt der Adler,
der auf der Lade sein Gefieder ließ,
daß sie ein Untier, eine Beute wurde.
Ich seh gewißlich, darum sprech ich's aus,
die nahen Sterne, die uns Zeiten bringen –
kein Stoß und keine Schranke kann es wehren! –
daß ein *Fünfhundert zehn und fünf,* ein Bote
des Herren kommt; er wird die Dirne töten,
den Riesen auch, der sich mit ihr vergeht[2].
Vielleicht, daß meine Rede dunkel dir
und ungewiß, wie Themis oder Sphinx
mit ihren Sprüchen den Verstand verwirren.
Doch bald werden die Tatsachen dir zeigen,
wie sich das große Rätsel auflöst, ohne
daß Vieh und Felder dabei Schaden nehmen[3].
Das merke dir, und so wie ich's in Worten
dir vorgetragen habe, schreib es für
des Lebens todgeweihte Kinder auf.

Vergiß auch nicht, wenn du es niederschreibst,
daß du des Baumes Zustand offenbarest,
wie du zweimal geplündert hier ihn sahest[4].
Wer ihn beraubt, wer immer ihn beschädigt,

1 *Der Ausdruck stammt aus Offenbarung Joh. 17, 8.*

2 *Die Zahl DXV ergibt durch Umstellung das Wort DVX (Dux – Führer). Der nach dem Muster von Offenbarung Joh. 13, 8 prophezeite Retter und Rächer der Welt, der Kirche und Italiens, wahrscheinlich derselbe wie der von Vergil verkündete Veltro, erster Gesang Hölle, Vers 101, kann natürlich nicht ermittelt werden. Daher die ungeheure Literatur darüber.*

3 *Wie seinerzeit bei Oedipus, auf den Dante hier anspielt, Ovid Metam. VII, 759 ff.*

4 *Das erstemal von Adam, das zweitemal von dem Riesen.*

begeht handgreiflich Gotteslästerung,
da Gott für sich ihn schuf und heiligte.
Fünftausend Jahr und länger[1] mußte für
den Biß in seine Frucht die erste Seele[2]
voll Gram erharren Sühne durch den Heiland.
Verschlafen ist dein Geist, wenn er den Grund,
den einzigen, nicht ahnt, aus dem der Baum
so hoch im Wuchs, so breit im Wipfel steht.
Wenn eitles Denken deinen Geist nicht trübte,
wie Elsa-Wasser[3], und wenn eitle Lust
ihn nicht, wie Pyramus den Maulbeer, färbte[4],
so müßtest du hinter den vielen Zeichen
den Sinn der göttlichen Gerechtigkeit
in dem Verbote dieses Baums erkennen.
Doch weil ich sehe, wie dir die Vernunft
zu Stein geworden und verdüstert ist
und meines Wortes Licht dich nicht erhellt,
so will ich, daß du wenigstens das Bild
davon, wenn schon die Schrift nicht, in dir tragest,
wie Palmenschmuck an einem Pilgerstab.«

Und ich: »Wie Wachs das eingeprägte Bild
des Siegels in sich wahrt, es nicht verändert,
so trag ich euer Zeichen jetzt im Hirn.
Aber warum erhebt sich euer Wort
so hoch im Flug, daß meine Sehnsucht es,
je mehr sie sucht, nur um so mehr verliert?«
»Damit du merkst«, sprach sie, »was du für Lehren
befolgt hast, und verstehst, wie wenig sie
dem Sinne meines Wortes folgen können,
damit du siehst, daß euer Weg so weit
vom göttlichen entfernt ist, wie die Erde
vom höchsten Himmel, der am schnellsten kreist.«

1 Die Zeit vom Sündenfall bis zum Tode Christi.

2 Adam.

3 Ein Flüßchen in Toskana mit sehr kalkhaltigem Wasser.

4 Das Blut des Pyramus, der sich am Fuß eines Maulbeerbaumes aus unglücklicher Liebe tötete, färbte die Frucht des Baumes rot. Ovid Metam. IV.

Worauf ich sprach: »Ich kann mich nicht erinnern,
daß ich mich je entfremdete von euch,
es mahnt mich kein Gewissensbiß daran.«
»Und kannst du dich nicht mehr entsinnen«, sagte
sie lächelnd, »nun so ruf dir ins Bewußtsein,
wie du soeben aus der Lethe trankest.
Wenn man vom Rauch auf Feuer schließen darf,
weist dein Vergessen deutlich deine Schuld
im anderwärts gerichteten Verlangen. –
Doch fortan sollen meine Worte wahrlich
so schlicht und unverhüllt sich zeigen, wie
es sich für deinen scheuen Blick gehört.«

Jetzt rückte glühender und langsamer
die Sonne auf den Kreis des Mittags zu,
der mit dem Standort wechselt hier und dort[1].
Da blieben jene sieben Frauen stehn,
wie eine Vorhut, wenn sie etwas Neues
oder die Anzeichen davon entdeckt.
Es war am Rande eines bleichen Schattens,
wie unter grünem Laub und dunkeln Ästen
er im Gebirg auf kühle Bäche fällt;
dort floß vor ihnen her aus einer Quelle,
so schien es mir, der Euphrat und der Tigris,
und trennten langsam wie zwei Freunde sich.
»O Leuchte du und Ruhm der Menschenkinder,
was ist dies Wasser, das aus *einem* Ursprung
hervorgegangen, auseinanderläuft?«
Auf diese Bitte kam die Antwort: »Bitte
Matilden um Bescheid.« Und darauf sprach,
wie um von einer Schuld sich frei zu machen,
die schöne Frau: »Ich hab ihm dieses und
noch anderes erklärt und bin gewiß,

1 Der Meridian, der je nach den Gegenden verschieden einzuzeichnen ist.

daß Lethe es ihm nicht genommen hat.«
Und Beatrice: »Größre Sorge, die
wohl manchmal das Gedächtnis schwächt, hat ihm
vielleicht das Auge seines Geists verdunkelt.
Doch schau, wie dort hinab Eunoë fließt!
Führ ihn zu diesen Wellen, wie du pflegst,
belebe die erstarrte Kraft in ihm!«
Wie ohne Ausflucht eine edle Seele
den fremden Willen sich zum eignen macht,
sobald sich dieser zu erkennen gibt,
so macht die schöne Frau, indem sie mich
ergriff, sich auf und sprach zu Statius
mit weiblich edlem Anstand: »Folge diesem«.

Hätt ich, o Leser, Raum noch, um es hier
dir herzuschreiben, säng ich gern ein wenig
vom süßen Trunk, des hätt ich nie genug.
Doch weil die Blätter alle vollgeschrieben,
die für den zweiten Sang bereitet waren,
so macht der Künstler halt an dieser Schranke.
Da ich ans Land stieg aus den heiligen Wellen,
war ich erneut, wie junger Trieb des Wachstums,
der frisch ergrünt mit seinen neuen Blättern:
rein und bereit zum Aufschwung in die Sterne.

Paradies

Erster Gesang

Anrufung · Flug in den Feuerhimmel
Ordnung der Welt

Des Allbewegers lichte Herrlichkeit
durchdringt die Welt und breitet ihre Strahlen
dort heller aus, und dämpft sie anderswo.
Im Himmel, der das meiste Licht empfängt,
war ich, und Dinge sah ich, die zu sagen
keiner vermag, der niederkehrt von dorther;
denn auf den Spuren seines Sehnens eilt
in uferlose Tiefen unser Geist
und findet, sich erinnernd, nicht zurück.
Doch wahrlich, was ich aus dem heiligen Reich
in meinem Sinn zusammenraffen konnte,
soll jetzt die Sache meines Liedes werden.

O mein Apoll, zum letzten Meisterstück
schenk mir von deiner Kraft so viel, daß ich
bei dir des Lorbeerpreises würdig werde.
Der *eine* Gipfel des Parnaß hat mir
genügt bis hieher, jetzo brauch ich beide[1],
um in den letzten Wettkampf einzutreten.
Erfülle meine Brust, laß wehn den Hauch
wie damals, als du über Marsyas siegtest
und ihm die Haut von seinem Leibe zogst[2].
Wenn du mir, Göttlicher, dein Können leihst,
daß ich vom Reich der Seligen den Schatten,
der mir im Haupt geblieben, offenbare,
dann wirst du mich zu deinem Lieblingsbaume
einst kommen sehn, mit seinen Blättern mich,

1 Von den beiden Gipfeln des Parnaß weist Dante den einen den Musen bzw. der weltlich-philosophischen Inspiration zu, den andern dem Apoll und der göttlich-theologischen Eingebung.

2 Marsyas, ein Meister des Flötenspiels, forderte Apoll zum musikalischen Wettkampf heraus, wurde besiegt und von dem Gott geschunden.

dem hohen Stoff und dir zu Danke, krönen.
So selten, Vater, pflückt man von dem Baume
zu eines Kaisers, eines Dichters Ehren,
(oh, unsres niedern Trachtens Schuld und Schande!)
daß eitel Jubel bei der heitern Gottheit
zu Delphi sich erheben müßte, wenn
das Laub des Peneus[1] noch Bewerber findet.
Aus kleinem Funken kann ein Feuer werden;
drum wird nach mir vielleicht mit bessrer Stimme
um Widerhall aus Cirrhas Schlucht[2] geworben.
Es steigt den Sterblichen auf manchen Bahnen
das Tageslicht herauf, jedoch auf jener,
wo zu vier Kreisen sich drei Kreuze fügen[3],
tritt unter bessern Sternen es zur Wirkung
auf weltliche Geschöpfe an und prägt
und schmeidigt sie getreu nach seiner Art.
Es war auf dieser Bahn etwa schon Abend
bei euch, und Morgen jenseits, und ganz hell
die Hemisphäre, und die eure schwarz:
da sah ich Beatricen nach der Linken
gewendet, wie sie in die Sonne schaute.
So hat kein Adler noch hineingeblickt!
Und wie ein zweiter Strahl vom ersten ausgeht,
sodann gespiegelt wiederkehrt nach oben
(dem Pilger gleich, der heimzukehren strebt),
so formte *ihre* Haltung auch die meine,
da sie mir in den Sinn ging durch die Augen,
und, ungewohnt, betrachtet ich die Sonne.
Die Gunst des Orts, der eigens für den Menschen
geschaffen ward[4], erlaubt dort drüben manches,
was unsre Kräfte hier nicht leisten können.
Doch hielt ich es nicht lange aus, wenn schon
genug, um rings ein Funkensprühn zu sehn,

1 Peneus, der Vater der Daphne, die in einen Lorbeerbaum verwandelt wurde.

2 Cirrha, eine Schlucht oder Grotte am Fuß des Parnaß.

3 Wenn die Sonne im Widder (Frühling) aufgeht, schneiden sich Horizont, Himmelsäquator, Sonnenbahn und Äquinoktialkolur derart, daß sie drei Kreuze bilden: Allegorie der vier weltlichen und drei christlichen Tugenden

4 Das irdische Paradies.

als wär die Sonn ein frischgeglühtes Eisen.
Und plötzlich war's als würde Tag zu Tag
gehäuft, als schmückt der Alleskönnende
mit einer zweiten Sonn das Weltgewölbe.
Versunken schaute Beatrice auf
zum Himmel. Ich ließ gleiten von der Höhe
den Blick und richtete ihn ganz auf sie.
In ihrem Bilde ging mein Wesen unter,
wie Glaucus durch Genuß des Wunderkrautes
im Meer zu einem von den Göttern wurde[1].
Entkörperung! Mit Worten läßt sich's nicht
beschreiben, drum genüge dieses Beispiel,
bis ihr durch Gnade es erleben dürft.

1 Der Fischer Glaucus verwandelte sich durch Zauberkräuter in einen Meergott. Ovid Metam. XIII, 943 ff.

Ob es von mir die bloße Seele war,
die neu von Dir erschaffene, Du weißt es;
denn Dein Licht, Himmelsliebe, trug mich aufwärts.
Als ich den Sphärenschwung, der Dich umkreist,
Du ewiglich Gesuchte, tönen hörte
in Harmonie nach Deinem Klang und Maß,
da lohte weithin, wie mir schien, der Himmel
in Sonnenflammen auf, ein Feuer-See,
so weit wie keine Überschwemmung reicht.
Des unerhörten Klangs, des großen Lichtes
Ursache zu erkennen, drängt mich
ein nie so scharf und heiß empfundner Wunsch.
Doch sie durchschaute mich, wie ich mich selbst,
und sprach, um mein erregt Gemüt zu stillen,
noch eh ich eine Frage tat, die Worte:
»In falsche Einbildung hüllst du dich ein,
machst es dir selber schwer und kannst nicht sehn,
was du mit freiem Blick wohl sehen könntest:
du bist nicht mehr auf Erden, wie du glaubst;

so schnell fuhr noch kein Blitz aus seinem Hause
wie du zurück jetzt zu dem deinigen.«

War mir der erste Zweifel abgenommen
durch diese lächelnd hingesagten Worte,
so steckt' ich schon in einer neuen Schlinge
und sprach: »Schon ruhte ich zufrieden aus
vom großen Staunen, aber jetzo staun ich,
wie ich durch diese leichten Körper dringe.«
Nach einem frommen Seufzer blickte sie
auf mich mit einem Ausdruck, wie die Mutter
ihr Kindlein anschaut, das im Fieber liegt.
Sodann begann sie: »Alle Dinge stehn
einander zugeordnet: dies die Form,
durch die das Weltall seinem Schöpfer gleicht.
In ihr erkennen höhere Geschöpfe[1]
die Spur der ewigen Kraft, des hohen Ziels,
wonach besagte Norm und Ordnung steht.
Nach dieser Ordnung, die ich meine, sind
verschiednerweise sämtliche Naturen
ihrem Beweger nah und fern geneigt
und nach verschiednen Kursen nehmen sie
durchs Meer des Daseins jede ihre Fahrt,
getragen von dem eingebornen Trieb.
Der eine treibt das Feuer nach dem Mond,
ein anderer bewegt das Herz, das sterbliche,
ein andrer hält und ballt die Erde fest.
Und nicht nur unvernünftige Geschöpfe
sind durch die Spannkraft dieses Bogens flott,
auch die Verstand und Liebe in sich hegen.
Die Vorsehung, so vielerlei bestimmend,
verleiht die Ruhe ihres Lichts dem Himmel,
darin die eiligste der Sphären kreist[2].

1 *Die Engel und die Seligen.*

2 *Der neunte Himmel, der höchste in Dantes Weltbild, kreist im Empyreum, dem raumlosen Gotteshimmel.*

Dorthin nun als zum vorbestimmten Ort
läßt uns die Schnellkraft jenes Bogens fliegen,
der sein Geschoß zum frohen Ziele lenkt.
Gewiß, wie in der Kunst gar oft die Form
sich mit des Bildners Absicht nicht verträgt,
dieweil der taube Stoff nicht recht entspricht,
so weicht zuweilen auch von ihrer Bahn
die Kreatur; obschon naturgetrieben,
besitzt sie Macht, sich anderwärts zu beugen,
wofern von falscher Lust ihr erstes Streben
zum Irdischen hinabgebogen wird:
so sieht man Feuer aus der Wolke fallen. –
Nicht staunenswerter, wenn ich's recht bedenke,
muß dir dein Aufstieg sein, als wenn ein Bach
von Bergeshöhe in die Tiefe gleitet.
Ein Wunder aber wär's an dir, wenn du,
jetzt frei von Schlacken, unten sitzen bliebest:
ein flammend Feuer, das am Boden ruht!«
Und damit wandte sie den Blick zum Himmel.

Zweiter Gesang

Mahnung an die Leser · Der Mond · Die Mondflecken · Die Stufung der Himmelskräfte

Die ihr bisher in eurem kleinen Nachen,
um zuzuhören, hinter meinem Schiff,
das singend weiterzieht, einhergefahren,
kehrt um zu euern heimatlichen Ufern,
begebt euch nicht aufs hohe Meer! ihr könntet
euch weit verirren, falls ihr mich verlört!
Ich nehme einen nie befahrnen Kurs,
Minerva treibt, Apollo lenkt die Fahrt,
neun Musen weisen mir des Nordpols Sterne. –
Ihr andern Wenigen, die ihr beizeiten
euch schon gereckt habt nach dem Engelsbrot,
von dem man hier sich nährt, doch nimmer sättigt,
mögt immerhin euch in das Weite wagen
mit eurem Schifflein, wenn ihr nur die Furche
von meinem Kiel, eh sie sich schließt, behaltet.
Die ruhmbedeckten Argonauten waren,
als sie den Jason pflügen sahn[1], nicht so
erstaunt, wie ihr euch werdet wundern müssen.

1 Nämlich als Jason in Kolchis das Feld des Mars mit den feuerschnaubenden Stieren pflügte. Ovid Metam. VII, 104 ff.

Der anerschaffne, nie gestillte Durst
zum Reich der Gottgestalt[2] trug uns dahin
fast mit der Schnelligkeit der Himmelsdrehung.
Beatrice schaut' empor und ich ins Aug ihr:
in einem Nu, wie wenn ein Bolzen trifft
und fliegt und abgeschossen wird zugleich,
sah ich zur Stelle mich, allwo ein Wunder
mein Auge auf sich zog, daher auch *sie*,

2 Zum Empyreum, dem übersinnlichen Sitze der Gottheit.

der keine meiner Regungen entging,
so frohgemut, so schön zu mir gewendet:
»Jetzt richte« sprach, »dankbar den Sinn zu Gott,
der in den ersten Stern uns aufgenommen[1].«
Mir war, als ob uns eine helle Wolke,
die dicht und fest und lauter war, umhüllte,
klar wie ein sonnbestrahlter Diamant.
Und diese ewige Perle nahm in sich
uns auf, so wie das Wasser einen Lichtstrahl
hereinläßt, aber ungeteilt verweilt.
War ich als Körper *dort,* und ist es *hier*
nicht denkbar, daß zwei Körper sich vertragen
im selben Raum, und wäre dort doch nötig –
oh, wieviel heißer müßten wir dann wünschen,
die Wesenheit[2] zu schaun, in der sich's zeigt
wie unsere Natur mit Gott sich eint.
Dort schauen wir, was wir im Glauben haben,
das Unbewiesne wird sich offenbaren,
so wie der Urgrund, der uns wirklich gilt.
Ich sagte zu ihr: »Herrin, mit der ganzen
Ergebenheit des Herzens dank ich Ihm,
der mich dem Reich der Sterblichkeit enthob. –
Erklärt mir aber, was die dunkeln Flecken
an diesem Körper sind, von denen drunten
die Fabelreden über Kain gehen[3].«
Sie lächelte ein wenig und versetzte:
»Wenn sterbliche Vermutung dort sich irrt,
wo sinnliche Erfahrung nicht vorausgeht,
so dürftest du mit Staunen daran nicht mehr
dich stoßen, da du siehst, wie kurz der Flug
des Denkens, auch wenn er den Sinnen folgt.
Doch sag mir, was du selbst darüber denkst.«

1 *In den Mond.*

2 *Den Gott-Menschen Jesum Christum.*

3 *Vgl. zwanzigsten Höllengesang, Vers 126.*

Und ich: »Was hier als fleckig uns erscheint,
kommt von verschiedner Körperdichtigkeit.«
Drauf sie: »Bald wirst du diese Meinung tief
versenkt in Irrtum sehn, wenn du genau
die Gegengründe anhörst, die ich bringe.
Der Fixsternhimmel zeigt euch viele Lichter,
die sich in Größe und Beschaffenheit
als sehr verschieden zu erkennen geben.
Wenn dies von dicht und undicht kommen sollte,
müßte in allen eine einzige Kraft
mehr oder minder oder gleich verteilt sein.
Verschiedne Kräfte aber stammen immer
von Formprinzipien ab, und diese wären
nach deiner Ansicht nichtig bis auf eines.
Ferner: wenn der besagte dunkle Fleck
von *undicht* käme, müßte der Planet
an diesem Teile durchaus stoffarm sein,
oder, wie fett und mager sich verteilen
in einem Körper, müßte er nach Schichten
verschieden im Gehalt sein, wie ein Buch.
Wär ersteres der Fall, so müßt sich's zeigen
bei Sonnenfinsternis, indem das Licht
durchschimmerte an der undichten Stelle.
Dies tut es nicht. Betrachten wir daher
den andern Fall. Wenn es sich fügt, daß diesen
ich auch entkräfte, ist dein Standpunkt falsch[1].
Geht wirklich dieses ›undicht‹ nicht durchs Ganze,
so muß es eine Grenze geben, wo
sein Gegenteil, das ›dicht‹, dagegensteht.
Von diesem prallt sodann der Lichtstrahl ab,
so wie die Farbe aus dem Glas zurückkehrt,
des andre Seite zugedeckt mit Blei ist.
Du wendest ein, das Dunkle komme davon,

1 Dante läßt hier durch Beatrice eine Theorie widerlegen, die er selbst in seinem Convivio II, 14 vorgetragen hatte, also jetzt zurücknimmt.

daß hier der Strahl des Lichtes weiter hinten
als sonst vom Mond zurückgeworfen werde.
Von diesem Einwurf kann dich die Erfahrung,
wenn du sie je versuchen willst, befreien;
sie ist zumeist die Quelle eures Wissens.
Du nimmst drei Spiegel, zwei davon entfernst du
gleich weit von dir, den dritten aber weiter,
und zwischen den zwei ersten sei dein Auge.
Du schaust sie an, stellst hinter dich ein Licht,
so daß es sich in den drei Spiegeln spiegelt
und dreifach dir zurückgestrahlet werde:
obschon das ferne Bild dir in der Größe
geringer wird, so kannst du sehen, wie
es in der Helligkeit den andern gleichkommt.
Wie unter warmen Sonnenstrahlen frei
von Schnee und Kälte sich der Boden zeigt
und ihm die winterliche Farbe schwindet,
so ist die Einsicht dir befreit, und jetzt
will ich ein so lebendig Licht dir spenden,
daß es dir flimmern soll, wenn du's betrachtest.

Im Himmel, wo der Friede Gottes herrscht,
kreist eine Sphäre, und in ihrem Schwung
trägt sie das ganze einbeschlossne Wesen.
Die nächste Sphäre mit den vielen Sternen[1]
verteilt dies Dasein auf verschiedne Wesen,
die sie verzweigt und doch zusammenhält.
Die andern Himmel legen das Verschiedne,
das sie umfassen, mannigfaltig an,
je nach der Sonderart des Zwecks, des Keimes.
So reihen diese Weltorgane sich,
wie du nun siehst, in Stufen aneinander,
von oben nehmend und nach unten wirkend.

1 Der achte Himmel mit den Fixsternen.

Beachte wohl, wie ich auf diesem Weg
jetzt zu der Wahrheit komme, die du suchst,
so daß du künftig selbst den Zugang findest.
Die Drehung und die Kraft der heiligen Sphären
muß, wie die Schmiedekunst vom Meister kommt,
ausstrahlen von den seligen Bewegern.
So nimmt der Himmel mit den vielen Sternen
von jenem tiefen Geist, der ihn bewegt,
das Musterbild, das ihm zum Prägstock wird.
Und wie in eurem Erdenstaub die Seele
sich durch verschiedne und zu mancher Wirkung
geformte Glieder zur Entfaltung bringt,
also erweiset Himmelsgeisteskraft
an Sternen ihren mannigfaltigen Wert,
indem sie über ihrer Einheit kreist.
Verschiedne Kraft mischt auch verschieden sich
dem edeln Körper bei, den sie belebt,
und wohnt in ihm, wie Leben wohnt in euch.
Dank ihrer heiteren, ursprünglichen
Natur durchleuchtet diese Kraft den Körper,
wie aus dem Augenstern die Freude strahlt.
Von dieser Kraft kommt der verschiedne Durchschlag
der Helligkeiten, nicht von ›dicht‹ und ›undicht‹.
Sie ist das formende Prinzip, *sie* bringt
aus ihrer Echtheit ›trüb‹ und ›hell‹ hervor.«

Dritter Gesang

Die Seligen im Mondhimmel · Piccarda Donati
Die Kaiserin Konstanze

Die einst mit Liebe mein Gemüt erwärmte,
die Sonnige, enthüllte jetzt beweisend
und widerlegend mir die holde Wahrheit.
Und ich, um als bekehrt und überzeugt
mich zu bekennen, hob wie sich's geziemte,
es auszusprechen, meine Stirne höher.
Doch da erschien und fesselte mich ganz
eine Vision, die ich betrachten mußte,
und so vergaß ich drüber mein Bekenntnis.

Wie durch geputzte durchsichtige Scheiben
oder durch reines stehendes Gewässer,
nicht allzu tiefes, daß der Grund noch sichtbar,
von unsern Angesichtern Spiegelbilder
gedämpft uns wiederkehren, wie die Perle
auf weißer Frauen Stirne matt hervortritt:
so sah ich da Gesichter, die zum Sprechen
sich drängten, und verfiel ins Gegenteil
Narcißschen Liebeswahnes an der Quelle.
Sobald ich nämlich ihrer inne wurde,
wähnt ich, es sei nur Spieglung von Gesichtern
und wandte mich, die wirklichen zu sehen:
und nichts war da; und schaute wieder vor mir
die lichte Herrin an: es leuchtete
ein Lächeln auf in ihren seligen Augen.
»Du sollst dich nicht verwundern, wenn ich über
dein knabenhaftes Denken lächle«, sprach sie,

»das noch nicht fest den Fuß aufs Echte setzt
und nutzlos wie gewöhnlich dich umhertreibt.
Echte Substanzen siehst du vor dir, die
ein unerfüllt Gelübde hier noch festhält.
Drum sprich mit ihnen, hör sie gläubig an.
Sie haben ihren Frieden in der Wahrheit
und können nimmer sich davon entfernen.«

Ich richtete mich an die Seele, die
zum Sprechen gar so willig schien, und nahm,
erwartungsvoll vom Wunsch bewegt, das Wort:
»Zur Seligkeit erschaffner Geist, der du
das helle Glück der Ewigkeit erlebst,
das nur, wer es gekostet hat, versteht,
es soll mir eine Gnade sein, wenn du
mir deinen Namen sagst und euer Los.«
Mit frohem Blick, sofort bereit, sprach sie:
»Einem gerechten Wunsch kann *unsre* Güte
so wenig sich verschließen wie die höchste,
die gleiches Gut ihren Getreuen gönnt.
Auf Erden eine jungfräuliche Schwester
war ich, und wenn dein Geist sich redlich prüft,
so kann ihm die Verklärung meiner Schönheit
nicht hehlen, wer ich bin: Piccarda bin ich[1],
mit diesen andern Seligen hieher
versetzt und selig in der letzten Sphäre.
Unsere Herzen, ganz in Wohlgefallen
des Heiligen Geists entbrannt, frohlocken hier
und stimmen überein mit seiner Ordnung.
Dies unser Los, es mag wohl niedrig scheinen,
ward uns zuteil, weil unsere Gelübde
nachlässig und nicht voll erfüllet wurden.«
Und ich: »In euerm Aussehn wunderbar

1 Piccarda, die Schwester von Corso und Forese Donati, deren schon im vierundzwanzigsten Gesang des Fegfeuers gedacht wurde. Sie wurde von ihrem Bruder Corso zu einer politische Heirat gezwungen, obwohl sie schon dem Minoritenkloster der heiligen Klara angehörte.

ergläntzt ein göttlicher, geheimer Reiz,
der eure frühere Gestalt verändert.
Drum konnt ich mich so rasch nicht mehr entsinnen,
doch jetzt, da mir dein Wort zu Hilfe kommt,
wird das Erinnrungsbild geläufiger.
Doch sag mir: wünschet ihr in eurem Glück
an diesem Ort nicht einen höhern Platz noch,
um mehr zu schaun, um reichlicher zu lieben?«
Sie lächelt erst ein wenig mit den Ihren,
doch dann erwiderte sie mir so fröhlich,
als flammte sie im ersten Liebesfeuer:
»O Bruder, unser Wünschen wird beruhigt
durch starke Güte, die nur wollen läßt,
was wir besitzen, nicht nach andrem dürsten.
Wenn wir verlangten, höhern Orts zu sein,
so widerstrebten unsere Begierden
dem Willen des, der hier den Platz uns weist.
Für solches ist kein Raum in diesem Reich.
Hier kannst du nur Gebot der Liebe sehn,
wenn du die Gottesliebe recht betrachtest.
Ja, es gehört zu unsrer Seligkeit,
daß Gottes Wille uns umschlossen hält,
in ihm sich unsre Sonderwünsche *einen*.
So wie wir abgestuft von Rang zu Rang
hier sind, gefällt's dem ganzen Reich, und so
dem König, dessen Will uns willig macht.
In seinem Willen haben wir den Frieden,
das Meer, zu dem sich alle Wesen drängen,
von ihm erschaffne, von Natur getriebne.«

Da wurde es mir klar, wie allerwärts
im Himmel Paradies ist, wenn auch nicht
gleichartig das Geschenk der Gnade strömt. –

Doch wie's geschieht, daß eine Speise sättigt
und nach der andern Lust verbleibt, so daß
man dankt für jene und um diese bittet,
so tat auch ich in Worten und Gebärden,
um zu erfahren, was sie mir zu sagen
begonnen, aber nicht vollendet hatte.
Sie sprach: »Durch Hochverdienst und reinstes Leben
wohnt höher in dem Himmel eine Frau[1],
nach der man klösterlich dort unten lebt,
um wachend, schlafend bis zur Todesstunde
dem Bräutigam zu dienen, der Gelöbnis
aus freudig frommem Herzen gern empfängt.
Um dieser nachzufolgen, floh ich, jung noch,
die Welt und barg mich unter ihrer Kutte,
und ihres Ordens Weg zu gehn versprach ich.
Doch da entrissen mich dem trauten Kloster
im Bösen hart gewordne Männerhände;
und wie mein Leben dann verlief, weiß Gott. –
Das zweite Licht, das sich zu meiner Rechten
dir zeigt, und das von aller Helligkeit,
die unsre Sphäre faßt, entzündet wird,
meint, was ich dir von mir gesagt, von sich.
Auch sie war Nonne, und auch ihr vom Haupte
riß man das heilig schattende Gebinde[2].
Doch als sie gegen ihren Wunsch und gegen
das Recht zurückgestoßen in die Welt
sich sah, blieb sie dem Schleier treu im Herzen.
Konstanze ist's, die Große, die hier glänzt;
dem zweiten Welterschütterer aus Schwaben
gab sie den dritten, letzten an der Macht.«

So sprach sie und begann zu singen: »Ave
Maria«, und im Singen schwand sie wie

1 Die heilige Klara.

2 Die Kaiserin Konstanze von Hohenstaufen, Gemahlin Heinrichs VI. und Mutter Friedrichs II. Daß sie Nonne gewesen und zwangsweise verheiratet wurde, ist eine von den Welfen ausgestreute Sage, der auch Dante Glauben schenkt.

ein schwerer Gegenstand im tiefen Wasser.
Mein Auge, das, solang es möglich war,
ihr folgte und sie dann verloren gab,
kehrte zum Ziel des stärkeren Verlangens
zurück und ganz zu Beatrice hin.
Doch diese blitzte mir ins Auge so,
daß anfangs mein Gesicht es nicht ertrug,
und auch mein Fragen mußte ich verschieben.

Vierter Gesang

Dantes Zweifel · Beatrices Lehre über den Sitz der Seligen, über gehemmten und reinen Willen

Zwischen zwei Speisen, lockend und entfernt
auf gleiche Weise, stürb man eher Hungers,
als daß man *eine* frei zum Munde führte.
So stände auch, gehemmt von gleicher Angst,
ein Lamm zwischen zwei gierig wilden Wölfen,
und, so gehemmt, ein Hund zwischen zwei Hinden.
Drum kann ich mich nicht tadeln, wenn ich schwieg,
getrieben gleichermaßen von zwei Zweifeln,
noch loben, denn es war notwendig so[1].
Ich schwieg denn auch, doch mein Begehren drückte
sich im Gesicht mir aus samt meinem Fragen,
viel hitziger als Worte sagen konnten.
Wie Daniel mit Nabuchodonosor,
dem ungerecht ihm Zürnenden, verfuhr[2],
so Beatrice nun mit mir; sie sagte:
»Ich sehe wohl, zwei Zweifel zerren so
dich hin und her, daß dir dein eigner Eifer
zur Fessel wird und sich nicht äußern kann.
Du klügelst: wenn mein guter Wille anhält,
mit welchem Rechte kann mir äußre, fremde
Gewalt das Ausmaß des Verdienstes schmälern?
Den zweiten Anlaß deines Zweifelns gibt
der Anschein, daß die Seelen zu den Sternen
heimkehren, wie die Lehre Platos will[3].
Dies sind die Fragen, die auf deinen Willen
gleichmäßig drücken, und ich will zuerst
diejenige, die schärfer droht, behandeln.

1 Wer die Selbstironie dieser Eingangsverse erkennt, kann nicht glauben, daß Dante die Willensfreiheit wirklich bezweifelt.

2 Daniel erriet den Traum des Königs Nebukadnezar und deutete ihn sodann. Daniel 2, 29 ff.

3 In Platos Dialog Timäus, 41 f.

Der gottverklärteste der Seraphime
und Moses, Samuel oder ein Johannes,
gleichgültig welcher, ja sogar Maria,
sie alle haben ihre Sitze in
demselben Himmel wie die Geister, die
du eben sahst; auch gibt's kein jung und alt;
sie zieren insgesamt den höchsten Himmel.
Der Unterschied ist in der Seligkeit,
je wie der Geist im Wechsel sie ergreift.
In diesem Kreis erschienen sie: nicht daß
er ihnen zugewiesen wäre, nur
um eine kleinre Stufe anzudeuten.
So will es dein Verstand, daß man ihm spreche,
denn nur im Sinnlichen kann er ergreifen,
was er hernach in die Vernunft erhebt.
Zu eurem Maßstab steigt drum auch die Bibel
hernieder und begabt mit Füß und Händen
den Herrgott, den sie anders doch versteht.
Und menschengleich stellt auch die heilige Kirche
den Gabriel und Michael euch vor
und Raphael, der den Tobias heilte[1].
Was der »Timäus« von den Seelen lehrt,
ist dem, was du hier anschaust, nicht vergleichbar;
denn wörtlich scheint er, was er sagt, zu meinen.
Die Seele, sagt er, kehre heim zum Stern,
von dem sie, glaubt er, weggegangen sei,
um Lebensform zu werden durch Natur.
Vielleicht ist Platos Meinung aber anders
als sie im Wortlaut klingt, und es kann sein,
daß man im Kern sie nicht verspotten darf.
Wenn er an Ruhm und Schmach der Wirkung denkt,
die man zurückführt auf die Sterne, dann
ist doch wohl etwas Treffendes dabei.

1 *Tobias 3, 25.*

Die falsche Deutung dieser Lehre hat
sodann die Welt dazu verführt, von Sternen
als Jupiter, Merkur und Mars zu fabeln.

Der andre Zweifel, der dich umtreibt, ist
minder gefährlich, weil sein Stachel dich
nicht gar so weit von mir entfernen kann.
Wenn himmlische Gerechtigkeit als Unrecht
dem Menschenaug erscheint, so ist's ein Antrieb
zum Glauben, nicht zu ketzerischer Bosheit.
Weil aber eure Findigkeit sehr wohl
in diese Wahrheit einzugehn vermag,
so tu ich, wie du wünschest, dir Genüge.
Nur dort ist Vergewaltigung vorhanden,
nur dort Entschuldigung, wo der Gequälte
nicht das Geringste dem Verfolger zugibt;
denn wer nicht will, des Will' wird nicht erstickt:
er bleibt, dem Feuer gleich, sich selbst getreu
und strebt, auch tausendfach gedrückt, nach oben.
Beim kleinsten Zugeständnis wie beim größten
erliegt er aber. *Diese* unterlagen.
Zum Kloster gab es immer einen Weg;
denn hätten sie den ganzen Willen fest,
so wie Sankt Lorenz auf dem Rost, gehalten,
wie Mucius die Hand im Feuerbecken[1]:
der Wille trieb sie gleich, sobald der Weg
sich wieder öffnete, zurück den Weg.
So fester Wille, ach, ist allzu selten.
Mit diesen Worten, wenn du sie gebührend
bedenkst, erledigt sich der Gegenstand,
der dich noch manches Mal belästigt hätte.

1 *Mucius Scaevola, der bei seinem Anschlag auf Porsena ergriffen wurde, brannte sich die rechte Hand, die gefehlt hatte, ab. Titus Livius II, 12.*

Nun aber tritt ein ander Hindernis
dir in den Weg, mit dem du selbst wohl nie
zustande kämst und müßtest dran ermatten.
Ich hab dir die Gewißheit beigebracht,
daß heilige Seelen niemals lügen können[1],
weil sie dem Quell des Wahren immer nahe;
und dann erfuhrst du durch Piccarda, daß
»dem Schleier treu im Herzen blieb« Konstanze,
was meinem Wort zu widersprechen scheint.
Es ist schon oft geschehen, Bruder, daß,
um Schlimmres zu vermeiden, wider Willen,
man etwas Ungehöriges beging.
So ließ Alkmäon sich von seinem Vater
erbitten, daß er tötete die Mutter
und wurde, um getreu zu bleiben, ruchlos.
An diesem Punkte sollst du wohl erwägen,
wie sich Gewalt und Wille derart mischen,
daß das Verbrechen unentschuldbar wird.
Der reine Wille will kein Unheil stiften,
doch gibt er nach insoweit als er fürchtet,
durch Weigerung in größre Not zu kommen.
Piccardas Ausdruck nun bezieht sich auf
den reinen Willen, während ich den andern
versteh, so daß wir wahrhaft uns ergänzen.«

1 Dritter Gesang des Paradieses, Vers 31 ff.

So wogt es hin und her im heiligen Wasser,
das aus der Quelle aller Wahrheit fließt,
und brachte beide Zweifel mir zur Ruhe. –
»Des ersten Liebenden Geliebte, du,
o Göttliche«, sprach ich, »mich überströmt
und wärmt dein Wort und gibt mir neues Leben;
doch so tief ist mein Fühlen nicht, daß es
die Freud mit Freude zu vergelten ausreicht.

Mög Er, der es versteht und kann, dir lohnen.
Ich sehe wohl, daß unser Denken nimmer
sich sättigt, eh die Wahrheit ihm nicht leuchtet,
die eine, neben der nichts sonst noch wahr ist.
Und wie ein Tier in seiner Höhle ruht es
in ihr, sobald es sie erreicht hat; ja,
erreichen kann es sie. Vergebens wäre
sonst jedes Streben; darum sprießt der Zweifel
am Fuß der Wahrheit, und so muß er aufwärts
von Fels zu Fels uns nach dem Gipfel jagen. –
Das lädt mich ein, das gibt mir Zuversicht,
in Ehrfurcht euch noch weiter zu befragen
nach einer Wahrheit, Herrin, die ich suche.
Ich möchte wissen, ob der Mensch Ersatz
für unerfüllt Gelöbnis leisten kann,
daß es für voll auf eurer Waage gelte.«

Aus offnen Augen schaute Beatrice,
göttliche Liebe sprühend, zu mir her,
daß plötzlich mich der Mut verließ, und ich
gesenkten Blicks wie ein Verlorner stand.

Fünfter Gesang

Das Gelübde · Der Merkurhimmel · Die tätigen Geister

»Wenn ich in Liebesglut so flammend dir
wie du auf Erden es nie sahst, erstrahle,
daß du besiegt die Augen senken mußt,
wundre dich nicht; es kommt aus hoher Schau,
die, was sie auffaßt, im vollendet Guten
noch weiterdringend, zu erreichen strebt.
Gar wohl erkenn ich, wie es widerschimmert
in deinem Geiste schon, das ewige Licht,
das, kaum gesehen, immer Liebe zündet.
Wenn etwas andres euch zur Liebe reizt,
so ist es ein verkannter Abglanz, der
von jenem Licht in dieses andre durchscheint.

Du fragst, ob sich durch anderweitig Dienen
ein unerfüllt Gelübd ersetzen lasse,
daß sich die Seele ihren Frieden sichre.«
So sprach einsetzend Beatrice, und,
um Unterbrechung zu vermeiden, fuhr sie
in dieser heiligen Verhandlung fort.
»Das herrlichste Geschenk in Gottes Schöpfung,
das angemessenste für seine Güte,
das reichste, das Er über alles schätzt,
es war und ist der freie Wille, den Er
allen vernünftigen Geschöpfen, und
nur diesen, mitgegeben hat ins Dasein.
Von hier kannst du den hohen Wert erkennen,
der dem Gelöbnis dadurch zukommt, daß

das Ja des HERRN dabei ist, wenn du schwörst.
Denn im Vertragsschluß zwischen Gott und Mensch
wird das besagte köstliche Geschenk
geopfert, ja es bringt sich selbst zum Opfer.
Was kannst du also zum Ersatze bieten?
Das Hingegebne auch noch schön verwenden?
Willst mit Gestohlnem gute Arbeit machen? –
Im Hauptpunkt hast du nunmehr die Gewißheit;
doch weil die Kirche darin Nachsicht übt,
was scheinbar meiner Lehre widerstrebt,
empfiehlt sich's, daß du noch ein wenig hier
zu Gaste bleibest, denn die strenge Kost
braucht Hilfe, wenn sie dir gedeihen soll.

Vernimm, was ich dir offenbare, und
bewahr's im Geist, denn *nur* verstehn und nicht
behalten, wäre keine Wissenschaft.
Zwei Dinge sind zum Wesen dieses Opfers
vonnöten: erstens ist's die Sache, die
geopfert wird, und zweitens ist's der Pakt.
Der letztere ist nie zu tilgen, außer
daß man ihn hält und ganz erfüllt, und dieses
ist die genaue Meinung voriger Rede.
Drum war's den alten Juden unerläßlich,
ein Opfer darzubringen, wenn auch manchmal
die Gabe, wie du weißt, gewechselt wurde.
Das, was ich unter Sache oder Stoff
verstehe, kann wohl derart sein, daß es
sich ohne Fehl vertauschen läßt mit anderm.
Doch niemand soll nach eigenem Belieben
die übernommne Last vertauschen ohne
die golden-silberne Gewähr der Schlüssel[1].
Als falsch sei jeglicher Ersatz gerechnet,

1 Das heißt ohne kirchliche Erlaubnis. Siehe Fegfeuer, Neunter Gesang, Vers 118.

wenn das Erlassne in dem Übernommnen
nicht voll enthalten ist, wie vier in sechs.
Was also so gewichtig in der Schale
mit seinem Werte liegt, daß nichts ihn aufwiegt,
das läßt mit keinem Preis mehr sich erkaufen.
Gelöbnisse sind keine Possenspiele.
Treu sollt ihr sein, doch auch nicht unbedacht,
wie Jephta mit der Erstlingsgabe war[1].
Besser hätt er gesagt: »Ich tat nicht gut«,
als, wortgetreu, noch Schlimmres tun. Und töricht
muß auch der Griechen Großfürst dir erscheinen,
der Iphigeniens holdes Antlitz trübte,
daß alle Narren, alle Weisen weinten,
da sie von solchem Menschenopfer hörten[2]. –
O Christenheit! Geh würdiger zu Werke
und flattre nicht in jedem Wind wie Flaum
und glaub nicht, daß dich jedes Wasser wäscht!
Ihr habt den alten und den neuen Bund
und habt den Kirchenhirten, der euch führt,
das soll zu eurer Rettung euch genügen.
Wenn schnöde Habgier euch verlockend anruft,
seid Menschen, seid nicht triebhaft wie die Schafe,
daß euch der Jude auslacht ins Gesicht,
und wollet nicht dem Lämmlein gleichen, das
die Muttermilch verschmäht und dumm und keck
aus Mutwill springend mit sich selber kämpft.«

So sprach, wie ich es schreibe, Beatrice
zu mir, dann wandte sie voll Sehnsucht sich
dorthin, wo höchste Lebensfülle ist.
Ihr Schweigen, ihr verändert Angesicht
beschwichtigten den Wissensdrang in mir,
der schon mit neuen Fragen wieder kam.

1 *Buch der Richter 11, 30 ff.*

2 *König Agamemnon, der den Göttern seine Tochter Iphigenie opferte.*

Und wie ein Pfeil, der in die Scheibe trifft,
noch eh die Sehne ausgeschwungen hat,
flogen wir auf ins zweite Himmelreich.

Da sah ich meine Herrin so verklärt
im Licht des neu erreichten Himmels, daß
auch der Planet davon noch heller wurde[1].
Und wenn der Stern sich wandelte und lachte,
wie muß erst ich, der von Natur so leicht
veränderlich ich bin, geworden sein!
So wie in einem stillen klaren Fischteich
die Fischlein dort zusammenschwärmen, wo
etwas hineinfällt, das nach Futter aussieht,
so sah ich mehr als tausend Seelenlichter
um uns sich sammeln, und aus jedem sprach es:
»Der Liebe in uns mehren wird, ist da[2]!«
Und da sie näher zu uns traten, sah ich,
wie voller Freude jede Hülle war,
am Strahlenglanz, der blitzend aus ihr drang. –

Wenn jetzt, was hier beginnt, nicht weiterginge,
bedenke Leser, wie dein Wissensdurst
angstvoll enttäuscht den Mangel fühlte, und
du kannst ermessen, wie in mir der Wunsch,
den Zustand dieser Seelen zu erfahren,
sich regte, da ich so sie vor mir hatte.

»Zum Heil Geborner du, Begnadeter,
der hier den ewigen Sieg erblicken darfst,
noch eh der Kriegsdienst dir zu Ende ging,
vom Licht, das durch den ganzen Himmel strömt,
sind wir in Glut, drum stille deine Lust,
wenn dich nach Klarheit über uns verlangt.«

1 *Der Merkur.*

2 *Mit diesen einhellig von allen gesprochenen Worten wird Dante begrüßt.*

So ging von einem dieser frommen Geister
das Wort an mich. Drauf Beatrice: »Sprich nur
getrost und glaube ihrem Himmelswesen.«
»Wohl seh ich, wie du dich ins eigne Licht
verspinnst, wie du es aus den Augen ziehst,
daher es blitzt in ihnen, wenn du lächelst.
Jedoch ich weiß nicht, wer du bist, noch weiß ich,
warum du, Edle, in dem Stern dich zeigst,
der sich vor uns im Sonnenstrahl verbirgt[1].«
So sagt' ich, zu der Lichtgestalt gewendet,
die erst mich angesprochen und die jetzt
viel heller noch erstrahlte als zuvor.
So wie die Sonne, die sich selbst verschleiert
im Übermaß des Lichtes, wenn vor Hitze
die Dämpfungen, die dunstigen, vergehn,
also verbarg aus eitel Freude sich
die heilige Gestalt in ihren Strahlen
und sprach zu mir aus ihrer Heimlichkeit,
was ich im folgenden Gesang euch singe.

1 Wegen großer Sonnennähe ist der Merkur nur selten dem bloßen Auge sichtbar. Sein Himmel gehört den tätigen Geistern.

Sechster Gesang

Der Kaiser Justinian · Das römische Weltreich
Romieu von Villeneuve

Seit Konstantin den Kaiseradler gegen
den Lauf der Sterne lenkte, dem er bisher
gefolgt war mit Aeneas und Lavinia[1],
hielt zweimal hundert Jahr und mehr der Vogel
des Herrn im östlichsten Europa sich
den Bergen nah, von wo er ausgeflogen[2].
Im Schatten seines heiligen Gefieders
schützt' er die Welt, schwang sich von Hand zu Hand,
und so gelangt' er auf die meinige,
und Kaiser wurd ich. Ich bin Justinianus.
Durch wesentliche Liebeskraft befreite
ich das Gesetz von Übermaß und Hohlheit[3].
Bevor ich diesem Werk mich widmete,
begnügte ich mich mit dem Glauben, daß
eine Natur allein in Christo sei;
bis der gebenedeite Agapetus,
der höchste Hirte, mir zum reinen Glauben
den rechten Weg mit seinen Worten wies[4].
Ich folgte ihm, und jetzt erkenn ich klar
den Kern in seinem Glauben, so wie du
in jedem Widerspruch das Wahr' und Falsche.
Seitdem die Kirche meine Schritte lenkte,
gefiel's dem Herrn, den Geist mir zu erheben
zum hohen Werk[5], dem ich nun ganz mich weihte.
Die Waffen ließ ich meinem Belisar[6],
die ihm der Himmel sichtbar führen half,
daß mir's ein Wink war, still am Werk zu bleiben.

1 Gemeint ist der natürliche Lauf der Sterne sowie der Weltherrschaft von Ost nach West.

2 Von der Gegend von Troja.

3 Die von Justinian im Jahr 533 vollzogene Neuordnung des römischen Rechtes wird von Dante in demselben Sinne gewürdigt, wie von dem Kaiser selbst in den einleitenden Dekreten zum Corpus juris.

4 Agapetus I. war römischer Papst in den Jahren 535–36 und starb 536 in Konstantinopel. Vorher scheint Kaiser Justinian der monophysitischen Lehre angehangen zu haben.

5 Die Abfassung der Pandekten.

Hier endet auf die erste deiner Fragen
die Antwort; aber das Besondre dran
bewegt mich, einiges hinzuzufügen.

Auf daß du siehst, wie falsch das Recht, womit
das sakrosankte Kaiserzeichen man
in der Parteien Streitigkeit benützt,
sieh nun, wie hoch die Macht, die es erhob,
verehrungswürdig von der Stunde an,
da Pallas starb[1] und ihm die Herrschaft ließ[2].
Du weißt, daß es sodann in Alba thronte
dreihundert Jahr und mehr, bis um des Zeichens
Besitz die dreie mit den dreien rangen[3].
Was seit dem Wehe der Sabinerinnen
bis zu Lukretias Schmerz es wirkte, weißt du.
In sieben Königen die Nachbarn schlug es.
Und, was es wirkte, von den edlen Römern
getragen gegen Brennus, gegen Pyrrhus
und gegen viele Fürsten noch, du weißt es.
Daher Torquat und Quintius, der Krause[4],
und Decier und Fabier den Ruhm
errangen, den ich ihnen gern bewahre.
Es schlug den Stolz der Araber zu Boden[5],
die unter Hannibal den Fels der Alpen
dort, Po, wo du herabsteigst, überschritten.
Jünglinge triumphierten mit dem Zeichen:
Scipio, Pompejus. Und der Hügel, wo
du deine Heimat hast, bekam's zu fühlen[6].
Und wie die Stunde nahte, da der Himmel
den Frieden brachte über alle Welt,
ergriff, so wollt' es Rom, Cäsar das Zeichen.
Und was vom Varus bis zum Rhein es wirkte,
Isara sah's und Era sah's und Senna[7]

6 Justinians erfolgreicher Feldherr in Kriegen gegen Perser, Vandalen und Goten.

1 Nachdem Pallas als Verbündeter des Aeneas gefallen war, wurde Aeneas der wahre Vorkämpfer des Adlerzeichens der römischen Weltherrschaft.

2 Dem Kaiseradler und seinen Vorkämpfern.

3 Horatier und Curatier.

4 Cincinnatus.

5 Das heißt der Karthager.

6 Nach der Legende soll Fiesole bei Florenz von Julius Cäsar belagert worden sein.

7 Isère, Loire und Seine.

und jedes Seitental des Rhodanus.
Wie es sodann sich von Ravenna her
den Rubikon herüberschwang, das war
ein Flug, dem weder Zung noch Feder folgen.
Und gegen Spanien trieb es seine Heere
und nach Dyrrhachium; Pharsalos schlug es,
daß gar der warme Nil davon erbebte[1].
Antandros und Simois sah es wieder
und Hektors Grab, wovon es ausgegangen[2].
Zu Ptolemäus' Schaden wandt' es sich
und blitzte nieder auf den König Juba.
Nach eurem Westen kehrt es dann zurück,
wo kriegrisch des Pompejus Hörner klangen.
Was durch den nächsten Träger[3] es vollbrachte,
Brutus und Cassius heulen's in der Hölle,
in Modena beweint man's, in Perugia[4].
Kleopatra, die Elende beklagt es
und flieht vor ihm und holt sich von der Schlange
den plötzlichen und unheilvollen Tod.
Mit diesem Kaiser drang das Zeichen bis
zum Roten Meer; mit ihm befriedete
es alle Welt und schloß den Janustempel[5].
Doch alles, was das Zeichen, das ich lobe,
auf Erden, wo es überall gebeut,
dereinst vollbracht und noch vollbringen sollte,
erscheint gering und dunkel im Vergleich,
sobald man auf des dritten Kaisers Hände[6]
mit hellem Aug und reiner Liebe schaut.
Denn dort hat die Gerechtigkeit, die lebt
und mich entflammt, dem Zeichen Ruhm gegönnt,
daß es die Rache ihres Zorns vollstrecke[7].
Nun staune, was ich dir entgegenhalte:
mit Titus eilt das Zeichen drauf, zu rächen

1 Anspielung auf das Ende des Pompejus.

2 Die Gegenden um Troja.

3 Augustus.

4 Siege des Kaisers Augustus über die Cäsar-Mörder.

5 Der Tempel des Janus in Rom wurde geschlossen, wenn im ganzen römischen Weltreich kein Krieg war.

6 Tiberius.

7 Die Kreuzigung Christi unter Kaiser Tiberius, 14–37, wird hier als die gerechte Sühne für den ersten Sündenfall gedacht.

die erste Rache für die alte Sünde[1].
Und als der Langobarden Zahn sich in
die heilige Kirche schlug, da schirmt' sie Karl
der Große siegreich unter Adlerfittich.

Urteile selbst nun, ob ich nicht zu Recht
den Mißbrauch vorhin tadelte, durch den
all euer Unglück in der Welt entsteht.
Der eine stellt gegen das Kaiserzeichen
die gelben Lilien auf[2], der andre nimmt es
für eigne Sach[3]. Wer weiß, was schlimmer ist?
Ein ander Zeichen für sein Handwerk soll
der Gibelline wählen! Dieses paßt nicht
für Leute, die vom Weg des Rechtes weichen.
Auch soll der junge Karl mit seinen Welfen
es nicht herunterholen[4]! Fürchten soll er
den Adler, der schon größre Löwen zauste.
Die Kinder büßen oft der Väter Schuld.
Drum soll er ja nicht glauben, daß der Herrgott
sein Adlerwappen für die Lilien tausche.
In unserm kleinen Stern erglänzen Geister,
die einst im Leben brav und tüchtig waren,
um Ehre sich und Nachruhm zu verdienen.
Wenn darauf sich bis ins Abseitige
das Streben richtet, dann natürlich steigt
die wahre Liebe minder hell nach oben.
Doch finden wir im Ausgleich unsres Lohnes
mit dem Verdienst auch wieder unser Glück;
denn nicht zu wenig ward uns, noch zu viel.
Die so empfundene Gerechtigkeit
besänftigt unser Herz und stillt es, daß
kein böser Wille bei ihm Eingang findet.
Verschiedne Stimmen geben schöne Lieder,

1 *Die erste Rache der Erbsünde, d. h. Christi Kreuzigung, wird durch die zweite Rache, Jerusalems Zerstörung, gerächt.*

2 *Gemeint sind die Welfen, die damals zumeist sich an die Sache Frankreichs, d. h. der goldenen Lilien anschlossen.*

3 *Die Gibellinen.*

4 *Karl II. von Anjou.*

verschiedne Stufen unsres Lebens bilden
in diesen Sphären schöne Harmonie.

Im Perlenglanze unsres Sternes leuchtet
das helle Licht des guten Romieu[1], dessen
großherzig Tun die Welt so schlecht belohnt hat.
Die ihn verleumdeten, die Provenzalen,
lachten nicht lang. Es ist ein schlechtes Fahren,
des andern gute Taten übelnehmen.
Vier Töchter von Graf Raimund Berengar
an Könige vermählt! und solches hatte
der stille Pilger Romieu ihm verschafft.
Und dann, durch scheele Worte aufgestachelt,
will Rechenschaft der Graf von dem Gerechten,
der ihm von zehn auf zwölf die Einkunft mehrte –
und nun als armer alter Mann dahinzieht.
Ja, wenn die Welt das große Herz verstände,
wie er mit Betteln sich das Leben fristet,
sie könnt ihn besser loben als sie tut.

1 Romieu de Villeneuve war Hausverwalter und Seneschall des Grafen Raimund Berengar IV. von Provence († 1245). An seinen Namen Romieu = Pilger hing sich die Sage; er soll, auf einer Pilgerfahrt begriffen, bei Graf Raimund eingekehrt und verweilt haben. Durch aufopfernde Dienste mehrte er die Güter seines Herrn, und es gelang ihm, für die vier Töchter des Hauses vier Könige als Gatten zu gewinnen. Als er sich verleumdet sah, verließ er den Grafen freiwillig und ohne Haß.

Siebenter Gesang

Sünde und Strafe · Gnade und Erlösung
Verderbnis und Auferstehung

»Osanna, sanctus Deus sabaoth,
superillustrans claritate tua
felices ignes horum malacoth[1]!«
(»Hosianna, dir, o Herr der heiligen Scharen,
der du mit deinem Glanze überstrahlest
die selige Helligkeit in unsrem Reich!«)
Zu diesem hohen Lied im Kreis sich drehend,
sang, wie ich sah, das seelenhafte Wesen,
verklärt in himmlischem und eignem Licht,
und mit ihm in dem Reigen andre Seelen;
es war ein Wirbelsturm von Feuerfunken,
und plötzlich schwanden sie mir in der Ferne.

Ich stand in Zweifeln. Sag's doch, sag's doch! sprach ich
mir selber zu, und frage unsre Herrin,
die mit so süßem Drang mein Dürsten stillt.
Doch Ehrfurcht, die beim bloßen Klang von BE
und ICE meiner sich bemächtigt, hielt mich
zurück, als wäre ich von Schlaf befangen.
Nicht lange duldete mich Beatrice
so starr. Sie strahlte mir ein Lächeln zu,
das in der Hölle noch beglücken müßte.
»Nach meiner unfehlbaren Ahnung macht
es dir zu schaffen«, sprach sie, »wie die Rache,
wenn sie gerecht war, noch zu rächen wäre[2].
Ich will dir aber gleich den Knoten lösen,
und du, merk auf! es soll aus meinen Worten

1 Dieser Lobgesang des Kaisers Justinian ist ein Gemisch von Latein und Hebräisch.

2 Beziehung auf Vers 88 ff. des vorigen Gesanges.

des großen Ratschlusses Geschenk dir werden.
Indem der gotterschaffne Mensch[1] verschmähte,
die Willenskraft zu seinem Heil zu zügeln,
hat er sich selbst und sein Geschlecht verdammt.
Und seither lag die ganze Menschheit siech
Jahrhunderte hindurch in tiefem Irren,
bis es dem Gotteswort gefiel, herab
in die entfremdete Natur zu steigen,
wo es durch eigne, ewige Liebestat
sich selbst mit ihr persönlich einigte.
Nun richte deinen Blick auf diese Lehre:
Natur, mit ihrem Schöpfer einig, so
wie sie geschaffen ward, war gut und echt.
Allein durch eigne Schuld ward sie verbannt
vom Paradies, dieweil sie seitwärts sich
vom Pfad der Wahrheit und vom Leben kehrte.
Drum hat die Strafe an dem Kreuz, sofern sie
der angenommenen *Natur* gehört,
gerecht wie keine andre zugetroffen;
und so wie keine andre ungerecht,
wofern man die *Person,* die dulden mußte
in der verhüllenden Natur, bedenkt.
Der Tod, den Gott und die Hebräer wollten,
die *eine* Tat, gebar verschiedne Folgen:
die Erde bebt', der Himmel tat sich auf.
Drum, wenn ich sage, daß gerechte Rache
vergolten ward durch rechtliches Gericht,
so brauchst du nun dich nicht mehr zu verwundern[2].

Nun seh ich aber, wie dein Geist schrittweise
in eine Schlinge sich verfangen hat,
aus der er sehnlichst wartet, loszukommen.
Du sagst: was ich vernehme, leuchtet ein,

1 *Adam.*

2 *Die gerechte Rache, welche die Juden, ohne es zu ahnen, an dem sterblichen Fleische Christi nahmen, wurde ihnen durch die verdiente Zerstörung Jerusalems heimgezahlt.*

doch dunkel bleibt mir, warum Gott gerade
auf *diesem* Wege unsre Rettung wollte. –
Das ist ein Ratschluß, Bruder, der den Augen
verborgen bleibt, solang in Liebesflammen
der Geist uns nicht gereift ist. Glaube mir,
schon viele grübelten, und wenige fanden's.
Drum hör, warum gerade dieser Weg
der würdigste zu der Erlösung war.
Die Güte Gottes, über allen Neid
erhaben, glühet in sich selbst und leuchtet
und zeiget ihre ewige Herrlichkeit.
Was unvermittelt ihr entquillt, das lebt
dann ohne Ende, denn unwandelbar
beharret das Gepräge, das sie gibt.
Was unvermittelt ihr entströmt, ist frei
nun ganz, und keine Kraft geschaffner Dinge
kann lasten über ihm mit fremder Wirkung.
Die heilige Liebe strahlt herab auf alle,
doch nur im Gottverwandten glänzt sie heller,
und was ihr näher steht, das ist ihr lieber.
Und diese Gnadengaben alle hat
das menschliche Geschöpf, jedoch wenn *eine*
ihm fehlt, so sinkt es ab von seinem Adel.
Durch Sünde nur begibt es sich der Freiheit,
verliert die hohe Gottesähnlichkeit,
indem das ewige Licht ihm trübe schimmert;
und nimmer kehrt ihm die verlorne Würde,
wofern die Schuld nicht ausgeglichen wird
und üble Lust mit Strafe abgebüßt.
Durch Sündenfall ward euer ganz Geschlecht
aus seiner ersten Würde und zugleich
aus Paradieses Seligkeit verstoßen.
Unwiederbringlich, mußt du selbst dir sagen,

wenn du's bedenkst, war all dies Glück verloren.
Zwei Wege blieben nur zur Rettung noch:
entweder mußte Gott aus eigner Gunst
vergeben, oder mußte ihm der Mensch
aus seiner eignen Kraft Genüge tun.

Ergründe nun mit deinem Aug die Tiefe
des göttlichen Entschlusses! Hör und merke,
so gut du es vermagst, auf meine Worte.
In seinen engen Grenzen konnte nie
der Mensch Genüge tun. So tief nach unten
in Demut und Gehorsam sich zu beugen,
wie er nach oben stolz sich überhob,
vermag er nicht. Und damit ist der Weg
zur eignen Rechtfertigung verschlossen.
So mußte Gott auf *seine* Weise denn
den Menschen zu dem ewigen Heil verhelfen
durch Gnade oder Recht, wo nicht durch beides.
Und weil das Werk des Wirkenden, je voller
es von der Güte seines Herzens zeugt,
um desto angenehmer ist, so hat
die Güte Gottes, die im Weltall waltet,
die *beiden* Wege, die ihr eigen sind,
zu eurem Heile gern beschreiten wollen.
Und von der letzten Nacht zum ersten Tage
ist nie auf diesem oder jenem Weg
ein größer Werk geschehn, noch wird geschehen.
Daß Gott sich selbst dahingegeben hat,
auf daß der Mensch sich selbst erretten könne,
war größer, als wenn er verziehen hätte.
Und jeder andre Weg schien ungenügend
vor der Gerechtigkeit, wenn Gottes Sohn
sich nicht erniedrigt hätte, Fleisch zu werden.

Um dir nun all dein Wünschen zu erfüllen,
greif ich auf die Erklärung eines Punktes
zurück, daß du ihn siehst, wie ich ihn sehe.
Du wendest ein: Ich seh die Luft, das Feuer,
und Erd und Wasser und Gemisch aus ihnen,
das alles schon nach kurzer Zeit verdirbt,
und sind wohl auch einmal erschaffen worden. –
Wenn aber das, was ich dir sagte, gälte,
so wären sie doch sicher vor Verderbnis. –
Die Engel, Bruder, und das lautre Reich,
wo du jetzt bist, kann man erschaffen nennen,
so wie sie sind in ihrem echten Wesen.
Die Elemente aber, die du nanntest,
und was entstehen kann aus deren Mischung,
ist alles durch erschaffne Kraft geformt.
Erschaffen ward der Stoff, den sie enthalten,
erschaffen auch die Kraft, die formende
in den Gestirnen, die darüber kreisen.
Für Tiere und für Pflanzen wird die Seele
aus kraftbegabter Anlage hervor-
gelockt durch Kraft und Schwung der heiligen Sterne;
doch euch wird unvermittelt Lebensseele
von dem Allgütigen eingehaucht, der ihr
die ewige Lieb und Sehnsucht selber gibt.
Und wenn du dies bedenkst, kannst du erschließen
die Auferstehung eures Leibs: er wird
beschaffen sein wie einst das Menschenfleisch,
in dem das erste Paar erschaffen wurde.«

Achter Gesang

Venushimmel · Die Geister der Liebenden
Karl Martell von Anjou

Es wähnte einst die gottverlass'ne Welt,
die schöne Cypris strahle Liebesfieber,
im dritten Epicyclus kreisend, aus[1];
daher mit Opfern und Gelöbnissen
die Alten ihr in altem Wahne Ehre
erwiesen, und nicht ihr allein, nein, auch
der Diona als der Mutter Veneris
und dem Cupido gar als ihrem Söhnchen,
von dem es hieß, er sei das Schoßkind Didos[2].
Von ihr, mit der ich diesen Sang beginne,
wurd auch der Name für den Stern entliehen,
der mit der Sonne liebelt früh und spat.
Den Aufstieg zu dem Stern bemerkt ich nicht,
doch als ich drin war, mußt ich's wahrlich glauben,
denn meine Herrin sah ich nun noch schöner.

Wie in der Flamme man den Funken sieht
und im Gesang die Stimmen unterscheidet,
wenn sich die eine um die andre schlingt,
sah ich im Sternenlicht die kleinern Lichtlein
bald rasch, bald langsam ihre Kreise ziehn,
je nach der Art wohl ihrer Gottbetrachtung.
Ein Schlag, der niederfährt aus Wetterwolken,
zur Erde blitzend oder wehend saust[3],
erschiene lahm und langsam im Vergleich
mit jenen Himmelslichtern, wie sie kamen
zu uns und den gewohnten Kreis verließen,

1 Der antike Götterglaube schrieb dem Venusstern auf seiner epizyklisch gedachten Planetenbahn eine zauberische Liebeswirkung zu.

2 Aeneis I., 657 ff.

3 Ein Dunst oder Blitz, was für die alte Wetterkunde ungefähr dasselbe war.

den hoch sie führten mit den Seraphim.
Und aus den ersten, die uns nahe kamen,
klang ein Hosianna! Seit ich's hörte, hab ich
ein unvergänglich Sehnen, es zu hören.

Nun kam ein einzelner aus ihrer Schar
und sprach allein: »Wir alle sind zur Hand
und wollen dich erfreuen, wie du wünschest.
Wir kreisen mit den hohen Himmelsfürsten
in *einem* Kreis, in *einem* Liebesdurst
mit jenen, die du drunten singend riefest:
›Voi che intendendo il terzo ciel movete
(Ihr Schauende, des dritten Himmels Lenker‹)[1].
Wir sind voll Liebe; dir zuliebe lassen
wir gern ein wenig unsern Reigen ruhn.«
Zuerst auf meine Herrin richtete
den Blick ich ehrfurchtsvoll, und meinen Augen
gab sie von ihrem Glück und Mut so viel,
daß ich den Lichtgeist ansah, der so Großes
verheißen hatte, und ihn mit bewegter
ergriffner Stimme frug: »O sag, wer seid ihr?«
Oh, wie er größer, wie er heller wurde!
Ich sah es, wie bei meiner Frage ihm
zu seiner Freude neue Freude blühte.

So strahlend sagt er mir: »Der Welt dort unten
gehört ich kurze Zeit; hätt länger ich
gelebt, wär manches Leid erspart, das kommt[2].
Das heitre Leuchten, das ich rings verbreite,
verhüllt mich dir, als wär ich eingesponnen
in eigne Seide, Wurm und Schmetterling.
Du liebtest mich gar sehr, mit gutem Grund,
auch hätt ich gerne dir auf Erden noch

1 Es ist die erste Kanzone in Dantes Convivio, gerichtet an die Intelligenzen oder Engel, durch die die dritte Himmelssphäre bewegt wird.

2 Der Sprecher ist Karl Martell, Sohn Karls II. von Neapel und Anjou, der 1292 zum König von Ungarn gekrönt wurde und im Alter von vierundzwanzig Jahren starb. Im Frühjahr 1294 verbrachte er drei festliche Wochen in Florenz, wo er sich mit Dante befreundete.

die reifre Frucht der Freundschaft dargebracht.
Das linke Ufer, das der Rhodanus
bespült, flußabwärts von der Sorga-Mündung,
sollte dereinst in meine Herrschaft kommen[1],
dazu Ausonias Spitze mit den Burgen
von Bari, von Gaëta und Crotona,
das Land vom Tronto bis hinab ans Meer[2].
Schon glänzte auf der Stirne mir die Krone
des Landes, das der Donaustrom durchfließt,
nachdem er deutschen Strand verlassen hat[3].
Trinacria[4], die schöne, dunstverhüllt
zwischen Pachino und Peloro, nahe
dem Golf, in dem der Eurus sich verfängt[5],
und Schwefeldunst, nicht Hauch des Typhon, steigt,
dies Inselreich erwartete den König
aus meinem Stamme sich, von Rudolf oder
von Karl ein Enkelkind[6], wenn nicht die üble,
das Volk verbitternde Regierung in
Palermo Metzelei verursacht hätte[7].
Bedächte dies mein Bruder[8], so vermiede
er nun die katalanische Knauserei,
die ihm nur schaden kann, denn wirklich nötig
ist's, daß er selbst oder daß andre sorgen,
sein Schifflein nicht noch stärker zu belasten.
Ihm, der so karg aus reicher Wurzel wuchs,
wär eine Dienerschaft zu wünschen, die
nicht immer an die eigne Truhe dächte.«

»Wie mich dein Wort erfüllt mit hoher Freude,
das siehst du, o mein Herr, ich glaub es wohl,
im Ziel und Ursprung jeden Glücks dort oben;
du siehst mein Freude dort, wo ich sie habe,
und um so lieber ist sie mir. Und auch

1 *Die Grafschaft Provence.*

2 *Das damalige Königreich Neapel.*

3 *Ungarn.*

4 *Sizilien.*

5 *Der Eurus oder Südostwind tobt besonders stark in der Bucht von Catania, wo die Wolkenmassen um den Ätna sich häufen, aus dessen Krater Schwefeldünste sich erheben. Dante widerlegt hier den alten Volksglauben an einen unter dem Vulkan begrabenen Riesen Typhon oder Tiphoeus.*

6 *Das heißt aus der Verbindung mit Clemenza, einer Tochter Rudolfs von Habsburg.*

7 *Die sizilianische Vesper 1282.*

8 *Robert von Anjou, seit 1309 König von Neapel, vorher längere Zeit als Geisel in Katalonien.*

noch dieses, weil's in Gott sich spiegelt, freut mich.
Du hast mich froh gemacht, jetzt mach mir klar,
nachdem dein Wort zu Zweifeln mich erregte,
wieso aus milder Wurzel Bittres wächst.«

Ich sprach's zu ihm. Drauf er zu mir: »Vermag ich's,
dir eine Wahrheit aufzutun, so tritt
die Frage, die du dunkel stellst, ins Licht.
Er, der das ganze Reich, das du emporsteigst,
beglückt und treibt, Er wandelt hier in diesen
Gestirnen seine Vorsehung zu Kraft.
Und nicht die vorgesehenen Naturen
allein behütet Sein vollkommner Geist,
auch alles, was zu ihrem Heile frommt:
so daß, was immer dieser Bogen sendet,
mit vorgesehner Neigung niederschwebt
zu seinem Endziel pfeilgerade hin.
Wenn's anders wäre, müßte ja der Himmel,
den du durchwanderst, Wirkungen erzeugen,
die Stückwerk wären, aber keine Kunst.
Dies kann nicht sein; denn fehlerhaft ist keiner
von allen Geistern, die die Sterne lenken,
und auch der erste nicht, der sie erschuf.
Willst du noch heller diese Wahrheit haben?«
Und ich: »Nicht doch, ich seh ja, daß Natur
niemals im Nötigsten versagen kann.«
Drauf er: »Nun sag, ob nicht der Mensch auf Erden
im Elend lebte, ohne die Gemeinschaft?«
»Gewiß«, sprach ich, »hier braucht's nicht erst Beweise.
»Und kann's Gemeinschaft geben, wenn man drunten
nicht in verschiedenen Berufen lebt?
So euer Meister[1] recht hat, ganz gewiß nicht.«
Bis hieher brachte er mich folgerichtig

1 *Aristoteles.*

und schloß sodann: »Verschieden also müssen
wohl auch die Wurzeln eures Wirkens sein.
Drum wird zum Solon der, und der zum Xerxes
geboren, zum Melchisedek der andre,
und der zum Flieger, der den Sohn verlor[1].
Die kreisende Natur, für sterblich Wachs
ein himmlisch Siegel, übet ihre Kunst
sehr gut, doch ohne Unterschied der Stämme.
Daher geschieht's, daß Esau sich im Keime
von Jakob trennt, und von so niedrem Vater
Quirinus[2] stammt, daß man dem Mars ihn zuschreibt.
In ähnlichen Geleisen liefe immer
mit den Erzeugern das gezeugte Wesen,
wenn Gottes Vorsehung nicht stärker wirkte. –
Jetzt steht, was erst dir dunkel war, im Hellen.
Die Freude aber, die ich an dir habe,
will ich mit einem Zuspruch dir bekunden.
So oft Natur durch Mißgeschick gestört
sich findet, schlägt sie, wie das Samenkorn
in einem fremden Boden, übel aus.
Wenn eure Welt die von Natur gegebne
Anlage sachgemäß beachten möchte,
bekäme sie ein gutes Menschenvolk.
Ihr aber biegt und zwängt zum Klosterleben
ein für das Schwert geschaffnes Menschenkind
und krönt zum König einen Kanzelredner.
So fern vom Weg verliert sich eure Spur!«

1 *Dädalus, dessen Sohn Ikarus abstürzte.*

2 *Romulus.*

Neunter Gesang

Gunizza da Romano · Folquet von Marseille

Nachdem dein Carlo, liebliche Clemenza[1],
mich so belehrt hatte, erzählte er
die Täuschungen, die seinen Kindern drohten.
Doch sprach er: »Schweig und laß der Zeit den Lauf.«
Drum darf ich hier nur sagen, daß dem Unrecht,
das sie euch tun, gerechter Jammer folgt. –
Indessen hatte sich die lichte Seele
zum sonnenhaften Quell zurückgewendet,
der sie erfüllt und nimmer sich erschöpft.

Betrogene, mißratene Geschöpfe,
daß euer Herze solchen Trost verschmäht
und ihr nach eitlem Zeug das Köpfchen reckt!

Und sieh, ein andres aus dem Kreis der Lichter
kam auf mich zu und gab mir durch sein Schimmern
den Wunsch, mir zu gefallen, zu verstehen.
Es ruhte Beatrices stiller Blick
auf mir und winkte mir, wie vorher schon,
ihr liebes, sichres Ja zu meiner Regung.
»Du seliger Geist«, sprach ich, »willfahre mir,
laß mich erproben, gib Gewähr, daß ich
meine Gedanken spiegeln darf in dir.«
Worauf das unbekannte neue Licht
aus seinem Innern, das noch eben sang,
fortfuhr in seiner Lust am Freundlichsein
und sprach: »In jenem Teile des verderbten

1 Da sowohl die Gattin wie die Tochter des Karl Martell Clemenza hieß, ist es schwer zu entscheiden, an wen von den zweien die Anrede des Dichters sich richtet, doch spricht die größere Wahrscheinlichkeit für die Tochter.

italischen Landes, zwischen dem Rialto,
der Brenta- und der Piavequelle, steigt[1]
nicht gar so hoch, ein Hügel auf, von dem
ein Fackelbrand dereinst zu Tale fuhr
und stürmisch durch die ganze Gegend brauste[2].
Ich bin derselben Abstammung wie er.
Cunizza hieß ich; hier erglänze ich,
weil dieses Sternes Licht mich mächtig zog.
Aus frohem Herzen darf ich mir verzeihn
mein Schicksal, meine Neigung, ohne Kummer:
ein starkes Stück, mag sein, für euern Pöbel.
Mein nächster Nachbar hier, ein Edelstein,
leuchtend in unserm Himmel, hinterließ
auf Erden einen großen Nachruhm, der
noch fünfmal hundert Jahre leben wird[3].
Du siehst, es lohnet wohl, sich auszuzeichnen,
auf daß vom Erdenleben etwas bleibe!
Was zwischen Tagliamento wohnt und Etsch,
der Menschenhaufe, denkt jetzt nicht mehr so
und fühlt auch keine Reu, wenn man ihn schlägt.
Doch bald geschieht's, daß Padua und Vicenza
ihr Sumpfgewässer sich verändern sehn,
weil kein Gefühl für Pflicht ist in den Leuten[4].
Und dort, wo Sile und Cagnan sich mischen[5],
trägt hoch das Haupt ein übermütig Herrchen;
um es zu haschen, strickt man schon das Netz[6].
Auch Feltre wird noch den Verrat beweinen,
den sein ruchloser Hirte übt, so schändlich,
wie Maltas Turm noch keinen Frevler sah[7].
Ein gar zu großer Eimer wäre nötig,
um all das Ferrareser Blut zu fassen,
und müde würde, wer es wägen wollte,
das Blut, das dieser feine Priester schenkt,

1 In Venezien erhebt sich der Colle di Romano mit der Burg der Ezzelini, der einstigen Tyrannen dieser Gegend. Die Sprecherin, Cunizza, Schwester Ezzelinos III., hatte viele Liebhaber, darunter den Trobador Sordello.

2 Ezzelino III.

3 Der Trobador Folquet von Marseille, ein damals berühmter Künstler des Minnesangs und Kirchenfürst, mit dem sich heute freilich nur noch die Gelehrten befassen.

4 Dunkle prophetische Anspielung auf den Krieg zwischen Padua und Vicenza in den Jahren 1311–14.

5 Zwei Flüßchen, die sich in Treviso vereinigen.

6 Gemeint ist der Tyrann Riccardo da Camino, der 1312 ermordet wurde.

7 Malta hieß ein Gefängnis für

sich als Parteimann auszuweisen; ja,
solche Geschenke werden Landesstil!
In Spiegeln droben, die ihr Throne nennt[1],
erscheint uns strahlend Gott als der Gerichtsherr,
drum haben Worte wie die meinen Geltung.«
Sie schwieg und gab mir zu verstehen, daß sie
auf andres merken wollte in dem Kreis
und reihte sich wie vordem wieder ein.

Der andre Frohglanz, den ich ja schon kannte
als Edelstein, erschien vor meinem Auge
wie ein Rubin, auf den die Sonne trifft.
Dort oben funkeln sie vor Fröhlichkeit:
es ist, wie wenn wir lächeln – aber drunten[2]
verfinstern sich bei trübem Geist die Schatten.
»Der Herr sieht alles, und in Ihm«, sprach ich,
»vollendet sich dein Schaun, so daß kein Streben
zu Ihm hinan sich dir entziehen kann.
Warum will also deine Stimme, die
im Chorgesang mit jenen heilig lichten
sechsfach beflügelten verhüllten Geistern
im Himmel jubelt, mir kein Antwort gönnen?
Ich wartete nicht erst, bis du mich bätest,
säh ich in dich, wie du in mich hinein.«
»Das größte Becken«, so begann er nun,
»in dem des Meeres Wasser sich verbreiten[3]
neben dem Meer, das rings die Erde kränzt[4],
erstreckt sich zwischen feindlichen Gestaden
so weit nach Osten, daß sein Mittagsbogen
ihm dort erscheint, wo erst der Sehkreis war[5].
Uferbewohner jenes Beckens war ich
zwischen dem Ebro und der Magra, die
nur kurz Ligurien von Toskana trennt[6].

verbrecherische Priester. Der ruchlose Hirte ist der Bischof von Feltre Alessandro Novello. Er lieferte die gibellinischen Flüchtlinge aus Ferrara an die welfische Gerichtsbarkeit aus, und sie wurden alle enthauptet (1314).

1 Die Engel, die den Venushimmel bewegen.

2 In der Hölle.

3 Das Mittelmeer.

4 Der Ozean.

5 Nämlich bei Gibraltar. Das Mittelmeer müßte sich, nach Dantes Angabe, von West nach Ost über etwa neunzig Längengrade hin erstrecken. In Wirklichkeit umfaßt es deren etwa zweiundvierzig. Die nördlichen Gestade des Mittelmeers waren von Christen, die südlichen von Mohammedanern bewohnt, daher »feindliche Gestade«.

6 So umschreibt

Auf gleicher Länge beinah wie Bugèa[1]
liegt meine Vaterstadt, um deren Strand
gar heiß und blutig einst gerungen wurde[2].
Folco war dort mein Name, wohlbekannt,
und diesem Himmel bin ich eingefügt,
wie ich von ihm mein Eigenart empfing.
So minniglich, wie ich in freier Jugend,
war selbst des Belus Tochter[3] nicht entflammt
(Sichäus und Creusa zum Verdruß),
noch Rhodopeia, die, verlassen von
Demophoon, sich tötet'[4], noch Alcides
als er schön Iole in sein Herze schloß[5].
Doch hier bereut man nicht, hier freut man sich: –
nicht an der Schuld zwar, die vergessen ist,
doch an der Macht, die lenkte und bestimmte.
Bewundernd schaut man hier die Kunst, durch die
so schöne Wirkung ward, man sieht das Heil,
zu dem der obre Rang den untern führt.
Damit dir aber alle Wünsche, die
in diesem Himmel dir erwacht sind, auch
befriedigt werden, muß ich weiterreden.
Du willst erfahren, wer in diesem Licht
zu meiner Seite hier so blinkend funkelt,
wie Sonnenstrahl in einem klaren Wasser.
So wisse denn, hier wohnt in Frieden Rahab[6].
In unsern Himmel ist sie eingegliedert
und gibt ihm zur Vollendung ihr Gepräge.
In dieser Sphäre, bis zu der die Spitze
des Schattens eurer Erde reicht[7], empfing sie
bei Christi Siegeszug den ersten Platz.
Als Palme in den himmlischen Gewölben
zum Zeichen jenes hohen Siegs zu stehn,
den Gott und Mensch errangen, kam ihr zu,

Folquet die Provence. Da den Seelen im Paradies die zeitlich und räumlich bestimmten wirklichen Dinge in größter Ferne aus ewigem Blickpunkt erscheinen, lieben sie derartige Umschreibungen.

1 Bugèa in Algerien, im Mittelalter ein wichtiger Handelsplatz, das afrikanische Gegenstück zu Marseille.

2 Marseille, das alte Massilia, war im Altertum, bis es unter römische Herrschaft kam, ein vielumstrittener Hafenplatz.

3 Dido.

4 Siehe Ovid, Heroid. II.

5 Ovid, Heroid. IX, 1–6, und Metam. IX, 136 ff.

6 Die Dirne in Jericho, die den israelitischen Kundschaftern das Leben rettete. Josua, 2. Kap.

7 Nach mittelalterlicher Astronomie reicht der

dieweil sie bei der ersten Ruhmestat
des Josua im Heiligen Lande half,
um das der Papst sich jetzt so wenig kümmert.
In deiner Stadt, gehegt, gepflanzt von jenem[1],
der seinem Schöpfer bald den Rücken wandte,
voll Neid, zum großen Jammer aller Zeiten,
ja, dort entsteht und wuchert das verfluchte
geblümte Guldenkraut[2], durch das die Herde
mißleitet und der Hirt ein Wolf ist worden.
Verlassen liegen Evangelien und
die großen Kirchenväter. Decretale
studiert, glossiert, verunziert man am Rande,
nur darauf denken Papst und Kardinäle –
um Nazareth, wohin den Engel Gabriel
die Flügel trugen, kümmern sie sich nicht.
Doch werden Vatikan und die in Rom
zum Ruheplatz geweihten Stätten für
Sankt Peters mutige Gefolgschaft bald
befreit vom ehebrecherischen Treiben[3].«

vom Erdball geworfene Schattenkegel bis in die dritte Himmelssphäre, daher hier auch den Geistern noch ein gewisser Erdenrest anhaftet.

1 *Das unter dem Schutz des Kriegsgottes Mars gegründete Florenz konnte wohl im Paradies als ein Kind des Luzifer dargestellt werden.*

2 *Die Münze des Florentiner Gulden und seine damals weltgültige Währung.*

3 *Das heißt vom Handel mit heiligen Werten, von der Simonie, gegen die Folquet als Kreuzzugsprediger, der er war, sich ereifert.*

Zehnter Gesang

Der Sonnenhimmel · Thomas von Aquino
Die Gottesgelehrten

Auf ihren Sohn mit jener Liebe schauend,
die ewig weht aus Geisteshauch von beiden,
erschuf die erste namenlose Macht
alles was kreist im Denken und im Raum
mit voller Ordnung. Ohne Wohlgefallen
am Schöpfergeiste kannst du's nicht betrachten.
Drum hebe, Leser, zu den hohen Rädern
mit mir den Blick und richt ihn auf die Stelle,
wo *eine* Drehung auf die andre stößt[1],
und dort ergeh dich mit Betrachtungswonne
im Kunstwerk, das der Meister liebend hegt
bei sich und nie das Auge davon wendet.
Bemerke, wie von dort die schräge Bahn,
auf der die Wandelsterne kreisen, abzweigt,
um unsrer Welt zu leisten, was sie fordert.
Und wäre die Planetenbahn nicht schief,
so ging im Himmel viele Kraft verloren,
und jeder Keim hienieden bliebe taub.
Und wiche mehr sie oder minder ab
vom ebnen Plan, so mangelte gar manches
im Weltgefüge, oben so wie unten.
Bleib sitzen, Leser, auf der Bank und denke,
was ich dir aufgegeben, nochmals durch,
damit du Freude hast, statt müd zu werden.
Ich hab dir vorgelegt, nun stärke dich
allein, denn meinen ganzen Fleiß verlangt
für sich die Sache, die ich schreiben muß.

1 *Nämlich Äquator und Tierkreis*

Der mächtigste Gehilfe der Natur[1],
der unsrer Erde Himmelskräfte aufprägt
und uns die Zeit mit seinem Licht bemißt,
bewegte sich auf obgenannter Bahn
in jenen Windungen dahin, wo er
mit jedem Morgen zeitiger hervortritt[2].
Ich war in seinem Stern. Wie ich hinaufkam,
ich merkt es kaum; nur so wie einen Einfall
man etwa merkt, bevor er einem kommt.
Die Führung Beatrices macht's, sie reißt
vom Guten uns ins Bessere so plötzlich,
daß es im Nu, nicht in der Zeit geschieht.
Was in der Sonne war, in die ich eintrat,
wie hell das aus sich selber leuchten mußte
und nicht durch Farbe, nur durch Lichterscheinung,
ich kann die Vorstellung euch nicht vermitteln.
Erfahrung, Kunst und Geist ruf ich vergebens.
Nur glauben kann man's, und ersehnen sollt ihr's.
Wenn uns die Kraft der Einbildung nicht reicht
zu solcher Höhe, darf es euch nicht wundern.
Über die Sonne drang noch nie ein Auge.

So fand ich hier die vierte Seelenschar
am Vater hangend, der sie ewig nährt
im Geisteshauch, im Menschensohn sich zeigend.
Und Beatrice sprach: »Sag Dank, sag Dank
der Engelsonne, daß sie dich in Gnaden
empor zu dieser Sternensonne hob[3].«
Noch nie war wohl ein Menschenherze so
zur Anbetung und Gottergebenheit
mit seinen Dankgefühlen ganz beflissen,
wie ich auf diese Worte hin mich gab:
und all mein Lieben flutete zu Ihm,

1 *Die Sonne, im Mittelalter als Planet betrachtet.*

2 *Im Sternbild des Widders.*

3 *Der Sonnenplanet ist für Dante ein Symbol Gottes als der geistigen Sonne. Vgl. Convivio III, 12.*

und wie vergessen schwand mir Beatrice.
Und so gefiel es ihr. Sie lachte gar,
daß mir beim frohen Glanze ihrer Augen
das gottversunkne Denken sich zerteilte.

Und mehrere, sieghaft lebendige Lichter
erblickt ich, reigenflechtende, um uns,
im Singen gar noch holder als im Blinken.
So sehen wir die Tochter der Latona[1]
manchmal umgürtet, wenn ein schwerer Dunst
den Silberfaden ihr im Kreise spinnt.
Der Hof des Himmelreichs, aus dem ich komme,
ist voll von Kostbarkeit so hohen Wertes,
daß es verboten bleibt, sie wegzutragen.
Ein solch Juwel war der Gesang der Lichter.
Wem da kein Flügel wächst, hinaufzukommen,
der mag die Stummen fragen, wie es klang.
Dreimal hatten die sonnenhaften Lichter
uns mit so himmlischem Gesange schon
umkreist, wie Sterne ihren nahen Pol,
und standen still, wie Frauen, die den Reigen
nicht lassen und nur lauschend warten, bis
sie in die neue Melodie sich finden.
Und dann begann es in dem einen Licht:
»Da dir der Gnadenstrahl, der Liebe zündet
und sich durch Liebe selbst verstärkt, so hell
im Innern glänzt und dich auf diese Stufen
geleitet, die man abwärts nur betritt,
um wiederum im Aufstieg sie zu nehmen,
so wäre unfrei, wer den Wein, nach dem
du dürstest, dir verweigerte; er gliche
gehemmtem Strom, der nicht zum Meere findet.
Du willst die Blüten in dem Kranze kennen,

1 *Diana, die Mondgöttin.*

1 *Albert von Bollstädt (Albertus Magnus), der berühmte Scholastiker,*

der sehnlich um die schöne hohe Frau,
um deine Himmelsführerin, sich schlingt.
Mein Seelenhirte war Dominicus;
auf gute Weide führt er seine Herde,
da nährt sich reichlich, wer sich nicht verläuft.
Zur Rechten hier mein nächster Nachbar war
ein brüderlicher Lehrer mir, Albertus
von Köln. Ich selbst bin Thomas von Aquino[1].
Willst du die andern alle sicher kennen,
so folge meinen Worten mit dem Auge
durch diesen ganzen Kranz von Seligen hin.
Die nächste Flamme dort entspringt dem Lächeln
Grazians, der Kirchenrecht und Recht der Welt[2]
bereinigte, zu höchstem Wohlgefallen.
Das nächste Licht zum Schmucke unsres Chores
gehört dem Petrus, der wie's arme Weiblein
der heiligen Kirche seinen Reichtum schenkte[3].
Das fünfte Licht, das schönste unsres Kreises,
flammt auf von solcher Liebe, daß die Welt
mit Neugier Nachrichten darüber sucht[4];
es wohnt der mächtigste Verstand in ihm,
von tiefer Weisheit wahrlich so erfüllt,
daß an Erkenntnis ihm kein zweiter gleichkommt.
Du siehst sodann die Flamme jenes Lichtes,
das schon im Fleisch Natur und Amt der Engel
bis tief ins Wesen zu erschauen wußte[5].
In jenem kleinen, nächsten Lichte lächelt
der Anwalt christlicher Jahrhunderte,
auf dessen Text sich Augustinus stützte[6].
Wenn du bedächtigen Auges weiterziehst
von Licht zu Lichte meinem Lobspruch nach,
so bist du jetzt begierig auf das achte.
In ihm erglänzt, vom Anblick alles Heils

starb 1280 in Köln. Sein Schüler, Thomas von Aquino, Verfasser der von Dante vielbenützten Summa theologiae, starb 1274.

2 Francesco Graziano schrieb um 1150 seine Concordia discordantium canonum, die als Grundlage des Kirchenrechtes galt.

3 Petrus Lombardus, der, wie es im Vorwort seiner Libri IV sententiarum heißt, dieses Werk der Kirche schenkt, wie die Witwe ihr Scherflein.

4 König Salomon. Im Mittelalter stritt man sich, ob Salomon als verdammt oder gerettet zu gelten habe.

5 Der Mystiker Dionysius Areopagita, Verfasser des Buches De coelesti hierarchia.

6 Paulus Orosius, Verfasser der Historia adversus paganos, auf die sich Augustin vielfach bezieht.

beglückt, die heilige Seele, die den Trug
der Welt dem aufmerksamen Hörer kundtut[1].
Der Leib, aus dem man sie verjagte, liegt
begraben in Cieldauro; aus Verbannung
und Marter hob sie sich zu diesem Frieden.
Sodann siehst du die Feuergeister wehn
von Isidor, von Beda und von Richard[2],
der schauend Menschengrenzen überflog.
Das letzte Licht, von dem dein Aug zu mir
zurückkehrt, ist der Geist, der, tief versunken
in ernstes Denken, nach dem Tod sich sehnte:
ich meine des Sigerus ewige Leuchte[3];
er brachte in der Streugasse als Lehrer
mit scharfer Logik harte Wahrheit vor.«

Und jetzt, wie uns die Uhr zur Morgenstunde
erweckt, wenn Gottes Braut dem Bräutigam
den Frühgruß darzubringen sich erhebt[4],
und wie es treibt und zieht im Räderwerk
und tin tin klingelt, gar so fein und hold,
daß sich ein freundlich Herze liebend auftut,
so sah ich diesen Kranz berühmter Lichter
sich drehn und Stimm auf Stimme von sich geben,
so hold getönt, wie es nur möglich ist
dort, wo in Ewigkeit die Freude währt.

1 Boethius, der in seinem Werk De consolatione philosophiae die Nichtigkeit der irdischen Güter dartut. Er wurde 525 hingerichtet und liegt in Pavia zu St. Peter »in caelo aureo« begraben.

2 Isidor von Sevilla, † 636. Beda Venerabilis, † 735. Richard von St. Victor, † 1173. Drei berühmte theologische Gelehrte.

3 Siger von Brabant, † 1283, ein christlicher Philosoph mit averroistischen Neigungen, der an der Sorbonne (Rue du Fouarre = Streugasse Vorlesungen hielt.

4 Wenn die Kirche zur Frühmesse ruft.

Elfter Gesang

Lob des heiligen Franz durch den heiligen Thomas

Unsinnige Verstrickung irdischer Sorgen,
wie mangelhaft eure Gedankenkünste,
daß ihr die Flügel kaum vom Boden hebt!
In Rechtsgeschäfte, in Gesundheitslehre,
in Pfründenwesen, in Regierungssachen
verfangen mit Gewalt und Klügelei,
in Hinterziehungen, Verhandlungen
beschäftigt, oder in des Fleisches Lust
ermattet, oder müßig, der und jener –
indessen, losgelöst von all dem Zeug,
mit Beatricen ich in Himmelshöhen
so strahlend herrlich aufgenommen war!

Da jedes Seelenlicht zum Punkt des Kreises,
auf dem es vorher stand, zurückgekehrt,
hielten sie still wie Kerzen auf dem Leuchter.
Und ich vernahm in jener Flamme, die
zuerst zu mir gesprochen hatte, jetzt
ein lächelndes, noch reineres Beginnen:
»Wie ich von dort den Abglanz widerstrahle,
so seh ich in dem ewigen Lichtquell auch
dein Denken und erschaue seinen Grund.
Du bist nicht sicher, möchtest dargelegt
in offner ausführlicher Sprache haben,
erfaßbar deinem Sinn, mein vorig Wort,
das von der Weide, die so reichlich nährt,
und von der Weisheit, der kein zweiter gleichkommt[1].
Hier braucht's ein säuberliches Unterscheiden.

1 Vgl. Paradies, Zehnter Gesang. 96 und 114. Die zu erklärenden Punkte sind die Bedeutung des heiligen Dominicus und die Weisheit des Salomon.

Die Vorsehung, die Lenkerin der Welt,
in ihrem Ratschluß, den noch nie ein Blick
erschaffner Wesen hat ergründen können,
bestellte, um die Braut zu ihrem Liebsten[1]
(der unter lautem Rufen sie mit seinem
geweihten Blut sich hatte anverlobt),
in Sicherheit, in Treue hinzuführen,
zum fürstlichen Geleite zwei Erwählte,
die stützend, schützend sie zu führen hatten.
Der eine glühte in seraphischer Liebe,
der andre war durch Weisheit schon auf Erden
ein Widerschein des cherubinischen Lichtes[2].
Vom einen will ich sprechen, denn auf beide
geht's, wenn man einen, gleichviel welchen, preist,
dieweil sie wirkten für dasselbe Ziel.

Zwischen Tupino und dem Bach am Hang
des heiligen Hucbaldus-Hügels neigt
ein fruchtbar Land vom hohen Berg sich nieder[3];
von dorther spürt Perugia kalt und warm
an seinem Sonnentor[4], und hinterm Berge
im Schatten trauern Gualdo und Nocera[5].
Von jenem Berg, dort wo er sanfter wird,
trat eine Sonne in die Welt, so warm,
wie *diese* manchmal aus dem Ganges steigt.
Drum soll, wer diesen Ort erwähnt, nicht mehr
Ascesi[6] sagen, denn das wär zu wenig,
und richtig muß es heißen: Orient.
Noch nicht gar ferne war dies Licht vom Aufgang,
als es dem Land die ersten Tröstungen
mit seiner Segenskraft zu spüren gab.
Denn schon als Jüngling trotzt' er seinem Vater
um eines Weibes willen, das doch jeder

1 Die Kirche als Christi Braut ist in der mittelalterlichen Mystik eine geläufige Vorstellung.

2 Franz von Assisi und Dominicus von Calahorra.

3 Assisi liegt am Abhang des Subasio, zwischen den Flüssen Turpino und Chiascio.

4 Porta Sol im Osten der Stadt.

5 Zwei umbrische Städtchen.

6 Ascesi, alte Form für Assisi, zugleich anklingend an ascendere = emporsteigen.

als unwillkommen abweist, wie den Tod[1].
Am bischöflichen Hof und vor den Augen
des Vaters nahm er sie zum Weib, und nachher
wuchs täglich nur noch stärker seine Liebe.
Von ihrem ersten Herrn[2] im Tod getrennt,
elfhundert Jahr und mehr blieb sie mißachtet,
von keinem mehr umworben, bis auf diesen.
Umsonst erzählte man von ihr, wie sicher
sie den Amyclas machte, als die Stimme
des allgefürchteten Erobrers dröhnte[3].
Umsonst, daß sie so standhaft todesmutig
dem Heiland folgte bis hinauf ans Kreuz,
wo selbst Maria unten stehenblieb. –
Doch um nicht gar zu dunkel dir zu werden,
geb ich als Franz und Armut dir die Liebenden
im Umschweif meiner Worte zu verstehn.
Der Gatten Eintracht und ihr heitres Glück,
ihr sanfter Blick, ihr liebendes Erstaunen,
erweckten heilige Gedanken auch
in andern, und der fromme Bernhard folgte[4]
als erster barfuß. Frieden zu gewinnen,
lief er und fürchtete, zu spät zu kommen.
Wie segensreich dies unbekannte Gut!
Egidius und Silvester, beide barfuß
auf Franzens Spur, weil seine Armut lockte.
So zieht er hin, ein Vater und ein Meister
mit seiner Frau, mit seinen Hausgenossen,
vom Strick der Demut alle schon gebunden.
Daß er als Sohn des Pietro Bernardone[5]
so gar verächtlich zum Erstaunen aussah,
macht' ihm das Herz nicht zag, den Blick nicht scheu.
Nein, wie ein König tat er seinen strengen
Vorsatz dem Innocenz zu wissen und

1 *Anspielung auf die bekannte Legende von der Vermählung des heiligen Franz mit der Armut, die auch Giotto in der Unterkirche von Assisi malerisch dargestellt hat.*

2 *Christus.*

3 *Lukan erzählt in seiner Pharsalia V., 519 ff., wie der arme Fischer Amyclas ohne Furcht dem Cäsar seine Hütte öffnet.*

4 *Bernardo da Quintavalle, der erste Jünger des heiligen Franz.*

5 *So hieß der Vater des Heiligen. Er war ein reicher Kaufherr in Assisi.*

erhielt von ihm das erste Ordenssiegel[1].
Als dann die Zahl der armen Brüder wuchs,
dem Manne folgsam, dessen Wunderleben
am besten man zum Ruhm des *Himmels* sänge,
da wurd' zum zweitenmal der heilge Wille
des Ordenshirten anerkannt im Geiste
und durch den Papst Honorius gekrönt[2].
Martyrium begehrend, trat er dann
zum stolzen Sultan hin und predigte
den Heiland; seine Brüder folgten ihm.
Doch allzu unreif noch für die Bekehrung
erfanden sie das Volk, und nutzlos war's;
und gleich zur heimischen Ernte ging's zurück.
Auf Felsen zwischen Tiberfluß und Arno
erhielt das letzte Siegel er von Christo[3]
und trug's zwei Jahre lang an Händ und Füßen.
Als es dem Herrn, der ihn so hoch erwählte,
gefiel, ihn in die Gnade aufzunehmen,
zum Lohn für seine Selbstverkleinerung,
empfahl er seinen Brüdern als den Erben
im rechten Sinne seine liebe Frau,
und daß sie ihr in Treuen dienen sollten.
Aus ihrem Schoße sollte seine Seele
verklärt sich in ihr Heimatreich erheben.
Dem Körper gönnt' er keine andre Bahre[4].

Und jetzt bedenke, wie der andre war:
ein würdiger Kamrad, das Schifflein Petri
auf hohem Meer im rechten Kurs zu halten.
Und *unser* Patriarch war dieser andre.
Drum kannst du wohl verstehen: wer nach seinen
Geboten handelt, ladet gute Ware.
Jedoch nach neuer Kost ist seine Herde

1 Papst Innocenz III. bestätigte den Franziskanerorden.

2 Durch Honorius III. im Jahr 1223.

3 Auf Alvernia del Casentino soll der Heilige die Wundmale empfangen haben, die hier als die letzte und dritte Bestätigung des Ordens aufgefaßt werden.

4 Franziskus starb auf der nackten Erde.

lüstern geworden, und so läuft sie denn
nach weit verschiednen Triften auseinander.
Je mehr sich seine Schäflein nun von ihm
entfernen, und je mehr sie sich verlaufen,
um so viel leerer kehren sie zum Stall.
Wohl gibt's noch Brüder, die das Übel fürchten
und nicht vom Hirten weichen, wenige freilich,
und wenig Tuch genügt für ihre Kutten.
Wenn kraftlos meine Worte nicht verhallen,
und hast du aufmerksam sie angehört
und überdenkst, was ich gesprochen habe,
so kann dein Wunsch in *einem* Punkt erfüllt sein:
du kannst erkennen, wo die Spaltung klafft,
kannst sehn den Sinn des Mahnworts von der Weide,
›die reichlich nährt, so man sich nicht verläuft‹.«

Zwölfter Gesang

Lob des heiligen Dominicus durch den heiligen Bonaventura

Kaum daß die segensreiche Flammenseele
ihr letztes Wort zu mir gesprochen hatte,
begann das heilige Mühlrad sich zu drehen;
und hatte noch den Umlauf nicht vollendet,
als es ein zweiter Reif umschloß, so daß
sich Schwung mit Schwung und Sang mit Sang verbanden.
Aus Himmels-Tuben quillt der Sang viel reiner
als unsrer Musen und Sirenen Stimme;
wie erstes Licht den Abglanz übertrifft.
In gleichem Lauf, in gleichen Farben wölben
zwei Bogen sich durch zarte Wolken hin,
wenn Juno ihre Botin Iris schickt,
und von dem innern Bogen kommt der äußre
(wie Echorede der verliebten Nymphe[1],
die, gleich dem Dunste an der Sonne, schwand),
und seit dem Pakt, den Gott mit Noah schloß,
verspricht die Menschheit sich aus diesem Bogen,
daß nie die Welt mehr überflutet werde:
so etwa schlangen sich die zwei Gewinde
mit ewigem Blumenleuchten um uns her,
und so dem innern Kreis entsprach der äußre.
Als nun der Reigen und das große Fest
des Wechselsangs und Hin- und Widerblinkens
von Licht zu Licht mit Jubel und Liebkosung
einmütig alles sich zugleich beruhigte,
(genau wie auf Bewegers Wille uns
zugleich sich beide Augen zu- und auftun),

1 *Sage von Echo und Narziß.*

da hob sich eine Stimme aus dem Herzen
eines der neuen Lichter, so daß ich
nach ihm mich wandte, wie zum Stern die Nadel.

Und also sprach's: »Die Liebe, die mich adelt,
verlockt mich, daß ich jenen Führer preise,
um dessentwillen man den *meinen* lobt[1].
Wo *einer* ist, soll auch der andre gelten,
damit, wie beide für ein Einziges kämpften,
auch ihres Ruhmes Licht vereinigt sei.
Es hat gar viel gekostet, Christi Heerschar
neu zu bewaffnen; langsam folgte sie
und zaghaft, spärlich nur dem Kreuzeszeichen,
bis daß der Kaiser, der ohn Ende herrschet,
für das bedrängte Kriegsvolk Sorge traf –
aus Gnade nur, nicht weil es würdig war.
Der Sache seiner Braut zu helfen, sandte
ER, wie gesagt, zwei Kämpen, die mit Tat
und Rat das Volk in Ordnung wieder brachten.

Im Land, aus dem der sanfte Zephir kommt[2],
der zur Erneurung von Europas Kleid
die jungen Blätter zur Entfaltung bringt,
nicht ferne von der Brandung jener Wogen[3],
in die sich eifervoll und lange oft
die Sonne senkt, vor Menschen sich zu bergen,
liegt Calahorra, die beglückte Stadt[4],
im Schutze eines großen Schilds, auf dem
der Löwe unterliegt und unterjocht[5].
Dort ward der Liebende im Glauben Christi,
der heilige Athlet, geboren, gütig
den Seinen und den Feinden fürchterlich.
Und, kaum erschaffen, wurde seine Seele

1 Der Sprecher ist der heilige Bonaventura von Bagnorea (1221–74), der 1243 in den Franziskanerorden eintrat, 1256 Ordensgeneral wurde und viele Schriften, besonders mystischer Richtung, verfaßte.

2 Spanien.

3 Das Atlantische Meer.

4 Geburtsort des heiligen Dominicus.

5 Das Wappen von Kastilien mit zwei Burgen, die eine über, die andere unter einem Löwen, wird hier symbolisch gedacht im Sinne des Sieges durch Demut.

mit so lebendigen Kräften schon erfüllt,
daß es die Mutter seherisch ergriff[1].
Als dann am heiligen Brunnen das Gelübde
des Glaubens mit ihm abgeschlossen wurde,
durch das sich beide Teile kräftigten,
da sah die Frau, die Ja für ihn gesagt,
in einem Traum die wunderbare Frucht,
die ihm und seinen Jüngern wachsen sollte[2].
Damit er, was er war, im Wortlaut würde,
erteilte ihm der Geist den Eigennamen,
nach DEM, dem er so ganz zu eigen war.
Dominicus ward er genannt. Ich deut es
als Landarbeiter, den sich Christus wählte,
damit er ihm den Garten bauen hülfe.
Als Diener und als Bote Christi wahrlich
erwies er sich, denn seine erste Neigung
trieb ihn zum ersten Rat, den Christus gab[3].
Oft wurde er am Boden liegend, schweigsam
und wach, von seiner Amme aufgefunden,
als wollt er sagen: dazu kam ich her.
Ein wahrhaft ›Glücklicher‹, sein Vater Felix,
eine ›Begnadete‹ Johanna wahrlich,
die Mutter, so die Deutung richtig ist[4].
Nicht für die Welt, für die man heut die Bände
des Manns von Ostia und Thaddeum wälzt[5],
nur um des echten Himmelsbrotes willen
erwarb er schnell sich Geltung als Gelehrter
und überwachte rings des Glaubens Weinberg,
der unter schlechten Winzern rasch entartet.
Und von dem Stuhl, der einst der frommen Armut
so gütig war, und ist's nur deshalb nicht mehr,
weil ein Entarteter ihn jetzt besitzt,
erbat er sich: – nicht Nachlaß in der Leistung,

1 Sie sah im Traum ein Hündlein, das mit einer Fackel im Maul die Welt entzündete.

2 Die Taufpatin des heiligen Dominicus soll ebenfalls einen prophetischen Traum gehabt haben.

3 »Verkaufe, was du hast, und gib es den Armen.« Evang. Matthäus, 19, 21.

4 Nämlich die Übersetzung der Namen Felix und Johanna.

5 Der Kardinal von Ostia, Heinrich von Susa, war ein berühmter Rechtsgelehrter, † 1271. Thaddeus Alderotti aus Florenz († 1295), ein berühmter Arzt.

nicht den Genuß der nächsten offnen Pfründe,
non decimas, quae sunt pauperum Dei,
(auch nicht den Zehnten aus der Armenhilfe),
um die Erlaubnis bat er, gegen Ketzer
zu kämpfen für die gute Saat, aus der
dich vierundzwanzig Schößlinge umkränzen.
Mit Lehre dann und Leidenschaft zugleich
und apostolischem Amte drang er vor,
ein Gießbach, der mit mächtigem Gefäll
die ketzerischen Wurzelstöcke traf
und übrall, wo sie massig widerstanden,
nur desto lebhafter sich auf sie stürzte.
Sodann verlief er in verschiedne Bächlein,
durch die der Kirche Garten sich bewässert
und seine Bäumlein grünend sich beleben. –
Wenn so das eine Rad des Wagens war,
auf dem die heilige Kirche wehrhaft stand,
siegreich den Bürgerkrieg im Feld begleichend,
so muß dir jetzt erst recht verständlich werden
die Trefflichkeit des andern, des von Thomas,
bevor ich kam, so fein Gepriesenen.

Doch das Geleise, vorgezeichnet von
des Rades Reif, ist nunmehr ganz verlassen,
und Schimmel wächst, wo vorher Kruste war.
Die so gerade auf des Rades Spur
einhergegangen, sie sind umgekehrt.
Der Vordere stößt auf den Hintermann.
Beim Schnitt des schlechtbebauten Feldes muß
es bald sich zeigen; denn das Unkraut wird,
vom Speicher ausgeschlossen, elend sein.
Gewiß, wer Blatt um Blatt in unserm Buche
durchsuchte, fände wohl auch Seiten, wo

1 *Der Franziskaner orden spaltete sich, besonders wegen des Armutgelübdes, in zwei Richtungen: die strenge der Spiritualen, deren Wortführer Ubertino da Casale war, und die laxe der Conventualen, auf deren*

zu lesen ständ: ich bin der Alte noch –
doch bei Casal und Acquasparta nicht[1];
denn dort mißhandelt man den Text der Schrift:
der eine lockert ihn, der andre zwängt.

Ich bin die Seele des Bonaventura
von Bagnoregio, der die hohen Pflichten
den weltlichen Geschäften immer vorzog.
Illuminat und Augustin sind hier,
die ersten der barfüßigen Bettelmönche,
für Gottes Sache mit dem Strick gegürtet.
Mit ihnen Hugo von Sankt Victor[2] und
Petrus Comestor und Petrus Hispanus[3],
berühmt auf Erden durch die logischen Büchlein,
und Nathan, der Prophet, Chrysostomus[4]
und Anselm[5] und der biedere Donat[6],
dem wir des Wissens erste Stufe danken,
Rabanus auch[7], und mir zur Seite leuchtet
Abt Joachim von Fiore in Kalabrien[8],
der mit Prophetenblick des Geists begabt war.

Den großen Paladin Dominicus
zu loben, trieb die Huldigung mich an,
die edle, flammende des Bruders Thomas,
davon auch diese Schar ergriffen wurde.«

Seite Matteo *d'Acquasparta stand.*

2 *Ein großer theologischer Autor, † 1141.*

3 *Petrus Comestor, Verfasser der Historia scholastica, † 1179. Petrus Hispanus, † 1277, verfaßte die im Mittelalter viel gebrauchte Summulae logicales.*

4 *Chrysostomus, † 407, berühmter griechischer Kirchenvater.*

5 *Anselm, Erzbischof von Canterbury, † 1109, ein berühmter Philosoph und Theolog.*

6 *Donatus, ein lateinischer Grammatiker des 4. Jahrhunderts.*

7 *Rabanus Maurus, † 856, bekannter Bibelexeget.*

8 *Abt Joachim von Fiore, † 1202. Seine Apokalyptik und Zahlensymbolik wurde besonders von den Franziskanern verbreitet.*

Dreizehnter Gesang

Reigentanz der Seligen · Thomas von Aquin über himmlische und weltliche Weisheit

Wer recht erschauen will, was ich jetzt sah,
der denke sich und halte steinern fest
vor Augen dieses Bild, so wie ich's sage.
Zu fünfzehn Sternen aus verschiednen Zonen,
die mit so hellem Schein am Himmel strahlen,
daß jede Dichtigkeit der Luft besiegt wird[1],
denke den Großen Bären er hinzu[2],
der Tag und Nacht an unsrem Himmel bleibt
und selbst ihn bei der Drehung nicht verläßt;
sodann vom Kleinen Bären denke er
sich die zwei äußern Sterne noch dazu,
die an den Achsenpunkt des Himmels reichen –
und daß sie alle dann zwei Kronen bilden,
ähnlich dem Kranze von Ariadnes Haupt,
als er aus Todesfrost zum Himmel stieg[3],
und daß die Strahlen beider Kränze sich
begegnen, und daß beide so sich drehen,
daß einer hingeht, wo der andre herkommt:
dann wird er etwa einen Schatten haben
vom wahren Sternbild und vom Doppelreigen,
der jenen Punkt umkreiste, wo ich stand.
Von dem, was wir gewöhnt sind, unterscheiden
sich jene Tänze wie die schnellste Sphäre
der Himmel von dem Schneckengang der Chiana[4].
Da war kein Bacchus-Hymnus, kein Päan[5],
nein, Lobgesänge der Dreieinigkeit
und Gottesmenschheit waren da zu hören.

1 *Die damals bekannten fünfzehn Sterne erster Größe.*

2 *Also weitere sieben Sterne, wozu dann noch zwei aus dem Kleinen Bären kommen, um die vierundzwanzig vollzumachen.*

3 *Der Kranz der sterbenden Tochter des Minos, Ariadne, wurde von Bacchus zum Sternbild der Corona erhoben. Ovid Metam. VIII, 177 ff.*

4 *Ein sumpfiger Fluß in der Gegend von Arezzo.*

5 *Päan, Lobgesang auf Apoll.*

Es ging der Reigen und der Sang zu Ende.
Zu uns nun wandten sich die heiligen Leuchten,
beseligt in dem Wechsel ihrer Dienste.
Das Schweigen der einträchtig Himmlischen
durchbrach sodann der Lichtgeist, der das Leben
des armen Mönchs in Gott berichtet hatte[1].
»Die erste Garbe«, sprach er, »haben wir
gedroschen und ihr Korn ins Fach gebracht.
Zur zweiten lockt mich holder Liebesdienst.
Du glaubst, in jene Brust[2], aus der die Rippe
gezogen ward, den schönen Mund zu formen,
für dessen Gier die ganze Welt bezahlt,
und nachher in die speerdurchstochne Brust[3],
die vor- und rückwärts solche Gnüge tat,
daß jede Sündenlast durch sie getilgt ist, –
du glaubst, in diese zwei sei alles Licht,
das Menschenbrust nur fassen kann, ergossen
durch jene Macht, die beide einst erschuf.
Drum wundert dich mein vorig Wort, da ich
erzählte, daß der höchste Grad der Weisheit
in jenem fünften Licht[4] beschlossen sei.
Nun schau dir meine Antwort richtig an,
so siehst du, wie dein Glaub und meine Lehre
im Mittelpunkt der Wahrheit sich begegnen.

Was niemals stirbt, und auch das Sterbliche,
ist alles nur ein Abglanz der Idee,
die unser Herr aus sich erzeugt in Liebe.
Das helle Licht davon strahlt aus: es wandert
und trennt sich dennoch nicht von IHM und auch
von jener Liebe nicht, die dreifach einigt.
Gar segensreich versammelt es sein Strahlen,
gespiegelt gleichsam auf neun Wesenheiten[5],

1 *Thomas von Aquino.*
2 *Adam.*
3 *Christus.*
4 *Salomon.*
5 *Neun Engelchöre, bzw. Himmelssphären.*

und wahrt sich dennoch ewig seine Einheit.
Sodann bis zu den letzten Stufen abwärts
steigt es und schafft von Akt zu Akt nur noch
was Zufall ist und kurze Dauer hat.
Und dieses Zufällige, meine ich,
sind die Geschöpfe, die der Himmel kreisend
hervorbringt, sei's durch Samen, oder ohne.
Ihr Stoff und, der ihn knetet[1], sind nicht immer
beständig, daher scheint das Urbild auch
in den Geschöpfen mehr und minder durch.
Und so geschieht es, daß vom gleichen Holze
die Früchte schlechter oder besser arten
und ihr zur Welt kommt mit verschiednem Geist.
Wäre der Stoff vollkommen durchgeknetet,
wäre der Himmel stets in vollster Wirkung,
so käm des Urbilds ganzes Licht zutage;
doch die Natur läßt es geschwächt erscheinen,
dem Künstler gleich, dem's nicht an Übung fehlt,
doch zittern ihm die Hände bei der Arbeit.
Es kann daher nur dort, wo Liebesglut
die klare Schau der ersten Kraft entwirft
und wiedergibt, Vollkommenheit gedeihn.
So ward die Erde zubereitet, würdig,
dereinst für das vollkommne Lebewesen,
und so empfing die Jungfrau ohne Makel.
Ich lobe sonach deine Meinung, daß
nie vor- noch nachher menschliche Natur
erreicht, was sie in diesen beiden war.
Wenn ich nun nicht mehr weiterfahren wollte –
›Wieso denn war dann jener[2] ohnegleichen?‹
begännest du gewiß mich anzureden.
Damit jedoch das Dunkle deutlich werde,
bedenke, wer er war und was ihn trieb

1 Der Einfluß der Himmel.

2 Salomo.

zu bitten, als der Herr ihn frug: was willst du[1]? –
Was ich gesagt, verhindert dich gewiß nicht,
zu sehn, daß er um Weisheit bat als *König*,
damit er diesem Amt genügen könne, –
nicht um die Zahl der himmlischen Beweger
zu wissen, noch ob aus Notwendigkeit
und Zufall sich ein logischer Schluß ergebe[2],
noch ›si est dare primum motum esse‹
(noch ob es Urbewegung geben müsse[3])
noch ob in einen halben Kreis ein Dreieck,
das keinen rechten Winkel hätte, passe. –
Beachte dies und auch mein frühres Wort,
dann ist, was ich als ›mächtigsten Verstand‹
beleuchten will, die Klugheit eines Königs;
und wenn ich sagte, keiner gleiche ihm,
so gilt es, siehst du, nur für Könige.
Es gibt zwar viele, aber gute wenig.
Mit dieser Unterscheidung nimm mein Urteil,
und dann verträgt es sich mit deiner Meinung
vom ersten Vater und von unsrem Heiland.

Wie Blei am Fuß sei stets dir solch Bedenken,
damit du langsam schreitest wie ein Müder
zum Ja und Nein, wo du's nicht sehen kannst.
Denn der ist gar ein niederiger Tor,
der ja sagt oder nein ohn Unterschied,
sei es in dieser, sei's in jener Sache.
Denn es kommt vor, daß hin und her sich wendend,
ein flinkes Meinen in den Irrtum rennt,
und dann die Leidenschaft das Urteil bindet.
Mehr als vergeblich ist's, in See zu gehen –
denn anders als man auszog, kehrt man heim –
wenn man nach Wahrheit fischt, und kann es nicht.

1 1. Buch Könige 3, 5.

2 Anspielung auf ein Problem der aristotelischen Logik.

3 Problem der aristotelischen Physik und Metaphysik.

Bekannte Beispiele bezeugen es:
Parmenides, Melissos, Bryson[1] und
wer sonst zu forschen ging, und wußt nicht wo.
So auch Sabellius und Arius[2]
und andre Toren, die die Schrift zerschnitten
und, was gerade in ihr war, verkrümmten.
Die Menschen sollen nicht so sicher tun
im Urteil und den Hafer auf dem Acker
nicht schätzen wollen, ehe er gereift ist.
Ich sah, wie erst den ganzen Winter lang
der Strauch sich starr und rauh gebärdete
und nachher Rosen trug auf seinem Wipfel;
und hab gesehn ein pfeilgeschwindes Schiff,
das über Meer die ganze Strecke eilte, –
wie's unterging bei'r Einfahrt in den Hafen.
Frau Base und Herr Vetter solln nicht glauben,
weil sie hier stehlen und dort opfern sehn,
daß sie den Ratschluß Gottes nun durchschaun.
Der Dieb kann aufstehn, der Gerechte stürzen.«

1 *Drei monistisch gerichtete griechische Denker.*

2 *Begründer einer rationalistischen Auslegung der Dreieinigkeitslehre.*

Vierzehnter Gesang

König Salomo über die Verklärung des Leibes
Der Mars-Himmel

Vom Mittelpunkt zum Rand, vom Rand zur Mitte
bewegt in rundem Topf das Wasser sich,
je wo man's anstößt, außen oder innen.
Diese Erfahrung kam mir in den Sinn
mit einem Male, als die hohe Seele
des Thomas schwieg, und ich das Widerspiel
der Rede zwischen ihm und Beatrice
erkannte, wie's dem Wasser ähnlich war,
da sie gefällig nun nach ihm begann:
»Er braucht es, dieser hier, und sagt's euch nicht
und spricht's nicht aus und denkt es gar noch nicht,
daß man ihm weitre Wahrheit noch ergründe.
So sagt ihm, ob das Licht, das eurem Wesen
entsteigt wie Blüte, bei euch bleiben wird
in Ewigkeit so wie es jetzt erscheint.
Und wenn es bleibt, erklärt ihm, wie's geschieht,
daß, wenn ihr wieder sichtbar seid im Leibe,
das eigne Licht nicht euer Sehen störe.«
Wie manchmal, wenn sie sich im Reigen drehn,
von größrer Lustigkeit ergriffen plötzlich,
die Tänzer heller jauchzen, muntrer springen,
so zeigten bei der flinken, treuen Rede
die heiligen Kreise eine neue Freude
in ihrem Reigenschwung und Hochgesang. –
Es klagt wohl mancher, daß wir sterben müssen
für höhres Leben, doch der sah noch nie
den Tau der ewigen Erquickung dort!

Der immer lebt in Einheit, Zweiheit, Dreiheit
und immer herrscht in Drei- und Zwei- und Einheit
und unerfaßlich alles in sich faßt,
dreimal besungen wurde ER von jedem
der seligen Geister, und ihr Tongewebe
wär' vollster Lohn für jegliches Verdienst.

Da hört' ich in dem sonnigsten der Lichter
des kleinern Kreises eine Stimme[1], sittsam
wie etwa die des Engels zu Maria:
»Solang das Fest des Paradieses dauert,
solang wird unsre Liebe um sich her
ausstrahlen solch ein leuchtendes Gewand,
wird heller glänzen, wenn sie heißer glüht
und tiefer schaut, je nach der Gnade, die
zu ihren eignen Kräften sich gesellt.
Wenn dann geheiligt und verklärt das Fleisch
uns wieder kleidet, dann erscheinen wir
gefälliger in unsrem ganzen Wesen,
und wachsen wird, was uns aus seiner Gnade
das höchste Gut noch an Erleuchtung spendet,
Erleuchtung, daß wir IHN zu schaun vermögen,
und wachsen muß in uns sein hohes Bild,
und wachsen Liebesglut, die es entflammt,
daraus der Glanz noch heller wächst.
Doch wie die Kohle in lebendiger Weißglut
den eignen Flammenmantel überstrahlt
und Umriß und Gestalt für sich bewahrt,
so wird der Glanz, der jetzt schon uns umgibt,
dereinst an Helligkeit besiegt vom Fleische,
das heut sich noch im Schoß der Erde birgt.
Und all dies Licht kann uns nicht müde machen,
dieweil zu allem, was uns freuen kann,

1 Die Stimme des Königs Salomo.

die Sinnenkraft des künftigen Körpers ausreicht.«
So flink und so behende stellten sich
mit ihrem Amen beide Chöre ein,
daß man ihr Heimweh nach dem Leib erkannte –
und nicht für sich allein, wohl auch für andre,
für Mutter, Vater und die Lieben alle,
so wie sie einst *vor* der Verklärung waren.

Und siehe, rings umher entstand ein Glanz
von gleicher Klarheit wie der vorige,
als ob es dämmerte am Horizont.
Und wie am Abend, wenn er sacht heraufsteigt,
ein neues Leuchten durch den Himmel spielt,
daß man's zu sehen meint und doch nicht sieht,
so scheinen dort mir neue Wesenheiten
hervorzublinken, einen Kreis zu ziehn,
die beiden andern Ringe zu umfassen. –
Wie funkelt Wahrheit aus dem heilgen Hauch
so plötzlich und so glühend mir entgegen,
daß mein geblendet Aug es nicht erträgt!
Doch schön und heiter zeigt sich Beatrice.
Es bleibt mit manchen Wundern, die ich schaute,
unsagbar, weil mein Geist es nicht erreicht.
Das Auge wurde mir durch sie gestärkt
zum Aufblick, und erhoben sah ich mich
in höhre Seligkeit, allein mit ihr.
Daß ich gestiegen war, bemerkt ich wohl
an dem entflammten Lachen des Planeten[1],
der glühender als sonst sich rötete.
Aus ganzer Seele in des Herzens Sprache,
die allen gleich ist, bracht ich Gott mich dar,
wie's für die neue Gnade sich gehörte;
und ehe noch der Opferbrand verglühte

1 *Mars.*

in meiner Brust, erkannt ich, wie genehm
und glücklich wirksam meine Weihe war.
Denn Lichter glühten auf, so hell und rot
aus einem Bild von zwei gekreuzten Strahlen,
daß ich den sonnigen Herrn und Meister pries.

Durch klein und größre Lichter abgezeichnet,
milchweiß von Pol zu Pol durchzieht's die Welt,
und die Gelehrten können es nicht deuten[1]:
so sternbesät hob von dem Grund des Mars
das Strahlenkreuz, das heilige, sich ab,
das die Quadranten in dem Kranze bindet[2].
Hier wird Erinnrung stärker als Erfindung,
denn wie an jenem Kreuz Christi Gestalt
aufflackerte, kann ich nicht würdig schildern.
Doch wer sein Kreuz auf Christi Spuren trägt
und einst *dies* Christusbild aufleuchten sieht,
wird gern die Unterlassung mir verzeihen.
Von Arm zu Arm und zwischen Fuß und Gipfel
bewegten Lichter sich mit starkem Funkeln,
wenn sie sich trafen, wenn sie übersprangen.
So sieht man Stäubchen hier, lange und kurze
geradeaus und hin und her in Eile
und Weile bald und immer neu sich tummeln
in einem Sonnenstrahl, der wie ein Streif
durchs Dunkel manchmal zieht, das wir zur Abwehr
erfinderisch und künstlich uns bereiten.
Und so wie Geig und Harfe, rein gestimmt
und reich besaitet, lieblich Klanggemisch
in einem ungeübten Ohr erzeugen,
so klang aus jenen Lichtern, die ich sah,
durchs Kreuz hin eine Melodie zusammen
die mich entzückte, die ich nicht verstand.

1 *Galaxia, die Milchstraße.*

2 *Diese geometrische Bestimmung des griechischen Kreuzes dürfte im Mars-Himmel den symbolischen Sinn der überwundenen Entzweiungen haben.*

Wohl merkt ich, daß es tönt' wie hohes Lob.
»Steh auf und überwinde!« drang's zu mir
als zu dem Ohr, das hört und nicht versteht.
Des wurde ich von Liebe überflutet,
und nie bis dahin hat ein ander Ding
mit lieblicheren Banden mich umsponnen.
Vielleicht erscheint mein Wort euch gar zu kühn,
weil ich des Zaubers nicht gedenke, der
in *ihren* Augen all mein Sehnen stillt.
Doch, wer begreift, wie jedes schöne Wesen
je höher, desto lebensvoller wird,
und daß ich diesmal *ihr* noch nicht ins Auge
geschaut[1], der kann mich wohl entschuldigen
und sehn, daß ich zu Recht mich hab entschuldigt.
Mein himmlisch Glück in ihr ist nicht vergessen:
nur immer reiner wird es in den Höhen.

1 *Dies geschieht nun aber bald, wie jedesmal beim Eintritt in einen neuen Stern, siehe Paradies XV, 32.*

Fünfzehnter Gesang

Begegnung Dantes mit seinem Ururgroßvater Cacciaguida

Des Herzens Freundlichkeit, in der sich immer
die rechte Liebe atmend offenbart
(wie in der falschen sich die Gier verrät),
ließ jetzt das holde Harfenspiel verstummen
und stellt' die heiligen Saiten, die der Meister
des Himmels spannt und lockert, alle still.
Wie sollte gute Bitte nicht erhört sein
bei diesen Wesen, die einmütig schwiegen,
nur um mich zu ermutigen in der Bitte!
Mit Recht versinkt in Trauer ohne Ende,
wer für die Liebe zum Vergänglichen
auf ewig echte Liebe von sich tut.

Wie manchmal durch die klaren heitern Nächte
plötzlich ein Feuerfunke sich bewegt,
er unser Aug erschreckt und nach sich zieht
und aussieht wie ein Stern, der wechseln möchte,
(nur daß am Ausgangsort des Feuerstreifens,
der bald danach erlischt, kein Sternchen fehlt) –
so lief vom rechten Arm des Kreuzes her
zu dessen Fuß ein Stern herunter, eilends
hinweg vom Sternenbild, das dort oben schimmert:
ein Edelstein, und sprang von seinem Bande
nicht ab und huschte an des Kreuzes Speichen
wie Lichtstrahl hinter Alabasterscheiben.
So liebreich nahte des Anchises Schatte
dem Sohn, als er ihn im Elysium sah,
wenn unsre größte Dichtung recht berichtet[1].

1 *Die Aeneis, im 6. Buch, Vers 684 ff.*

»O sanguis meus! o superinfusa
Gratia Dei! sicut tibi, cui
bis unquam coeli ianua reclusa[1]?«
(»O du mein Blut, wie ist der Herr dir gnädig
im Übermaß! Wem ward es je wie dir,
daß sich das Himmelstor ihm zweimal auftat?«)
So jenes Licht, auf das ich lauschend blickte;
dann wandt ich das Gesicht zu meiner Herrin,
und Staunen faßte mich nun hier wie dort.
Aus ihren Augen flammte mir ein Lächeln,
daß ich die Gnade und das Himmelreich
mit *meinen* Augen glaubte zu ergründen.

Sodann, dem Ohr, dem Auge eine Lust,
fügte der Geist zu seinen ersten Worten
gar tiefe Reden, die ich nicht verstand.
Und nicht mit Absicht, aus Notwendigkeit
verhüllte er sich mir, weil *sein* Begriff
das sterbliche Verständnis überschritt.
Doch als die Spannung seines heißen Fühlens
so weit gelöst war, daß sein Wort herab
zu den Bereichen unsrer Einsicht sank,
da war das erste, das ich recht vernahm:
»Gesegnet seiest Du, Dreieiniger,
der Du so huldvoll meinem Samen bist.«
Sodann: »Ein wonniges und fernes Sehnen,
erstanden aus des großen Buches Schrift,
die unveränderlich in Weiß und Schwarz,
hast mir gestillt, mein Sohn, in diesem Licht,
aus dem ich zu dir spreche, dank der Frau,
die dir zum hohen Flug die Schwingen gab.
Du glaubst, daß dein Gedanke weiterstrahlt
zu mir aus jenem Urquell, so wie aus

1 *Dantes Ururgroßvater spricht Latein, das alt und feierlich klingt.*

der Eins, wenn man sie kennt, die Fünf und Sechs.
Drum fragst du mich nicht, wer ich bin, noch auch
warum ich so erfreut zu dir erscheine,
mehr als die andern meiner frohen Schar.
Und du glaubst recht, denn Kleinere und Große
des Reiches hier erschauen in dem Spiegel
Gedanken dargestellt, eh du sie denkst.
Auf daß die Liebe aber, die ich immer
wachsamen Augs, die heilige, betrachte
und mir ersehne, daß sie sich erfülle:
laß deine Stimme klingen! Sicher, froh
und mutig klinge sie mir Wunsch und Wille!
In meinem Sinne heg ich schon die Antwort.«
Zu Beatrice wandt ich mich; sie hört' es
bevor ich's aussprach. Lächelnd nickte sie
mir Zustimmung und stärkte meinen Vorsatz.
Nun fing ich an: »Bei jedem eurer Schar
steht Fühlen mit Verstehn im Gleichgewicht,
seit euch das ewig Gleiche[1] offenbar ist.
Die Sonne, die mit Licht und Wärme euch
durchglühet und erhellt, ist in sich selbst
so gleich, daß jedes Gleichnis ärmlich wird.
Doch bei den Sterblichen sind Wunsch und Einsicht
aus einem Grunde, der euch wohl bekannt ist[2],
verschieden angelegt und ausgerüstet.
Und ich als Sterblicher empfinde mich
unausgeglichen; mit dem Herzen nur
erstatt ich Dank fürs väterliche Fest.
Ich fleh zu dir, lebendiger Edelstein,
der dieses Kreuzes Köstlichkeit verzierest,
still mir den Wunsch und sag mir deinen Namen!«
»Schon immer hab ich freudig dich erwartet,
du bist mein Zweig, vom Stamme, der ich war[3].«

1 Gott.

2 Der Grund ist die Erbsünde.

3 Der Sprecher ist Dantes Urgroßvater Cacciaguida, der sich mit einer Lombardin Aldighieri vermählte. Nach ihr wurde ein Sohn Cacciaguidas Aldighiero oder Alighiero genannt. Daher der Familienname des Dichters.

So fing er an und gab mir seine Antwort
und fügte bei: »Der Name deiner Sippe
beginnt mit meinem Sohne, deinem Urahn,
der hundert Jahr und länger auf dem ersten
Gesims den Läutrungsberg umwandelt[1] hat;
's ist Ehrenpflicht, daß du die lange Mühsal
mit deinen Werken ihm verkürzen hilfst.
In jenem alten Mauerring verschlossen,
wo heute noch die Tagesglocke hängt,
sittsam und keusch und friedlich lag Florenz.
Und keinen Putz noch gab es, keine Ketten,
noch Kronen, noch gestickte farbige Röcke,
noch Gürtel, die das Auge blendeten.
Und, kam ein Mädchen auf die Welt, so freute
der Vater sich und sorgte nicht und bangte
um rasche Heirat gleich und große Mitgift.
Kein leerer Prunksaal gähnte in den Häusern.
Sardanapalisches Leben war noch nicht
in glänzende Gemächer eingezogen.
Noch war die Herrlichkeit der Stadt am Tiber
von eurer Stadt nicht übertroffen. – Aber
nur um so tiefer wird für euch der Sturz! –
Den edeln Bellincioni[2] sah ich noch
mit Ledergürtel und mit Knochenspange;
und ohne Schminke kam sein Weib vom Spiegel.
Mit rauhem Fell begnügten sich die Großen:
so sah ich noch den Nerli und den Vecchio[3];
beim Rocken und bei'r Spindel ihre Frauen.
Wohl ihnen! Denn zu Hause blieb ihr Gatte;
zog nicht nach Frankreich des Gewinnes halber;
und wo die Wiege stand, war auch das Grab.
Die Mutter wachte an des Kindes Bettlein
und lallend, spielend mit der lieben Sprache

1 Alighiero I., von dem weiter nichts bekannt ist.

2 Einer der mächtigsten Bürger jener Zeit.

3 Florentiner Adlige.

der Kinderlein beruhigte sie den Kleinen;
oder vom Rocken drehte sie ihr Fädchen
und fabulierte mit den jungen Leuten
von Troja und von Fiesole und Rom.
So selten waren jener Zeit die Schlechten
wie heut Cornelia und Cincinnat
inmitten der Cianghellas, Saltarellos[1].
So friedlich und so schön und traulich war
das Leben in der Bürgerschaft, so lieb
die Heimat, die mich aufnahm, da die Mutter,
Maria sich empfehlend, mich gebar.
In eurer alten Taufkapelle ward ich
ein Christ. Und Cacciaguida hieß man mich.
Moronto, Eliseo, meine Brüder;
mein Weib – von ihr stammt dein Familienname –
kam aus dem Tal des Po zu uns gezogen.
Dann folgte ich im Heer dem Kaiser Konrad[2].
Und da ich tapfer seine Gunst erwarb,
umgürtet er als seinen Ritter mich.
Ich kämpfte unter ihm gegen die Bosheit
des Heidentums, das durch die Schuld des Hirten[3]
sich anmaßt, was zu Recht doch euch gehört.
Durch jenes schnöde Volk wurd ich gelöst
aus Banden unsrer trügerischen Welt,
darin so manche Seele sich verbuhlt,
und fand als Märtyrer den Frieden hier.«

1 Cianghella Tosinghi war als schamlose Frau, Lapo Saltarello als verleumderischer Mensch in Florenz berüchtigt.

2 Konrad III. von Schwaben unternahm 1147 den zweiten Kreuzzug.

3 Des Papsttums.

Sechzehnter Gesang

Das Volk und die großen Geschlechter alter und neuer Zeit in Florenz · Entartung und Bürgerzwist

Der Adel unsres Bluts! – Die kleine Sache!
und doch gar manchen stimmt sie prahlerisch
hienieden, wo man vielerlei begehrt.
Ich will mich nimmermehr darüber wundern,
denn dorten, wo ein einziger Trieb nur herrscht,
im Himmel, sag ich, tat ich groß damit.
's ist doch ein Ehrenkleid, das hurtig schrumpft;
stückt man nicht Tag für Tag etwas hinzu,
gleich geht die Zeit mit ihrer Schere dran.
Wie man sich's einst in Rom gefallen ließ,
doch freilich nicht mehr strenge innehält,
so formt ich jetzt die Anrede mit »Ihr«,
worüber Beatrice, die seitab stand,
so lächelte, daß sie der Dame glich,
die bei Ginevras erstem Fehltritt hustet[1].

»Ihr seid«, so sprach ich nun zu ihm, »mein Vater,
Ihr gebt mir Zuversicht, mich auszusprechen,
ja Ihr erhebt mich über mich empor.
Aus so viel Quellen füllt mit Freude sich
mein Geist, und ihn beglückt das Hochgefühl,
daß er's erträgt und nicht daran zerbricht.
So sagt mir denn, mein teurer Ahn, wer Eure
Voreltern waren und in welche Zeit
die Jahre Eurer Kindheit etwa fielen.
Erzählet mir, wie groß damals die Hürde
des heiligen Täufers[2] war, und welche Sippen
daselbst des höchsten Ranges würdig galten.«

1 Beatrice lächelt über Dantes Ahnenverehrung, die sich in der Anrede »Voi« = »Ihr« an Cacciaguida verrät; und dieses kritische Lächeln erinnert den Dichter an die Dame Malehaut im Lancelot-Roman, die bei dem ersten Liebesgespräch zwischen Lancelot und der Königin Ginevra zuhört und absichtlich hustet.

2 Die Stadt Florenz, deren Schutzpatron Johannes der Täufer war.

Wie glühende Kohle unter Windes Wehen
in Flamme auflebt, sah ich jenes Licht
aufleuchten unter meinen Schmeichelworten;
und nicht dem Auge nur erglänzt' es schöner,
auch seine Stimme klang mir lieblicher,
als es (doch nicht in unsrer heutigen Sprache)
mir sagte: »Seit dem Ave-Gruß des Engels,
bis zu dem Tag, da meine Mutter, die
jetzt selig ist, von mir entbunden wurde,
ist unser Stern fünfhundertachtzigmal
zu seinem Löwenzeichen heimgekehrt,
an dessen Fuß er seine Glut erneuert[1].
Ich kam wie meine Ahnen in dem Vorort
zur Welt, wo jedes Jahr bei eurem Wettspiel
der erste Renner in das Ziel gelangt[2].
Und damit sei's genug von meinen Vätern.
Wer sie gewesen und woher sie kamen,
wird schicklicher verschwiegen als erzählt.
Was damals in der Stadt, vom Bild des Mars
bis Sankt Johann[3], an Waffenfähigen lebte,
war von dem heutigen Stand der fünfte Teil.
Die Bürgerschaft, jetzt untermischt mit Leuten
aus Campi, aus Certaldo und Figghine[4],
war rein bis auf den letzten Handwerksmann.
Als *Nachbarn* sie zu haben wäre besser
und daß dann euer Stadtgebiet sich nur noch
erstreckte bis Galluzzo und Trespiano,
anstatt sie *drin* zu haben und den Stank
der Bauern aus Aguglion und Signa,
die gleich auf Trug bedacht sind, riechen müssen[5].
Wär' das entartetste der Welt, das Volk
der Priester, nicht wie eine Rabenmutter,
sondern in Güte hilfreich mit dem Kaiser

1 Seit Christi Menschwerdung bis zu Cacciaguidas Geburt wären demnach 580 Marsjahre verstrichen. Da die Umlaufzeit des Mars im Mittelalter auf 686 Tage berechnet wurde, dürfte Cacciaguida im Jahr 1090 geboren sein.

2 Im Stadtteil von Porta San Piero, wo die Häuser der Alighieri standen und die Jahresrennen am Johannisfest endeten.

3 Vom Arno, wo die Marsstatue stand, bis zur Taufkapelle San Giovanni.

4 Der Stadt Florenz benachbarte Dörfer, wie auch die in den folgenden Versen genannten.

5 Wendet sich gegen zugewanderte Emporkömmlinge wie Baldo aus Aguglione und Fazio aus Signa.

verfahren: Mancher, der als Florentiner
jetzt Kaufherr oder Bankmann ist, wär' wieder
Hausierer auf dem Lande, wie sein Ahn.
Ein Grafensitz wär' Montemurlo noch[1].
Die Cerchi säßen in Acone wieder[2],
vielleicht im Greve-Tal die Buondelmonti[3].
Noch immer war die Mischung der Personen
der Anfang alles bürgerlichen Schadens,
wie wirre Speise für den Körper ist.
Und schneller als ein blindes Lämmlein, kommt
ein blinder Stier zu Fall, und besser schneidet
man oft mit *einem* Schwert anstatt mit fünfen.
Schau an, wie Luni und wie Urbisaglia
verfallen sind, und wie jetzt Sinigaglia
und Chiusi in derselben Weise schwinden[4],
so kann's dich nicht mehr überraschen, wenn
du von Geschlechtern hörst, die untergehn,
da große Städte gar ihr Ende finden.
Ist allem doch, was euch gehört, der Tod
bestimmt, wie euch, nur merkt man's manchmal nicht,
weil's lange währt und euer Leben kurz ist.
Und wie des Mondes ruhelose Wirkung
mit Flut und Ebbe an den Küsten schaltet,
so treibt's mit euerem Florenz Fortuna.
Du brauchst dich also nicht so sehr zu wundern,
wenn ich von großen Florentinern dir
erzähle, deren Ruhm die Zeit verwischt hat.
Ich sah die Ughi, Catellini, Greci,
Filippi, Alberichi und Ormanni,
sah sie berühmt und doch im Sinken schon
und sah durch Größe wie durch Alter ragend
die Häuser der Sannella und der Arca,
Ardinghi, Soldanieri und Bostichi[5].

1 *Die Grafen von Guido verkauften dieses Besitztum an die Stadt Florenz.*

2 *Die Cerchi, das für Florenz verhängnisvolle Geschlecht, die Führer der weißen Guelfen, wären noch im Sprengel von Acone.*

3 *Die Buondelmonti, ein zugewandertes Geschlecht, das Anlaß zum Bürgerkrieg ab.*

4 *Frühere Städte, die zu Dörfern herabsanken.*

5 *Lauter alte Florentiner Geschlechter.*

1 *Anspielung auf die Familie der Cerchi, die am Tor San Piero ihre Paläste hatte und deren ränkevolle Politik bald nach 1300 zusammenbrach.*

2 *Einer aus dem Geschlechte der Pressa bekleidete öffentliche Ämter.*

Am Tor, wo eben jetzt sich eine Last
von neuem Treubruch anhäuft, drückend schwer,
so daß es bald nicht mehr zu tragen ist[1],
saßen die Ravignani, hohe Ahnen
des Grafen Guido und der andern all,
die Bellinciones edeln Namen führen.
Der Herr von Pressa wußte damals schon,
wie sich's regiert, und der von Galigaio
trug schon das Ritterschwert mit goldnem Griff[2].
Das Pigli-Wappen hatte hohe Geltung,
Sacchetti, Giuochi, Fifanti, Barucci
und Gali und die Scheffel-Brüder auch[3].
Schon stattlich damals war der Stamm Calfucci,
und schon zu hohen Ämtern beigezogen
sah man die Sizii und die Arrigucci.
Wie herrlich sah ich die durch ihren Hochmut
hernach zerstörten! Und die goldnen Kugeln
erglänzten in Florenz bei jeder Großtat[4].
Nicht weniger herrlich auch die Ahnen derer,
die jetzt, sooft der Bischofstuhl vakant ist,
in eurem Konsistorium sich mästen[5].
Die freche Sippe, die zum Drachen wird[6],
sobald man flieht, und gleich zum Lamm sich sänftigt,
wenn man den Zahn ihr zeigt, oder die Börse,
war schon im Aufstieg, doch von kleinen Leuten,
so daß sich Ubertin Donato kränkte,
als ihm sein Schwäher solche Vettern antat[7].
Schon war von Fiesole herab zum Markt
Caponsacco gezogen, und schon waren
Guida und Infangato gute Bürger[8]. –
Unglaublich, aber wahr: am Eingang zu
der Innenstadt befand ein Tor sich, das
nach der Familie della Pera hieß[9].

und die Galigai hatten die Ritterwürde erhalten.

3 *Gemeint sind die Chiaramontesi, siehe Fegfeuer XII, 105.*

4 *Die Gibellinen-Geschlechter der Uberti und Lamberti führten goldene Kugeln im Wappen.*

5 *Die Geschlechter der Visdomini und Tosinghi mit ihrem Vorrecht, freigewordene Bischofsgüter zu verwalten.*

6 *Die freche Sippe sind die Adimari.*

7 *Ubertino aus dem vornehmen Geschlecht der Donati bedauerte die von seinem Schwiegervater Bellincione gestiftete Heirat einer Donati mit einem Adimari.*

8 *Drei alte eingewanderte Geschlechter.*

9 *Später hätte die politische Eifersucht eine*

solche Privatbenennung nicht mehr geduldet.

Ein jeder, der das schöne Ritterwappen
des großen Freiherrn führt, des man am Feste
des heiligen Thomas zu gedenken pflegt[1],
erhielt von diesem selbst den Adelsbrief –
und heut macht mit dem Volke sich gemein
der Herr mit dem verbrämten Ritterschild[2].
Die Gualterotti, Importuni lebten
im Borgo, und noch heut herrscht' Friede dort,
wären die neuen Nachbarn nicht gekommen[3].
Das Haus, aus dem der Jammer euch entstand
und, mit gerechtem Zorne, Mord und Totschlag
und aller eurer Fröhlichkeit ein Ende,
stand hoch in Ehren samt den Anverwandten[4].
Weh, Buondelmonte, daß du jene Heirat
auf fremden Rat hin abgewiesen hast!
Es wären viele froh, die jetzt in Trauer,
hätte bei deinem ersten Gang zur Stadt
dich Gott dem Bächlein Ema überlassen.
Dem stumpfen Steinbild aber an der Brücke[5]
beliebt' es so: daß eure Stadt ein Opfer
am Ende ihres Friedens bringen mußte.

Mit diesen und mit anderen Geschlechtern
hab ich Florenz gesehn. Es war so friedlich
und hatte keine Ursach zu Betrübnis.
So ruhmvoll, so gerecht hab ich sein Volk
damals gesehn, daß nie sein Lilienbanner
verhöhnt und in den Staub gezogen wurde
und nie durch Bürgerkrieg mit Blut befleckt.«

1 Am Namenstag des Apostels Thomas wurde auch des berühmten Markgrafen Hugo von Toskana gedacht.

2 Giano della Bella, der gegen den Adel die Sache des Volkes vertrat.

3 Die Neuen, die den Stadtteil Borgo Santi Apostoli beunruhigten, sind die Buondelmonti. Aus ihrem Heiratszwist mit den Amidei soll aller Parteihader in Florenz entstanden sein.

4 Das Haus der Amidei.

5 Von dieser alten verstümmelten Marsstatue in Florenz war schon im dreizehnten Gesang der Hölle, Vers 146, die Rede.

Siebzehnter Gesang
Cacciaguida über Dantes Schicksal und Aufgabe

Zur Mutter eilte, sich zu sichern gegen
das Schlimme, das er über sich gehört,
des Helios allzureich verwöhnter Sohn[1]:
so stand's mit mir, so wurde es empfunden
von Beatrice und dem heiligen Licht,
das mir zulieb den Platz gewechselt hatte.
Und meine Herrin sprach: »Verschließe nicht
die Flamme deines Wunsches, laß sie lodern,
daß man erkenne, was dein Herz bedrückt.
Nicht daß dein Wort unsre Erkenntnis mehrte,
nur daß du dich gewöhnest, deinen Durst
so kundzutun, daß man dir gerne einschenkt.«
»Mein teurer Ahn, in deiner Höhe schaust du
(so sicher wie wir Menschen sehn, daß nie
zwei stumpfe Winkel in ein Dreieck passen)
Ereignisse, noch eh sie wirklich sind,
indem du dich in jenen Punkt versenkst,
wo alle Zeiten stehn als Gegenwart.
Solang ich von Vergil begleitet war,
den Berg der Seelenläuterung hinan
und in die abgestorbne Welt hinunter,
ward mir für meinen künftigen Lebensgang
manch schwerer Spruch – obschon ich gegen Schläge
des Schicksals kantig wie ein Quader bleibe.
Es wäre mir daher ein lieber Wunsch,
dem Schicksal, das mir naht, ins Aug zu blicken.
Vorausgesehner Pfeil trifft minder plötzlich.«

1 Phaethon, Ovid Metam. I. 747 u. II. 35 ff.

So sagte ich zu jenem Lichte, das
bisher zu mir gesprochen, und bekannte,
wie Beatrice wollte, meinen Wunsch.

Nicht doppelsinnig wie Orakelsprüche,
mit denen närrisch sich das Heidenvolk
umstrickte, eh uns Gottes Lamm erlöste,
sondern in klaren Worten, in genauem
Latein gab jener väterliche Geist
aus seines Lächelns Strahlenhülle Antwort:
»Die Welt des Zufalls, die nicht weiter reicht
als das Gefüge eures irdischen Stoffes,
ist ganz im ewigen Antlitz abgebildet.
Doch unfrei wird sie dadurch nicht, so wenig
wie durch das Aug, in dem sich's spiegelt, etwa
ein Schiff, das mit der Strömung abwärts fährt.
Aus solchem Bild wird mir (wie aus der Orgel
die Harmonie zum Ohre dringt) die Zeit,
die sich dir vorbereitet, offenkundig.
Wie vor der bösen Stiefmutter sich rettend,
Hippolytos Athen verließ[1], so mußt du
Florenz verlassen, denn man will es so,
ja man bemüht sich schon, es durchzusetzen,
und bald gelingt's dem Feinde, der's betreibt,
dort wo sie Christum Tag für Tag verschachern[2].
Die Schuld wird dem Geschlagnen mitgegeben
im Bannspruch, wie gewöhnlich, – doch die Rache
zeugt für die Wahrheit, daß sie wirksam wird.
Wirst alles Liebe, wirst dein Teuerstes
verlassen müssen: dieses ist die erste
von der Verbannung dir geschlagne Wunde;
und wirst erfahren, wie das Brot der Fremde
so salzig schmeckt, und wie die fremden Treppen

1 Hippolyt wurde von seiner leidenschaftlich verliebten Stiefmutter Phaedra bei seinem Vater Theseus verleumdet und von diesem aus Athen verbannt.

2 Dantes Verbannung erfolgte 1302 auf Betreiben der schwarzen Guelfen und der Florentiner Bankleute am Hofe des Papstes Bonifaz VIII.

hinab hinan ein hartes Steigen ist.
Doch was am schwersten dir im Nacken sitzt,
wird die Kameradschaft sein, die tückisch dumme,
die mit dir in dieselbe Tiefe fällt
und undankbar und toll und gottlos dich
behandeln wird – doch bald danach wird *sie*,
nicht du, sich blutige Köpfe dafür holen[1].
Wie viehisch diese Leute sind, beweist
ihr Treiben. Und in Ehren wirst du einsam
als eigene Partei für dich bestehn.
Die erste Zuflucht dir, das erste Obdach
gewährt der große gastliche Lombarde,
der mit dem heiligen Adler auf der Leiter[2].
Er wird so gut und hilfreich mit dir sein,
daß euch im Wettlauf zwischen Bitt' und Wohltat
das spätere Moment zum ersten wird.
Dort wirst du dem von unsrem Heldenstern
in der Geburt so reich Gesegneten
begegnen, dessen Taten strahlen werden.
Die Menschen haben ihn noch nicht beachtet,
denn er ist gar so jung; neun Jahre sind es,
daß unsre Himmelsräder ihn umkreisen[3].
Doch bald beweist er funkelnd seinen Wert
und wird kein Geld und keine Mühe scheuen,
noch eh den edeln Heinrich täuscht der Baske[4].
So herrlich wird sein großes Wesen sich
dereinst noch kundtun, daß es nicht einmal
bei seinen Feinden sich verschweigen läßt.
Verlasse dich auf ihn und seine Hilfe!
Durch ihn wird vieles sich im Land verändern,
Bettler und Reiche ihre Plätze tauschen.
Wirst über ihn dir viel noch merken müssen,
und darfst's nicht sagen.« – – Dinge tat er kund mir[5]

1 Dante widersetzte sich dem Versuch seiner Parteigenossen, die Rückkehr in die Stadt mit Waffengewalt zu erzwingen. Der Versuch scheiterte blutig im Jahr 1304.

2 Bartolomeo della Scala, oder dessen Bruder, in Verona.

3 Can Grande della Scala. Er wurde 1291 geboren.

4 Der Baske ist der aus der Gascogne stammende Papst Clemens V., der gegen Kaiser Heinrich VII. in den Jahren 1310 ff. eine ränkevolle Politik betrieb.

5 Diese verhüllte Prophezeiung ist eine Huldigung des Dichters an seinen Beschützer und Wohltäter Can Grande.

unglaublich denen, die's erleben werden.
Dann sprach er: »Dies die Glossen, lieber Sohn,
zu dem, was du gehört[1]. – Sieh, wie es lauert,
verborgen hinterm Umlauf weniger Jahre.
Doch sollst du deine Nachbarn nicht beneiden:
ihre bestrafte Falschheit wird noch weithin
von deinem Leben überdauert werden.«

1 Nämlich die dunkeln Prophezeiungen, die Dante aus dem Munde von Farinata, Brunetto Latini u. a. in der Hölle und im Fegfeuer zu hören bekommen hatte.

Da ich am Schweigen dieser Seele merkte,
daß sie nun fertig war mit dem Gewebe,
zu dem mein Wunsch den Plan gezeichnet hatte,
sprach ich wie einer, der in seinen Zweifeln
sich nach Beratung sehnt durch einen klugen
und recht gesinnten, liebevollen Geist:
»Ich sehe wohl, mein Vater, wie die Zeit
heranstürmt, einen Stoß mir zu versetzen,
der jeden Schwächling aus dem Sattel wirft.
Da heißt es sich mit Vorsicht wappnen, daß ich,
wenn schon die Heimat mir genommen wird,
nicht auch die Freunde durch mein Lied verscherze.
Beim Abstieg durch das endlos bittre Reich,
und bis zum schönen Gipfel jenes Berges,
von dem der Herrin Blick mich aufwärts trug,
und dann von Stern zu Stern am Himmel hin
vernahm ich manches, wenn ich's wiedersage,
so wird es vielen sehr gesalzen schmecken.
Und wenn ich schüchtern bin als Freund der Wahrheit,
so bin ich, fürchte ich, den Kommenden,
die uns die ›Alten‹ nennen werden, tot.«

Das frohe Licht, aus dem mein Hochgewinn
mich grüßte, glühte auf als wie ein Spiegel
von Gold, wenn ihn ein Strahl der Sonne trifft,

dann sprach's zu mir: »Freilich, ein trüb Gewissen
der eignen oder fremden Schande wird
auf jede Weise herb dein Wort empfinden.
Trotzdem, verschließe du der Lüge dich!
Mach offenkundig alles, was du schaust,
und wer die Räude hat, den laß sich kratzen.
Zunächst mag deine Botschaft bitter sein
dem Gaumen, aber in lebendige Nahrung
wird sie, wenn erst verdaut, sich später wandeln.
Und wie der Wind muß deine Stimme fegen,
der an den höchsten Gipfeln mächtiger rüttelt:
und daran soll man sehn, was Ehre heißt.
Sind doch in diesen Himmelsreichen dir
und auf dem Berg und in dem Höllental
nur Seelen von Berühmten nahgekommen;
denn nimmer fußt noch gründet sich der Glaube
im Hörer, wenn du ihm ein Beispiel gibst
von unbekanntem und verborgnem Stamme,
oder Beweise bringst, die ihm nicht leuchten.«

Achtzehnter Gesang

Die großen Glaubenskämpfer · Der Jupiter-Himmel · Schriftzeichen und Adlerbild

Schon freute seiner Weisheit sich allein
der selige Geist, und ich genoß die meine
und milderte in ihr Herbes mit Sanftem.
Da sprach, die mich zu Gottes Angesicht
geleitete: »An andres denke jetzt
und sieh, wie nah, Der alles Unrecht tilgt!«
Den lieben Worten meiner Trösterin
kehrt ich mich zu, und wie in ihren Augen
die Liebe leuchtete, kann ich nicht schildern.
Nicht, daß ich meiner Sprache nur mißtraue,
nein, auch dem Geist, der ohne Hilfe nicht
zurück und über sich hinaus mehr findet.
Nur so viel kann ich noch darüber sagen,
daß mir das Herze frei durch ihren Anblick
von jedem anderen Begehren blieb
solang der Strahl der ewigen Himmelsfreude
auf Beatrice fiel und mich beglückte
mit seinem Abglanz auf den schönen Zügen.
Mit einem Lächeln überwand sie mich
und sagte: »Schau dich um und lausche rings!
Nicht nur in meinen Augen ist der Himmel.«
Wie man bei Menschen manchmal aus dem Blick
die Leidenschaft erkennt, wenn sie so stark ist,
daß sie die ganze Seele mit sich reißt,
so konnt ich in dem Flackerschein des Lichtgeists,
dem ich mich zugekehrt, den Wunsch erblicken,
noch weiteres Gespräch mit mir zu führen.

Und er begann: »Hier auf dem fünften Rang
des Baums, der von dem Gipfel aus ernährt wird
und immer fruchtet und kein Blatt verliert,
hier wohnen selige Geister, die auf Erden,
bevor sie starben, einen Ruhm genossen,
der reicher Stoff für jede Muse wäre.
Drum schau jetzt nach des Kreuzes Armen hin.
Dort wird ein jeder, den ich nennen werde,
wie Feuer durch die Wolke hurtig fahren.«
So sah ich gleich am Kreuz herab ein Licht
beim Namen »Josua!«, der ertönte, gleiten,
und merkt' das Wort nicht früher als die Wirkung.
Und bei des edeln Makkabäers Namen
sah ich ein andres wirbelnd sich bewegen,
als wär's ein Kreisel, den die Freude peitscht.
Bei Karls des Großen und bei Rolands Namen
verfolgt ich aufmerksamen Blickes zwei,
so wie der Jäger, wenn sein Falke fliegt.
Sodann riß Willehalm und Rennewart
und Herzog Gottfried mir den Blick am Stamme
des Kreuzes blitzend hin, und Robert Guiscard[1].

Den andern Lichtern regsam eingereiht,
erwies der Geist, der mir gesprochen hatte,
sodann als Künstler sich im Chor der Sänger.
Ich wandte mich nach rechts, um meine Pflicht
bei Beatrice zu erfahren, daß
in Worten oder Winken sie mir's künde.
Und sah ein Leuchten, das so rein und freudig
in ihren Augen aufging, wie noch nie
zuvor ihr Anblick mir erschienen war.
Und wie der Mensch bei einem guten Werk
von Tag zu Tag an der Befriedigung,

1 Robert Guiscard und die vor ihm Genannten stehen hier als Kämpfer gegen den Islam.

die's ihm verschafft, sein Können wachsen fühlt,
so merkte nun auch ich, wie meine Bahn
im Schwung des Himmels sich erweitert hatte,
da ich *ihr* Wunderbild noch reicher sah.
Wie auf der Wange einer blonden Frau,
sobald das Schamgefühl entweicht, das Rot
im Nu sich wiederum in Weiß verwandelt,
so ging im Flug das Spiel vor meinen Augen
ins Weiße des gedämpften Sternes über,
des sechsten, der in seinen Kreis mich aufnahm.

In dieser Freudenfackel Jupiters
sah ich ein Funkensprühn der Liebe, wie es
vor Augen mir in unsrer Sprache schrieb.
Wie Vögel, die vom Strande sich erheben,
als wollten sie für ihre Nahrung danken,
bald kreisen, bald in langen Reihen fliegen,
so flatterten und sangen Lichtgeschöpfe
von Seligen und reihten sich figürlich
zu einem D, dann I, dann L zusammen.
Erst wiegten sie sich fliegend zum Gesang,
bis sie ein solches Zeichen formten, dann
verweilten sie ein wenig und verstummten.
Göttliche Muse, die den Dichtern Ruhm
und langes Leben gibst (und diese wieder
geben's durch dich den Städten und den Reichen),
erleuchte mich, auf daß ich jene Zeichen,
wie ich im Sinn sie trage, ausgestalte.
Zeig in gedrängten Versen deine Macht!

In fünfmal sieben Selbst- und Nebenlauten
erschienen sie; ich merkte auf die Silben,
so wie sie sich mir boten im Diktat.

DILIGITE JUSTITIAM, begann
mit Zeit- und Hauptwort die gemalte Schrift.
QUI JUDICATIS TERRAM, hieß der Schluß[1].
Beim M des letzten Worts verweilten sie
in schöner Ordnung, so daß Jovis Stern
wie Silber war mit goldnem Zeichen drauf.
Und andre Lichter ließen sich zur Krönung
des M hernieder, ruhten drauf und sangen,
ich glaub, das Lob des Guten, das sie lockt.
Dann, wie von glühnden Scheitern, die man schlägt,
zahllose Funken in die Höhe stieben
(draus oft die Dummen sich ihr Glück verheißen),
erhoben mehr als tausend Lichter sich
mehr oder minder hoch, je wie die Sonne,
ihr Lichtquell, jedem seine Stelle wies.
Als alle still an ihrem Platze waren,
sah ich den Kopf und Hals von einem Adler
sich dargestellt abheben von dem Stern.
Der so dort oben malt, hat keinen Lehrer.
Er selber lehrt, von Ihm kommt auch die Kunst,
mit der gelehrig hier die Adler nisten.
Die andern seligen Lichter, die zuvor
am M auf lilienweißem Grunde prangten,
erfüllten kurzen Flugs das Adlerbild.

Freundlicher Stern, wie viele Edelsteine
bewiesen mir, daß unsre Rechtlichkeit
aus dem von dir geschmückten Himmel fließt!
Drum fleh ich zu dem Geist[2], der dich beschwingt
im Lauf und stärkt, Er möge schaun, von wo
der Rauch, der deinen Strahl verdüstert, aufqualmt,
auf daß Er dann Sich noch einmal erzürne
über Verkauf und Kauf in Seinem Tempel,

1 »Liebet die Gerechtigkeit, ihr Richter auf Erden.« Es ist der erste Spruch im »Buch der Weisheit«.

2 Gott.

dem Wunderwerke gläubiger Märtyrer.
Ihr Streiter dieses Himmels, den ich schaue,
erhebt für jene, die verirrt auf Erden,
dem falschen Beispiel folgen, eur Gebet!
Im Kriege pflegte man zum Schwert zu greifen –
jetzt untersagt man da und dort das Brot[1],
das keinem Menschen unser Vater wehrt. –
Doch du[2], der was er schreibt gleich wieder auslöscht,
bedenke: Paul und Peter, für den Weinberg,
den du verwüstest, einst gestorben, *leben*!
Freilich, du sagst: »Mein Sehnen hängt so zäh
an jenem Freund der Einsamkeit, den man
für eine Tänzerin enthauptete,
daß ich den Fischer und den Paul nicht kenne[3].«

1 Nämlich durch Kirchenbann.

2 Hier wendet sich der Dichter an den derzeitigen Papst.

3 Ein bitterer Hohn, den Dante über die Päpste seiner Zeit ausgießt, sei es Clemens V., Bonifaz VIII. oder Johann XXII., oder irgendein anderer habsüchtiger Kirchenfürst, der nur nach Florentiner Gulden mit dem Bild des Täufers Johannes trachtete.

Neunzehnter Gesang

Der Adler über Gottes Gnadenwahl und Weltgericht

Mit offnen Flügeln bot das schöne Bild[1]
sich vor mir dar, das glückerfüllt die frohen
in sich verbundnen Seelen zeichneten,
und jede funkelte wie ein Rubin,
darin ein Sonnenstrahl so feurig glühte,
daß mir der Widerschein ins Auge traf.
Und was ich jetzo zu berichten habe,
ist mündlich nie und schriftlich nie erzählt,
noch in Gedanken je ersonnen worden.
Ich sah und hörte gar den Schnabel sprechen
und »ich« und »mein« in seiner Stimme tönen,
wo im Begriff ein »wir« und »unser« lag.

Und er begann: »Weil ich gerecht und fromm,
bin ich zu solcher Herrlichkeit erhöht,
die man durch bloßen Wunsch sich nicht gewinnt.
Mein Andenken, das ich auf Erden ließ,
ist so, daß das verkehrte Volk es zwar
empfiehlt – doch meinem Gange folgt es nicht.«
So steigt aus vielen Kohlen *eine* Glut,
wie hier aus vielen Liebenden zugleich
der einheitliche Laut dem Bild entquoll.
Und ich darauf: »Die ihr in ewigem Jubel
ohn Ende blüht und alle eure Düfte
in einem einzigen Wohlgeruch mir spendet,
o stillt in mir mit eurer Eingebung
den großen Hunger, der mich lange quält,

1 *Der Adler.*

da ihm auf Erden keine Nahrung taugt.
Ich weiß: wenn schon in andern Himmelsscharen[1]
die göttliche Gerechtigkeit sich spiegelt,
dürft doch auch ihr sie ohne Schleier schauen.
Ihr wißt, wie ich gespannt bin, euch zu hören,
ihr kennt den Zweifel auch, der mich so lange
in meinem alten Hunger schmachten läßt.«
So wie der Falke, wenn die Kappe weg ist,
den Kopf bewegt und mit den Flügeln schlägt
und schön und munter flugbereit sich macht,
so rauschte dieser Adler Festgesang
von Gottes Gnade; ein Gewebe war er
von Tönen, die den Seligen vertraut sind.
Dann fing er an: »Der bis zur letzten Ferne
um diese weite Welt den Zirkel schlang
und Dunkles drin und Klares unterschied,
ER konnte seine Kraft nicht dergestalt
im All der Welt verschließen, daß nicht doch
Sein Wort unendlich alles überragte.
Und also hat das höchste der Geschöpfe[2]
in seinem Stolze unreif fallen müssen,
weil es nicht warten wollte auf das Licht.
Und jede kleinere Natur erweist sich
als engeres Gefäß für jenes Gut,
das ohne Ende an sich selbst sich mißt.
Das sterbliche Gesicht als Einzelstrahl
des Geistes, der das ganze Sein erfüllt,
kann nicht aus seiner eigenen Natur
sich so viel Kraft gewinnen, daß es weit
jenseits des Reiches der Erscheinungen
sein eigenes Prinzip noch unterscheide[3].
Das kleine Licht, das eurer Erde ward,
forscht in der ewigen Gerechtigkeit

1 Nämlich im Engelschor der Troni, siehe Paradies IX, 61 und XXVIII, 104.

2 Luzifer.

3 Die Stelle wird verschieden gedeutet, weil die Lesarten des Urtextes unsicher sind. Der Grundgedanke dieser sechs Verse über das sterbliche Gesicht ist in der Hauptsache aber doch durch den Zusammenhang festgelegt.

so wie ein menschlich Aug im Wasser forscht.
Am Strand erkennt es noch den Untergrund,
auf hohem Meer nicht, und dennoch liegt er
dort unten, seine Tiefe nur verbirgt ihn.
Es gibt kein Licht, das nicht von oben käme
aus ewiger Klarheit; aber Finsternis
ist alles andre, Fleisches Gift und Schatten.
Jetzt ist der Winkel dir genug geöffnet,
wo die Gerechtigkeit sich dir verbarg,
an der auch du den alten Zweifel hegtest,
indem du sprachst: ›Es wird ein Mensch geboren
am Indus-Ufer, und kein Meister ist,
der dort von Christo spräche, läse, schriebe.
Doch all des Menschen Tat und Wille läuft
nach menschlichen Begriffen gut und rein.
In Wort und Wandel bleibt er sonder Sünde.
Nun stirbt er ungetauft und ohne Glauben. –
Wo, frag ich, ist der Richter, der ihn schuldig,
und wo die Schuld, wenn er nicht glauben kann?‹ –
Wer bist du, daß du dich zu richten setzest
auf tausend Meilen Ferne, wo dein Auge
nicht weiter reicht als eine Fingerspanne?
Ja, wer mit mir nur immer klügeln wollte
und hätte nicht die Bibel über sich,
der könnte tausend schöne Zweifel finden.
Wie stumpf ist, Erdenwesen, euer Sinn!
Urwille, höchstes Gut an sich, ist nie
vom Guten, das er selber ist, gewichen.
Was ihm entspricht, das eben ist gerecht,
und kein geschöpflich Gutes kann ihn bannen;
doch er erzeugt es strahlend aus sich selbst.«

Wie über ihrem Nest die Störchin kreist,

nachdem sie ihre Brut gefüttert hat,
und das geätzte Junge ihr noch nachschaut,
so schwang, von tausend Ratschlüssen getragen,
das heilige Adlerzeichen seine Flügel,
und so erhob ich meinen Blick zu ihm.
Es sang und sprach indem es kreiste: »Meine
Gesänge sind für dich so unverständlich
wie für euch Sterbliche das ewige Urteil.«
Als dann des Heiligen Geistes Glut im Zeichen
des Adlers, dem die Römer Ruhm verdanken,
den Sang geendet, fing's zu sprechen an:
»Es stieg noch nie ein Mensch in dieses Reich
herauf, der nicht an Jesum Christum glaubte,
nicht vor dem Tod am Kreuze und nicht nachher.
Doch siehe, viele rufen: Christe! Christe!
die im Gericht Ihm ferner bleiben müssen
als mancher andre, der Ihn nie gekannt hat.
Der schwarze Heide selbst wird solche Christen
verdammen, wenn die Seelen einst für ewig
in reiche sich und arme scheiden werden.
Was wird der weise Perser euern Fürsten
dann sagen, wenn das Buch, das alle ihre
schmachvolle Tat verzeichnet, offen daliegt?
Dann liest man unter Albrechts Leistungen
auch die, die jetzt bald eingeschrieben wird:
Verwüstungen im Königreich bei Prag[1].
Dann liest man: Großes Leid am Seine-Ufer,
verursacht durch Falschmünzerei von jenem,
der unter eines Wildschweins Stoßzahn endet[2].
Dann liest man, wie in stolzer Gier und Wut
der Schotte und der Engelländer rasen
und keiner mehr in seinen Grenzen bleibt[3].
Verzeichnet steht die Üppigkeit und Weichheit

1 *Kaiser Albrecht I. verwüstete Böhmen im Krieg gegen Wenzel II. im Jahre 1304.*

2 *Münzentwertung durch Philipp den Schönen, der 1314 auf der Eberjagd umkam.*

3 *Langjährige Kriege zwischen Schottland und England seit König Eduard I.*

1 *Gemeint sind Ferdinand IV. von Kastilien (1295–1312) und Wenzel IV. von Böhmen († 1305).*

2 *Der hinkende Karl II. von Anjou, König von Neapel und von Jerusalem.*

3 *Friedrich II. von Aragon, König von Sizilien. – Über den Tod des Anchises siehe Äneis III, 777.*

4 *Der Onkel Friedrichs von Aragon ist König Jakob (Don Jaime) von Mallorka; der Bruder ist Jakob II. von Aragon.*

der Könige in Spanien und in Böhmen;
dort weiß und will man nichts von Mannesmut[1].
Verzeichnet steht beim Lahmen von Neapel
mit *einem* Striche, was er Gutes tat,
das Gegenteil davon mit M = Mille[2].
Verzeichnet steht die Feigheit und der Geiz
des Fürsten jener Feuerinsel, wo
nach langer Lebensfahrt Anchises ruht[3].
Und, Friedrichs Unwert anzudeuten, ist
die Rechnung ihm mit Abkürzung geschrieben;
gar vieles steht auf engem Raum notiert.
Und jeder kann das schmutzige Treiben auch
des Onkels und des Bruders sehn: sie haben
zwei Kronen und ein edles Haus befleckt[4].
Den König auch von Portugal und den
von Norwegen wird dann man kennenlernen[5],
den Serben auch mit venezianischer Prägung[6].
Heil Ungarn, daß es keinen bösen Herrn
mehr dulde[7]! und Navarra Heil, daß es
sich wehren möge hinter seinen Bergen[8]!
Gewarnt sei jeder durch das Beispiel Zyperns,
wo Nicosía und Famagosta schon
aufjammern unter ihrer Königsbestie[9],
die kaum sich von den andern unterscheidet.«

5 Wer diese beiden sind und was sie verschuldet haben, ist mit Sicherheit kaum zu ermitteln.

6 Stephan Urosch II., dessen Münzen denen der Venezianer sehr ähnlich waren.

7 Richtet sich gegen die Ansprüche der Anjou auf die Stephanskrone.

8 Nämlich gegen den Zugriff Philipps des Schönen.

9 Richtet sich gegen Heinrich II. von Lusignan, der ein übles Regiment über Zypern führte.

Zwanzigster Gesang

Die Seelenlichter im Auge des Adlers

Wenn die Erhellerin der ganzen Welt
von unsrer Hemisphäre niedersteigt,
bis überall bei uns der Tag verschwindet,
macht sich der Himmel, der von *ihr* nur glänzte,
mit einem Male wieder sichtbar durch
von ihr allein bestrahlte viele Sterne.
An diesen Wandel mußt ich denken, als
das Wappenbild der Welt und ihrer Fürsten
sein heilig scharfes Wort verstummen ließ;
denn jetzt viel heller noch begannen alle
jene lebendigen Sternenlichter ihre
Gesänge, ach, zu fein für mein Gedächtnis.
In Lächeln eingehüllte Liebesglut,
wie fühlte ich in jenen Flötentönen
das Atmen deiner heiligen Gedanken!
Als dann die köstlich leuchtenden Juwelen,
des sechsten Wandelsternes Prachtgeschmeide,
den Engelsglockenklang beendet hatten,
hört ich ein Rauschen wie von einem Bach,
der silberklar von quellenreichem Gipfel
über die Felsen sich ins Tal ergießt.
Und wie am Hals der Laute erst der Ton
sich richtig formt, und wie die Luft beim Austritt
aus der Schalmei Gestalt fürs Ohr gewinnt,
so stieg nun frei und ungehemmt dies Rauschen
des Adlers in ihm auf und durch den Hals
empor, als ob's durch eine Kehle dränge,

und wandelte zu Stimme sich und trat
aus seinem Schnabel in Gestalt von Worten,
wie ich im Herzen sie vernahm und schrieb.

»Der Teil an mir, mit dem der irdische Adler
die Sonne anschaut und erträgt«, so sprach es,
»will jetzt genau von dir betrachtet werden;
denn von den Lichtern, draus ich mich gestalte,
sind die, so mir im Haupt als Auge funkeln,
die höchsten in der ganzen Stufenfolge.
Der in der Mitte strahlt, mein Augenstern,
war einst des Heiligen Geistes Sänger, der
von Stadt zu Stadt die Bundeslade führte[1].
Jetzt erst erkennt er seines Sanges Wert,
soweit er ihm aus eignem Können kam[2],
am Lohn, der ihm im gleichen Werte wird.

Am Augenlid, bezeichnet durch fünf Lichter,
das meinem Schnabel nächste war der Kaiser,
Helfer der Witwe, die den Sohn verlor[3].
Jetzt erst erkennt er, welchen Schmerz es kostet,
kein Christ zu sein, da beides er erfuhr:
das selige Leben hier, das andre dort.

Der Nächste dann im obern Augenbogen,
von dem ich spreche, ist der König, der
durch wahre Reue seinen Tod verschob[4].
Jetzt erst erkennt er, daß das ewige Urteil
sich nicht verändert, wenn durch würdige Bitte
auf morgen unser Heute sich vertagt.

Der Nächste, um dem Hirten Platz zu machen,
in guter Absicht, doch mit schlimmer Wirkung,

1 *König David.*

2 *Und nicht nur aus Eingebung Gottes.*

3 *Trajan, siehe Zehnter Gesang, Fegfeuer 73 ff.*

4 *König Hiskia, 2. Buch Könige 20, 1 ff.*

ergab den Staat und mich und sich den Griechen[1].
Jetzt erst erkennt er, wie die üble Folge
von seiner guten Tat ihm doch nicht schadet,
wenngleich die Welt dabei in Stücke geht.

Und auf des Augenbogens Senkung siehst du
den Wilhelm, den das gleiche Land beweint,
das über Karls und Friedrichs Leben jammert[2].
Jetzt erst erkennt er, wie der Himmel liebreich
den guten Herrscher hegt, und freudestrahlend
erweist es sich auf seinem Angesicht.

Wer glaubte wohl in eurer Welt des Irrtums,
daß der Trojaner Ripheus hier am Bogen
das fünfte von den heiligen Lichtern ist[3]?
Jetzt erst erkennt er von der Gnade Gottes
viel mehr als man auf Erden je begreift,
obschon bis auf den Grund sein Blick nicht reicht.«

Wie in die Lüfte sich die Lerche hebt
und mit Gesang beginnt und dann gesättigt
im höchsten Wohllaut ihres Trillers schweigt,
so still beglückt erschien das Adlerbild,
vom ewigen Wohlgefallen ausgeprägt,
dem jeglich Ding, so wie es *ist*, gedeiht. –
Mein Zweifel schien zwar klar aus mir hervor
wie unterlegte Farbe hinter Glas
und konnte doch sich schweigend nicht gedulden
und trieb mit seinem Schwergewicht die Frage
mir auf die Lippen: »Was sind das für Dinge?«
Worauf ich rings ein freudiges Blitzen sah.
Mit glühenderem Blicke gab sodann
das heilige Adlerzeichen mir die Antwort,

1 Kaiser Konstantin der Große, der die Reichshauptstadt nach dem Osten verlegte und Rom und den Kirchenstaat dem Papst (dem Hirten) als Schenkung überlassen haben soll.

2 Wilhelm der Gute, der letzte Normannenkönig in Unteritalien (1166–89). Über seine schlechten Nachfolger siehe Paradies XIX, 127 ff.

3 Ripheus wird in der Äneis II, 426 f. als »gerechter Mann« gefeiert, ist aber sonst unbekannt und eben dadurch geeignet, als Wunderbeispiel der göttlichen Gnadenwahl zu figurieren.

um mich in Staunen nicht gespannt zu lassen.
»Ich sehe, daß du diese Dinge glaubst,
wie ich sie sage, nicht weil du sie einsiehst,
so daß sie zwar geglaubt sind, aber dunkel.
Dir geht's wie einem, der dem Wortlaut nach
die Sache richtig lernt, jedoch ihr Wesen
nicht sehen kann, wenn's ihm kein andrer zeigt.

Des Himmels Fügung läßt sich bändigen
durch heiße Liebe und lebendige Hoffnung,
wodurch der Mensch den Willen Gottes zwingt.
Doch nicht wie sich zwei Krieger überwältigen,
nur weil er will, wird Gottes Will besiegt,
und so besiegt, siegt er durch seine Güte.
Die erste und die fünfte Seele[1] machen
dich staunen, die am Augenlide mir
im Reich der Engel farbig prangen dürfen.
Sie starben nicht als Heiden, wie du meinst,
nein, fest im Glauben an des Heilands Leiden:
als künftig glaubten sie's und als vollbracht.
Die eine Seele, aus der Hölle, wo
es keine Reue gibt, zurück ins Fleisch
gekehrt, empfing den Lohn lebendiger Hoffnung[2];
lebendige Hoffnung flößte den Gebeten
vor Gott die Kraft zur Auferweckung ein,
so, daß die Seele wieder wollen konnte.
Im Fleische nun verweilte sie nicht lange mehr,
die kaiserliche Seele, die ich meine;
an Ihm, der helfen konnte, hing sie gläubig,
und aus dem Glauben flammte ihr ein Feuer
von wahrer Liebe auf, und würdig kam sie
aus zweitem Tod zu unsrem Himmelsfest.

1 *Trajan und Ripheus.*

2 *Trajan, siehe Fegfeuer X, 73 ff. Durch Papst Gregor vom Tode auferweckt und christlich getauft, soll Trajan in das Paradies eingegangen sein.*

Die andre Seele, dank der tiefen Gnade,
die aus den unerforschten und von keinem
geschaffnen Aug erreichten Gründen quillt,
warf all ihr Trachten drunten auf Gerechtsein.
Drum öffnete ihr Gott von Heil zu Heil
das Auge für die künftige Erlösung.
An diese glaubte er und wollte drum
den Stank des Heidentums nicht länger dulden
und tadelte das abergläubische Volk.
Zur Taufe führten die drei Frauen ihn,
die du am rechten Rad des Wagens sahest[1],
wohl tausend Jahr bevor man kirchlich taufte.
O Gnadenwahl, wie unerreichlich du
den Blicken aller, die zum ersten Grund
der Dinge, deinen Wurzeln, nicht gelangen!
Ihr Menschen aber, zügelt euer Urteil!
Auch wir im Angesicht des Herren wissen
noch heute nicht die Zahl der Auserwählten,
und *wohl* ist uns in solcher Dunkelheit;
denn dieses ist die Blüte unsres Glückes,
daß Gottes Wille auch der unsre ist.«

1 *Glaube, Hoffnung, Liebe. Siehe Fegfeuer, Neunundzwanzigster Gesang, 121 ff.*

So wurde von dem göttlichen Gebilde
zur Klärung meines schwachen Auges mir
wohltätig milde Arzenei gereicht.
Und wie den guten Sänger, saitenrührend
der gute Zitherspieler so begleitet,
daß noch gefälliger das Lied erklingt,
so seh ich jetzt noch in Erinnerung
wie zu dem Text der beiden seligen Lichter,
als wär's ein einig Blinzeln von zwei Augen,
je nach den Worten winkten mit den Flämmchen.

Einundzwanzigster Gesang

Aufflug in den Saturnhimmel · Prädestination
Petrus Damiani

Schon hingen meine Blicke und mein Sinn
am Angesichte meiner Herrin wieder,
und allem andern war ich abgewandt.
Sie lachte mir nicht zu, und: »Wenn ich jetzo
dir lächeln wollte«, sprach sie, »würdest du
wie Semele vor Zeus zu Asche werden[1].
Denn meine Schönheit, die in Glut und Glanz,
je mehr sie steigt im himmlischen Palast,
sich stufenweise steigert, wie du sahest,
sie wirkt, wenn sie dir ungedämpft sich bietet,
in deinem sterblichen Gesicht wie Blitz
und Donner im Geäste eines Baumes.
Wir sind zum siebten Wandelstern erhoben,
der eben jetzt an hitziger Löwenbrust
die Wirkung seiner Strahlen mischt und mildert[2].
Dein Geist ergründe, was dein Auge schaut;
laß drum dein Auge Spiegel sein dem Sinnbild,
das sich im Spiegel dieses Sterns dir darstellt.«

Wer ahnen könnte, wie mein Auge sich
am seligen Antlitz meiner Herrin freute,
als ich nach andrem Ziel mich von ihr wandte,
ja, der begriffe auch, wie gerne ich,
gehorsam meiner Himmelsführerin,
die erste Gabe aufwog mit der zweiten.
Im Sternenspiegel, der die Welt umwandert
und jenes guten Herrschers Namen trägt,

1 Semele hatte von Jupiter gefordert, daß er sich ihr in seiner vollen Herrlichkeit zeige, und verbrannte an dem Anblick. Ovid Metam. III, 253 ff.

2 Der Saturn, dessen Licht der Beschaulichkeit als erkältend galt, steht bei Dantes Ankunft im Sternbild des Löwen.

1 *Saturn im Goldenen Zeitalter.*

der alles Böse unter sich erstickte[1],
sah ich in goldner, lichtdurchwirkter Farbe
sich eine Leiter nach der Höhe recken
so fernhin, daß mein Blick ihr nicht mehr folgte.
Und niedersteigen auf den Sprossen sah ich
so viele Lichter, daß ich dachte, alles
was glänzt im Himmel, strömte hier herab.
Und wie die Krähn nach angeborner Weise
bei Tagesanbruch alle regsam werden,
die frosterstarrten Federn warm zu fliegen
(die einen ziehen weiter ohne Umkehr,
die andern schwenken zu dem Ort des Abflugs,
und andre kreisen um dieselbe Stelle),
so ging's, schien mir, im Schwarm der Funken zu,
wie sie zusammen alle wimmelten
und dann an eine feste Stufe prallten.
Und einer, der in unsrer Nähe hielt,
wurde so hell, daß ich im stillen sagte:
ich seh genau, wie du mir Liebe winkst;
doch sie, an der ich merke, wie und wann
ich reden soll und schweigen, rührt sich nicht;
ich frag drum besser nicht, obschon's mich lüstet.
Doch da sie sah, durch IHN, der alles sieht,
warum ich schwieg, ermunterte sie mich:
»Entfeßle deinen heißen Wunsch!« Und ich
begann: »Durch eignen Wert verdien ich keine
Antwort von dir; um ihretwillen aber,
die mir erlaubt, daß ich mit Fragen komme,
erkläre mir, du selig Leben, du
in deine Himmelslust verhüllter Geist:
was hat so nah zu mir dich hergeführt?
Und sag mir auch, weshalb in diesem Kreise
des Paradieses Chorgesang verstummt,

der doch so fromm in tiefern Sphären klingt.«
»Dein Ohr ist wie dein Auge«, sprach er, »sterblich.
Hier singt man aus dem Grunde nicht, aus dem
dir Beatrice nicht gelächelt hat.
So viele Stufen unsrer heiligen Leiter
stieg ich herab, nur um dich zu begrüßen
mit Worten und mit meinem Strahlenmantel.
Und nicht aus größrer Liebe eilt ich her,
denn gleiche und noch größre Liebe glüht
hinauf von hier; die Flammen tun es kund.
Die hohe Güte, die zum Dienste uns
im Weltenregiment so eifrig treibt,
weist hier uns, siehst du, die Bestimmung zu.«
»Ich sehe, heilig Licht«, sprach ich, »sehr wohl
die Liebe frei an diesem Hofe euch
den Weg der ewigen Vorsehung geleiten;
doch schwierig deucht mich's zu verstehn,
weshalb gerade du unter den Deinen
vorausbestimmt zu diesem Dienste wurdest.«
Noch hatt ich meine Worte nicht geendet,
als schon um seinen Mittelpunkt dies Licht
behende wie ein kreisend Rad sich schwang.
Sodann aus seiner Liebe gab es Antwort:
»Das Licht der Gottheit trifft mit seinem Strahl mich,
durchdringt mein eigen Licht, das mich umschließt;
und *seine* Sehkraft eint sich mit der *meinen*
und hebt mich über mich so hoch, daß ich
den höchsten Urquell jener Strahlen schaue.
Aus ihm kommt mir die Freude, die ich flamme,
dieweil, je heller ich erleuchtet bin,
ich desto heller auch die Flamme zeige.
Jedoch die klarste Seele aller Himmel,
der Seraph, der am tiefsten schaut in Gott,

auch er erschließt dir deine Frage nicht.
Denn, was du wissen willst, liegt fern im Abgrund
des ewigen Entschlusses. Dorthin aber
wird nie ein Blick erschaffner Wesen dringen.
Und das berichte du, wenn du hinabsteigst,
dem Erdenvolk, daß man sich nicht erkühne,
nach solchem Ziel die Füße mehr zu regen.
Der hier erglänzt, der Geist, er schwelt auf Erden;
wie soll er also drunten das vermögen,
was er, da ihn der Himmel hegt, nicht kann?«

So wiesen seine Worte mir die Schranke,
daß ich bescheiden von der großen Frage
zur kleineren herabstieg: wer er sei[1].
»Zwischen Italiens Küsten ragen Felsen,
nicht weit von deinem Heimatland entfernt,
hoch über donnerndes Gewölk hinaus
und tragen einen Gipfel, Catria,
darunter eine heilige Einsamkeit,
nur für Gebet und Gottesdienst bestimmt.«
So gab er mir Bescheid zum drittenmal,
dann fuhr er fort: »Dort oben festigte
ich meine Kräfte so im Dienste Gottes,
daß ich, vom Safte der Olive nur
mich nährend, Hitz und Kälte leicht ertrug,
zufrieden in beschaulichen Gedanken.
Dereinst trug dieses Kloster reiche Frucht
für unsern Himmel. Jetzt ist es verödet,
und bald muß sich die Folge davon zeigen.
Dort oben hieß ich Petrus Damiani –
Petrus, der Sünder, hieß ich in dem Haus
zur Lieben Frau am adriatischen Ufer[2].
Es blieb mir wenig Erdenleben mehr,

1 Es ist die Seele des heiligen Petrus Damiani (ungefähr 990 bis 1072), des berühmten Theologen und Vorkämpfers kirchlicher Reformen, der auf Monte Catria als Benediktinermönch und -abt lebte, später Bischof von Ostia und Kardinal wurde.

2 Ob Petrus Damiani jemals im Kloster Santa Maria bei Ravenna gelebt hat, wie hier angedeutet, bleibt zweifelhaft. Den Namen Peccator (»der Sünder«) führten auch andere Mönche.

als man des Hutes Last mir auferlegte,
der immer schlechtre Köpfe nun bedeckt[1].
Barfuß und mager wanderte einst Kephas[2]
und so auch Paulus, das Gefäß des Geistes,
und fanden ihre Kost in jeder Herberg.
Die *heutigen* Hirten wollen rechts und links –
so schwer sind sie – gestützt sein und geführt,
und hinten muß die Schleppe einer tragen.
Der Mantel deckt den ganzen Zelter zu,
zwei Bestien stecken unter einer Decke.
Wieviel erträgst du, himmlische Geduld!«

Bei diesem Rufe sah ich viele Flämmchen
von Sproß zu Sprosse abwärts und im Kreise
sich regen und im Tanz noch schöner werden,
und um ihn her versammelt, hielten sie
und stießen einen Schrei hervor, so laut,
wie man nichts Ähnliches auf Erden hört.
Ich konnte nichts verstehn, betäubt vom Donner.

1 *Der Kardinalshut.*

2 *Der Apostel Petrus, so genannt nach Evang. Johannis 1, 42.*

Zweiundzwanzigster Gesang

Der heilige Benedikt · Die Benediktiner
Der Fixsternhimmel

Vom Schreck ergriffen, wandt ich meiner Herrin
mich zu als wie ein Kind, das immer gleich
die Zuflucht sucht, der es am meisten traut.
Und sie, wie eine Mutter, die sofort
dem bleichen, atemlosen Söhnchen beisteht
mit ihrer tröstlichen vertrauten Stimme,
zu mir: »Wir sind im Himmel, weißt du's nicht,
und daß der ganze Himmel heilig ist
und was er tut aus gutem Eifer kommt?
Wie sein Gesang dich erst erschüttert hätte
oder mein Lächeln, kannst du dir jetzt denken,
nachdem sein Schrei so heftig dich erschreckte.
Hätt'st du die Bitte in dem Schrei gehört,
so wär auch schon die Rache dir bekannt,
die du, bevor du stirbst, noch sehen darfst.
Das Schwert des Himmels schneidet nicht zu früh
und nicht zu spät; dem Ungeduldigen nur,
der fürchtet oder hofft, erscheint es so.
Doch kehre dich nunmehr den andern zu;
denn hochberühmte Geister kannst du sehen,
wenn du den Blick, wie ich dir sage, wendest.«
Ich richtete nach ihrem Wink die Augen,
und hundert Sternlein sah ich gegenseitig
sich schmücken mit der Schönheit ihrer Strahlen.
Ich sah wohl aus, wie einer, der den Stachel
seines Verlangens in sich selbst verbirgt
aus Scheu, zu weit zu gehn mit seiner Bitte.

Da kam die größte und die leuchtendste
von diesen Perlen mir entgegen, um
von sich aus meinem Wunsche zu genügen[1].
Aus ihrem Innern sprach's: »Wenn du wie ich
die Herzlichkeit, die uns verbindet, sähest,
so wär' schon ausgesprochen, was du denkst.
Damit du aber nicht durch Warten dir
dein hohes Ziel verzögerst, geb ich Antwort
gleich auf dein scheues, nur gedachtes Fragen.
Der Berg, an dessen Hang Cassino liegt,
sah früher seinen Gipfel oft von schlechtem,
irregeführtem Heidenvolk besucht.
Und dort hinauf hab ich zuerst den Namen
des Allwahrhaftigen getragen, der
auf Erden wandelte und uns erhöht.
Und so viel Gnade wurde mir zuteil,
daß ich die Nachbardörfer ringsumher
dem Schmeichelwahn des Götzendiensts entzog. –
Und Männer der Beschaulichkeit sind auch
die andern alle hier gewesen; glühend
erblühten sie und trugen heilige Frucht.
Hier ist Macarius, hier ist Romualdus[2],
hier sind auch meine Brüder, die getreu
im Herzen und im Kloster standhaft blieben.«
Und ich: »Geneigtheit, die du mir erzeigst
in deinen Worten, und die Freundlichkeit,
die allerseits mir hier entgegenleuchtet,
sie haben mein Vertrauen so erweitert,
daß es wie eine Rose in der Sonne
sich ganz erschließt, soweit die Kräfte reichen.
Drum bitt ich, Vater, gib mir Sicherheit,
ob ich die große Gunst erhoffen darf,
dein Angesicht zu schauen, unverhüllt.«

1 Der heilige Benedictus, der 529 den Benediktiner-Orden und das Kloster auf Montecassino gründete, wo früher ein Apollotempel stand.

2 Der Anachoret Macarius von Alexandrien († 404) und der Einsiedelmönch Romualdus († 1027).

Drauf er zu mir: »Dein hoher Wunsch, mein Bruder,
wird sich im letzten Himmel erst erfüllen,
samt allen andern Wünschen – und dem meinen.
In ihm wird erst vollendet, reif und ganz
jedwedes Sehnen; dort allein verharrt
jeglicher Teil so, wie er immer war.
Denn nicht im Raum und nicht auf Polen ruht er,
und unsre Leiter führt zu ihm hinüber,
weshalb sie ferne deinem Aug entschwindet.
Bis dort hinan erblickte Jakob sie,
der Patriarch, mit ihrer Spitze reichen,
als sie besetzt von Engeln ihm erschien.

Doch heutzutag will niemand seine Füße,
hinaufzusteigen, von der Erde heben,
und meine Regel[1] schwärzt nur das Papier.
Die Mauern, die ein Kloster waren, sind
nun Diebeshöhlen, und die Kutte ist
ein voller Sack mit faulem Mehl geworden.
Doch schwerster Wucher ist dem Sinn des Herrn
nicht grimmiger zuwider als der Zins,
nach dem das tolle Herz der Mönche schlägt.
Denn alles, was an Gut die Kirche hütet,
dem Armen, der in Gottes Namen bittet,
nicht Vettern oder Schächern gar gebührt es.
Das Fleisch der Sterblichen ist freilich schwach,
und guter Anfang sichert euch noch nicht,
daß von dem Bäumchen auch die Frucht gedeihe.
Petrus begann mit Golde nicht noch Silber,
und ich begann mit Beten und mit Fasten,
in Demut schuf Franziskus seinen Orden:
und wenn du diese Anfänge betrachtest
und dann gewahr wirst, wo hinaus sie führten,

1 *Die berühmte Benediktinerregel.*

so siehst du, wie das Helle dunkel ward.
Jedoch, als Gott es wollte, lief der Jordan
stromaufwärts, und das Meer entleerte sich –
ein kleinres Wunder könnt' uns Hilfe schaffen.«

So sprach er mir, dann zog er sich zurück
in seinen Chor. Der Chor verengte sich
und hob sich wie ein Wirbelsturm nach oben;
und ihnen nach trieb mich die holde Frau
mit einem einzigen Wink hinan die Leiter,
so leicht besiegend meine Sterblichkeit.
Auf Erden gab's noch nie im Auf und Ab
natürliche Bewegungen, so rasche,
daß man sie meinem Flug vergleichen dürfte.
So wahr ich, Leser, dieses Siegesfest
der Frommen, dem ich reuig weinend oft
nachhänge, je noch einmal feiern will,
glaub mir, du hättest nicht so schnell ins Feuer
gegriffen und zurückgezuckt, wie ich
das Zwillingssternbild sah – und auch schon drin war.

Glorreiche Sterne ihr, du Licht mit Kraft
trächtig, von dem ich dankend anerkenne,
was immer mir an Geist gegeben ist,
mit euch erstand und unterging mit euch
die Sonne, die dem kurzen Leben scheint,
als ich den ersten Hauch in Tuskien trank[1].
Und wie mir jetzt die Gnadengabe wurde,
in diese hohe Sphäre mich zu schwingen,
ward euer Raum zum Eingang mir bestimmt.
Zu euch mit Inbrunst seufzet meine Seele,
damit durch euch sie jetzt die Kraft gewinne
zum großen Gang, der noch getan sein will.

1 Dante wurde geboren, als die Sonne im Zeichen der Zwillinge stand, daher ihm dieses Sternbild den Urquell seines Genius bedeutet.

»Du bist dem letzten Heil so nahe jetzt«,
sprach Beatrice, »daß sich deine Augen
in Klarheit und in Schärfe stärken müssen.
Bevor du dich noch himmlischer beseligst,
blick also noch einmal hinab und schau,
wie viele Welt du überflogst mit mir,
auf daß dein Herz mit ganzer Kraft und freudig
die Siegesschar zu grüßen sich bereite,
die jubelnd durch des Äthers Wölbung zieht.«
Durch alle sieben Sphären lief zurück
mein Blick: und winzig sah ich diesen Erdball
und mußte lächeln über seine Ähnlichkeit;
und als den besten Ratschluß preis ich den,
der ihn am kleinsten achtet; aber trefflich
heißt mir fürwahr, wer anderes erstrebt.
Ich sah Latonas Tochter[1] vollbeleuchtet
und ohne jene Flecken, die ich einst
aus »dicht« und »undicht« zu erklären hoffte[2].
Den Anblick deines Sohns, Hyperion[3],
hielt ich hier aus und sah, wie ihm benachbart
und um ihn her Merkur und Venus kreisten.
Sodann erschien mir zwischen Sohn und Vater[4]
maßhaltend Jupiter, und nun verstand ich,
wie ihre Bahnen wechselvoll verlaufen.
Und alle sieben Wandelsterne zeigten
mir ihre Größe und Geschwindigkeit,
und wie sie Abstand voneinander halten.
Das Plätzchen unsres grimmigen Gedränges[5] –
indes ich mit dem ewigen Zweistern schwebte –
durchschaut ich von den Bergen in die Schluchten.
Dann blickt ich auf zu *ihren* schönen Augen.

1 Den Mond.

2 Siehe Zweiter Gesang Paradies 59 ff.

3 Hyperions Sohn ist der Sonnengott Apollo.

4 Zwischen dem heißen Mars und dem kalten Saturn.

5 Die Erde.

Dreiundzwanzigster Gesang

Christus und Maria in himmlischer Herrlichkeit

Wie's Vöglein, das die schwarze Nacht hindurch
im trauten Laubwerk auf dem Neste saß
bei seinen lieben Kleinen, und sie jetzt
so gern mit Augen sehn und atzen möchte
und Nahrung für sie finden – schwere Arbeit,
und doch dem Vögelein so lieb, daß es
schon vor der Zeit auf hohem Zweige wartet
mit heißer Hoffnung auf das Sonnenlicht
und schaut und späht, ob's immer noch nicht dämmert –
so hatte wachsam meine Herrin sich
emporgerichtet nach der Himmelsgegend,
wo länger, wie es scheint, die Sonne weilt[1].
Wie ich sie so gespannt und wunschvoll sah,
ward mir zumut wie einem, der, begierig
auf Neues, schon am Hoffen sich befriedigt.
Die Spanne meines Wartens aber währte
nicht lange, denn schon sah ich, wie der Himmel
sich hellte und noch immer heller wurde.
Und Beatrice sprach: »Die Scharen kommen
in Christi Siegeszug, die ganze Ernte
des Kreislaufs dieser Sphären kommt herein!«
Ihr Antlitz strahlte mir, als stünd's in Flammen,
und ihre Augen so voll Fröhlichkeit,
daß ich's nicht schildern kann und schweigen muß.
Wie in den hellen Vollmondnächten Luna
inmitten ihrer ewigen Nymphen, die
den Himmel allerwärts verzieren, lächelt,

1 *In der Mittagshöhe.*

1 *Christus.*

2 *Die verklärte Menschengestalt des Heilands.*

3 *Polyhymnia, die Muse der Lyrik.*

so sah ich über Tausenden von Lichtern,
sie allesamt entzündend, *eins* als Sonne[1]:
so wie den Sternen unsre Sonne Glanz gibt.
Und durch dies Sonnenlicht hindurch erschien
sein Wesenskern[2] und drang mir gar so klar
in mein Gesicht, daß ich es nicht ertrug.
Wie liebreich, Beatrice, halfst du mir
mit deinem Worte: »Was dich überwältigt,
ist Kraft, vor der es keine Rettung gibt.
Es ist die Weisheit und es ist die Macht,
die Wege auftat zwischen Erd und Himmel,
wonach so lange schon die Sehnsucht ging.«
Wie Feuer, das sich dehnt, bis es die Wolke,
die ihm zu eng geworden, sprengt und gegen
die eigene Natur zur Erde fährt,
so war, von solcher Kost genährt, mein Geist
gewachsen, sprengte seine Hülle – und
was dann in ihm geschah, weiß er nicht mehr.

»Tu deine Augen auf und schau mich an!
Du hast gesehen, was dir Kraft gegeben,
daß du mein Lächeln jetzt ertragen kannst.«
Mir war wie dem Erwachenden zumute,
der sein verwischtes Traumgesicht vergeblich
sich in den Sinn zurückzurufen trachtet,
als ich den hohen Anruf hörte, dem
ein unvertilgbar Dankgefühl gebührt
im Lebensbuche des Vergangenen. –
Ertönen jetzt zugleich, um mir zu helfen,
die Dichterstimmen all aus Polyhymnias[3]
und ihrer Schwestern bester Zucht und Lehre,
so reichte es nicht für ein Tausendteil
des wahren Werts zum Preis des heiligen Lächelns,

noch um ihr reines Antlitz zu besingen. –
So muß bei Schilderung des Paradieses
das fromme Lied, dem Wandrer gleich, die Schranke,
die ihm den Weg versperrte, überspringen.
Doch wer bedenkt, wie schwer der Gegenstand,
und daß die Schultern, die ihn tragen sterblich,
der wird nicht schelten wollen, wenn sie zittern.
Für kleine Schiffe ist der Kurs nicht fahrbar,
auf dem mein kühner Bug die Wogen spaltet,
und nicht für Schiffer, die sich schonen wollen.
»Warum in meinen Anblick nur verliebt,
beachtest du den schönen Garten nicht,
der unter Christi Sonne Blumen trägt?
Die Rose sieh, in der das Gotteswort
hienieden keimte[1], und die Lilien siehe[2],
die duftend lockten auf den guten Weg.«

So Beatrice. Ich, der immer willig
ihr folgte, stellte nochmals mich dem Ansturm
des Lichtes auf die schwachen Augenlider.
Wie manchmal mir im Sonnenschein, der aus
zerriss'ner Wolke strahlte, eine Wiese
mit Blumen hell erschien – und ich im Schatten:
so sah ich Schwärme hier, die, übergossen
von Strahlenfeuer aus der Höhe, gleißten;
jedoch den Quell des Blitzens sah ich nicht mehr. –
Die du sie also schmückest, gütige Kraft,
du hobst dich in die Höh, um meinen Augen,
die's nicht ertragen konnten, Raum zu geben.
Der blühende Name[3], den ich jeden Morgen
und Abend rufe, zog jetzt mein Gemüt
zum größten der verbliebnen Lichter hin.
In meinen beiden Augen malte sich

1 *Die Jungfrau Maria.*

2 *Die Apostel.*

3 *Maria.*

die Form und Farb des Lebenssternes ab,
des siegenden im Himmel wie auf Erden,
als eine Fackel niederstieg am Himmel[1]
und formte einen Kreis gleich einer Krone
und gürtete den Stern mit Wirbelschwung.
Die lieblichste von allen Sangesweisen,
die uns auf Erden wohl das Herz ergreifen,
sie wirkte wie ein Riß durch Donnerwolken,
verglichen mit dem Klang der Melodie,
die krönend über jenem Saphir schwebte,
dem klarsten Saphir, der am Himmel glänzt.
»Ich bin die Engelsliebe, ich umkreise
die hohe Seligkeit, die deinem Schoß
entsproß; du warst die Hütrin unsres Sehnens.
Und immer will ich kreisen, Himmelsfürstin,
dieweil du deinem Sohne folgst und mehrest
des höchsten Himmels Glanz durch deinen Eintritt.«
So ging der kreisende Gesang zu Ende.
Zum Abschluß ließen all die andern Lichter
Marias Namen ringsherum erschallen.

Der königliche Mantel aller Hüllen
des Weltalls, der von Gottes Hauch und Walten
am glühendsten getrieben und beseelt wird[2],
war mit der Innenseite seiner Wölbung
so hoch und weit entfernt von meinem Standort,
daß sein Kristallglanz mich noch nicht erreichte.
Drum waren meine Augen außerstande,
der Flammenkrone nachzufolgen, die
sich auf des Sohnes Spur, entschwebend, hob.
Und wie das Kind, das zu der Mutter hin,
von der's die Milch empfing, die Ärmchen streckt,
im Drang des Herzens, der sich äußern muß,

1 Der Erzengel der Verkündigung, Gabriel.

2 Die neunte und höchste der kreisenden Sphären, der Kristallhimmel, das Primum mobile.

so strebte jedes dieser Lichter auf
mit seiner Flamme, daß die hohe Liebe
mir kund ward, die sie zu Maria hegten.
Dann weilten sie vor meinem Angesicht,
»Regina coeli« singend, – oh, so schön,
daß nimmer mich die Lust daran verließ.
Wie groß die angehäufte Fruchtbarkeit
in diesen reichen Geistern, die hienieden
des Wortes Aussaat schon so gut besorgten!
Hier lebt man von den Schätzen und genießt sie,
die man im babylonischen Exil
mit Schmerz erwarb, dem Golde abgewandt.
Hier freut des Sieges sich, den er errang
unter dem Sohne Gottes und der Jungfrau,
vom Alten und vom Neuen Bund umgeben,
der Schlüsselträger dieser Herrlichkeit[1].

1 *Petrus.*

Vierundzwanzigster Gesang
Prüfung im Glauben

»Zum großen Mahl erwählte Tischgenossen,
geladne Gäste, von dem heiligen Lamm
so reich gespeist, daß nimmermehr ihr darbet,
wenn *dieser* vor dem Tod durch Gottes Gnade
im voraus kostet, was von eurem Tisch
ihm zufällt, so bedenkt, wie unermeßlich
die Leidenschaft in ihm zum Ewigen ist,
und labet ihn ein wenig, die ihr immer
doch aus der Quelle trinkt, nach der er forscht.«
So Beatrice, und die frohen Seelen
scharten in Sphären sich um feste Pole
und flammten wie Kometen mächtig auf.
Und wie in einem Uhrwerk wohlgeregelt
sich Räder derart drehen, daß das erste,
wenn man's betrachtet, beinah stillsteht, und
das letzte fliegt: so hier, verschieden schnell
und langsam, ließen mich die Ringelreigen
von ihrem Tanzschritt auf die Fülle schließen[1].
Und aus dem schönsten Reigen, den ich sah,
schwebte ein Licht hervor, so glückhaft strahlend,
daß hinter ihm kein helleres mehr war,
und dreimal kreiste es um Beatrice,
und göttlich tönte ein Gesang dazu,
den mir die Phantasie nicht wiedergibt.
Ich übergehe es und schreib's nicht her;
ist unsre Anschauung, ist unsre Sprache
für solche Tönungen doch viel zu grell.

1 *Die Fülle ihres Lichtes.*

»Heilige Schwesterseele, deine Bitte,
so fromm und aus so heißer Liebe kommend,
lockt mich heraus aus jenem schönen Reigen.«
So sprach der selige Feuergeist, indem
er stillestand und seiner Stimme Hauch
an meine Herrin richtete. Und sie
zu ihm: »Du ewig Licht des großen Mannes,
dem unser Herr die Schlüssel dieses Glückes,
die mitgebrachten, drunten hinterließ,
befrag mir diesen – leichter oder schwerer,
wie's dir beliebt – über den Glauben prüf ihn,
kraft des du über Meereswellen schrittest[1].
Ob er in Liebe, Hoffnung, Glaube stark ist,
du weißt es schon, dieweil du dorthin schaust,
wo jeglich Ding sich abgespiegelt zeigt.
Doch weil man Bürger wird in diesem Reiche
durch rechten Glauben, ist es gut, wenn er
vom Glauben sprechen und ihn preisen darf.«

1 Evang. Matthäus 14, 28 ff.

Der Baccalaureus rüstet sich und schweigt[2],
solang der Meister eine Frage vorlegt,
die er begründet, aber nicht entscheidet;
so wappnet' ich mit allen Gründen mich,
da *sie* mir zusprach, mich bereit zu halten
für mein Bekenntnis vor dem großen Frager.
»Sprich, guter Christ, und gib dich zu erkennen:
was ist der Glaube?« Ich erhob die Stirne
dem Lichte zu, aus dem die Frage kam.
Dann wandt ich mich zu Beatrice. Diese
gab mir ein flinkes Zeichen, aufzutun
den Quell in meinem Innern, daß er ströme.

2 Baccalaureus war der unterste akademische Grad an mittelalterlichen Universitäten.

»Die Gnade, daß ich mich bekennen darf

dem hohen Streiter«, hub ich an, »verhelfe
mir auch zum rechten Ausdruck meines Denkens.«
Und weiter sprach ich: »Der wahrhaftige Griffel
des Mannes, der so brüderlich mit dir
die Römer auf den rechten Weg verwies[1],
schrieb uns: Substanz des, das man hoffet, ist
der Glaube, und Beweis des Unsichtbaren.
Und dies ist, dünkt mich, seine Wesenheit.«
Mir ward Bescheid: »Du meinst das Richtige,
soferne du verstehst, warum zuerst
er als Substanz, dann als Beweis ihm gilt.«
Ich sagte: »Die geheimnisvollen Dinge,
die hier sich als erscheinende mir geben,
bleiben den Augen drunten so verborgen,
daß dort ihr Dasein ganz auf Glauben ruht;
und auf den Glauben gründet sich die Hoffnung,
und daher kommt ihm sein Substanzcharakter.
Auch müssen wir von diesem Glauben aus
die Schlüsse ziehen ohne Augenschein,
und daher kommt ihm sein Beweischarakter.«
Darauf erklang's: »Wenn alles, was man lernt
und lehrt auf Erden, so vernünftig wäre,
dann gäb es für Sophisten keinen Raum mehr.«
So wehte es aus jener Liebesflamme,
und weiter sprach es: »Deine Münze hat
als echt in Schrot und Korn sich ausgewiesen.
Doch sag mir: hast du sie in deiner Börse?«
Drauf ich: »Jawohl, und zwar so licht und sauber,
daß nichts verdächtig ist an ihrer Prägung.«
Sodann ertönt es aus dem tiefen Grund
des hellen Lichtes: »Dieses teure Kleinod,
das jeder Tugend ihren Halt verleiht,
woher bekamst du es?« Und ich: »Ergießung

1 *Der Apostel Paulus.*

des Heiligen Geistes, die so reich sich zeigt
auf alt und neuen Bibelpergamenten,
hat es so schlußgerecht mir zugesichert,
so scharf, daß jegliches Beweisverfahren,
wenn ich's damit vergleiche, stumpf erscheint.«
Drauf frug's: »Des alt und neuen Bundes Sätze,
die dich zu solchem Schluß gelangen lassen,
warum begreifst du sie als Gottes Wort?«
Und ich: »Die Probe, draus die Wahrheit mir
erhellt, sind Taten (nächst dem Wort), für die
Natur das Werkzeug nie geschmiedet hat.«
Die Antwort war: »Und wer verbürgt es dir,
daß sie geschehen sind? Dasselbe Buch,
das zu begründen wäre, niemand andrer.« –
»Wenn ohne Wunder sich die Welt«, sprach ich,
»zum Christentum bekehrte, ist's fürwahr
ein Wunder, mehr als hundert andre wert.
Denn arm und dürftig kamst du auf den Acker
und streutest guten Samen aus und pflanztest
den Rebstock einst, der heut zum Dornbusch worden.«
Als ich geendet, klang es durch die Runden
des hohen Hofs: »Herr Gott, dich loben wir!«
nach einer Weise, die man dort nur singt.

Der Edle, der mich so von Zweig zu Zweig
mit seinen Fragen in die Höhe trieb,
daß wir dem letzten Gipfel nahe kamen,
hub wieder an: »Die Gnade, deinem Geist
huldvoll gewogen, ließ dich Worte finden
bis hieher, die du richtig vorgebracht.
Ich billige, was so zum Ausdruck kam;
doch jetzt sollst du den Inhalt deines Glaubens
bekunden, und woher du ihn empfingest.«

»Du seliger Geist und Vater, der du hier
erschaust, was du so fest dort glaubtest, daß
als erster du das Grab des Herrn betratest[1]«,
sprach ich, »du willst, daß ich dir jetzt bekenne
das Wesen meines eigentlichen Glaubens
und auch, warum ich ihn so schnell erfaßte.
So sag ich denn: Ich glaub an Gott, den Einen
und ew'gen unbeweglichen Beweger
der Himmel all durch Liebe und durch Sehnsucht.
Um so zu glauben, hab ich mehr als nur
Natur und Jenseits zum Beweis, ich habe
auch die wahrhaftige Himmelsbotschaft durch
Moses und die Propheten und die Psalmen,
das Evangelium und euch, die ihr[2]
befruchtet seid vom Geist in euern Schriften.
Und an drei ewige Personen glaub ich
und an ein Wesen, einig so und dreifach,
daß Ein- und Mehrzahl ihm zugleich gebührt.
Von dieser tiefen göttlichen Natur,
die ich erwähne, gibt das Evangelium
Beweise mir durch mehr als eine Stelle.
Dies ist der Grundsatz, dieses ist der Funke,
der zur lebendigen Flamme dann sich breitet
und strahlt an meinem Himmel als ein Stern.«

So wie ein Herr auf gute Nachricht hin
den Boten kaum zu Ende reden läßt
und gleich mit frohem Gruße ihn umarmt,
also umkreiste mich, kaum daß ich schwieg,
dreimal und segnet' mich und sang dazu
das apostolsche Licht, auf des Geheiß
ich Worte fand, die ihm so sehr gefielen.

1 *Evangelium Johannes 20, 3 ff.*

2 *Die Apostel.*

Fünfundzwanzigster Gesang

Prüfung in der Hoffnung · Erscheinung des Jüngers Johannes

Wenn's glückt, daß dieses heilige Gedicht,
an dem der Himmel und die Erde schaffen
und ich seit manchem Jahr mich schon verzehre,
den harten Spruch besiegt, der mir die Heimkehr
ins trauliche Gehege wehrt, wo ich,
ein Lämmlein, sicher vor den Wölfen, ruhte:
mit neuer Stimme dann, mit grauem Haar
kehr ich zum Brunnen meiner Taufe wieder
und will als Dichter dort den Kranz empfangen;
denn dort ward ich dem Glauben zugeführt,
an dem der Herr die Seelen kennt, dem Glauben,
für den mir Petrus nun die Stirne kränzte.

Sodann bewegte sich ein Licht auf uns zu
aus jener Runde vor, aus der der erste
Statthalter kam, den Christus hinterließ.
Und voller Freude sagte meine Herrin
zu mir: »Schau hin, dort kommt der Edelmann,
zu dem man drunten nach Galicien pilgert[1].«
Wie wenn die Taube neben dem Gefährten
sich niederläßt und beide gegenseitig
mit Drehn und Gurren ihre Neigung zeigen,
so sah ich die zwei großen Seelenfürsten
zum Willkomm wechselweise sich begrüßen,
das Gastmahl preisend, das die Geister speist.
Nachdem die Freundlichkeiten ausgetauscht,
blieb jeder schweigend stehn, genau vor mir

1 Der heilige Jakobus, dessen Kirche, Santiago de Compostela in Galicien, zahlreiche Pilger anzog.

und flammte, daß es mein Gesicht nicht aushielt.
Mit Lächeln sagte Beatrice dann:
»Erlauchte Seele du, die von der Milde
an unsrem reichen Königshofe schriebest[1],
laß jetzt die Hoffnung in der Höhe tönen;
du weißt ja, daß du sie verkörperst, immer
wenn Jesus die drei liebsten Jünger ruft[2].«

»Erheb das Haupt und stärke deinen Mut!
denn was heraufkommt aus der Erdenwelt,
hat erst an unsern Strahlen auszureifen.«
So gab das zweite Licht[3] mir seinen Zuspruch;
und meinen Blick erhob ich zu den Gipfeln,
vor deren Wucht ich ihn zuerst gesenkt.
»Da gnädig unser Kaiser will, daß du
noch vor dem Tode im geheimsten Rat
mit seinen Edeln dich besprechen sollst
und daß du hier im Angesicht der Wahrheit
die Liebespenderin für dich und andre
auf Erden dadurch stärken mögst, die Hoffnung,
so sag, was Hoffnung ist und wie sie blüht
in dir, und sag, woher sie zu dir kam.«
So sprach das zweite Licht zum andernmal.
Die fromme Herrin aber, die zum Flug
in solche Höhe mich geleitet hatte,
kam mit der Antwort mir zuvor und sagte:
»Die Kirche hat auf Erden keinen Sohn,
der fester in der Hoffnung steht als dieser.
So les ich's in der Sonne, die uns strahlt.
Drum ist es ihm verstattet, aus Ägypten
zu kommen und Jerusalem zu schauen[4],
noch eh sein Heeresdienst zu Ende geht.
Die übrigen zwei Fragen stelltest du

1 Anspielung auf den Brief Jakobi 1, 5 und 17, für dessen Verfasser Dante den Apostel Jakobus hält.

2 Dies sind nach mittelalterlicher Bibelerklärung: Petrus als der Glaube, Johannes als die Liebe, Jakobus als die Hoffnung. Siehe z. B. Evang. Matthäus 17, 1. Markus 9, 2. Lukas 9, 28.

3 Der Apostel Jakobus.

4 Ägypten symbolisch für die Welt und Jerusalem für das Paradies.

nicht Wissens halber, sondern um zu künden,
wie diese Tugend dir so wohl gefällt.
Ich laß sie ihm, sie können ihm nicht schwer sein;
und ohne Prahlerei kann er die Antwort
dir geben. Gott vergönn es ihm in Gnaden.«

Als wie ein Schüler, der bereit und willig
im durchgeübten Stoff dem Lehrer folgt,
damit sich seine Tüchtigkeit erweise –
»Hoffnung«, sprach ich, »ist sichere Erwartung
der künftigen Herrlichkeit; sie wird erzeugt
durch Gottes Gnade, wenn Verdienst vorhergeht.
Von vielen Sternen kommt mir Hoffnungsstrahl;
den ersten aber senkte in mein Herz
der große Sänger unsres großen Herrn[1].
›Es hoffe drum auf dich‹, so singt und sagt er
in seinem Psalm, ›wer deinen Namen kennt.‹
Und wer, der meines Glaubens, kennt ihn nicht?
Nächst ihm erquicktest du mich dann mit deiner
Epistel, so, daß ich nun ganz erfüllt bin
und kann mit eurem Trank die andern laben.«
Indes ich sprach, durchzitterte ein Blitzen
das Innre dieses seelenvollen Brandes
so schnell und häufig wie ein Wetterleuchten.
Dann hauchte es: »Mein Eifer lodert so
für diese Tugend, die zur Siegespalme
ans End des Schlachtfelds mich begleitet hat,
daß ich auch dich beeifern muß zur Lust
an ihr, und wünsche drum, daß du bekennest:
was ist's, das deine Hoffnung dir verspricht?«
Und ich: »Die alten und die neuen Schriften
bestimmen (was sich deutlich mir erweist)
das Ziel der Seelen, die dem Herrn gefallen.

1 *David, vgl. besonders Psalm 9, 11.*

Jesaia sagt: ›Zweifaches soll die Seele
in ihrem Land besitzen, zwei Gewänder[1].‹
Ihr Land ist dieses paradiesische Leben.
Und noch viel faßlicher läßt uns dein Bruder
dort, wo er von den weißen Kleidern handelt,
dieselbe Offenbarung klar erkennen[2].«
Und gleich am Anfang meiner Worte klang
es über uns: »Es hoffe drum auf dich[3] . . .«,
und alle Reigenrunden respondierten.
Dann wuchs ein Licht[4] aus ihnen vor, so hell,
daß, wenn im Krebs ein solcher Demant strahlte,
ein ganzer Wintermonat taghell würde[5].
Und wie ein fröhlich Mädchen sich erhebt
und vortritt in den Tanz, nur um die Braut
zu ehren, nicht aus Eitelkeit etwa,
so sah ich diesen wunderhellen Schimmer
den zwein sich nahn, die sich im Kreise drehten,
getragen von dem Feuer ihrer Minne.
Er fügt' sich ein in ihren Takt und Sang,
und meiner Herrin Blick ruhte auf ihnen.
Schweigsam und reglos glich sie einer Braut.
»Du siehst hier den, der unsrem Pelikan[6]
so nah am Herzen lag; vom Kreuz herab
ward er zum hohen Amte ausersehen[7].«
So meine Herrin, doch indes sie sprach,
und nach wie vorher, wandte sie kein Auge
aus ihrem aufmerksamen Schauen ab.
Wie einem, der von der Verfinsterung
der Sonne etwas zu erspähn sich müht
und dann vor lauter Schauen nichts mehr sieht,
erging es mir mit diesem neuen Licht;
indes es sprach: »Was blendest du dich selbst,
um etwas zu erschaun, das hier nicht statthaft[8]?

1 *Jesaia 61, 7. Dante deutet die Stelle als Hinweis auf ewige Seligkeit und verklärten Leib.*

2 *Offenbarung Johannis 7, 9.*

3 *Wiederum Psalm 9, 11.*

4 *Der Apostel Johannes.*

5 *Das Sternbild des Krebses geht im Winter einen Monat lang genau bei Untergang der Sonne auf.*

6 *Symbol für Christus.*

7 *Hinweis auf Evang. Johannis 19, 26 ff.*

8 *Mit Beziehung auf Evang. Johannis 21, 22 ff. glaubten viele Laien und Theologen im Mittelalter, daß der Apostel Johannes leibhaftig in das Himmelreich eingegangen sei.*

Erde auf Erden ist mein Leib und bleibt so
mit allen andern, bis die Zahl der Unsern
nach ewiger Vorbestimmung sich erfüllt hat.
Mit beiden Hüllen in dem seligen Chor
sind hier nur zwei, die aufgefahren kamen[1].
Und so sollst du's in eurer Welt berichten.«

Bei diesem Wort kam der entflammte Reigen
zum Stillstand und zugleich das Tongeflechte,
das liebliche, im Dreiklang hingehauchte.
So, wenn Ermüdung, wenn Gefahr sich meldet,
werden die Ruder, die das Wasser schlugen,
beim Zeichen eines Pfiffes alle still. –

Weh! Wie erschütterte es meinem Geist,
als ich den Blick zu Beatrice wandte
und sie nicht sehen konnt' und war ihr doch
so nah und in der Welt der Seligkeit!

1 *Christus und Maria.*

Sechsundzwanzigster Gesang

Die Liebe zum Höchsten · Ende der Prüfung · Adam

Mir war um die erloschne Sehkraft bange,
als aus dem Licht, das mich geblendet hatte,
ein Hauch erging, mich mahnte und mir sagte:
»Bis dir die Sehkraft wiederhergestellt,
die dir an meinem Strahl zerschmolzen ist,
sollst denkend du und sprechend sie ersetzen.
Beginne denn und sag, wonach du trachtest
in deiner Seele, und versichre dich:
dein Aug ist nur gestört, nicht abgestorben.
Die Herrin, die durch diese lichten Zonen
dich führt, besitzt in ihrem Blicke Heilkraft
wie Ananias einst in seiner Hand[1].«
Ich sprach: »Wie's ihr beliebt, früh oder spät,
erhelle sie die Fenster mir, durch die
ihr Bild mit Liebesglut für immer eindrang.
Das Gut, das euern Himmel glücklich macht,
es ist das A und O von allen Schriften,
aus denen Liebe leis und laut mir zuspricht.«
Dieselbe Stimme, die mich von dem Schrecken
der plötzlichen Erblindung erst befreite,
hielt mich zu weiterer Besinnung an
und sprach: »Mit feinrem Siebe wahrlich mußt du
dein Meinen klären und mußt sagen, wer
dir solch ein Ziel für deine Liebe wies.«
Und ich: »Durch philosophische Beweise
und durch Autorität aus Himmelshöhn
wird diese Liebe mir ins Herz geprägt.

1 Durch Handauflegung machte Ananias den Apostel Paulus wieder sehend. Apostelgeschichte 9, 17.

Das Gute, das verstanden wird als solches,
entzündet Liebe, um so größre Liebe,
je mehr an Güte es in sich begreift.
Zu jenem Wesen drum, das so emporragt,
daß jedes außer Ihm gefundne Gut
nichts andres als ein Strahl von Seinem Licht ist,
nach Ihm vor allem muß in Liebe sich
erheben jeder Geist, der diese Wahrheit
als Grund für unseren Beweis erfaßt. –
Meinem Verstande bietet diese Wahrheit
der Lehrer, der die erste Liebe mir
in allen ewigen Substanzen aufweist[1].
Es bietet des wahrhaftigen Schöpfers Stimme
sie mir, wenn Er zu Moses von sich sagt:
›Ich will dir alle meine Güte zeigen[2].‹
Es bietest schließlich du sie mir am Anfang
der Botschaft, wo du lauter als die andern
himmlisch Geheimnis auf der Erde kündest[3].«
»So richtet also«, wurde mir erwidert,
»durch Menscheneinsicht, von Autoritäten
bestärkt, dein höchstes Lieben sich auf Gott.
Doch sag, ob du durch andre Bande noch
zu Ihm dich hingezogen fühlst, bekenne,
wie viele Stacheln deine Liebe spornen.«
Des Adlers Christi[4] fromme Absicht blieb
mir nicht verborgen, ich erkannte wohl,
wohin er mein Bekenntnis führen wollte.
Daher begann ich wieder: »Alle Stacheln,
durch die das Herz zu Gott getrieben wird,
vereinen sich zum Ansporn meiner Liebe.
Das Dasein dieser Welt, mein eigen Dasein,
der Tod, den Er ertrug, auf daß ich lebe,
die Hoffnung jedes Gläubigen, auch die meine,

1 Plato, bzw. die Philosophen, die ihm nachfolgen, Aristoteles u. a.

2 2. Buch Mose 30, 19.

3 Es ist kaum zu entscheiden, ob der Anfang des Evang. Johannis oder der Offenbarung gemeint ist.

4 Symbolischer Name für Johannes.

samt dem lebendigen erwähnten Wissen,
sie haben aus dem Meer der falschen Liebe
mich an den Strand der richtigen gebracht.
Und auch was wächst und grünt im ganzen Garten
des ewigen Gärtners, ist mir liebenswert
durch all die Güte, die Er darauf wendet.«
Als ich verstummte, wehte durch den Himmel
ein sanftes Lied, und meine Herrin rief
im Chor der andern: »Heilig, heilig, heilig!«

Wie man bei scharfem Licht vom Schlaf erwacht,
weil unsre Sehkraft nach dem Hellen strebt,
das durch die Häutchen unsres Auges eindringt
(und der Erwachte kehrt sich ab vom Sehen,
so blöd ist noch sein plötzliches Bewußtsein,
weil seine Urteilskraft ihm noch nicht beisteht),
so scheuchte jede Trübung aus den Augen
jetzt Beatrice mir mit *ihren* Augen,
die über tausend Meilen hin erstrahlten.
Und besser sah ich nun als je zuvor:
erblickte gleich ein viertes Licht bei uns,
nach dem ich staunend mich erkundigte.

Und meine Herrin sprach: »Aus diesen Strahlen
schaut froh zum Schöpfer auf die erste Seele,
die je erschaffen ward aus Schaffens Urkraft[1].«
Wie sich der Zweig mit seinem Gipfel neigt,
solang der Wind darüberstreicht, und dann
aus eigner Kraft, die wachsen will, sich hebt,
so tat auch ich, von ihren Wunderworten
ergriffen, bis ich wieder sicher wurde
und mich ein heißer Wunsch zum Reden trieb.
Und ich begann: »Ur-Vater, einziger,

1 *Adam.*

der schon als reife Frucht geschaffen ward,
der jeder Braut als Vater gilt und Schwäher,
demütig und ergeben flehe ich,
o sprich mit mir, du kennst schon meinen Wunsch!
Ich schwieg, um desto bälder dich zu hören.«

Es regt sich manchmal etwas Lebendes
unter der Decke, so daß sein Begehren
am Hin und Her der Hülle sichtbar wird:
so etwa ließ die erstgeborne Seele
durch ihre Strahlenhülle mich erkennen,
wie freudig sie mir zu Gefallen war;
dann hauchte sie: »Obschon du ihn nicht aussprichst,
erkenn ich deinen Wunsch, klarer als du
das Sicherste erkennst, das vor dir steht,
denn ich erblick's in dem wahrhaftigen Spiegel,
der sich zum Widerschein der Dinge macht –
und keines faßt von Ihm den Widerschein.
Wie lang es her ist, willst du wissen, daß mich
der Herr in den erhabnen Garten setzte,
wo *diese* dich zum großen Flug beschwingte;
wie lang der Garten mir das Aug erfreute
und was der wahre Grund des großen Zornes,
und welche Sprache ich ersann und brauchte. –
Mein Sohn, nicht daß ich von dem Baume aß,
war eigentlich der Grund des langen Bannes,
sondern die Übertretung des Gesetzes. –
Von dort, wo deine Herrin den Vergil rief[1],
viertausend Jahre und dreihundertzwei
hab ich nach diesem Kreis herauf geschmachtet. –
Durch alle Sternenzeichen ihrer Bahn
lief mir neunhundertdreißigmal die Sonne
solang ich unten auf der Erde weilte. –

1 *Vom Limbus.*

Die Sprache, die ich brauchte, war schon ganz
und lang erloschen, ehe Nimrods Volk
zum Bau, der nie vollendet wird, sich schickte[1];
denn niemals hat noch ein erdachtes Werk
unwandelbar gedauert, weil des Menschen
Geschmack sich ändert nach des Himmels Drehung.
Natur bewirkt wohl, daß die Menschen sprechen,
ob so, ob anders aber, dieses läßt sie
euch selbst nach eurem Wohlgefallen machen. –
Bevor ich in die Not der Hölle sank,
war i der Laut, mit dem man rief auf Erden
das höchste Gut, die Quelle meiner Freuden.
El hieß es dann. Und so gehört es sich[2];
denn Menschenbrauch ist wie das Blatt am Zweige,
das welkt und fällt, und andre kommen nach. –
Den höchsten Gipfel überm Meer bewohnt ich,
unschuldig erst, und sündig dann, vom Aufgang
der Sonne, bis sie nach der sechsten Stunde
vom Gipfel ihrer Laufbahn wieder absteigt[3].«

1 *Also lange vor der beim Turmbau zu Babel eingetretenen Sprachverwirrung.*

2 *Mit i meint Dante vielleicht den Anfangsbuchstaben von Jehova. El, hebräisch = der Mächtige. Hier ist freilich weder der Wortlaut noch die Deutung ganz sicher.*

3 *Wie lange Adam im irdischen Paradies lebte, war im Mittelalter eine berühmte Streitfrage. Dante entscheidet sich für die kurze Frist von etwa sechseinhalb Stunden.*

Siebenundzwanzigster Gesang

Petri Strafrede · Der Kristallhimmel Irdische Verderbnis und Rettung

»Dem Vater, Sohn und Heiligen Geiste, Gloria«
ertönte es im ganzen Paradies
so lieblich, daß mich der Gesang berauschte.
Und was ich sah war wie ein einzig Lächeln
des Universums. Trunkenheit erfüllte,
durch Ohr und Auge dringend, mein Gemüt.
Unsagbar war der Jubel und die Freude,
ein ganzes Leben voller Lieb und Frieden,
ein sichrer Reichtum ohne Gier und Angst!

Vor meinen Augen leuchteten die viere
wie Fackeln noch, und der zuerst Gekommne[1]
begann lebendiger zu werden, derart
errötete er als ob Jupiter
sein Licht mit Mars vertauschte (so wie Vögel
sich mausern und die Federn wechseln können).
Die Vorsehung, von der die Tätigkeiten
in ihrem Wechsel hier geregelt werden,
gebot im ganzen seligen Umkreis Schweigen.
Dann hört ich Worte: »Wenn ich mich verfärbe,
so staune nicht. Bei meiner Rede wirst du
sie alle hier die Farbe wechseln sehen.
Der sich auf Erden meine Würde anmaßt[2],
ja meine Würde, und den Stuhl besetzt,
der doch im Angesichte Christi leer steht,
die Stätte meines Grabs hat er entweiht[3]
zu einem Pfuhl des Blutes und Gestankes –

1 Petrus.

2 Der unwürdige Papst, hier wohl Bonifaz.

3 Rom, wo Petrus als Märtyrer starb.

1 Luzifer.

dem Abgefallenen zum Trost dort unten[1]«
Wie Wolken sich am Früh- und Abendhimmel
bei schräger Sonne färben, so mit Glut
sah ich die ganze Wölbung übergossen.
Und wie ein ehrsam Weib, das seiner selbst
zwar sicher bleibt, durch fremden Fehltritt aber
beim bloßen Hören schon verschüchtert wird,
so änderte sich Beatricens Aussehn –
und ähnlich wohl verhüllte sich der Himmel,
als unser höchster Herr das Kreuz erlitt.

Dann tönten strafend seine Worte weiter
mit einer Stimme, die nicht weniger
verändert war als seine Lichterscheinung:
»Nicht dazu ward für Christi Braut das Blut
von mir, von Linus, Cletus hingegeben[2],
daß man sie dann für Golderwerb mißbrauchte!
für ewiges Leben haben es vergossen
Sixtus, Callixtus, Pius und Urban[3]
nach vielem Weheklagen, so wie wir.
Auch war's nicht unsre Meinung, daß ein Teil
der Christenheit dem Heiligen Stuhl zur Rechten,
der andere zur Linken sitzen sollte[4];
noch daß die Schlüssel, die mir Christus ließ,
als Zeichen auf dem Banner wehen sollten,
wenn Christen gegen Christenbrüder kämpfen,
noch daß mein Bild als Siegel figurierte
auf feilen lügnerischen Privilegien,
drob ich mich oft in Glut und Funken schäme.
Im Hirtenmantel, räuberische Wölfe,
auf allen Weiden sah ich sie von hier aus!
Göttliche Abwehr, ruhst du immer noch?
Cahorsen schon und Basken seh ich lechzen[5]

2 Nachfolger Petri, die den Märtyrertod starben.

3 Römischse Bischöfe und Märtyrer.

4 Petrus verwirft damit die Parteinahme der Päpste in den Kämpfen zwischen Welfen und Gibellinen.

5 Ausfall gegen die Nachfolger Bonifaz' VIII., Papst Johann XXII. von Cahors und Clemens V. aus der Gascogne.

nach unsrem Blut. So schmählich soll nun enden
und stürzen, was so hoch am Anfang stand? –
Wie aber einst die Hohe Vorsehung
durch Scipio in Rom das Reich bewahrte,
so kommt sie bald, dünkt mich, auch hier zu Hilfe.
Und du mein Sohn, mit deines Körpers Last,
mußt noch einmal hinab, und dort tu auf
den Mund, verhehle nicht, was *ich* nicht hehle!«

Wie aus gefrornem Dunste Flocken schneien
durch unsre Luft herunter, wenn am Himmel
das Horn des Steinbocks an die Sonne stößt,
so sah ich jetzt nach oben durch den Äther
ein triumphierendes Gestöber wimmeln
von Geistern, die sich uns genähert hatten.
Mein Auge folgte ihrem Lichterschwarm
so lange, bis der große Zwischenraum
nicht mehr erlaubte, weiter nachzudringen.
Da meine Herrin sah, daß ich im Aufblick
nicht mehr verharrte, sagt sie mir: »Schau jetzt
hinunter und betrachte deinen Umschwung.«

Seit ich zum erstenmal hinabgeblickt[1],
sah ich den Himmel vorgerückt mit mir
vom Mittel bis zum End der ersten Zone[2],
so daß ich über Gades jetzt hinaus
den tollen Weg Ulixens sah[3], und diesseits
den Strand der sanft geschaukelten Europa[4].
Und mehr noch von den Ländern unsres Plätzchens
hätt' ich entdeckt; doch unter mir ging rüstig
die Sonne weiter fort von Stern zu Sternbild.
Mein Geist, zu liebevoller Huldigung
an meine Herrin stets bereit, entbrannte

1 *Siehe Paradies XXII, 127 ff.*

2 *Die erste von den sieben Zonen der Erde ist in der mittelalterlichen Astronomie die dem Äquator nächstliegende. Dante hätte demnach sechs Stunden seit seinem Eintritt in den Fixsternhimmel verbracht und hätte den Bogen von der Mittagshöhe bis zum westlichen Horizont durchlaufen.*

3 *Hölle, Sechsundzwanzigster Gesang.*

4 *Der Raub der Europa fand nach Ovid Metam. II, 832, am phönizischen Ufer statt. Dante übersieht also das Mittelmeer vom östlichen bis zum westlichen Ufer, ja sogar über Cadiz hinaus.*

wie nie zuvor nach ihrem Anblick wieder.
Was je Natur und Kunst an Augenweide
im Fleische und im Bild bereitet haben,
um durch den Anblick unsern Geist zu fangen,
wenn man's zusammen nähme, wär's ein Nichts
gegen die Himmelslust, die mir erglänzte,
als ich zu ihrem Frohgesicht mich wandte.
Aus ihrem Blick empfing ich solche Kraft,
daß mich's von Ledas schöner Brut[1] hinweg
hinauftrug in den schnellsten aller Himmel[2].
Da seine Zonen alle, nah und fern,
sich gleich sind, weiß ich nicht zu sagen, wo
nach Beatricens Wahl mein Eintritt stattfand.
Sie aber sah mir meinen Wunsch schon an
und sprach zu mir so heiteren Gesichtes,
daß Gott sein Wohlgefallen daran hatte:
»Das Weltgetrieb, das in der Mitte stillhält
und alles andre um sich her bewegt,
beginnt von hier aus, hier ist seine Grenze,
und dieser Himmel schwebt in keinem Raum;
in Gottes Geist, da flammt ihm Kraft und Liebe,
daß er im Kreise schwingt und Einfluß spendet.
Von Licht und Liebe ist er rings umhegt,
wie er die andern Himmel hegt, und seine
Umfassung weiß allein der Allumfasser.
Sein Umschwung hängt von keinem andern ab;
die andern aber regeln sich nach ihm,
wie sich die Zehn aus Zwei und Fünf ergibt.
Und wie die Zeit in dieser Sphäre wurzelt,
und wie sie in den andern wächst und grünt,
kann dir nun auch nicht mehr verborgen bleiben. –
Wie sind die Sterblichen doch überschwemmt,
Begehrlichkeit, so hoch von deiner Flut,

1 *Vom Sternbild der Zwillinge.*
2 *In den neunten Himmel.*

daß sich kein Auge mehr daraus erhebt!
Wohl blüht die Willenskraft in allen Menschen,
doch unaufhörlich fällt der Regen drauf
und läßt die gute Frucht am Baum verfaulen.
Nur in den Kindlein noch ist Treu und Unschuld
zu finden, aber Treu und Unschuld fliehen,
noch eh der Flaum die Wange ihnen deckt.
Solang er kindlich stammelt, fastet mancher,
der nachher bei gelöster Zunge alles,
was eßbar ist, zu allen Zeiten frißt.
Solang er stammelt, liebt und ehrt auch mancher
noch seine Mutter, die er, flüssig redend,
so gerne dann begraben sehen möchte.
So wandelt sich beim ersten Anblick schon
in schwarz die weiße Haut der schönen Tochter
des Tageslichts, das uns am Abend läßt[1].
Laß dich's nicht wundernehmen und bedenke,
daß drunten keiner da ist, der regiert,
so daß die Menschheit in die Irre geht.
Doch eh sich Jänner in den Lenz verschiebt
durch euer nicht berechnet Hundertstel[2],
dröhnt aus den höchsten Sphären solch ein Donner,
daß der so lang ersehnte Schicksalswind
die Hinterschiffe nach den Schnäbeln wendet,
und richtigen Kurs die Flotte vorwärtsläuft;
und dann folgt auf die Blüte gute Frucht.«

1 Diese Tochter wird verschieden gedeutet: als die Menschheit, oder die Kirche, oder die Natur, oder gar die Strahlen des Lichtes selbst.

2 In dem zu Dantes Zeit geltenden Julianischen Kalender wurde der Tag um zwölf Minuten, also ungefähr ein Hundertstel des Tages zu kurz gerechnet. Bei dieser Zeitrechnung, wenn sie nicht korrigiert wurde, mußte nach Jahrtausenden der kalendermäßige Januar vom Winter in den Frühling rücken. Dante läßt Beatrice in scheinbar genauen Ausdrücken eine ferne und unbestimmte Zeit der Erneuerung der christlichen Menschheit prophezeien.

Achtundzwanzigster Gesang

Blick in den überräumlichen Himmel
Die Engel

So bittre Wahrheit hielt dem heutigen Leben
der armen Sterblichen die Frau entgegen,
die meinen Geist ins Paradies erhebt.

Wie einer, der von hinten angeleuchtet,
im Spiegel eine Fackel flackern sieht
(bevor er sonst sie schaute oder ahnte),
sich umkehrt, um zu sehen, ob das Glas
ihn nicht betrügt, und findet, daß es stimmt
zum Sachverhalte, wie das Lied zum Takt,
so tat auch ich, und kann mich wohl erinnern,
wie ich in ihre schönen Augen schaute,
mit denen Amor mich gefangennahm,
und wie ich gleich zurück mich wandte und
ins Aug getroffen wurde durch ein Etwas,
das man dort überall erblicken kann:
und einen Punkt sah ich, so strahlend scharf,
daß das von ihm getroffne Gesicht
sich vor dem grellen Licht verschließen muß[1].
Das kleinste Sternchen, das wir Menschen sehen,
erschiene, neben diesen Punkt gebracht,
als wie ein voller Mond unter den Sternen.
Etwa so nahe wie ein Hof den Lichtkern
umringt, von dem er selbst ein Widerschein ist
auf einem möglichst dichten, dunstigen Grund,
so nahe kreiste um den Punkt ein Reif
von Feuer, rascher als die rascheste

1 *Dieser winzige Punkt ist Gott, dessen Licht aus dem empyreischen Himmel durch unendliche Ferne in den Kristallhimmel einfällt.*

Bewegung, die sich um das Weltall schwingt.
Der Reif wurde umkränzt von einem zweiten,
und der vom dritten, und der dritt vom vierten,
vom fünften dieser, und der fünft vom sechsten;
der siebte schwang sich drüber schon so weit
im Kreis, daß Iris' Bogen, auch ergänzt
zum vollen Rund, ihn nicht mehr fassen könnte.
So auch der acht und neunte, und ein jeder
ging um so langsamer, je weiter er
der Reihe nach entfernt vom ersten war.
Und der dem Feuerpunkt am nächsten kreiste,
war auch der flammenreinste von den Reifen –
weil er wohl tiefer in die Wahrheit blickt.

Als meine Herrin in so starker Spannung
mich schweben sah, sprach sie: »Es hängt der Himmel
samt der Natur von jenem Pünktlein ab.
Schau dort den Ring, der ihm am nächsten kreist,
und merk dir, daß er so behende läuft,
weil er von Liebesglut gestachelt wird.«
Und ich: »Wenn ebenso wie diese Ringe
das Weltall angeordnet wäre, dann
müßte mich diese Darstellung beruhigen.
Doch in der Sinnenwelt kann man bemerken,
daß um so schneller die Gewölbe kreisen,
je weiter sie vom Mittelpunkt entfernt sind.
Soll also meine Sehnsucht sich erfüllen
in diesem, nur von Licht und Lieb umhegten
und wundersam gefügten Engelstempel,
so muß ich noch verstehn, warum das Abbild
nicht gleichen Schritt mit seinem Urbild geht;
mit eignem Sinn betracht ich es vergebens.«
»Wenn einen solchen Knoten deine Finger

zu lösen nicht genügen, ist's kein Wunder.
Niemand versucht's: so wurd er immer härter.«
So sprach die Herrin und fuhr fort: »Nimm auf
mein Wort, es kann dich sättigen, wenn du
mit scharfem Geiste dich darum bemühst.

Im Raume sind die Sphären weit und eng,
je nach dem Mehr und Weniger an Kraft,
das sich durch ihre Zonen hin verbreitet.
Mehr Güte will auch größres Heil erzeugen,
mehr Heil will auch in größrem Körper wohnen,
sofern der Körper ebenmäßig ist.
Darum entspricht die Sphäre hier, die mit sich
im Schwung das ganze Weltall reißt, dem Ringe,
der heißer liebt und tiefre Wahrheit schaut.
Wenn du daher die Geisteskraft, und nicht
die äußere Gestalt zum Maße nimmst
für die als Ring von dir geschauten Wesen,
dann siehst du wunderbar zusammenspielen
das Groß und Klein der Himmelssphären mit
dem Stark und Schwächer ihrer Engelsgeister.«
Wie uns die Luft im ganzen Umkreis rein
und strahlend wird, wenn sich der Nordwind mildert
und nicht mehr aus der prallen Backe bläst,
wie sich der Nebeldunst zerstreut, und wie
der vorher noch getrübte Himmel lächelt
mit allen Reizen seines weiten Reiches,
so wurd es hell in mir, als meine Herrin
mit ihrer klaren Antwort half: und sichtbar
als wie ein Stern am Himmel stand die Wahrheit.

Als ihre Worte nun zu Ende waren,
begann ein Funkensprühen an den Ringen,

wie wenn ein glühend Eisen Funken sprüht.
Und jeder Funke glühte wie die Ringe,
wodurch die Funkenzahl nach Tausenden
das Doppelspiel des Schachbretts übersteigt[1].
Von Chor zu Chor vernahm ich ihr Hosianna
zum festen Punkte hin, der sie versammelt,
und so in ihrer Bahn sie ewig hält.

Sie sah das zweifelvolle Denken wohl
in meinem Geist und sprach: »Die ersten Ringe
bezeichnen ›Seraphim‹ und ›Cherubim‹.
Sie folgen ihrer Fessel so behende,
weil sie dem Punkte möglichst gleichen wollen,
und möglich wird's durch ihre hohe Schau.
Die Lieben, die im nächsten Umlauf wandeln,
sie heißen ›Throne‹ vor des Herrn Gesicht.
Mit ihnen schließt die erste Hierarchie[2].
Und alle, mußt du wissen, schöpfen Wonne,
so tief als ihre Einsicht in die Wahrheit,
da jeder Geist den Frieden sucht, hinabdringt.
Hieraus erkennt man, wie die Seligkeit
sich auf die Tätigkeit des *Schauens* gründet
und nicht der Liebe, die erst nachher kommt.
Das Schauen wird bemessen nach Verdienst,
aus Gnade und aus reinem Willen strömend.
So ist's ein stufenweises Weiterschreiten. –
Die nächste Dreiheit, die in ewigem Frühling
hier keimt und blüht und nie entblättert wird
vom Aries[3] der winterlichen Nächte,
sie rauscht ihr unaufhörliches Hosianna
in drei melodischen Geflechten; dreifach
klingt es zusammen aus drei Jubelchören.
Die heiligen Wesen dieser Hierarchie

1 *Anspielung auf die bekannte Geschichte vom Erfinder des Schachspiels, der eine von Feld zu Feld sich verdoppelnde Zahl von Getreidekörnern als Lohn verlangte.*

2 *Dante folgt hier, wie er selbst bekennt, dem Werke des sagenhaften Dionysius Areopagita: De coelesti hierarchia, vgl. Paradies X, 115 ff.*

3 *Das Sternbild des Widders.*

sind ›Herrschaften‹ zuerst, sind ›Kräfte‹ dann,
und in der dritten Ordnung sind es ›Mächte‹[1].
Dann in den vorletzten zwei Ringen kreisen
die ›Fürstentümer‹ und die ›Ersten Engel‹[2].
Im letzten spielen festlich *alle* Scharen.
Nach oben schauen und nach unten binden
sie alle derart, daß zu Gott sie alle
gezogen werden und einander ziehen. –
Um die Betrachtung dieser Ordnungen
bemühte Dionysius sich so heiß,
daß er, wie ich, sie euch bezeichnen konnte.
Gregorius zwar entfernte sich von ihm[3]:
und mußte, als er hier im Himmel dann
die Augen auftat, lachen über sich.
Daß so geheime Wahrheit euch auf Erden
ein Mensch verkündete, soll dich nicht wundern,
denn ihm enthüllt' es einer, der's geschaut hat
mit mancher andern Wahrheit dieser Höhen[4].«

1 *Dominationes – Virtutes – Potestates.*

2 *Principatus – Archangeli.*

3 *Papst Gregor I. in seiner Homilia XXXIV.*

4 *Der in das Paradies entrückte Apostel Paulus, auf den sich Dionysius beruft.*

Neunundzwanzigster Gesang

Erschaffung · Verhalten · Weisheit
Zahl der Engel

Wenn die zwei Leto-Kinder, Sonn und Mond[1],
geborgen bei dem Widder, bei der Waage,
am gleichen Rand sich gegenüber treten,
hält der Zenit ihnen das Gleichgewicht
solange, bis das ein und andre abrückt
vom Horizont und Hemisphäre wechselt[2]:
genauso lang schwieg Beatrice lächelnd
und schaute festen Auges auf den Punkt,
der mich mit seinem Licht bezwungen hatte.
Dann fing sie an: »Ich frag nicht erst, ich sage
sofort dir, was du hören willst, ich las es
im Spiegel, wo sich Raum und Zeit begegnen.

Nicht um für sich nur Gutes zu erwerben
(was ja nicht möglich), nur damit sein Glanz
im Widerscheine kündete: ich bin!
entließ aus sich der ewig Liebende
nach seiner Lust, jenseits der Zeit und jenseits
von jeglichem Verstehn, ein neues Lieben.
Nicht daß Er vorher wie im Dumpfen dämmerte;
denn weder vorher war's noch nachher, als
der Geist des Herrn über den Wassern schwebte.
Die Form, der Stoff, vereint und rein geschieden,
traten ins Dasein ohne Fehl: so fliegen
drei Pfeile von dem dreigesträngten Bogen.
Und wie auf Glas, auf Bernstein, auf Kristall
ein Lichtstrahl trifft und ohne Aufenthalt

1 Apoll und Diana, die Kinder der Leto oder Latona und des Jupiter, stehen bei Dante für Sonne und Mond.

2 Da Widder und Waage sich im Tierkreis diametral gegenüberliegen, so kann der Augenblick, da die Sonne im Widder und der Vollmond in der Waage am Horizont sich sozusagen gleichmäßig die Schaukel halten, nur ein sehr kurzer sein.

im gleichen Nu hineingedrungen ist,
so strahlte dreigestufte Wirkung aus
vom Herrn ins Dasein auf ein einzig Mal,
und war kein Unterschied im Anbeginn.
Und einerschaffen wurden Rang und Ordnung
den Wesen allen. An den Gipfel kamen
die für das reine Tun berufenen[1].
Die reine Möglichkeit fand unten Raum[2],
und in der Mitte Actus und Potentia
mit einem Band verknüpft, das nie sich löst[3]. –
Wohl schrieb Hieronymus von einer langen
Jahrhundertfolge, da die Engel schon
geschaffen waren, und die Welt noch nicht[4];
doch steht der wahre Tatbestand geschrieben
an vielen Stellen in der Heiligen Schrift.
Du kannst es selbst gewahren, wenn du achtgibst.
Auch die Vernunft kann einiges erfassen:
es widerspräche ihr, wenn die Beweger
so lang bestanden hätten, eh sie wirkten.
Nun weißt du, wo und wann und wie erschaffen
die Liebesgeister wurden. Damit sind
schon drei der heißen Wünsche dir gelöscht.
Und eh man noch bis zwanzig zählt, so rasch
verwirrte schon ein Teil der Engel euch
im irdischen Untergrund die Elemente[5].
Die andern blieben treu, und gleich begannen
sie, wie du siehst, mit solcher Lust die Kunst,
von der sie, Reigen tanzend, nimmer lassen.
Zum Abfall trieb der fluchbeladne Stolz
des einen, den du in der Tiefe sahst,
von allem Schweren in der Welt umdrängt.
Bescheiden blieben, die du droben siehst
in ihrem Dank für Gottes Güte, daß Er

1 Die Engel als reine Intelligenzen.
2 Im Reich der Erde.
3 Das Mittelreich der Himmelssphären.
4 Hieronymus, Epist. ad Titum, Kap. 1, 2.
5 Sofort nach der Erschaffung der Engel fiel ein Teil von ihnen ab und störte als Teufel die Ordnung der Natur.

so willig sie und so verständig machte.
Durch gnädige Erleuchtung und Verdienst
ward drum ihr Schauen so erhöht, daß sie
den vollen und den festen Willen haben.
Du sollst gewiß sein, zweifeln darfst du nicht,
daß Gnade zu empfangen ein Verdienst ist:
je offner das Gemüt sich ihr ergibt.
Nun kannst du über diese Himmelsscharen
dir vieles noch betrachtend klären, wenn du
mein Wort dir, ohne fremde Hilfe, merkst.

Doch weil in euern Schulen bei den Menschen
gelehrt wird, daß die englische Natur
Verstand, Erinnerung und Willen habe,
sag ich noch mehr, auf daß du rein und schlicht
die Wahrheit schauest, die man dort verwirrt
in doppelsinniger Gelehrsamkeit.
Seit im Gesichte Gottes diese Wesen
sich laben, wandten sie den Blick noch nie
hinweg von dort, wo nichts verborgen bleibt.
Ihr Schauen wird daher nicht unterbrochen
durch andre Gegenstände, und es braucht
kein Rückbesinnen auf Zusammenhang.
Du siehst, man träumt mit offnem Aug dort unten
und gibt's für Wahrheit, ob man's glaubt, ob nicht –
und desto schlimmer, wenn man's selbst nicht glaubt.

Eure Philosophie geht nicht nach *einem*
Verfahren vor. Es lockt die Lust am Schein
mit ihrem Trugschluß euch vom Wege ab.
Doch trägt man dies im Himmel mit geringrer
Entrüstung, als wenn gar die Heilige Schrift
bei euch hintangesetzt wird und mißdeutet.

Dabei vergißt man, wieviel Blut die Aussaat
des Wortes kostet, und wie gottgefällig
ein schlichter Sinn, der ihm in Demut folgt.
Ein jeder möchte glänzen und bringt seine
Erfindung vor, die von den Predigern
besprochen wird – und Gottes Botschaft schweigt.
Das sagt man, daß der Mond bei Christi Leiden
zurückgewichen sei, das Sonnenlicht
verdeckend, daß es nicht mehr scheinen konnte.
Falsch! sagt ein andrer, denn das Licht verbarg sich
von selbst, daher bei Spaniern und bei Indern
die Finsternis wie bei den Juden eintrat.
Und solcher Fabeln werden Jahr für Jahr
mehr als Lapi und Bindi[1] in Florenz
von allen Kanzeln in die Welt geschrien.
Die armen Schäflein, die nichts ahnen, kehren
mit Wind gefüttert von der Weide heim,
und ihre Blindheit kann sie nicht entschuldigen.
Christus hat seinen Jüngern nicht gesagt:
Geht hin in alle Welt und predigt Possen!
Die Grundwahrheit, die echte, gab er ihnen,
und diese nur erscholl von ihren Lippen;
drum ward das Evangelium für sie
im heißen Glaubenskampfe Schild und Lanze.
Jetzt aber wird mit Witzeln und Getändel
gepredigt, und es bläht sich die Kapuze,
wenn's ein Gelächter gibt, mehr will man nicht.
Doch im Kapuzenzipfel hockt ein Vogel,
so schwarz, daß, wenn die Leute ihn entdecken,
sie auch den Wert des Ablasses durchschauten[2].
Die Torheit ist schon so verbreitet drunten,
daß man auch ohne Bürgschaft und Beweis,
nur auf Versprechung hin gelaufen käme.

1 Volkstümliche Abkürzungen der häufigen Taufnamen: Jacopo = Lapo und Ildebrando = Bindo.

2 Die Sündenvergebung, die dem gläubigen Volk für fleißigen Besuch der Predigten zugesichert wird, macht der in der Kapuze des Predigers hockende Teufel ungültig.

Des heiligen Antonius Schwein und andre
noch Schweinischere mästen sich davon
und zahlen euch mit falscher Münze aus[1]. –
Doch wir sind weit vom Wege abgeschweift.
Richte die Augen jetzt darauf zurück,
damit wir kurz und rasch die Bahn vollenden.

Das Volk der Engel hebt sich stufenweise
so über alle Zahl, daß keine Sprache
und kein Begriff der Menschen es erreicht.
Und wenn du Daniels Traumgesicht betrachtest[2],
so siehst du, daß in seinen »Tausenden«
sich eine festbestimmte Zahl verbirgt[3].
Das Licht, das aus dem Urquell strahlt auf alle,
wird so verschiedenartig aufgenommen,
als Flämmchen sind, mit denen es sich paart.
Und wie mit dem Empfangen Hand in Hand
ein Fühlen geht, so wirkt gedämpft und glühend
verschiedentlich das Liebesglück in ihnen.
Nun sieh die Weite, die Erhabenheit
des Ewigen, der sich so viele Spiegel
erschuf, in die sich seine Macht zerteilt,
und dabei in sich einig bleibt wie vorher.«

1 *Das Attribut des heiligen Antonius Eremita, das Schwein, bedeutet den unreinen Geist. Mit der falschen Münze sind ungültige Ablässe gemeint.*

2 *Buch Daniel 7, 10.*

3 *Also eine übermenschliche, jedoch keineswegs unbestimmte Zahl.*

Dreißigster Gesang

Beatrices Verklärung · Das Empyreum Die Himmelsrose

Sechstausend Meilen wohl von uns entfernt
glüht jetzt der Mittag, und die Erde neigt
zur ebnen Fläche fast ihr Schattenbild[1].
Zu unsern Häuptern wird der Himmel mählich
so hoch, so fern, daß dies und jenes Sternlein
nicht mehr herunterleuchtet bis zu uns.
Und wie der Sonne helle Künderin
noch näher rückt, verbirgt sich Blick um Blick
am Himmel bis zum letzten, schönsten Stern.
Ähnlich zerging das Jubelfest, das immer
den Punkt umspielt, der mich geblendet hatte,
den Allumfassenden scheinbar umtanzend:
so nach und nach erlosch es meinen Augen.
Die sahn nun nichts mehr, und bezwungen von
der Liebe, kehrten sie zu Beatrice.
Wenn alles bisher über sie Gesagte
vereinigt würde in ein einzig Lob,
so wär es doch für dieses Mal zu wenig.
Ich sah, wie ihre Schönheit unser Maß
weit übertrifft; ich glaube fest, daß nur
ihr Schöpfer sie in Wirklichkeit versteht.
Hier muß ich, ich gesteh es, unterliegen.
So ließ kein niedrer, ließ kein hoher Künstler
sich je von seinem Stoffe übertreffen!
Wie Sonne auf ein kränkliches Gesicht,
so wirkt mir die Erinnrung ihres Lächelns
verwirrend auf die Sicherheit des Geistes.
Vom ersten Tag, da ich ihr Antlitz sah

1 Im fernen Osten von Italien ist es Mittag, in Italien selbst bald Morgendämmerung, so daß der Schatten der Erde horizontal nach Westen fällt.

auf Erden, bis zu diesem Himmelsblick,
hat mein Gesang sich nie von ihr getrennt.
Doch jetzt muß ich verzagen, ihrer Schönheit
Verklärung noch als Dichter zu begleiten.
Sein Letztes hat kein Künster je erreicht.

So stand sie da – mag eine hellre Stimme
als meine, die ihr schweres Lied zu Ende
zu bringen hat, es schildern und verkünden –
und sprach zu mir als ein beflissner Führer
in Wink und Wort: »Wir sind der größten Sphäre
entstiegen, sind im Himmel reinen Lichtes.
Es ist ein geistig Licht und voller Liebe,
Liebe des wahren Gutes, voller Freude,
und Freude ist es über alle Wonnen.
Die eine und die andre Heeresmacht[1]
des Himmels darfst du sehn: die einen so,
wie du sie schauen wirst am Jüngsten Tag.«
So wie ein jäher Blitz die Lebensgeister
des Augs verscheucht, daß keine Sehkraft mehr
für noch so starke Bilder übrigbleibt,
umbrandete mich ein lebendig Licht
und band und hüllt' mich ein in einen Vorhang
von Feuer, daß mir gar nichts mehr erschien.
»Die diesem Himmel Ruhe gibt, die Liebe[2],
empfängt die Kommenden mit solchem Gruß,
auf daß die Kerze besser Feuer fange.«
Kaum waren diese kurzen Worte mir
ins Innere gedrungen, als ich merkte,
wie's mich emporhob über meine Kraft.
Ein neues Sehen lichtete sich mir,
so daß kein noch so heller Glanz mir mehr
gefährlich für die Augen werden konnte.

1 *Die heiligen und seligen Menschen in leibhaftiger Verklärung, und die Engel.*

2 *Die räumlichen Himmelskugeln werden von der Liebe in Schwung gesetzt. Der empyreische Himmel ruht in der Liebe.*

Und Licht sah ich wie einen großen Strom,
der floß und blitzte zwischen Ufern hin,
wo rechts und links ein Farbenfrühling blühte.
Es spritzten rasche Funken aus den Wellen
und sprühten nieder auf die Blumen alle
und leuchteten im Golde wie Rubinen.
Sodann, als wären sie vom Dufte trunken,
sprangen die Funken in die Wogen wieder
und stäubten hin und her vom Strom zum Ufer.

»Der hohe Wunsch, der jetzt so heiß in dir
nach Auskunft über dieses Schauspiel drängt,
gefällt mir, weil er dich so heftig treibt.
Doch mußt noch erst aus diesem Strome trinken,
bevor in dir der große Durst gelöscht wird.«
So sprach zu mir die Sonne meiner Augen
und fügte bei: »Der Fluß und diese Funken,
die hin- und widerstäuben, und die Blumen
sind nur ein schattiger Eingang in die Wahrheit.
Nicht daß es spröde Rätseldinge wären –
auf *deiner* Seite liegt der Mangel nur,
weil sich dein Blick noch nicht so hoch gewöhnt hat.«

So hastig stürzt sich kaum ein kleines Kind
mit dem Gesichtlein nach der Milch, wenn es
länger als sonst geschlafen hat und aufwacht,
wie ich mich neigend reckte nach der Flut,
um spiegelreine Augen zu bekommen
vom Strom, der unserer Verklärung fließt.
Und kaum, daß ich die Wimpern darin netzte,
erschien es mir, daß sich des Stromes Länge
zu einem runden See verbreitete.
Sodann wie ein verlarvtes Menschenvolk,

das sich verwandelt, wenn es sich entkleidet
und allen fremden Anschein von sich tut,
so wandelten sich mir zu höhrem Glanze
die Blumen und die Funken, und ich schaute
enthüllt den Doppelchor der Himmelsscharen.
Du Abglanz Gottes, der das Siegesfest
des wahren Reiches mich hast schauen lassen,
gib mir die Kraft zu sagen, wie ich's schaute.

Ein Licht lacht in der Höh, durch das der Schöpfer
für die Geschöpfe sichtbar wird, die nur
in Seinem Anblick ihren Frieden finden.
Es dehnt sich aus in einer Kreisgestalt,
so mächtig, daß sein Strahlenring zu weit
sogar als Gürtel für die Sonne wäre.
Es kommt sein ganzes helles Rund von einer
Bestrahlung, die, gespiegelt auf der Kuppe
der erstbeschwingten Sphäre, Leben spendet[1].
Und wie im See ein überhängend Ufer
sich spiegelt, wenn's am reichsten grünt und blüht,
als wollt es sich in seinem Schmuck betrachten,
so sah ich an dem Lichtsee rings von oben
auf mehr als tausend Stufen sich bespiegeln
die von uns heimgekehrten Seelen alle.
Und wenn die tiefste Reihe schon so viel
des Lichts umfaßt, in welche Weiten reicht dann
mit ihren fernsten Blättern diese Rose!
Nicht in der Breite und nicht in der Höhe
verlor mein Blick sich, alles faßte er:
der ganzen Himmelsfreude Maß und Art.
Nähe und Ferne machen dort nichts aus,
denn wo der Herrgott unvermittelt waltet,
hat keine Geltung das Naturgesetz.

1 *Der Lichtsee oder die Himmelsrose tritt also dadurch in Erscheinung, daß die von Gott ausgehende Strahlung auf den Kristallhimmel trifft und von diesem zurückgespiegelt wird in das Empyreum. Zugleich erhält der Kristallhimmel durch diese Bestrahlung seine Bewegung und Wirkungskraft.*

Ins gelbe Innere der Himmelsrose,
die aufgestuft und duftig sich entfaltet,
zu Lob und Ehr der ewigen Gnadensonne,
zog Beatrice mich, den Redewilligen,
der schweigsam blieb, und sagte: »Schau, wie viele
in weißgewaschnen Kleidern hier versammelt[1]!
Und sieh, wie weit der Umkreis unsrer Stadt,
und schau, wie unsre Bänke schon besetzt sind,
daß man nur wenige hier noch erwartet.
Auf jenem großen Stuhl, nach dem du schaust,
weil jetzt schon eine Krone darauf ruht,
wird, eh du selbst an diesem Fest dich labest,
die einst auf Erden kaiserliche Seele
des hohen Heinrich sitzen, der Italien[2],
noch eh es Zeit ist, aufzurichten kommt.
Die blinde Habsucht hat euch so verhetzt,
daß ihr dem Knäblein gleicht, das Hungers stirbt –
und stößt die Brust der Amme von sich. Und
als Oberster im göttlichen Gerichtshof
erscheint dann einer, offen und versteckt
auf andern Wegen wandelnd als sein Kaiser[3].
Doch wird von Gott im heiligen Amt nicht lange
er mehr geduldet, dann hinabgestoßen,
wo Zaubrer Simon Lohn empfängt, muß er
Den von Anagni in die Tiefe drücken[4].«

1 Offenbarung Johannis 7, 14.

2 Kaiser Heinrich VII., auf den Dante so große Hoffnungen setzte, starb 1313 auf seinem Römerzug.

3 Papst Clemens V., der Kaiser Heinrichs Pläne in jeder Weise durchkreuzte. Er starb im Mai 1314.

4 Der von Anagni ist Papst Bonifaz VIII. Zu der Bestrafung dieser Päpste vergleiche den neunzehnten Höllengesang. Die Ankündigung solcher von Dantes Gegnern zu erleidenden Höllenpein ist Beatrices letztes Wort im Paradies.

Einunddreißigster Gesang

Engel über der Rose · Der heilige Bernhard
Dantes Dank an Beatrice · Die Himmelskönigin

Als weiße Rose um mich her gebreitet
gab sich die heilige Kriegerschar zu kennen,
die Christus durch sein Blut sich angetraut.
Die andre Schar, im Fluge schauend, singend
die Ehre und die Güte Dessen, der
zur Liebe sie so reich geschaffen hat,
sie schwärmte wie ein Bienenvolk, das bald
zur Blume schlüpft und bald zurück zum Korb
sich schwingt, wo süß sich ihm die Arbeit häuft,
sie flog zur blätterreichen Riesenrose
hinunter und von dort wieder empor
dem ewigen Wohnort ihrer Liebe zu.
Ihre Gesichter waren flammenhell,
von Gold die Flügel, alles andre weiß
und blendender als frisch gefallner Schnee.
Den Blumenkelch hinab von Blatt zu Blatt
spenden sie Ruhe und Begeisterung,
die sie im Flug nach oben sich errangen.
Obschon ein massenhaft Geschwirr von Flügeln
über der Rose kreiste, blieb der Einblick
doch frei, und ungetrübt erschien ihr Glanz;
denn Gottes Licht erstrahlt durchs Weltall hin
nach allem, was es seiner würdig findet,
und nichts vermag ihm Widerstand zu bieten.
Dies ganze Reich der Sicherheit und Freude,
von alt und neuen Bundes Volk erfüllt,
haftet mit Aug und Herz an *einem* Ziel.

Du dreifach Licht in einem einzigen Stern,
mit deinem Funkeln schenkst du solchen Frieden,
o schau herab auf unsre stürmische Not!
Wenn die Barbaren, von den Ufern kommend,
wo Tag für Tag der Große Bär den Kleinen
am dämmerigen Himmel kreisend sucht,
in Rom die mächtigen Gebäude sahen,
erstaunten sie, da noch der Lateran
in höchster Geltung unter Menschen stand.
Wie mußte dann erst ich, der von den Menschen
zu Gott und aus der Zeit zur Ewigkeit
und aus Florenz zu Recht und Frieden kam,
wie mußte ich von Staunen ganz erfüllt sein!
Und so in freudiger Verwundrung war mir
am liebsten, nichts zu hören und nur still sein.
Und wie dem Pilger wohl wird, wenn er endlich
in seiner Wallfahrtskirche Umschau hält
und schon im Geist zu Haus davon berichtet,
so ließ ich im lebendigen Himmelslicht
die Augen sich ergehn über die Stufen
im Auf und Ab, und dann im Kreis umher.
Ich sah Gesichter, die man lieben mußte,
im Schmuck des Lichts und ihres eignen Lächelns,
und Würde war in jeglicher Bewegung.

Die allgemeine Form des Paradieses
hatte mein Blick im Ganzen schon erfaßt,
beim Einzelnen bis jetzt noch nicht verweilend.
So wandt ich mich mit neu erwachter Lust
um Auskunft über Dinge, drob mein Geist
im Ungewissen schwebt', an meine Herrin.
So war mein Absicht, anders der Erfolg.

Statt Beatricen sah ich einen Greis[1],
gekleidet wie die Scharen der Verklärten.
In seinen Augen, über seinen Wangen
lag frohe Güte, seine Haltung war
so mild wie eines liebevollen Vaters.
»Wo ist sie?« sagte ich mit rascher Wendung.
Drauf er: »Um dein Begehren zu vollenden,
hat Beatrice mich von dort geholt.
Blicke hinauf zum dritten Rang von oben,
so kannst du dort sie auf dem Throne sehen,
der nach Verdienst ihr angewiesen wurde.«
Ohne ein Wort erhob ich meine Augen
und sah sie, die sich selber eine Krone
im Widerschein der ewigen Strahlen formte.
Aus Wolkenhöhen, wo der Donner wohnt,
bis auf den tiefsten Grund des Meeres ist
für Menschenauge die Entfernung kleiner,
als dort von mir zu Beatrice hin;
mich stört' es nicht; ihr Bild floß unberührt
von trüben Mitteln, rein zu mir herab.
»Herrin, auf die sich meine Hoffnung stützt,
die du für meine Rettung dich nicht scheutest,
der Hölle deine Fußspur einzuprägen,
von allem, was ich habe sehen dürfen,
verdank ich deiner Macht und deiner Güte,
was mir an Kraft und Gnade daraus zuwuchs.
Du hast mich aus der Knechtschaft in die Freiheit
auf allen Wegen und mit allen Mitteln
gebracht, die du dazu verwenden konntest.
Bewache, was du Großes schufst in mir,
daß meine Seele, heil durch dich geworden,
dir wohlgefällig sich vom Körper löse.«
So fleht ich und, so fern sie scheinbar war,

1 *Der heilige Bernhard von Clairvaux.*

sie lächelte mir zu und sah mich an;
dann wandte sie zum ewigen Born sich wieder.

Drauf sprach der heilige Greis: »Auf daß du ganz
den Weg zu Ende gehest, den du kommst,
wozu mich heilge Lieb und Bitte herrief,
durchflieg mit deinen Augen diesen Garten!
Seine Betrachtung soll dich fähig machen,
noch höher auf durch Gottes Licht zu dringen.
Die Himmelskönigin, von deren Liebe
ich ganz ergriffen, schenkt uns jede Gnade,
weil ich ihr treuer Diener bin, Bernhardus[1].«
Wie einem Fremden, etwa aus Kroatien,
der unser heiliges Schweißtuch sehen will,
und kann sich gar nicht sättigen am Anblick
des altberühmten Stücks, solang man's ausstellt[2],
und sagt bei sich: wahrhaftiger Gott und Herr,
so also war dein Antlitz, Jesus Christus! . .
ähnlich ward mir beim Anblick des lebendigen
und gütigen Mannes, der auf dieser Erden
den Himmelsfrieden der Betrachtung fand.

»Du reich Begnadeter«, sprach er, »du kannst
das heitre Dasein hier nicht recht erkennen,
wenn immer nur am Grund dein Auge haftet.
So schau doch weiter nach den fernsten Kreisen,
bis du auf ihrem Thron die Königin
erblickst, der dieses Reich ergeben ist.«
Ich hob die Augen. Wie bei Morgenlicht
der Horizont im Osten heller scheint
als auf der andern, abendlichen Seite,
so sah ich, mit den Blicken aufwärts wandernd,
in letzter Ferne eine Gegend, wo

1 In der Tat geht der große Aufschwung der Marienverehrung im 12. Jahrhundert auf Bernhard von Clairvaux zurück.

2 Das in der Basilika St. Peter in Rom aufbewahrte Schweißtuch der Veronika.

das Licht die ganze Reihe überstrahlte.
Und so wie's dort am hellsten glüht, wo bald
die von Phaethon schlecht geführte Deichsel[1]
auftaucht und rechts und links der Schein verblaßt,
so zeigte jene Friedens-Oriflamme[2]
die Mitte glühend, und zu beiden Seiten
beruhigte sie in gleichem Maß ihr Feuer.
Um diese Mitte schwebten festlich jubelnd
auf breiten Flügeln mehr als tausend Engel,
und jeder schillerte in andrem Schmuck.
Zu ihren Spielen, ihren Liedern sah ich
ein Lächeln auf dem schönsten frohen Antlitz,
das all die andern Heiligen beglückte.
Und wäre ich so überreich an Worten,
wie an Erinnrungsbildern, wagt ich's doch nicht,
auch nur im kleinsten ihren Reiz zu schildern.
Sankt Bernhard sah, wie innig meine Augen
in die von ihm gehegte Glut sich senkten,
und blickte jetzt nach ihr mit solcher Liebe,
daß neue Lust zu schauen mich entflammte.

1 *Die Strahlenspitze des Sonnenwagens.*

2 *Das paradiesische Gegenstück zu der Oriflamme auf Erden, das heißt zum Kriegsbanner der Könige von Frankreich.*

Zweiunddreißigster Gesang

Ordnung der Himmelsrose

Versunken so in seine Herzensfreude
nahm der Beschauliche das Amt des Lehrers
auf sich und sprach zu mir die heiligen Worte:
»Die Wunde, die Maria heilen half,
hat jene schöne Frau zu ihren Füßen
dem menschlichen Geschlechte angetan[1].
Im Range, den die dritten Bänke bilden,
sitzt Rahel unterhalb der ersten Frau,
und neben ihr Beatrix, wie du siehst.
Sarah, Rebekka, Judith und die Magd[2],
die Urahnin dem Psalmensänger ward,
der reuig sein: ›Erbarm dich meiner!‹ sang, –
du kannst von Stufe sie zu Stufe abwärts
betrachten, wie ich sie mit Namen nenne,
von Blatt zu Blatt herunter an der Rose.
Und von der siebten Stufe abwärts siehst du
(wie auch schon über dieser) Fraun aus Juda,
an denen sich die Rosenblätter scheiden.
Denn je nachdem die Richtung ihres Glaubens
auf Christum ging, verläuft die Scheidewand
und teilt die heiligen Treppenstufen ab.
Auf dieser Seite, wo in reifer Blüte
die vollen Blätter stehn, befinden sich,
die gläubig auf den *künftigen* Heiland schauten.
Auf jener Seite, wo noch Lücken klaffen,
versammeln sich zu Halbkreisen die spätern,
die an dem *angekommnen* Christus hingen.

1 Bernhard pflegte in seinen Predigten Eva als die »Ministra seductionis« mit Maria als der Ministra reductionis« in engste Beziehung zu setzen.

2 Ruth, die Urgroßmutter des Königs David.

Und so wie diesseits der erlauchte Sitz
der Himmelskönigin, und unter diesem
die andern Sitze solche Scheidung zeichnen,
so gegenüber, auf erhabnem Stuhle
Johannes, der die Wüste, der den Tod
und noch zwei Höllenjahre fromm ertrug[1].
Und unter ihm, erkürt zur Geisterscheide,
sind Franz und Benedikt und Augustin,
und so von Kreis zu Kreis herab die andern.
Bedenk das hohe göttliche Verfügen,
wonach der vor- und rückwärts schaunde Glaube
in gleicher Weise hier erblühen darf.

Und wisse: unterhalb des Ranges, der
auf halber Höh die Scheidewände schneidet,
ist für ein eigenes Verdienst kein Raum mehr,
nur noch für fremdes in bestimmten Grenzen;
denn all die Geister hier wurden erlöst,
bevor sie frei sich selbst entscheiden konnten.
Du kannst es schon an den Gesichtern kennen
und an dem knabenhaften Klang der Stimmen.
Schau sie dir richtig an und lausche hin. –
Ein Zweifel kommt dir jetzt und macht dich still;
doch will ich dir den harten Knoten lösen,
in den ein klügelnd Denken dich verstrickt.
In diesem weiten Königreiche bleibt
auch nicht ein Pünktchen für den Zufall übrig,
so wenig wie für Trauer, Hunger, Durst;
denn alles ist bestimmt durch ewige Satzung,
so weit dein Auge reicht, und haargenau
kann man vom Ring hier auf den Finger schließen.
Und demnach ist die Schar der früh hieher
zum wahren Sein Gelangten unter sich

1 Johannes der Täufer hätte demnach die Zeit von seinem Tod bis zu Christi Höllenfahrt in der Vorhölle verbracht.

nicht ohne Grund verschieden ausgezeichnet.
Der König, der den Himmel ruhend hält
in all der Liebe und in all der Wonne,
wie größer sie kein Wille hoffen darf,
erschafft in seinem frohen Licht die Geister
und stattet sie, wie ihm gefällt, verschieden
mit seiner Gnade aus, und so ist's gut.
Und deutlich wird euch dies und klar gelehrt
im Bibelworte von den Zwillingen,
die schon im Mutterleib sich feindlich wurden[1].
Drum, wie von Kopf zu Kopf des Haares Farbe,
so strahlt das höchste Licht der Gnade auch,
wie sich's gehört, verschieden auf den Häuptern.
So sind denn ohne das Verdienst der Werke
durch Stufen hier die Seligen verteilt
nur nach dem Unterschied des ersten Triebes.
In frühesten Jahrhunderten genügte
zum Seelenheil denn auch des Kindleins Unschuld,
wenn nur die Eltern gut im Glauben waren.
Als dann die erste Zeit vorüber war,
bedurft es bei den Knaben der Beschneidung;
den Flügeln ihrer Unschuld gab sie Kraft.
Doch als die Zeit des Gnadenopfers kam,
blieb ohne die vollzogne Christentaufe
die Unschuld in der Tiefe festgebannt. –
Und jetzt schau in das Angesicht, das Christo
am ähnlichsten, weil *Ihre* Klarheit nur
dich vorbereiten kann, den Sohn zu schauen.«

Da sah ich Freude über Sie ergehen,
von jenen heiligen Wesen dargebracht,
die auch für solche Höhe Flügel haben:
ein Bild, wie kein bisher gesehnes mich

1 *Römerbrief 9, 10 ff. und 1. Mose 25, 21.*

in ähnliche Verwunderung versetzte,
noch so viel Ahnung mir von Gott erschloß!
Der Engel, der dereinst schon niederschwebte,
»Gegrüßt seist Du, Maria!« sang er wieder
und breitete vor Ihr die Flügel aus.
Antwort erschallt dem göttlichen Gesang
von allen Seiten aus dem seligen Chor
und rings aus allen Blicken leuchtet's heller.
»Mein heiliger Vater, der du mir zuliebe
vom trauten Sitze dich herabbemüht,
der dir durch ewigen Ratschluß doch gehört,
wer ist der Engel, der so minniglich
den Blicken unsrer Königin begegnet
und der vor Liebe wie ein Feuer flammt?«
Mit dieser Frage holt ich neuen Rat
bei ihm, der durch Marias Licht verschönt
wie Morgenstern erglänzte vor der Sonne.
Und er zu mir: »Kühnheit und Lieblichkeit,
soviel in einem Engel, einer Seele
Raum hat, ist, wie es sich gehört, in ihm.
Denn er, die Palme in der Hand, begrüßte
Maria drunten, als der Gottessohn
mit unsrer Bürde sich beladen wollte.

Doch folge nunmehr meinem Wort und schau,
wie ich sie nenne, auf die großen Väter
in diesem frommen und gerechten Reich.
Die zwei dort oben, die am nächsten neben
der höchsten Frau das Glück zu sitzen haben[1],
sind wie die beiden Wurzeln dieser Rose.
Der sich zu ihrer Linken niederläßt,
Urvater ist's, dessen verwegne Lust
dem menschlichen Geschlecht so bitter schmeckt.

1 *Links von Maria sitzt Adam, rechts der heilige Petrus.*

Zur Rechten siehst du den ehrwürdigen Vater
der heiligen Kirche, dem der Herr die Schlüssel
zum Garten dieser Rose anvertraut hat.
Und er, der eh er starb prophetisch schaute
das viele Leid der schönen, einst mit Nägeln
und Lanzenstich am Kreuz gefreiten Braut,
sitzt neben ihm[1]; und bei den andern ruhet
der Führer, unter dem das undankbare,
unstete, störrische Volk von Manna lebte[2].
Dem Petrus gegenüber siehst du Anna[3],
im Anschaun ihrer Tochter so beglückt,
daß sie kein Auge beim Hosianna wendet.
Dem ersten Ahnherrn gegenüber sitzt
Lucía; deinethalb von deiner Herrin
ward sie gesandt, als du blindlings sankest[4].

Die Stunden deines Traumes gehn zu Ende.
Hier laß uns schließen, wie ein guter Schneider
den Schnitt des Rocks nach seinem Tuche richtet.
Zur ersten Liebe heben wir den Blick,
damit du schauend vorwärts dringst zu ihr,
so weit es möglich ist in ihrem Glanz.
Wahrlich, damit du nicht etwa zurück
statt vorwärts, wie du glaubst, im Fluge gleitest,
müssen wir Gnade im Gebet erflehn,
Gnade von ihr, die dir zu helfen Macht hat.
Und du begleite mich mit deiner Andacht,
daß sich von meinem Wort dein Herz nicht trenne.«
Und er begann sein heiliges Gebet.

1 *Der Apokalyptiker und Evangelist Johannes.*

2 *Moses.*

3 *Marias Mutter.*

4 *Siehe Höllengesang II, 103.*

Dreiunddreißigster Gesang

Gebet des heiligen Bernhard
Dantes Gottesschau

»Jungfrau und Mutter, Tochter Deines Sohnes,
bescheidenstes und höchstes der Geschöpfe,
im ewigen Plan bestimmt und auserwählt,
Du hast in Dir die menschliche Natur
so hoch geläutert, daß der Schöpfergott
sich gerne geben ließ als ihr Geschöpf.
In Deinem Blute regte sich die Liebe,
die lebenswarme wieder, die im Frieden
vor Gott hier diese Rose knospen ließ.
Uns Seligen bist Du die Mittagssonne,
die Liebe, und den Sterblichen auf Erden
bist Du der Hoffnung lebensvoller Quell.
Du Herrin bist so groß und bist so mächtig,
daß jedem Flehenden, der Dich nicht sucht,
mit lahmen Flügeln seine Sehnsucht schmachtet.
Zur Hilfe aber eilet Deine Güte
dem Bittenden: und oft aus freier Hand
bringt sie Gewähr, noch eh die Bitte ging.
Frommes Erbarmen, Mitleid, Herrlichkeit
und alles Gute eines Menschenherzens,
in Dir, in Dir, in Dir ist es vereint.

Sieh, dieser, der vom tiefsten Nichts der Welt
bis hieher stufenweise schauen durfte
die geistigen Lebensformen aller Seelen,
fleht jetzt zu Dir. Verleih ihm, Gnadenvolle,
noch soviel Kraft, daß er mit Augen sich

höher erhebe bis zum letzten Heil.
Und ich, der ich das Glück des Schauens *mir*
nicht durstiger begehrte je als *ihm*,
all mein Gebet – oh, daß es nicht versage –
schick ich zu Dir. Nimm drüben Dunst der Erde
Du ganz mit Deiner Bitte von ihm ab,
auf daß die höchste Lust sich ihm erschließe.
Und ferner bitt ich, Königin, denn alles
vermagst Du, was Du willst, daß seine Sinne
auf all den Anblick hin sich nicht verwirren.
Die Regung seiner Menschenbrust bewache.
Sieh, wie zu meinem Beten Beatrice
und all die andern ihre Hände falten.«

Ihr Mutterauge, lieb und wert vom Herrgott,
betrachtete den Betenden und zeigte,
wie wohlgefällig fromm Gebet vor Ihr.
Dann richtete es sich ins ewige Licht,
in das gewiß kein anderes Geschöpf
so klaren Auges schauen kann wie Sie.
Da ich dem Endziel aller Wünsche nun
mich näherte, beschwichtigt' ich in mir,
wie sich's gehört, das glühende Verlangen.
Bernhardus winkte mir und lächelte,
daß ich empor sollt schaun, doch hatt ich schon
von selbst mich angeschickt, wie er es wollte.
Allmählich klärte sich mir mein Gesicht
und arbeitet den Strahlen sich entgegen
zum hohen Licht, dem Wahren in sich selbst.
Und in der Folge wuchs mein Schauen so,
daß unser Wort versagt, und das Gedächtnis
dem Übermaß der Bilder unterliegt.
Mir ist wie einem, der im Schlafe schaut,

und nach dem Traume bleibt ihm die Erregung
im Geist, indes das Bild nicht wiederkehrt.
So ist's in mir – es schwinden die Gesichte
fast ganz, und immer träuft die Seligkeit,
die sie mir brachten, immer noch ins Herz.
So löst der Schnee sich an der Sonne auf,
und so verloren sich in Wind und Blättern
flüsternd die Weisheitssprüche der Sibylle.

Du über alle menschliche Begriffe
erhabne Klarheit, leihe meinem Geist
ein Kleines noch einmal von deiner Lichtspur
und schenke meinen Worten so viel Kraft,
daß einen Funken doch von deiner Glorie
ich zu den künftigen Geschlechtern trage.
Wenn nur ein Weniges mir ins Gedächtnis
zurückkehrt und im Verse leis erklingt,
wird man von deinen Siegen größer denken.

Der heilige Lichtstrahl, dem ich standhielt, hätte
mit seiner Schärfe, glaub ich, mich zerstört,
hätt' ich die Augen von ihm abgewandt.
Und ich erinnre mich, wie um so kühner
ich dann das Licht ertrug, bis endlich sich
mein Schauen dem Unendlichen verband.
Du überreiche Gnade gabst mir Mut,
ins ewige Licht den Blick so tief zu senken,
daß mir das Schaun gelang – bis zur Erschöpfung.
In seiner Tiefe sah ich innerlich
in *einem* Liebesbunde, was sich draußen
im Universum auseinanderfaltet.
Substanz und Akzidens und ihr Verhalten
gleichsam in eines dergestalt verschmolzen,

daß, was ich sage, nur ein blasser Schein ist.
Die Grundform dieser Allverbindung, glaub ich,
hab ich geschaut; und schon es auszusprechen
erweitert freudig mir – ich fühl's – die Brust.
Ein Augenblick der Abkehr ist mir länger
als zweieinhalb Jahrtausend Todesschlaf,
seitdem das erste Schiff den Meergott schreckte[1].
Deshalb verharrte regungslos und straff
gespannt in seiner Schau mein Geist, und mehr
und immer mehr entzündet ihn dies Schauen.
Von diesem Licht werden wir so gefangen,
daß wir hinweg von ihm nach etwas andrem
mit gutem Willen nimmermehr uns kehrten!
Dieweil das Gute, unsres Willens Ziel,
sich all in diesem Lichte trifft. Was hier
vollkommen ist, wird draußen fehlerhaft.
Doch jetzt bleibt meine Rede hinter der
Erinnrung weit zurück und stammelt nur,
als wie ein Knäblein an der Mutter Brust.
Zwar bot nicht mehr als *einen* schlichten Anblick
der Lebensstrahl, den ich betrachtete
– und immer ist er wie er vorher war –.
Doch weil in mir die Sehkraft sich verstärkte
durch Schaun, verwandelte für mich die *eine*
Erscheinung sich, da ich mich selbst veränderte.
Und so erschienen in der tiefen, klaren
Substanz des Himmelslichtes mir drei Kreise:
an Farbe *dreifach,* doch von *einem* Umfang.
Der ein und andre wie zwei Regenbogen
bespiegelten einander, und der dritte
war eine Glut, von beiden gleich geschürt[2].
Wie klein, wie schwächlich ist das Wort, gemessen
an meinem Denken, ach! Und dieses erst

1 *Eine dunkle, viel umstrittene Stelle. Wahrscheinlich meint der Dichter, daß bei seiner Gottesschau in einem Nu des Hinwegsehens für ihn mehr verlorengehen müßte, als für die menschliche Erfahrung, wenn sie seit der ersten kühnen Schiffahrt der Argonauten bis zum Jahr 1300 n. Chr. in Lethargie verfallen wäre.*

2 *Gott-Vater und Sohn beleuchten sich gegenseitig, wie die zwei ersten Kreise. Der Heilige Geist als der dritte wird von den zwei andern entzündet.*

an dem, was ich erschaute. Kaum ein Hauch!
Du ewig Licht ruhst in dir selbst allein,
verstehst, erkennst dich, bist erkannt, verstanden
in dir und lächelst dir in Liebe zu[1].
Der Lichtkreis, der, in dir so eingeschlossen,
wie eine Spiegelung von dir erschien[2],
von meinen Augen um und um betrachtet,
erwies sich mir mit unsrem Ebenbild
in seinem Innern in derselben Farbe
bemalt, daß ich mich ganz darein versenkte.

Dem Rechner gleich, der seine Kräfte sammelt,
um einen Kreis zu messen, und's nicht findet,
und auf den Lehrsatz sinnt, der nötig wäre,
so wollt ich an dem neuen Bild begreifen,
wie hier zum Kreis das Menschenangesicht
sich einigte und wo's zusammenhängt.
Doch dazu reichten eigne Flügel nicht –
bis plötzlich mir der Geist getroffen wurde
von einem Blitzstrahl, der dem Sehnen half.
Der hohe Flug des Schauens brach; schon aber
war jeder Wunsch und Wille mir ergriffen
von Liebesallgewalt, die still und einig
im Kreis die Sonne führt und alle Sterne.

1 *Auch hier die Dreieinigkeit als drei Momente des Erkennens, Verstehens und Liebens.*

2 *Der den Gottessohn darstellende zweite Kreis.*

Zibaldone

Zeitschrift für italienische Kultur der Gegenwart

Herausgegeben von Titus Heydenreich und Helene Harth.
Serie Piper 5011. Ca. 160 Seiten

»Zibaldone« (das Notizbuch), eine in Halbjahresabstand erscheinende Zeitschrift, will eine »Zeitschrift für italienische Kultur der Gegenwart« im weitesten Sinne sein: gegenwartsbezogen, jedoch Aktuelles auch im Vergangenen hervorheben, primär literarisch und historisch orientiert, aber auch Themen zugewandt, die die Einbeziehung verwandter Bereiche wie Politik, Religion, bildende Kunst, Philosophie, Wirtschaft u. a. herausfordern.
In den regelmäßig erscheinenden Rubriken »Streifzüge« und »Notizen« wird u. a. über Entdeckungen auf dem italienischen Buchmarkt, Kongresse und Ausstellungen berichtet.
»Zibaldone« will die Begegnung zwischen der deutschen und der italienischen Kultur pflegen und intensivieren. Ziel der Zeitschrift ist es, Leser zu erreichen, die, ohne Spezialisten zu sein, ihre Kenntnisse von Land, Kultur und Leuten vertiefen und auf dem aktuellen Stand halten möchten.

Die Herausgeber:
Titus Heydenreich, geb. 1936 in Hamburg. Studium der Romanistik und Germanistik. Seit 1977 Professor in Erlangen.
Publikationen über Themen der französischen, italienischen, iberischen Literatur des 17. bis 20. Jahrhunderts.
Helene Harth, geb. 1940 in Frankfurt am Main. Studium der Klassischen Philologie, Philosophie und Romanistik. Seit 1985 Professorin für Italianistik an der Universität Passau.
Publizierte u. a. Arbeiten über Paul Valery, den »nouveau roman«, Jean-Paul Sartre, Leonardo Sciascia und Vitaliano Brancati.
